作者自序

作者簡介

屠慧珊 Scarlett To

unbelsorrisodallitalia@gmail.com
FB專頁：
Scarlett To 旅遊玩樂誌
www.facebook.com/
unbelsorrisodallitalia
YouTube：
Scarlett To 旅遊玩樂誌
www.youtube.com/c/ScarlettTo
IG：scarlett_to
IG：scarlett_to__foodie

喜歡旅行、喜歡攝影、喜歡美食！有幸踏上「旅行叢書作者」的這一條路，全因一次悠長的意大利旅居生活，期間於各大社交平台和媒體，分享旅行照片、小眾遊記、地道體驗和旅遊資訊，經常幻想「旅行」可以變成一份工作。

旅行，是一種幸福！

放慢腳步，去感受旅行最單純的意義！德國宮殿與城堡建築，以及絕美的小鎮風光，都美得動人心弦！第一眼看到像童話世界裡的新天鵝堡，令人有心跳之感，腦海裡忍不住翩翩起舞。走到精緻小巧的中世紀小鎮羅滕堡，不停打卡每秒一張，像是必然會做的事情。在華麗優雅的無憂宮裡，幻想穿上了宮廷服回到了18世紀。當然不少得在氣氛滿滿的啤酒花園裡微醺豪飲，大吃豬手，徹底脫離了現實中各種奔波與心累。

這幾年經歷了一場世紀大疫情，令各國先後封關，出門遠行頓然變成遙不可及。復常的日子終於來臨，相信這場疫症令人更珍惜寶貴的旅行時光。好好享受假期吧！旅行，確實是一種幸福。

德國

[contents]

10 大主題特集

慕尼黑

「地圖碼」使用方法：
每個景點後面附有地圖碼，前半部分是該景點所在地圖的頁數；後半部分則是其位置的座標。

MAP: P.181 B2
　　地圖頁數　　　　　地圖座標

提提你

＊本書所列之價格，除特別標明，均為歐元（€/Euro）。現時港元兌換歐元匯率約為 8.55，即 HK$8.55 ＝€1；而台幣兌換歐元匯率約為 32.3。即 NT$32.3 ＝€1；僅供參考。

＊於精選酒店住宿特集中所列出的房價僅供參考，因大部分價格非常浮動，於旺季和淡季入住可相差一倍。

TOP10
不容錯過的建築和博物館！

柏林 德國國會大廈

古典宏偉的德國國會大廈，於1999年新建了一個驚為天人的超現代玻璃圓穹！讓遊人可沿著螺旋路徑步上屋頂露台，於半空欣賞柏林城市全景。詳細介紹見 P.332

施萬高 新天鵝堡
詳細介紹見 P.151

常被認為是世上最迷人和最引人入勝的童話城堡！在一股優雅浪漫的藝術氣息中，卻深藏著城堡主人的沉鬱與哀愁～

法蘭克福

羅馬廣場及正義噴泉

廣場上一整排梯級型半木結構房屋，和噴泉上象徵公平公義的正義女神像，為法蘭克福構造出充滿古典美的中世紀城鎮面貌，令人猶如置身童話裡。

詳細介紹見 P.239

慕尼黑 # 慕尼黑王宮

是德國最大型的城內宮殿！見證著昔日維特爾斯巴赫王朝家族的輝煌歷史，從1508至1918年這裡一直是巴伐利亞皇室住所，其中總長達66米的古董大廳氣派非凡，屬宮中現存最古老的房間。

詳細介紹見 P.082

慕尼黑 # 新市政廳

建於1905年，是新哥德式的建築典範！鐘樓上的「木偶報時鐘」更是經典！鐘內有多個真人大小的木偶於特定時間會隨著音樂旋轉，每天吸引眾多遊客駐足抬頭觀賞。

詳細介紹見 P.074

 **無憂宮**

詳細介紹見 P.372-375

優美得令人忘憂！由腓特烈大帝於18世紀精心打造，是德國洛可可式華麗宮殿之代表作，亦被稱為「普魯士的凡爾賽宮」。整座宮殿群被列入了世界文化遺產名錄中。

博物館島

是全球知名的博物館建築群，亦被列入世界文化遺產名錄中！島上共有6間博物館，收藏了大量藝術和古物珍品。在此島逛上一整天，就像穿越了幾千年的人類文明。

詳細介紹見 P.292-296

柏林 東邊畫廊

在長達1.3公里的柏林圍牆遺跡上,有來自世界各地的當代藝術家在此繪畫了逾百幅塗鴉壁畫,攜手紀念柏林圍牆被推倒的重要歷史,同時贏得了和平與自由!

詳細介紹見 P.358

柏林 歐洲被害猶太人紀念碑

為紀念在大屠殺中被殺害的猶太人而建,由2711塊片水泥石碑組成的碑石叢林,給人強烈的視覺震撼!那寂靜肅穆的氣氛讓人深思反省。

詳細介紹見 P.297

漢堡 易北愛樂廳

是國際級的音樂廳,也是漢堡新文化地標!呈波浪形的玻璃外牆在日光下璀璨奪目,於觀景平台更可360度飽覽港口美景。

詳細介紹見 P.388

16天精選建議路線！

　　以下的建議路線，適合想短時間到訪德國多個重點城市的遊客，如果想遊覽得比較細緻和輕鬆，建議可考慮增加天數。

尾站
漢堡 Hamburg

波茨坦 Potsdam ● ● 柏林 Berlin

法蘭克福
Frankfurt am Main

海德堡 Heidelberg ● ● 紐倫堡 Nürnberg

羅滕堡（陶伯河）
Rothenburg ob
der Tauber

首站　慕尼黑
München

菲森 Füssen ● 施萬高
Schwangau　　國王湖
Königssee

海德堡
慕尼黑
施萬高

羅滕堡
（陶伯河）
波茨坦
柏林
漢堡

Day 1

香港 / 台北→慕尼黑

到訪城市：慕尼黑
住宿：慕尼黑

剛抵達慕尼黑，可先到老城區瑪利亞廣場附近和新市政廳逛逛。午後到慕尼黑王宮參觀，然後到英國花園裡走走，在中國塔啤酒花園裡品嚐美食和啤酒。

瀰漫著優雅迷人氣息 -
慕尼黑 München

Day 2

慕尼黑→達豪→慕尼黑

到訪城市：慕尼黑、達豪
住宿：慕尼黑

早上乘火車前往慕尼黑以北的達豪集中紀念遺址，然後回到慕尼黑市中心，參觀寶馬汽車博物館及寶馬世界，再到老城區逛逛購物，晚上在皇家宮廷啤酒屋用餐，感受德國傳統啤酒館的熱鬧氣氛。

Day 3

慕尼黑→國王湖→慕尼黑

到訪城市：國王湖
住宿：慕尼黑

參加當地一天團，從慕尼黑市中心出發隨團前往國王湖湖區遊覽，品味人間美景，晚上回到慕尼黑。

令人嚮往的湖光山色 -
國王湖 Königssee

Day 4

慕尼黑→菲森、施萬高

到訪城市：菲森、施萬高
住宿：菲森

早上從慕尼黑乘坐火車或長途巴士前往菲森，車程約2小時多，Check-In後乘坐巴士到施萬高，遊覽新天鵝堡和高天鵝堡，晚上於菲森用餐和留宿。

浪漫夢幻之童話城堡區 -
施萬高 Schwangau

Day 5 菲森→紐倫堡

到訪城市：紐倫堡
住宿：紐倫堡

早上在菲森市中心走走，午餐後乘坐火車前往紐倫堡，車程約3-4小時。晚餐在紐倫堡，然後到大集市廣場附近逛逛，在Restaurant Heilig-Geist-Spital用餐。

十二天迷你歐遊

Day 6

紐倫堡

到訪城市：紐倫堡
住宿：紐倫堡

這天在紐倫堡作市內觀光，登上城堡參觀和欣賞美景，然後到馬思思橋和童話街附近拍美照，午餐品嚐著名紐倫堡香腸，然後到訪玩具博物館。

Day 7

紐倫堡→羅滕堡（陶伯河）→紐倫堡

到訪城市：羅滕堡（陶伯河）
住宿：紐倫堡

早上從紐倫堡乘坐火車前往羅滕堡（陶伯河），車程約2小時。這天主要在羅滕堡這座童話小鎮裡漫遊觀光，晚上回到紐倫堡。

中世紀城鎮韻味 - 紐倫堡 Nürnberg

Day 8

紐倫堡→法蘭克福

到訪城市：法蘭克福
住宿：法蘭克福

早上從紐倫堡乘坐火車或長途巴士前往法蘭克福，車程約2-3小時。中午在羅馬廣場上的Haus Wertheym用餐，再於歐元塔下留影，黃昏前往鐵橋，欣賞美恩河畔的迷人風景。

浪漫之路上的童話小鎮 - 羅滕堡（陶伯河）
Rothenburg ob der Tauber

古今融合之典範 -
法蘭克福 Frankfurt am Main

古色古香大學之城 - 海德堡 Heidelberg

Day 9

法蘭克福→海德堡→法蘭克福

到訪城市：海德堡
住宿：法蘭克福

這天出發往海德堡作一天遊！早上從法蘭克福乘坐火車或長途巴士前往海德堡，車程約1小時。在別具韻味的海德堡閒遊大半天，於晚上回到法蘭克福。

Day 10

法蘭克福→柏林

到訪城市：柏林
住宿：柏林

早上從法蘭克福乘坐火車或長途巴士前往柏林，車程約4小時。下午抵達後，前往德國國會大樓登上圓頂，再到訪附近勃蘭登堡門、歐洲被害猶太人紀念碑等著名地標。

柏林 Day 11

到訪城市：柏林
住宿：柏林

這天重點參觀博物館島，用大半天時間走訪多座島上博物館，然後走進哈克庭院感受悠閒氣息，再前往柏林圍牆遺跡東邊畫廊留影。

柏林 Day 12

到訪城市：柏林
住宿：柏林

早上參觀恐怖地形圖紀念館和到訪查理檢查哨，了解納粹時期和東西德分裂時的歷史。下午遊覽夏洛滕堡宮和威廉皇帝紀念教堂。

見證動盪歷史 - 柏林 Berlin

Day 13 柏林 → 波茨坦 → 柏林

到訪城市：波茨坦
住宿：柏林

這天出發往波茨坦作一天遊！早上從柏林乘坐火車前往波茨坦，車程約30-50分鐘，以大半天時間遊覽華麗典雅的無憂宮和波茨坦老城區，於晚上回到柏林。

柏林→漢堡 Day 14

到訪城市：漢堡
住宿：漢堡

早上從柏林乘坐火車或長途巴士前往漢堡，車程約2-3小時。抵達後，前往漢堡倉庫城遊覽，登上易北愛樂廳觀景台看海港景色，再到訪微縮景觀世界。

宮殿之城 - 波茨坦 Potsdam

Day 15 漢堡

到訪城市：漢堡
住宿：漢堡

早上前往聖保利棧橋碼頭和到訪易北河舊隧道，在BLOCKBRÄU用餐，午後參加1小時海港遊，乘坐遊船穿越漢堡港貨櫃碼頭，然後到繩索街觀光。

繁華海港城市 - 漢堡 Hamburg

漢堡→香港 / 台北 Day 16

到訪城市：漢堡

早上到漢堡市政廳、堤壩大街和蒙克貝格街附近觀光和購物，然後前往機場，準備回程。

浪漫之路蒐集美景！

浪漫之路
Romantische Straße

是德國南部著名旅遊路線，全長約460公里，由北面起點烏茲堡一直伸延到南面菲森，沿路有29個精緻漂亮且保存完好的小鎮，以及眾多猶如童話般的城堡、皇宮和教堂。

官網：www.romantischestrasse.de

Tips

浪漫之路巴士
Romantic Road Coach
從大約5月頭至9月尾，EurAide長途巴士公司有一條專屬巴士，從法蘭克福出發，前往終點維爾茨堡，中途會停靠浪漫之路上的所有城鎮。

官網：www.romanticroadcoach.com

*地圖來源：浪漫之路 官網
（www.romantischestrasse-
reiseblog.de/ romantische-strasse）

01 烏茲堡
Würzburg

是著名的法蘭克葡萄酒之鄉！古色古香的老美茵橋和依山而建的葡萄田，構成了優美的小城風光。而於1720年建造的烏茲堡官邸更被列入了世界文化遺產名錄中。（詳細介紹見P.217-224）

02 韋爾泰姆
Wertheim

老城區優雅迷人！而沿著石階登上小山丘上的韋爾泰姆城堡，居高臨下可欣賞到這中世紀小鎮旖旎的美景。（詳細介紹見P.279-283）

蒐集美景！浪漫之路 城堡之路

03 羅滕堡 (陶伯河)
Rothenburg ob der Tauber

猶如童話世界裡的小鎮！風景如畫的半木結構房屋排列在市集廣場附近，被中世紀城牆和塔樓圍繞著，流露出迷人的浪漫情懷。（詳細介紹見P.207-215）

04 哈爾堡
Harburg

小鎮的小山丘上建有12世紀的「哈爾堡城堡」，屬德國南部保存得最完好的中世紀城堡之一。讓哈爾堡這座小城增添了不少古樸韻味。（詳細介紹見P.216）

05 施萬高
Schwangau

是新天鵝堡的所在！這座由「童話國王」路德維希二世精心打造的夢幻城堡，舉世聞名！亦被認為是迪士尼城堡的原型。（詳細介紹見P.151）

06 菲森
Füssen

位於新天鵝堡山下的小鎮，靈氣逼人，也是優美的渡假天堂。這裡是浪漫之路的終點。（詳細介紹見P.139-147）

蒐集美景！浪漫之路 城堡之路

城堡之路 蒐集美景！

城堡之路
Burgenstraße

是德國中南部最古老的旅遊路線之一！從西端的曼海姆通往南端的拜羅伊特，共780公里，沿著路線有約60座城堡和宮殿。無論是自駕遊、單車遊，還是從中選幾個小鎮作遊覽，都會很不錯！

官網： www.burgenstrasse.de

---

02 羅滕堡（陶伯河）
Rothenburg ob der Tauber

位於浪漫之路和城堡之路的交匯處，整座小城流露著古典可愛童話風，夢幻得很！（詳細介紹見P.207-215）

01 海德堡
Heidelberg

被認為是德國最美麗的小城之一！在小山丘上的海德堡城堡和充滿浪漫氣息的老橋，湊合出濃郁的歐洲古城風韻。（詳細介紹見P.272-278）

*地圖來源：城堡之路 官網（www.burgenstrasse.de）

03 紐倫堡
Nürnberg

坐落在小山丘上的城堡建築群，是這裡最重要的地標，也是欣賞全城美景的最佳地點！而建滿了半木結構房屋的童話街，充滿優雅韻味！（詳細介紹見P.169-206）

04 班貝格
Bamberg

有德國「小威尼斯」之稱！建在河道人工小島上的舊市政廳讓人印象深刻。這座保存完好的中世紀小城被列入了世界文化遺產名錄之中。（詳細介紹見P.225-231）

蒐集美景！浪漫之路 城堡之路

015

德式豬手
Schweinshaxe / Eisbein

在當地享用這道德國名菜真的別有一番風味！而德式豬手在南部和北部各有不同的烹煮方法，屬於「南烤北煮」。

德國南部

德國北部

▌烤脆皮豬手 Schweinshaxe

把預先醃好的豬手放到烤爐裡烘烤，豬皮烤得金黃香脆，而肉質軟嫩多汁，皮下脂肪入口即化。

推介
Augustiner-Keller
詳細介紹見：P.125

▌水煮醃豬手 Eisbein

一般會用以擁有肥厚脂肪的豬後小腿，先加入多種香料去醃製，再放入水裡燉煮，入口肉汁豐盈，脸滑軟嫩。

推介
Restaurant Dreimäderlhaus
詳細介紹見：P.376

▌酸菜 Sauerkraut

最常見是德式豬手佐以酸菜一起吃。酸菜入口微酸清爽，完美平衡了豬手的油膩感。

傳統料理
德國經典美食！

漢堡

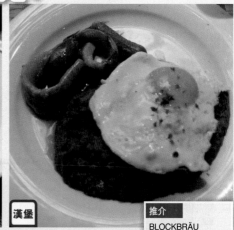

推介
BLOCKBRÄU
詳細介紹見：P.412

▌炸肉排 Schnitzel

在中歐很流行的菜式，把切成薄片的無骨牛肉或豬肉，撒上麵包屑和調味然後油炸，入口肉質鬆軟，酥脆香口。

推介
Brauhaus Georgbraeu
詳細介紹見：P.319

▌海員雜燴 Labskaus

是德國北部昔日水手們的日常料理，主要有醃鯡魚片，再配上半熟煎蛋、醃黃瓜和紅菜頭醬汁，現為漢堡最具代表性的傳統美食之一。

傳統料理

德國南部

雞蛋麵疙瘩 Spätzle

是德國南部、瑞士、奧地利等地著名傳統麵食，可搭配肉類或拌以各款醬汁，麵條充滿蛋香，口感軟糯有嚼勁。

推介
Vetter's Alt Heidelberger Brauhaus
詳細介紹見：P.278

牛肝餃子湯 Leberknödelsuppe

是德國南部和奧地利的傳統湯品，以碎肉肝混合麵包、碎肉、雞蛋和各種香料弄成麵糊，再揉成一顆顆巨大的圓餃子，然後放在牛肉湯中煮滾。

德國南部

推介
Zum Feuerraedchen
詳細介紹見：P.265

德式香腸

推介
皇家宮廷啤酒屋
詳細介紹見：P.079

慕尼黑

慕尼黑白香腸 Munchener Weißwurst

是當地人傳統早餐餐點，用水煮滾後，上菜時一般都會浸在熱水中去保持熱度，吃之前要先去皮，然後可以再搭配傳統甜芥末醬一起吃。

推介
Curry 61
詳細介紹見：P.311

柏林

咖喱香腸 Currywurst

煎香了的香腸先切件，然後淋上番茄醬和咖喱粉，是經典柏林街頭小吃！在當地十分受歡迎，於城中更開設了不少咖喱香腸專賣店。

推介
Restaurant Bratwurstglöcklein im Handwerkerhof
詳細介紹見：P.194

紐倫堡

紐倫堡香腸 Nürnberger Würstchen

像手指一樣粗的小香腸，是紐倫堡著名小食，而城中有不少餐廳更會以傳統炭烤方式煎煮，特別的香噴噴！

推介
Bootshaus Dreyer
詳細介紹見：P.264

法蘭克福

法蘭克福香腸 Frankfurter Würstchen

主要以豬肉製成，然後經過微微煙熏熟製。傳統上，水煮法蘭克福香腸會伴以薯仔沙律，也會配以麵包或芥末一起吃。

漢堡

推介
Brücke10
詳細介紹見：P.413

北海蝦三文治 Krabbenbrötchen

靠近北海和波羅的海的港口城市漢堡，魚獲豐富，地道料理有各式魚鮮小吃，其中最具人氣的有北海蝦三文治，充滿咸香，鮮味十足！

椒鹽卷餅 Brezel

非常有代表性的國民美食！像蝴蝶形狀又似一個打了結的8字，又被稱為蝴蝶餅或扭結餅，口感像烤得酥脆結實的麵包。

銷售點
各大麵包店、餐廳、啤酒館

傳統的椒鹽卷餅會撒上粗鹽再去烘烤。

也有加入了不同餡料的椒鹽卷餅，咸甜都有。

輕食、飽點

銷售點
各大麵包店

果仁蝸牛麵包卷 Nussschnecken

形狀看似螺旋形的蝸牛因而得名！餡料有充滿口感的果仁碎和香氣濃郁的肉桂，烤好後再刷上糖霜，是德國著名的飽點。

推介
法蘭克福室內小市場
詳細介紹見：P.246

生豬肉麵包 Mett

又稱為Hackepeter，是德國人的地道早餐！新鮮生豬肉碎先用鹽和胡椒調味，然後把它鋪在在多士上，再撒上生洋蔥碎。

推介
Zum Gulden Stern
詳細介紹見：P.198

推介
Ratskeller München
詳細介紹見：P.075

■ 蘋果卷 Apfelstrudel

於奧地利、德國和捷克非常流行的傳統餡餅，香脆酥皮包著鮮甜的蘋果果肉然後烘焗，一般會再伴以微溫的雲尼拿醬，以及忌廉奶油或雪糕。

■ 黑森林蛋糕 Schwarzwälder Kirschtorte

起源於德國南部盛產黑櫻桃的黑森林地區，蛋糕餡料以黑櫻桃和奶油為主，還會加入少許櫻桃酒，增加風味。

甜點、飲料

推介
Haus Wertheym
詳細介紹見：P.240

法蘭克福

■ 蘋果酒 Apfelwein

在黑森州（Hessen）盛產的蘋果酒是當地經典名物！於2022年更被列入了非物質文化遺產名錄中。由新鮮蘋果汁發酵而成，酒精濃度約5至7%，口感微酸清爽！

■ 啤酒 Bier

推介
詳細介紹見：
P.020-023

推介
BLOCKBRÄU
詳細介紹見：P.412

漢堡

■ 紅果羹 Rote Grütze

是北德著名甜點，將紅莓、覆盆子、士多啤梨等紅色水果煮成醬汁然後冷凍，再配上雲呢拿醬，酸甜香滑，是漢堡人最愛的甜品之一。

德國啤酒巡禮！

德國人熱愛喝啤酒，全國擁有大約1千3百多間啤酒廠，所生產的啤酒種類更達5千種！來到德國，當然要探索一下這裡的啤酒文化，無論是待在啤酒花園樹影下嘆一杯，還是在傳統啤酒館裡湊湊熱鬧，或是走進當地啤酒廠觀摩，都會是很不錯的體驗方式～Prost！（乾杯！）

啤酒花園

啤酒花園（Biergarten）起源於19世紀的慕尼黑，現在已普及至各大城市了！顧名思義就是在露天花園裡享用啤酒和美食！尤其是在仲夏時分，德國人總是喜歡跟親朋好友待在啤酒花園裡，坐在樹蔭下的木椅，盡情吃喝，聊天歡聚。

▌Augustiner-Keller 啤酒花園

慕尼黑

屬於城中最歷史悠久的啤酒花園！由當地著名奧古斯丁啤酒廠開設，最多可容納5千人！在這裡品嚐當地料理再喝杯地道啤酒，別有一番風味。

詳細介紹見 P.125

▌中國塔啤酒花園

慕尼黑

在英國花園裡滿有特色的啤酒花園，圍繞著中式塔樓有達7千個座位，於一股悠閒氣氛下享用啤酒和美食，實在不錯。

詳細介紹見 P.102

德國常見啤酒種類

種類	特點
清啤酒 Pils	• 是德國最普遍的啤酒種類 • 呈透明淺黃色，苦味較重
柏林白啤酒 Berliner Weissbier	• 主要產自柏林 • 把小麥芽和大麥芽混合後釀製
黑啤酒 Schwarzbier	• 口味濃醇的深色啤酒
檸檬啤酒 Radler	• 帶有清爽檸檬香氣
無酒精啤酒 Alkoholfrei	• 口味跟清啤酒差不多 • 不含酒精
小麥啤酒 Weizenbier	• 主要產自德國南部 • 有經過過濾（Kristallweizen）和未經過濾（Hefeweizen）

啤酒館

在德國有不少當地啤酒廠也會自設餐廳和啤酒屋，很多更是歷史悠久且別具風格，很值得逐一拜訪！去享受最道地的自釀啤酒和美食。

每年4月23日被定為「德國啤酒日」（Tag des Deutschen Bieres），是用來紀念在1516年的這天，巴伐利亞州頒布了「啤酒純淨法」，限定了德國啤酒只可含有水、麥芽和啤酒花，還有後期加入的酵母，來確保啤酒的質量。

提提你

德國啤酒巡禮

慕尼黑

▌皇家宮廷啤酒屋

是世上最大的啤酒館！以往是專為皇室釀造啤酒，自19世紀向民眾開放後，這裡一直受到當地人的熱棒，亦成為了來自世界各地的啤酒迷朝聖之地。

詳細介紹見 P.079

漢堡

▌BLOCKBRÄU

是當地著名啤酒廠所開設的酒館餐廳，樓高3層，十分大型！於繁忙時段更坐無虛席，讓人感受熱鬧的啤酒館用餐氛圍。

詳細介紹見 P.412

慕尼黑

詳細介紹見 P.126

▌Augustiner Bräustuben

慕尼黑最古老的啤酒廠「奧古斯丁」，在廠房旁邊設了一間充滿巴伐利亞風情的餐廳，於繁忙時段總擠滿人，十分熱鬧。

紐倫堡

詳細介紹見 P.187

▌Hausbrauerei Altstadthof

這間釀酒廠早在14世紀就開始釀製當地著名紅啤酒（Rotbier），在這裡除了可以嘆返杯之外，還可品嚐到一些啤酒料理。

班貝格

詳細介紹見 P.230

▌Schlenkerla

古法釀造的煙燻啤酒（Rauchbier）是小城班貝格的名物，這種啤酒有股獨一無二的燻香，是到訪當地必試的！

柏林

詳細介紹見 P.319

▌Brauhaus Georgbraeu

在博物館島對岸的啤酒館，設有室內和露天座位，散發着懶洋洋的舒適氣氛！來這裡嚐嚐傳統菜餚和自釀啤酒，感覺愜意。

參加當地啤酒體驗團，可拜訪當地著名傳統釀酒廠。

走進當地啤酒廠
慕尼黑啤酒體驗半日遊

慕尼黑

Info
*可透過KKDay 旅遊平台報名
網址：www.kkday.com/zh-hk/product/19982

慕尼黑是全國最著名的啤酒之城！無論是不是啤酒迷，都值得深入了解這裡歷史悠久的啤酒文化。城中大部分傳統啤酒廠都不對外開放，而遊客可透過當地啤酒體驗團，在專人帶領下一起參觀傳統釀酒廠和啤酒博物館，最後還可品嚐多款地道啤酒。

■ 啤酒體驗活動流程

1.

登上觀光巴士，展開啤酒之旅！沿途有語音導覽介紹附近景點和當地啤酒文化。

2.

抵達了在慕尼黑著名的釀酒廠，導遊以英語介紹啤酒的釀造過程。

3.

隨後參觀啤酒博物館，館裡陳列了一些古老啤酒杯和展示了當地釀酒歷史。

4.

在釀造啤酒期間會加入啤酒花，為啤酒帶來獨特的風味！在這裡還可以一聞啤酒花的香氣。

5.

最後，導遊會帶領大家在啤酒廠裡即席品嚐幾款當地啤酒。

慕尼黑啤酒節

每年在特舊西婭草坪舉行（詳細介紹見P.127）

慕尼黑

正式名稱為「十月啤酒節」（Oktoberfest），於9月中至10月初在「啤酒之城」慕尼黑舉行，為期約18天，每年入場人次多達數百萬！這是全國最重要的傳統文化慶典之一，當地人都會穿上巴伐利亞傳統服飾，坐在巨型帳篷裡豪飲啤酒和品嚐美食，在場亦設有機動遊樂設施，也會舉行大型音樂會和表演，場面盛大，非常熱鬧！

官網：www.oktoberfest.de/en

為啤酒節推出的特別版本巨型罐裝啤酒和酒杯。

啤酒博物館

內設小酒館，供應當地啤酒。

啤酒與啤酒節博物館

Bier und Oktoberfest Museum

慕尼黑

MAP: P.073 F4

展示了一些富紀念性的啤酒杯。

坐落在古老房子之內，從木樓梯拾級而上，於幾個狹小的樓層展示了一些關於啤酒和啤酒節的物品，展品不算多，但遊客可從中了解慕尼黑啤酒文化，於地下層另設充滿舊式情懷的啤酒館。

── Info ──

地址：Sterneckerstraße 2, 80331 München
開放時間：1100-1900
休息日：週日
門票：€4
網址：www.bier-und-oktoberfestmuseum.de
前往方法：從瑪利亞廣場（Marienplatz）步行前往，約需5分鐘。

是了解釀酒歷史的好地方。

弗蘭肯尼亞釀酒博物館

Fränkisches Brauereimuseum

班貝格

位於弗蘭肯的班貝格，其啤酒釀造工藝也很出名。在小城裡的本篤會啤酒廠之內，設有一所釀酒博物館，展出了超過1千件關於啤酒的物品。（詳細介紹見P.231）

傳統手藝品

銷售點：
Max Krug（見P.096）、
Souvenirs Flohr（見P.099）、
Die Waffenkammer
（見P.215）

傳統啤酒杯

從前的啤酒杯是由陶瓷燒成，杯身有浮雕花紋作飾，杯口帶有蓋子，美得猶如藝術品。

布穀鳥鐘

來自黑森林地區的手工木雕掛鐘，又名為咕咕鐘！鐘上小木門會定時自動打開，藏在鐘裡的布穀鳥會現身報時，咕咕作響。

銷售點：
Max Krug（見P.096）、
Herrmann Geschenke（見P.096）

人氣手信＋購物清單！

聖誕飾品

在德國聖誕精品專賣店裡，一年四季都可選購別緻的聖誕掛飾和傳統精品。

銷售點：
Käthe Wohlfahrt（見P.343）

銷售點：
Töpferei Bauer
（見P.247）

老房子陶器

以中世紀傳統房子和塔樓的模樣手製而成的陶器擺設，造型可愛，手工精細。

胡桃夾子

德國經典傳統木製玩偶，把夾碎胡桃用的工具設計成士兵或國王的模樣。

銷售點：
Max Krug（見P.096）、
Herrmann Geschenke（見P.096）、
Käthe Wohlfahrt（見P.343）

各地特色禮品

紐倫堡　薑餅
包裝精美的紐倫堡薑餅禮盒是送禮首選。

銷售點：
Wicklein-Die Lebkchnerei（見P.188）、
Lebkuchen-Schmidt（見P.189）

柏林

小綠人Ampelmann
　　是前東德交通燈上戴著寬邊禮帽的「綠公仔」，其周邊商品一直是當地流行產物。

銷售點：
百貨公司、小綠人專門店
（見P.306）

柏林

柏林熊
　　造型百變的柏林熊是當地形象標誌，其擺設和精品都別具特色。

銷售點：
百貨公司（見P.341）

慕尼黑

巴伐利亞傳統服飾
　　帶有傳統鮮明風格，是慕尼黑啤酒節和當地慶典中的Dress Code！

銷售點：
百貨公司、當地傳統服飾店
「Steindl Trachten」

德國著名品牌

Steiff
　　有逾120年歷史的泰迪熊品牌，人手製作兼款式特多。

銷售點：
百貨公司、Wertheim
Village（見P.283）、
Steiff專門店（見P.343）

WMF
　　人氣廚具包括不鏽鋼鍋具、壓力鍋、廚房小家電等。

銷售點：
百貨公司、Ingolstadt Village（見P.156）、
WMF廚具專門店（見P.086）

Rinowa
　　源自1898年的殿堂級行李箱，其經典鋁鎂合金系列耐用又時尚。

銷售點：
百貨公司、Rinowa門市、Lederwaren
Hetzenecker（見P.092）

其他著名品牌

▶ ZWILLING 孖人牌 刀具
▶ LAMY 鋼筆
▶ Faber-Castell 文具
▶ Birkenstock 舒適鞋 …等等

Ritter Sport 朱古力

德國著名朱古力品牌，口味眾多且價格親民，除了在各大超市出售之外，在柏林更設有品牌旗艦店。

詳細介紹見 P.305

Meßmer 美思茶

傳統百年老茶品牌，茶款特多！包括經典紅茶、花草茶、水果茶、養生茶，例如：蘋果餡餅茶、無花果蘋果茶等。

超市好物！

Eckes 櫻桃酒

帶有濃郁櫻桃香的利口酒，可用作雞尾酒調酒，也可用來製作蛋糕甜點。

HARIBO 軟糖

經典熊仔軟糖紅遍全球！在德國的HARIBO有更多款式口味，包括有可愛藍精靈軟糖、果味香濃的雜莓軟糖等。

即食地道料理

如果想把德國傳統風味帶回家，在超市可以找到一些即食料理包，方便又地道！包括有醬汁烤火腿配酸菜、鴨肉伴薯泥及紅捲心菜等。

椒鹽卷餅小吃

國民美食椒鹽卷餅的迷你小吃版本，入口香脆，是當地經典零食之一。

即食香腸棒

風味獨特的香腸小棒，一開即食，口感Q彈略帶硬感，充滿咸香又Juicy。

好逛超市推薦

EDEKA
慕尼黑
詳細介紹見P.093；P.121

Scheck-In-Center
法蘭克福
詳細介紹見P.271

Kaufland 超級市場
柏林
詳細介紹見P.366

Asbach 白蘭地朱古力

酒瓶模樣的酒心朱古力！裡面裝滿了來自萊茵河畔釀製的白蘭地，一咬下去，酒香混和了朱古力香，讓人回味。

地道食材店推薦

Dallmayr Delikatessenhaus
慕尼黑
詳細介紹見P.091

Mutterland
漢堡
詳細介紹見P.401

德國藥妝推介！

德國藥妝商品出名選擇特多，性價比又高！有很多女士去德國旅遊也會順道瘋狂入貨！其中Rossmann和dm是全國2大連鎖藥店，分店遍佈大城小鎮，而2家藥店各有多個自家品牌，當中有不少更獲得很高的評價，絕對值得一去再去，大買特買！

相比其他分店，這裡較為闊落好逛，貨品非常齊全，而且擺放整齊，入貨一流！

慕尼黑 **人氣連鎖藥店** MAP: P.123 C2

Rossmann Drogeriemarkt

於慕尼黑中央火車站前方的這間分店，規模挺大，遊客可舒適地慢慢選購。除了有美容護膚品、保健藥品，也有嬰兒用品、日用品和健康食品。這間分店更於早上7時開始營業，方便大家掃貨。

全國分店超級多！有逾2千間。

店內設有各大便宜好用的化妝品專櫃，包括人氣品牌Catrice、Essence和Manhattan等等。

Info

地址： Schwanthalerstraße 27, 80336 München
電話： +49 89 512658921
營業時間： 0700-2000
休息日： 週日
網址： www.rossmann.de
前往方法： 從慕尼黑中央火車站（München Hbf）步行前往，大約5分鐘。

Schaebens
透明質酸面膜
Hyaluron Maske

兩包裝每次用一包，方便好用！
這款含有澳洲堅果油和乳木果油
等成分，為肌膚深層補水。

€0.6

€4.95

ISANA Q10 抗皺精華液
Q10 Anti-Falten Konzentrat

7枝裝，剛是1週的份量，內含Q10成份，具
有抗氧化功效，保護肌膚免受自由基侵害，
亦含有植物甘油為肌膚提供水分。

Rossmann
掃貨清單B

enerBiO
土多啤梨水果片
Fruchtchips Erdbeere

採用100%有機土多啤梨，
是好味又有益的健康零食，
果味濃郁。

€2.39

€9.99

altapharma 膠原蛋白補充劑
**Kollagen 3.000 mg
hochdosiert**

每盒有20包，含有可美肌的水解膠原蛋白和
透明質酸等成分，只要把粉劑倒入水裡，攪
拌好即可飲用，輕鬆為身體和肌膚補充膠原
蛋白。

Alterra 有機咖啡身體磨砂膏
Body-Peeling Bio-Kaffee

用有機咖啡粉、椰子油、橄欖油等去調配的
身體磨砂膏，配合溫和按摩可幫助肌膚去除
死皮。

€2.79

Sunozon Med
SPF 50 防曬液
Sonnenfluid LSF 50

是Rossmann十分熱賣的防水防曬
液，對UVA和UVB有防護作用，
不含香料，敏感肌膚都合適。

€5.49

ISANA 洋甘菊溫和護手霜
Handcreme milde Kamille

含有天然洋甘菊和甘油等溫和成份，可滋潤
和呵護雙手，質地易吸收，不油不膩。

€0.89

Salthouse 深層清潔面膜
**Totes Meer Premium
Maske Meeres-Algen**

兩包裝，共有兩次份量，含有來自死海
的礦物質和藻類提取物，可深層清潔肌
膚，收細毛孔，平衡多餘皮脂。

€0.84

*商品照片來源：Rossmann官網

於慕尼黑中央火車站附近的這間分店，非常舒適寬敞，位置又方便。

慕尼黑 小資女必逛

MAP: P.123 C1

dm-drogerie markt

dm是德國藥妝店另一巨頭，除了商品選擇多之外，價格亦是意想不到的低廉，令不少愛美一族都大量入手！熱門商品包括有面膜、保濕精華素、保養品、專櫃化妝品、護手霜、有機食品等！其中Balea是dm相當受歡迎的自家護膚品牌，性價比十分高。

貨品十分齊全，只要慢慢逛，就會發現有很多非常抵買的保養品。

樓高2層，地下專售護膚品、個人護理產品和化妝品，而1樓主售健康食品和嬰兒產品等等。

Info

地址：Arnulfstraße 2, 80335 München
電話：+49 89 51114708
營業時間：0700-2000
休息日：週日
網址：www.dm.de
前往方法：在慕尼黑中央火車站（München Hbf）北面出口的對面馬路。

Balea 色斑美白霜
Dunkle Flecken Aufheller

含有高效活性成分和維他命C，可抑制黑色素、淡化色斑、均勻膚色，也有抗氧化作用。

€3.95

€0.4

Balea 牛奶蜂蜜面膜
Maske Milch & Honig

兩包裝，每一包屬一次的份量，十分抵買！這款含有澳洲堅果油的牛奶蜂蜜面膜，可以令肌膚即時補水，變得柔軟有彈性。

掃貨清單

Balea 防敏潤唇膏
Lippenpflege sensitive

2件裝CP值好高！含蘆薈、牛油果和杏仁油成分等溫和成分，保濕滋潤。

€0.95

lavera 有機抗敏眼霜
Lippenpflege sensitive

屬於德國著名有機天然護膚品牌，含有Q10成分可溫和撫平眼部皺紋，增加皮膚彈性。

€9.95

Weleda baby 金盞花嬰兒身體和面部護理霜
Pflegecreme Körper & Gesicht Calendula

Weleda著名的嬰兒護理系列，含有有機金盞花提取物可以舒緩BB柔嫩的肌膚。

€5.95

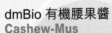

dmBio 有機腰果醬
Cashew-Mus

純素有機食材，100%純正無添加，可以簡單用作抹醬，也可以用來煮製醬汁。

€5.95

Mivolis 維他命 C 水溶片
Vitamin C Brausetabletten

20片裝，超抵價！血橙味，無添加糖，每片含有240毫克的維他命C。另有鐵＋維他命C和鈣水溶片等等。

€0.45

Balea 保濕濃縮精華膠囊
Konzentrat Feuchtigkeit

Balea各款油性精華膠囊是長期熱賣品，其中這款含有維他命E和橄欖油，滋養肌膚，特別適合乾性肌膚。

€0.75

*商品照片來源：dm官網

去Outlet 盡情掃貨！

茵格斯達購物村
Ingolstadt Village

位於慕尼黑市中心以北80公里外的茵格斯達，擁有110多間德國本土和國際時尚品牌的商店，全年享有約3至7折的優惠。

詳細介紹見 P.155-156

韋爾泰姆購物村
Wertheim Village

像置身在童話裡的購物村，充滿歐式夢幻感！裡面聚集了約110間國際和本土時尚精品折扣店，提供長年低至4折的優惠，而距離法蘭克福只需約1小時車程。

詳細介紹見 P.282-283

其他大型購物村

	鄰近城市	地址	網址
麥琴根名品村 Metzingen OutletCity	斯圖加特	Reutlinger Straße 63, 2555 Metzingen	www.outletcity.com/zh/ metzingen/
McArthurGlen- Designer Outlet Berlin	柏林	Alter Spandauer Weg 1, 14641 Wustermark	www.mcarthurglen.com/de/ outlets/de/designer-outlet-berlin/
McArthurGlen- Designer Outlet Neumünster	漢堡	Oderstraße 10, 24539 Neumünster	www.mcarthurglen.com/de/ designer-outlet-neumuenster/
Zweibrücken Fashion Outlet	茨韋布 呂肯	Londoner Bogen 10 - 90, 66482 Zweibrücken	www.zweibruecken fashionoutlet.com/

德國退稅攻略！

只要是非歐盟永久居民，在德國境內貼有「Tax Refund/Tax Free」標誌的商店，單筆購物滿€50.01，就可申請退稅了。在購物付款時向店員出示護照，便可索取退稅申請表，而申請表下方的表格需預先用英語填好。

Global Blue官網：

www.globalblue.cn/tax-free-shopping/germany/

機場退稅

Step 1：海關驗證蓋章

於離境當日攜同退稅申請表、收據以及未使用的商品前往機場海關服務櫃台（Zoll）作驗證。驗證後，退稅單會得到海關蓋章。

Step 2：領取退稅款項

過關後即可前往離境禁區內的退稅公司櫃檯，憑蓋了章的退稅單領回稅金。退回的現金會扣除少量手續費。

1. 有些機場是要在Check-In前去辦理，有部分則於Check-Out後，詳情可於退稅單信封資訊中查閱。
2. 如有退稅商品放在寄艙行李裡，建議於Check-In前到達海關服務櫃台確定程序。
3. 一般情況下，於Check-In時要跟航空公司說明內有退稅品，辦理好登機手續後會把寄艙行李給你，然後連同行李前往海關作驗證，並在海關那邊直接寄艙。
4. 請預留時間，有機會需要排隊。

機場海關服務櫃台

親子遊 景點之選！

漢堡 微縮景觀世界

　　是全球最大的微縮模型展覽館！以人手精心製作出多不勝數的模型，把多個旅遊城市重組了出來，另有逾千架模型火車在運行！是一個超乎想像的小小大世界！

詳細介紹見 P.386-387

慕尼黑 寶馬博物館

　　是歐洲超人氣汽車博物館！收藏了歷年最有價值和最具代表性的寶馬汽車和電單車，無論是大小車迷，都必定會樂在其中！

詳細介紹見 P.111

齊爾恩多夫 摩比樂園

　　是專門為小孩童精心設計的Playmobil主題公園，玩樂設施包括多款玩水遊戲、滑梯、彈床和攀爬遊戲場等，最適合精力充沛的小朋友去盡情放電！

詳細介紹見 P.206

親子遊景點之選

漢堡

CHOCOVERSUM
朱古力博物館

除了介紹朱古力的起源和生產過程，亦可即場親手自製朱古力磚，自選心水配料去創造個人化口味！輕鬆製造快樂又甜蜜的親子旅行時光。

詳細介紹見 P.398-399

金茨堡

德國樂高樂園

整個樂園用了超過5千7百萬塊樂高積木打造，共有60多個遊樂設施和景點，還有大量精美可愛的打卡位，很適合一家大細來一趟充滿歡笑的旅程！

詳細介紹見 P.160-163

紐倫堡 # 玩具博物館

是舉世聞名的玩具博物館！收藏品包括19世紀歐洲古董洋娃娃、微型廚房、鐵皮玩具等，可讓小朋友一睹昔日流傳下來的歐式古董玩具，必定會大開眼界。

詳細介紹見 P.176-177

親子遊景點之選

精選**酒店住宿**!

　　在德國旅行，住宿種類選擇也很多。除了設備配套較完善的集團式酒店，古典優雅的小型旅館也很有氛圍！如果打算長途旅行的遊人，也可選擇價格比較親民的旅舍，當中除了提供宿位外，也有經濟型的獨立房間。

在訂房前留意一下~

1/ 北德氣溫一般偏低，並不是每間酒店都會有提供冷氣。而北德夏季也有機會遇上高溫炎熱，如在夏季到訪又怕熱的話，可先查看該住宿有沒有安裝冷氣。

2/ 如打算預訂民宿或小型旅館，又有重型行李，在預訂前記緊查看樓房有沒有升降機。

3/ 有部分旅舍除了提供宿位給單身背包客，也有提供經濟型家庭式房間。而其中亦有一些只限青年入住，或需付費成為會員，才可訂房。

4/ 在德國會有一些只限成年人入住的酒店。如果是親子旅行的話，就需要注意了。

豪華客房空間感十足,用色高貴沈穩,典雅舒適。

華麗氣派

MAP: P.114 B3

Rocco Forte The Charles Hotel

於慕尼黑的5星級酒店,位於中央火車站的不遠處,倚傍翠綠寧靜的舊植物園。酒店共有160間客房和套房,其中標準客房更是全城最大,每間達40平方米,佈置高貴典雅,十分寬敞。另外,酒店設有優雅浪漫的Sophia's Restaurant & Bar餐廳,提供各式美食,附設的露天用餐區更可享有園林美景。配備還有The Charles Spa水療中心、健身房和室內游泳池,舒緩旅人們整天外出所帶來的疲累。

所有房間的浴室都備有浴缸和步入式淋浴間。

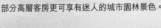
部分高層客房更可享有迷人的城市園林景色。

典雅套房面積有67平方米,配備獨立臥室和大客廳,裝潢低調中見氣派。

Info

地址: Sophienstraße 28, 80333 München
電話: +49 895445550
房價: 大約€460/晚起
網址: www.roccofortehotels.com/de/
　　　 hotels-and-resorts/the-charles-hotel/
前往方法: 從慕尼黑中央火車站步行前往,
　　　　　 約需5分鐘。

Sophia's Restaurant & Bar

於晚間亮起柔和燭光，流露一股浪漫迷人的氣氛。

酒店餐廳 Sophia's Restaurant & Bar 集小餐館、酒廊和雞尾酒吧於一身。

每天供應的自助早餐十分豐盛，其中也有不少當地特色食材。

餐廳也有提供精心設計的午餐和晚餐，主打歐陸風味，賣相別緻吸引。

另設酒廊區，可享各式葡萄酒或特色雞尾調酒。

在週末晚間時段，於酒廊設有現場live band，滿有氣氛。

泳池有達15米長，是慕尼黑市中心最長的酒店室內游泳池。

健身室設備齊備，另有桑拿浴室和蒸汽浴室，可供住客使用。

酒店亦鄰近博物館區，只需約10分鐘的步程即可輕鬆到訪。

山系渡假 Feel

MAP: P.123 C2

Hotel Cocoon am Hauptbahnhof

　　玩味十足的酒店！一走進內會以為去了一轉「阿爾卑斯山旅行」。酒店裝潢以山系渡假為主題，於慕尼黑市中心打造了一個讓人忘憂的休閒空間。大堂設計成登山纜車站，當住客Check-In完畢，乘坐升降機登上房間時，更會發現升降機裡正投影著壯麗的山區景色，就像在登山纜車裡會看到的風景，感覺十分奇妙！

想不到在慕尼黑市中心，也能感受到濃濃的阿爾卑斯山風情。

客房同樣以阿爾卑斯山為主題，內裝屬於木系田園風，簡潔舒適。

酒店大堂就像一個登山纜車站，除了有整個車廂之外，還有登山吊椅讓住客打卡。

大堂休息區利用了淺色石牆、木柴和壁爐，佈置成一個溫暖的客廳。

洗手間富現代感，整潔簡約，並設有舒適的淋浴間。

房間裡也有小型客廳區，放置了長型梳化和木頭小茶几。

Info

地址： Mittererstraße 9, 80336 München
房價： 雙人間 約€95/晚起
網址： cocoon-hotels.de/de/cocoon-hauptbahnhof/
前往方法：
從慕尼黑中央火車站（München Hauptbahnhof）向南步行約5分鐘。

以阿爾卑斯山風景作背景的餐廳，令人充滿渡假的心情。

早餐區也滿有山系特色！每天供應多款新鮮烘焙的德式麵包和糕點。

從玻璃天窗透入自然光，空間通透明亮，讓人能更加放鬆地用餐。

自助早餐選擇蠻豐富，包括火腿、芝士、沙律、乳酪、水果等，部分食材來自當地有機農場，滋味健康。

餐廳一角被設計成「山系渡假木屋」的模樣，感覺很療癒。

在夏天設了一個蠻大的露天休閒區，讓住客可以躺在椅上曬日光浴。

位置超棒！前往慕尼黑中央火車站僅需5分鐘步程。

舒適出遊的經濟選擇

MAP: P.109 A1

H2 Hotel München Olympiapark

　　座落在奧林匹克公園以北的大型酒店，共有465間價格相宜的舒適客房，除了設有一般的單人和雙人間，亦特別針對一班朋友或一家同遊而提供4人間和6人間。整體裝潢簡約帶有現代感，而位於較高樓層的房間，更可欣賞到奧林匹克塔和公園園景。餐廳是24小時全天候營業，方便住客可隨時醫肚。

鄰近奧林匹克公園，而距離市中心舊城區約8公里，車程約20分鐘。

餐廳裝潢簡約富格調，24小時營業提供美食，突然想吃宵夜也可在這裡解決。

主要供應西式料理、漢堡、意粉和輕食。

房間設計簡潔時尚，空間感雖不算很大，但整體舒適度高。

木質風浴室搭配白色磚牆，感覺份外亮麗，令人放鬆。

Info

地址： Moosacher Str. 82, 80809 München
電話： +49 893500350
房價： 雙人間 約€85/晚起
網址： www.h-hotels.com/de/h2/hotels/h2-hotel-muenchen-olympiapark#Hotel
前往方法： 乘坐U-Bahn U3線到「Oberwiesenfeld」站，即達。

自助早餐選擇挺豐盛，包括各式火腿、芝士片、水果、沙律、乳酪等等。

早餐麥片也有多款以供選擇。

除了可於室內用餐大廳享用早餐，若天氣許可，也會設有露天雅座。

在陽光下享受美食，感覺特別寫意。

在大堂設了自助螢幕，讓住客可自行辦理入住和退房手續。

部分樓層的房間，從窗外可享有奧林匹克公園景觀，黃昏時間更美！

門外就是U-Bahn站口，交通十分便利。

酒店內的圖書室，以歐式家具和陳設烘托出現代氛圍。

巴伐利亞的時尚

Steigenberger Hotel München

MAP: P.101 B1

於2017年開幕，整體裝潢帶有時尚感，並在細節之中融合了傳統巴伐利亞元素！共提供了292間典雅舒適的房間，還特設逾3千尺的Wellness Area，內有休息區、桑拿區和健身區，讓住客在旅程中可以好好放鬆。酒店位於英國公園西北端較為寧靜的地段，雖然不太接近當地景點，但鄰近U-Bahn和電車站，只需約15至20分鐘即可抵達市中心，也很方便。

走廊牆上用了慕尼黑地標之一「奧林匹克塔」作圖案，為酒店增添了更多當地特色。

房間採用防過敏橡木地板，配以簡約時尚的布置，很具舒適感！

洗手間格局時尚寬敞，設了雙洗手盆，一人一邊好便利。

於早餐時段，各式食材整齊地擺放著，讓人賞心悅目！滿有用餐儀式感。

桑拿區特意設計成金屬釀造桶的模樣，讓人想起巴伐利亞的手工啤酒。

於16:00至22:00開放的桑拿區，住客可在此免費享受桑拿浴和蒸汽浴。

健身室設備齊全，24小時開放給住客使用。

位於慕尼黑市中心以北，鄰近電車和U-Bahn站，交通十分方便。

自助早餐十分豐盛美味，選擇一應俱全。

早餐在LUMEN餐廳享用，環境優雅，滿有氣派。

另設富有巴伐利亞風情的VALENTINUM餐廳，提供現代精緻版本的傳統菜。

在餐廳裡的大型步入式透明啤酒冰箱，存放了多達50種不同類型的啤酒。

---Info---

地址：Berliner Str. 85, 80805 München
電話：+49 891590610
房價：雙人間 約€120/晚起
網址：www.steigenberger.com/hotels/
　　　alle-hotels/deutschland/muenchen/
　　　steigenberger-hotel-muenchen
前往方法：
U-Bahn 乘坐U6線到「Nordfriedhof」站，
再步行7分鐘。
電車 乘坐23號到「Am Münchner Tor」
站，再步行5分鐘。

大堂設有24小時前台服務，並有休憩區給住客使用。

屬於當地大型旅舍，主要以優惠價格和完善配備作賣點。

親民之選

MAP: P.109 A2

MEININGER Hotel München Olympiapark

MEININGER在德國不同城市設了10多間酒店，主要提供配備現代設施的廉價客房，而其中這間設在慕尼黑奧林匹克公園附近，共有172間客房，除了提供宿位之外，也有獨立單人間、雙人間和家庭房。價位親民絕對是亮點！而配套也完善，設有一應俱全的公用廚房，另有付費洗衣機和乾衣機，可輕鬆滿足長途旅行中的各種需要。

位於地下的餐廳，裝潢以亮麗簡約為主，每天在此提供自助早餐。

4人間內有2張單人床和1張雙層床，適合一家大細入住。

每間房都有獨立洗手間，感覺整潔衛生，亦提供了簡單洗浴用品。

公用廚房有齊煮食爐、焗爐、雪櫃，想在旅途中下廚也完全沒問題。

這裡沒有提供免費行李寄存服務，但設有自助付費儲物櫃可供使用。

Info

地址： Landshuter Allee 174, 80637 München
電話： +49 8989679961
房價： 雙人間約€76/晚起；
宿位約每人€20/晚起
網址： www.meininger-hotels.com/en/hotels/munich/hotel-munich-olympiapark/
前往方法： 乘坐電車20、21號到「Olympiapark West」站，再步行3分鐘。

帶有露台的標準客房，裝潢雅緻滿有韻味。

城中經典 5 星住宿

MAP: P.073 D2

Hotel Bayerischer Hof

　　位於慕尼黑心臟地帶瑪利亞廣場附近，是城中著名的五星級酒店，裝潢古典優雅，流露高尚浪漫的氛圍！酒店共有337間豪華客房和74間套房，各方面配套都很完善，另有5間高級餐廳和6間酒吧，其中包括米芝蓮2星餐廳Atelier，而另一亮點是內設豪華影院Cinema Lounge，除了用作放映電影之外，也是舉行慶典的華麗場所。

具有多款不同風格的客房和套房，切合各住客的需要。

擁有玻璃屋頂的Garden餐廳位於1樓，採光度高，通透亮麗，宛如在溫室裡用餐。

既古典又時尚的falk's Bar設在歷史悠久的鏡子大廳裡，提供各式雞尾酒。

Cinema Lounge裡共有38個豪華梳化座位，電影門票可於酒店官網預訂。

於頂層的水療中心提供各式按摩療程，另有半露天游泳池給住客使用。

外觀古典優雅，位置亦相當優越！就在市中心最熱鬧的瑪利亞場附近。

Info

地址： Promenadepl. 2-6, 80333 München
電話： +49 8921200
房價： 雙人間約€420/晚起
網址： www.bayerischerhof.de
前往方法： 乘坐電車19、21號到「Marienplatz (Theatinerstraße)」站。

滿有地中海風情的天台酒吧，面向慕尼黑古城景色，十分愜意。

5星低調奢華

MAP: P.073 F3

慕尼黑文華東方酒店
(Mandarin Oriental München)

　　前身是一間19世紀典雅的歌劇院，在浪漫迷人的慕尼黑散發著非凡氣派！酒店提供多款不同裝潢的房間，整體尊貴奢華，把當地巴伐利亞風格和東方格調完美融合，呈現古典優雅藝術感。於夏季開放的天台花園，是慕尼黑戶外用餐和喝一杯的好地方！在風景如畫的老城區美景下，浪漫不凡。極佳的位置也是酒店亮點之一，距離瑪利亞廣場只有5分鐘步程。

舒適客房融合東方和歐式風格，感覺典雅。

帶有浴缸的寬敞浴室，可好好享受浸浴時光，盡情放鬆。

健身中心24小時開放，另有蒸汽浴室和桑拿浴室供住客使用。

酒店位於老城區的中心地帶，鄰近名店區-馬克西米利安大街。

富有浪漫格調的大堂，設有The Lounge咖啡廳供應各款小吃和甜點。

---Info---

地址：Neuturmstraße 1, 80331 München
電話：+49 89290980
房價：雙人間 約€900/晚起
網址：www.mandarinoriental.com/en/munich
前往方法：乘坐132號巴士到「Tal」站，再步行3分鐘。

住在滿有溫馨感的木屋旅館，有種身在童話世界中的喜悅。

童話式木屋旅館
Hotel Filser

MAP: P.140 A1

位於阿爾卑斯山山腳下的菲森，是德國經典主題旅遊路線「浪漫之路」的終點，也是新天鵝堡的山下小鎮！在城外不遠處，有這間童話式充滿溫馨感的木屋旅館，是感受鄉村風情的好地方！田園風房間內裝和諧雅緻，設有山景小陽台，環境十分寫意。而大約步行15分鐘，就可抵達小鎮市中心。

位於頂層的斜頂單人間，內裝屬於簡約田園風，整體潔淨舒適。

自助早餐也很豐富，供應各款火腿、芝士、香腸、蛋類、水果等。

鄉村風格的餐廳擁有古典優雅氛圍，配上泛黃燈光，具有情調。

木系陽台鳥語花香，附近多屬民居範圍，環境寧靜。

在戶外草地設了露天座位，可供住客歇息一下，十分愜意。

旅館裡設了小型桑拿房和健身室，可給住客使用。

Info

地址：Säulingstraße 3, 87629 Füssen
電話：+49836291250
房價：單人間約€80/晚起；
　　　　雙人間約€160/晚起
網址：www.hotel-filser-fuessen.de
前往方法：
從菲森火車站（Füssen Bahnhof）步行前往，約需12分鐘。

海盜島酒店是其中最受歡迎的，外觀像色彩繽紛的商店大街，前方設了海盜船遊樂場，一出門就可大玩特玩了。

魔幻積木旅程

樂高樂園度假村
(LEGOLAND Feriendorf)

MAP: P.160 B2

在德國樂高樂園旁邊的主題度假村，裡面有很多類型的住宿選擇，包括很具人氣的海盜島酒店、溫馨浪漫城堡酒店、超酷的忍者宿舍和充滿田園特色的野營圓桶等，大部分房型都以家庭房間為主。整個度假村設施配套完善，設有不同的兒童玩樂區和餐飲區，另有多項自費活動，包括海盜高爾夫、高空繩索課程、海盜保齡球等等，絕對是親子放電首選。

營地上的一個個野營圓桶，十分可愛獨特。

野營圓桶裡空間不算大，也足夠一家人一起住，洗手間則設在房外的公共區。

度假村裡另有以海盜為主題的小型高爾夫球場，可以一家大細一起玩。

高空繩索有專人指導，玩的時候也需要繫上安全帶。

*以上照片來自LEGOLAND Feriendorf官方網站

★I Can Tips

2日1夜套票（樂高樂園門票＋住宿）
在官網可購買包括了1晚住宿和2天園區門票的家庭套票，也可同時加購餐飲和自費活動。

可供4-5人的海盜島家庭房間，父母區設有雙人床，另一邊設了小朋友的獨立臥室。

小朋友臥室裡有船形設計的雙層床，滿有快樂氣氛。

Lego城堡酒店的外型設計實在很棒！住在裡面小朋友一定會份外興奮！

═Info═

地址： Legoland-Allee 3, 89312 Günzburg
電話： +49 82212573550
房價（2日1夜雙人套票連2天園區門票）：
海盜島酒店 約€460/晚起；野營圓桶 約€360/晚起；忍者宿舍 約€620/晚起；城堡酒店 約€460/晚起
網址： www.legolandholidays.de
前往方法： 從德國樂高樂園（LEGOLAND）步行約需5-10分鐘。

旅館是由舊建築翻新，設在紐倫堡老城區外圍的舊城牆內。

古式新建
Five Reasons Hostel & Hotel

MAP: P.193 B3

　　旅館設在市中心外圍，距離紐倫堡火車站只有8分鐘步程，而離老城區也很接近，地點非常便利。內部裝演設計精美，整體以簡約舒適為主，務求令住客可以好好休息，另設了共用廚房設施，可供簡單下廚。旅館提供獨立雙人間或單人間，亦有一些多人共享房間宿位，價格親民，無論是一般遊客或是單人背包客，也很合適。

大堂位置設了餐飲部，供應付費自助早餐。

公共廚房設備齊備，包括煮食爐、焗爐、微波爐等，讓住客可作簡單下廚。

公共淋浴間整潔舒適。

多人共享房間也挺有空間感，有個人儲物櫃可放置行李。

設有升降機，不用擔心要爬樓梯搬行李。

整體內裝簡潔亮麗，帶有時尚感。

Info

地址：Frauentormauer 42, 90402 Nürnberg
電話：+49 91199286625
房價：雙人間約€49/晚起；
　　　4-8人宿位每位約€18-22/晚起
網址：www.five-reasons.de
前往方法：乘坐U-Bahn U2、U3線到「Opera House」站，再步行1分鐘。

建築外觀完美呈現昔日皇家馬廄古色古香的面貌！樓高7層，另設頂層閣樓。

中世紀城堡青年旅舍

MAP: P.174 C1

DJH Jugendherberge Nürnberg

Tips

只要付出親民價就可住進15世紀的城堡裡！於2013年開業，由昔日皇家馬廄改建而成，整座青年旅舍保留了原有古舊建築的特色，並融合了現代化設計。這裡由德國青年旅舍協會（DJH）營運，提供共353張床位，也有獨立房間，而入住年齡並沒有限制，只要成為DJH會員就可預訂。如果想感受老城堡的歷史氛圍，這裡是很不錯的選擇。

成為DJH會員

想入住的話，需要額外付費成為德國青年旅舍協會（DJH）會員，旅客可於DJH官網或於Check-In時申請入會，辦理好後亦可預訂入住其運營遍佈德國的400多間青年旅舍。

INFO
首年費用：26歲以下€7；27歲以上個人或家庭€22.5
網址：www.jugendherberge.de

客房樓層保留了舊有的大石柱，滿有中世紀城堡的古樸風韻。

4人間放了2張高架床，裝潢簡單舒適。

房間裡設有大型儲物櫃，可供住客存放行李和貴重物品。

在門外不遠處就可居高臨下眺望小城全景，而大約走100米即可抵達紐倫堡城堡的入口。

位於地下的餐廳，把中世紀的建築元素注入了現代時尚感。

餐廳裡這張圓桌用餐特別有感！洋溢著城堡的獨特氛圍。

餐廳每天供應自助式簡單早餐，以青年旅舍來說，選擇也算豐富。

早餐有德式香腸、火腿、麵包、果汁、乳酪、水果等。

每間房間都有獨立洗手間，簡約整潔。

門牌寫著這裡是建於1494至1495年的「皇家馬廄」。

從大門出入都需出示房間卡，以防非住客進入。

Info

地址：Burg 2, 90403 Nürnberg,
電話：+49 9112309360
房價：1床位（4人間）　約€40/晚起；2人間約€106/晚起
網址：nuernberg.jugendherberge.de
前往方法：
步行 從市中心大集市廣場（Hauptmarkt）向北走，再沿城堡街「Burgstraße」步行並登上樓梯或斜路，步程約8-10分鐘。如從紐倫堡火車站步行前往，則需約20分鐘。
公共交通 乘坐4號電車到「Tiergärtnertor」站或36號巴士到「Burgstraße」站，再步行約8分鐘。

房間有多種不同的佈局和風格，除了著重設計感之外，也重視舒適度。

現代藝術酒店

MAP: P.267 B2

25hours Hotel The Trip Frankfurt

擁有獨特氛圍的酒店！以環遊世界作主題概念，由法蘭克福藝術家Michael Dreher參與設計，融合了不同國家的元素，把酒店每個樓層精心佈置，用色豐富艷麗，盡顯現代美學。所在位置亦相當優越，就在法蘭克福中央火車站的外圍，十分方便。酒店亦提供租借單車服務，入住的旅客大可來一場法蘭克福單車遊！

這房間讓人聯想到熱帶雨林，感覺清新自然。

供應德國和中東料理的BAR SHUKA餐廳，以日式裝潢糅合了中東元素，很有特色。

大堂佈置得像一個迷人花園，寬敞優雅，感覺十分舒適。

公共休息區放置了長型梳化，配襯五彩繽紛的坐墊，滿有時尚美感。

客房裡設有寫字枱和組合櫃，設計簡約又實用。

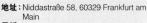

Info

地址： Niddastraße 58, 60329 Frankfurt am Main
電話： +49 692566770
房價： 雙人間 約€95/晚起
網址： www.25hours-hotels.com/hotels/frankfurt/the-trip
前往方法： 從法蘭克福中央火車站步行前往，約需5分鐘。

經濟型住宿

MAP: P.270 B1

a&o Frankfurt Ostend

　　非常划算的大型旅舍，以經濟實惠的價格和完善配套作為賣點！位於法蘭克福市中心的東部商廈區，周邊較為寧靜，但門外已有電車站，進出市中心各大景點也十分方便。這裏除了提供宿位給背包客之外，也有經濟型舒適客房和家庭房，整體設備相當齊全，設有自助式客用廚房、洗衣房、休息區、小型兒童玩樂區和24小時酒吧，附近也有大型超市和各式食店。

大堂有蠻大休息區，放置了多張梳化椅，感覺舒適。

設有24小時酒吧提供酒精或非酒精飲品和輕食。

大堂也有小型兒童玩樂區，給小朋友放電。

床下設了大儲物箱供存放私人物品，可自備鎖頭上鎖。

這裡的共享房間空間不算多，但勝在價格便宜。

娛樂設施還有桌球枱，可供一班朋友玩樂。

屬於當地經濟型旅店，適合一些想節省旅費的遊客。

---Info---

地址：Hanauer Landstraße 207, 60314 Frankfurt am Main
電話：+49 30809475110
房價：雙人間 約€65/晚起；共享房間1宿位 約€18/晚起
網址：www.aohostels.com/de/frankfurt/frankfurt-ostend/
前往方法：乘坐電車11、14號到「Schwedlerstraße」站，再步行1分鐘。

整體用色柔和舒適，令人感到放鬆無比，可以好好休息。

5星級優雅氣派

MAP: P.290 C3

柏林麗晶酒店
（Regent Berlin Hotel）

　　座落在米特區優雅的御林廣場旁邊，屬於旺中帶靜的高尚區域，地理位置很優越！是城中知名的5星級酒店之一，歐陸式佈置呈雅緻奢華風格，大堂高雅的大理石牆身與水晶吊燈，盡顯氣派。酒店共有156間客房和39間套房，採用了暖色調配襯古典家具，高貴得來不落俗套，部分客房更享有小露台，可欣賞到御林廣場或內庭的迷人景色。

滿有奢華感的大理石浴室色調淡雅，氣派十足。

酒店選用了法國天然品牌L'Occitane的浴室用品。

客房敞亮又具空間感，帶有溫馨暖意的氛圍。

房間裡的木製家具和古董化妝枱，具有典雅復古的氣息。

酒店內的Charlotte & Fritz，是城中著名的高級餐廳，內裝高雅滿有格調，營造出浪漫十足的用餐氛圍。

每個角落都以經典歐陸式元素作佈置，裝潢雅緻。

從部分房間的小露台，可近距離看到御林廣場的景色。

自助早餐在Charlotte & Fritz餐廳中享用，選擇豐富，十分高質。

大堂酒廊豪華舒適，設計注重細節，充分彰顯高貴的歐式風格，這裡也有提供經典下午茶。

設了水療中心提供按摩服務，另有健身中心和桑拿室，讓住客可在旅程中放鬆身心。

於夏季，在酒店內庭的半露天用餐區喝一杯和享用美食，感覺寫意。

酒店外觀比較平實現代感，而內在則散發著優雅氣息。

---Info---

地址：Charlottenstraße 49, 10117 Berlin
電話：+49 3020338
房價：雙人間 大約€280/晚起
網址：regenthotels.com/regent-berlin
前往方法：
U-Bahn 乘坐 U6線到「Unter den Linden」站，再步行4分鐘。
巴士 乘坐147號到「Französische Str.」站，再步行1分鐘。

經過大規模翻新後的百年歷史泳池，是這間酒店十分耀眼的亮點！

住進百年歷史市政泳池

MAP: P.361 C2

Hotel Oderberger Berlin

　　在酒店接待處旁邊有道時空之門，一走進去會驚訝這裡原來別有洞天，一個充滿歷史韻味的室內泳池會呈現於眼前，在迷人的燈光下散發獨特的氛圍！泳池屬於受保護歷史建築，原是1898年興建的公共設施，後來因日久失修於1986年關閉，棄用了20多年後最終用了4年光景把它進行大整修，回復昔日宏偉的模樣，同時也配建了70間古今融合的舒適客房，於2016年以酒店模式重新開放。

酒店房間以古典揉合了現代時尚，展現傳統與新造的美感。

浴室保留了昔日留存下來的大門，別具歷史意義。

淋浴間簡潔明淨，給人舒心放鬆的感覺。

這經典泳池雖成為了酒店一部分，但於日間時段亦會跟昔日一樣向公眾開放。若想獨享泳池，也可於酒店官網預訂私人午夜泳池環節。

家具擺設強調實用性，房間亮麗整潔，營造溫馨宜人的氛圍。

─**Info**─

地址：Oderberger Str. 57, 10435 Berlin
電話：+49 30780089760
房價：大約€139/晚起
網址：www.hotel-oderberger.berlin/
前往方法：
U-Bahn 乘坐U2線到「Eberswalder Straße」站，再步行5分鐘。
電車 乘坐M1、12號到「Eberswalder Straße」站，再步行5分鐘。

於地下設有住客公用休息區，以大地暖色系打造一個火爐大廳，環境十分愜意。

酒店內外古典優雅，帶有雕刻的柱子和拱形窗戶很具獨特韻味。

餐廳裝潢簡潔優雅，擺放了天鵝絨座椅，更覺高雅舒適。

每天供應自助早餐，提供了很多優質美味的本土食材。

早餐喝一杯清新系自家製蔬果水，各種素材搭配宜人，令人心情煥然舒暢。

各式芝士風味絕佳，令這個早上充滿無限幸福感。

雙人間以米色和白色為主，配以木紋家具，簡潔俐落，感覺舒適。

大型商務酒店

MAP: P.291 F2

H4 Hotel Berlin Alexanderplatz

鄰近交通中樞亞歷山大廣場，是當地很具規模的連鎖四星級商務酒店，總房間共有337間，裝潢屬於現代簡約風，時尚平實又不失設計感，另設了健身房和桑拿浴室，可供住客使用。如果是商務房或是套房的住客，更可在入住期間於行政酒廊休息和享用甜點、小食。酒店位置距離購物區只有5分鐘步程，而城中著名地標柏林電視塔就在附近，無論是地理位置或是價位都很吸引。

淋浴間同樣以淺木色系作主調，光潔明亮。

只要8至10分鐘，就可從酒店步行至城中地標「柏林電視塔」。

每天向住客提供自助早餐，選擇豐盛。

小型套房設有寬敞起居區，放置了梳化和茶几，營造出溫暖的家居氣息。

酒店餐廳流露德式的低調優雅，主要供應國際風味美食。

Info

地址：Karl-Liebknecht-Str. 32, 10178 Berlin
電話：+49 3030104110
房價：雙人間 大約€90/晚起
網址：www.h-hotels.com/de/h4/hotels/h4-hotel-berlin-alexanderplatz?utm_source=yext&utm_medium=listing
前往方法：
乘坐U-Bahn U2線到「Rosa-Luxemburg-Platz」站，再步行5分鐘。

房間內裝簡潔，重於實用性和舒適度，也有設計感。

簡潔時尚

`MAP: P.350 A1`

Hotel Gat Point Charlie

在柏林著名景點「查理檢查哨」的轉角不遠處，有一間名為「貓之查理檢查哨」的酒店。這裡共提供3種房型，最基本的標準間空間不大，但也佈置得舒適整潔，而小型套房寬敞闊落，部分樓層更設有小露台。酒店位置很便利，步程範圍內就有很多著名景點，鄰近也有U-Bahn站。另外，早餐質量也獲得很不錯的評價。

小型套房內有舒適的客廳區，感覺溫暖如家。

門外有換上軍服的貓貓雕像來迎接大家，令人想起附近著名景點「查理檢查哨」的站崗人員。

享用早餐的地方不太大，但食物擺放得整齊吸引，整體用餐過程也很不錯。

大堂放置了紅色弧型梳化給住客閒坐休憩。

早餐時段還提供了6款不同的奶類，其中包括植物奶。

自助早餐選擇多，當中有各款德式香腸和麵包，食材新鮮美味。

Info

地址： Mauerstraße 81-82, 10117 Berlin
電話： +49 3054906923
房價： 雙人間 約€80/晚起
網址： hotelgatpointcharlie.com
前往方法： 乘坐U-Bahn U2、U6線到「Stadtmitte」站，再步行6分鐘。

房間設計簡約舒適，以白色和灰色色調帶出亮麗感，標準間配有鑲木地板、衣櫃和小書桌。

現代風公寓式酒店

MAP: P.291 D1

Hotel AMANO Rooms & Apartments

　　如果想入住擁有當代風格的酒店，感受一下柏林的設計美學，又想在旅途中找到家的舒適感，這間公寓式酒店就很適合不過了。整體裝潢低調優雅，共提供了164間客房，除了標準間之外，還特別設計了多款公寓式房間，內設獨立用餐區、起居區和睡眠區，亦配置了帶有廚具的下廚區，非常適合一家大細，或是在長途旅行中的需要更寬敞空間的旅客。

酒店樓高5層，外觀古典優雅！步行數分鐘即可抵達U-Bahn站，交通也很便捷。

特大號公寓「XL Apartment」設有Full Size長餐桌和開放式廚房。

中號公寓「M Apartment」也有小巧的下廚區和雙人高腳用餐位，方便想下廚的旅客。

位於一樓另設充滿現代感的酒吧，提供各式雞尾酒，是小酌一杯的好地方。

在夏季開放的Roof Top酒吧，於晚間特別有氣氛。

Roof Top 露台擁有附近的城市景色，也可遠望柏林電視塔。

餐廳以黑木色為主調，貫徹其低調優雅之設計。

Info

地址：Auguststraße 43, 10119 Berlin
電話：+49 308094150
房價：標準雙人間 大約€80/晚起
網址：www.amanogroup.de/de/hotels/hotel-amano/
前往方法：乘坐U-Bahn U8線到「Rosenthaler Platz」站，再步行3分鐘。

型格概念旅舍

MAP: P.329 B1

Wallyard Concept Hostel

　　走簡約型格路線，公用空間滿有設計感，讓來自不同國家的住客可相聚聊天。這裡提供獨立房或共享房間宿位，內裝以簡約為主，勝在價格經濟，吸引不少年輕背包客或單人旅客入住。旅舍坐落在蒂爾加滕區以北，鄰近U-Bahn地鐵站，方便前往柏林各區，而於5分鐘的步程內則可抵達附近超市和商場。

於公用空間放置了大梳化，讓旅客可感受在家的溫暖感。

共用浴室設在房間外，也算整潔衛生。

共享房間空間感不算大，另有自備鎖頭的儲物櫃可供使用。

旅館有提供簡單的餐飲服務，亦可於Check-In時自行決定要不要加購早餐。

Info

地址：Lübecker Str. 46, 10559 Berlin
電話：+49 3024336494
房價：單人房約€34/晚起；雙人房約€54/晚起；宿位約€12/晚起
網址：www.wallyard.de
前往方法：乘坐U-Bahn U9線到「Turmstr.」站，再步行5分鐘。

客房裝潢優雅浪漫，設計以經典融合了現代元素，十分亮眼舒適。

現代法式優雅

MAP: P.404 B3

TORTUE Hamburg

　　於2018年開業的精品酒店，位於優雅寧靜的漢堡新城區。酒店由多位國際設計師設計，以紫、藍、紅三色為主要色調，共提供128間充滿法式浪漫的房間，另設有多間滿有設計質感的餐廳和酒吧。酒店取了法語中的「烏龜」（TORTUE）作為名宇，意指拿破崙時代穿著考究和很懂享受的花花公子，也希望住客在這裡可以放慢腳步，細意享受現代法式情懷。

每間房間都設有King Size 210cm超長床，就算很高大的住客也可睡得舒舒服服。

浴室寬敞有空間感，搭配亮白大理石牆身，讓住客可享受舒心的洗浴時光。

房間休息區放置了鮮紅梳化椅，配搭經典又時尚，讓人耳目一新。

漱口杯用上了自家設計的花花公子瓷杯，跟酒店的主題作和應。

為住客提供免費非酒精飲料MiniBar。

Info

地址：Stadthausbrück 10, 20355 Hamburg
電話：+49 4033441400
房價：雙人間 約€185/晚起
網址：www.tortue.de
前往方法：
S-Bahn 乘坐 S1、S3線到「Stadthausbrücke」站，再步行4分鐘。
U-Bahn 乘坐U2線到「Gänsemarkt」站，再步行6分鐘。

提供亞洲風味料理的餐廳「JIN GUI」，每個角落都經過精心佈置。

走廊也用上風格十足的黑白紋理壁紙。

大堂以帶有輕奢感的紫色作主調，燃起壁爐和燭光，散發溫暖宜人的氛圍。

酒店早餐：除了自助區，客人也可在餐單裡自由點選，其中更有多款非常吸引的法式美食，包括鵝肝伴糖漬水果。

早餐於酒店裡的法式小酒館「BRASSERIE」裡享用，自助區有自家製果醬、香腸、芝士、羊角包、新鮮水果等等。

法式可麗餅即叫即製，配伴覆盆子和朱古力醬，賣相精緻誘人。

「JIN GUI」餐廳裡有一間華麗非凡的金色內廳，是由香港著名室內設計師Joyce Wang 所設計。

位置優越！不到10分鐘的步程就可抵達漢堡市政廳、阿爾斯特湖湖區、處女堤等多個城中著名景點。

門外放置了一個小小的「烏龜」雕像，以貫徹酒店的主題。

房間內部簡約優雅，結合了現代與復古的設計，舒適度高。

現代悠閒港口風

MAP: P.384 C2

25hours Hotel Hamburg HafenCity

　　於2011年開業，是25hours Hotel集團旗下的4星級酒店，位於漢堡港城的中央，大堂和房間內部都以航海為設計靈感，營造寫意的港口風情。部分房間更可欣賞到易北河的景色，是遠離煩囂鬧市之選！酒店鄰近海事博物館和倉庫城，而距離U-Bahn地鐵站只有數分鐘步程，無論前往那一個景點，都很方便。

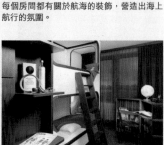
每個房間都有關於航海的裝飾，營造出海上航行的氛圍。

最頂層設有海港桑拿房，裝潢設計令人感到置身在甲板！於戶外區更可欣賞海港和郵輪碼頭的景色。

大堂設計滿有時尚感，利用了貨櫃作設計主題，貼合以「海港」為題。

這裡的Twin Room把2張單人床換成了雙層床，感覺像進入了在輪船上的船員房間。

酒店樓高6層，建築外觀相比內部設計較為平實。

餐廳「HEIMAT」時尚高雅，供應德國經典時令菜餚。

Info

地址：Überseeallee 5, 20457 Hamburg
電話：+49 402577770
房價：雙人房約€150/晚起
網址：www.25hours-hotels.com/hamburg-hafencity
前往方法：乘坐U-Bahn U4線到「Überseequartier」站，再步行5分鐘。

經濟便利首選

MAP: P.395 D1

Generator Hamburg

對於背包客來說，這間價格經濟的青年旅舍是城中之選！位置十分方便，就在漢堡中央火車站和長途巴士總站的對面，緊鄰購物大街「蒙克貝格街」，熱鬧非凡。旅舍除了提供多人一房的宿位之外，也設有獨立雙人間，但沒有提供給住客使用的廚房，而附近食店選擇也多，去找吃的也很便利。

房間以簡潔為主，除了有男女混合宿位房間，也設有女士專用房間。

於房間內設有微型洗手間。

整體的空間感不算多，但勝在位置非常便利，於大堂也有休閒區。

其他配套設施比較簡單，設有酒吧和咖啡室。

床位下有儲物籃可放個人物品，住客需要自備鎖頭。

Info

地址：Steintorpl. 3, 20099 Hamburg
電話：+49 40226358460
房價：多人一房宿位約€18/晚起；雙人房約€60/晚起
網址：staygenerator.com/hostels/hamburg
前往方法：於漢堡中央火車站（Hamburg Hbf）東南面出口對面馬路，步行約需2分鐘。

現代化設計酒店

MAP: P.404 A3

Motel One Hamburg am Michel

位置旺中帶靜，鄰近漢堡博物館、聖米迦勒教堂和繩索街夜生活區，就算步行觀光都可探索漢堡聖保利區和新城區，而交通也方便，約5分鐘的步程也可抵達U-Bahn站。酒店屬於現代時尚風格，大堂內裝與家具佈置都充滿設計感，客房面積不大，但整體也很高雅舒適。

偌大的酒吧入型入格，晚間情調一流，適合喝一杯Chill下。

酒店放置了一些船舶模型、船燈等海洋裝飾品，在設計上呼應漢堡港口城市特色。

Motel One 在歐洲共有幾十間設計酒店，大多以時尚格調和親民價格作賣點。

大堂裝潢充滿時尚感，其中蛋椅是Motel One的經典標記。

Info

地址：Ludwig-Erhard-Straße 26, 20459 Hamburg
電話：+49 4035718900
房價：雙人房大約€106/晚起
網址：www.motel-one.com/hotels/hamburg/hotel-hamburg-am-michel/
前往方法：
U-Bahn 乘坐U3線到「St. Pauli」站，再向東步行4分鐘。
巴士 乘坐17或37號到「Michaeliskirche」站，再向西步行3分鐘。

巴伐利亞州首府

慕尼黑
München(德)/ Munich(英)

　　曾經是巴伐利亞王國的首都，現為德國南部最大的城市。慕尼黑名乎其實是一座「啤酒之城」，於當地所釀造的啤酒聞名於世，而當地人對啤酒那種根深蒂固的狂熱，從城中多個角落都可以感受到！人們喜歡聚在歷史悠久的啤酒館，或是滿有氣氛的啤酒花園中，豪邁暢飲。每年10月所舉辦的「慕尼黑啤酒節」，場面盛大，於熱鬧的氣氛之下，全城更藉此狂歡豪飲！

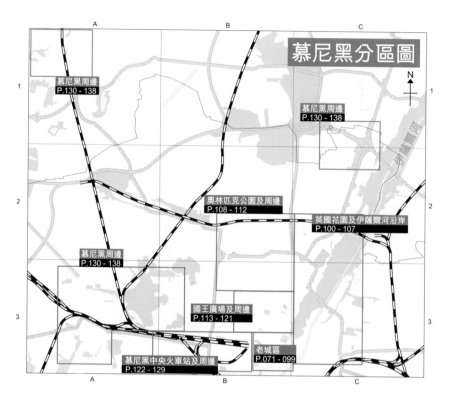

慕尼黑分區圖

N

慕尼黑周邊
P.130 - 138

慕尼黑周邊
P.130 - 138

奧林匹克公園及周邊
P.108 - 112

英國花園及伊薩爾河沿岸
P.100 - 107

慕尼黑周邊
P.130 - 138

國王廣場及周邊
P.113 - 121

老城區
P.071 - 099

慕尼黑中央火車站及周邊
P.122 - 129

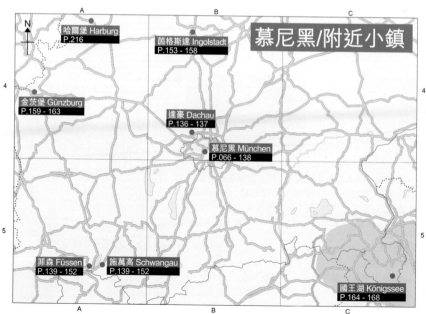

N

哈爾堡 Harburg
P.216

茵格斯達 Ingolstadt
P.153 - 158

慕尼黑/附近小鎮

金茨堡 Günzburg
P.159 - 163

達豪 Dachau
P.136 - 137

慕尼黑 München
P.066 - 138

菲森 Füssen
P.139 - 152

施萬高 Schwangau
P.139 - 152

國王湖 Königssee
P.164 - 168

機場交通

慕尼黑國際機場（MUC）Flughafen München

位於市中心東北面約40公里外，是德國第2繁忙的機場。國際航班和內陸航班都在這兒升降。

官網：www.munich-airport.de

交通方法

1. S-Bahn（S1或S8路線）

最方便是乘坐MVV營運的S-Bahn S1或S8路線。於慕尼黑市中心設有多個上車站，可直達慕尼黑機場「Flughafen München」站1號或2號客運大樓，S1路線主要連接慕尼黑西區，而S8路線則主要連接東區。

—Info—
車程：全程約40分鐘
班次：於繁忙時間每10分鐘1班

車票種類：

1. 單程

票價區：由市中心Zone M區至機場所屬的Zone 5區
票價：成人€13

2. AirportPLUS-Ticket 一天票

票價區：由市中心Zone M區至機場所屬的Zone 5區
有效期：從當天直到第2天凌晨6點可任意乘坐於票價區內由MVV營運的公共交通。
票價：成人€16；2-5人團體€29.8
購票地點：自動售票機、MVV官網、MVV App

城際交通
交通方法
1. 火車

慕尼黑市中心有多個火車站，其中「慕尼黑中央火車站」（München Hauptbahnhof）是最主要又最繁忙的一個。來往德國各大城市的列車，大部分都會在此停靠。

運行至全國的火車，主要由「德國國鐵」（Deutsche Bahn 或DB）營運。可於DB官網查閱路線、時間表及訂票：www.bahn.com/en/

2. 長途巴士

來往全國各大城市的長途巴士，主要由「Flixbus」運營，價格經濟，預早購買經常會有意想不到的低價。不過，要注意誤點情況。於官網可查閱路線、時間表及訂票。
Flixbus網頁：global.flixbus.com

3. CityTourCard 城市旅遊卡

於有效限期內，可任意乘坐該票價區內由MVV運營的公共交通工具。另於慕尼黑和周邊地區80多個旅遊景點享有門票折扣優惠。

有效限期：24小時、48小時、3天、4天、5天、6天
適用票價區：ZoneM（市中心；不包括機場）或ZoneM至Zone6範圍（慕尼黑全區包括機場）
購票地點：車站自動售票機、MVV或CityTourCard官網、車站售票處
網站：www.citytourcard-muenchen.com

票價：

	票價區 ZoneM	票價區 ZoneM至Zone6
個人-限期24小時	€15.5	€25.5
個人-限期48小時	€22.5	€36.9
2-5人團體-限期24小時	€24.5	€38.9
2-5人團體-限期48小時	€37.9	€59.9

＊其他天數之票價可於官網查閱

2. 機場巴士
(Lufthansa Express Bus)

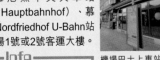

連接慕尼黑中央火車站（München Hauptbahnhof）、慕尼黑北區（Nordfriedhof U-Bahn站附近）和機場1號或2號客運大樓。

機場巴士上車站位於慕尼黑中央火車站北門外。

—Info—
車程：慕尼黑中央火車站至機場 約45分鐘；慕尼黑北區至機場 約25分鐘
班次：約20分鐘1班
單程票價：官網購票€11.5；車上購買€18.5
網站：www.airportbus-muenchen.de

Tips

一天遊之選！關於州票（Regional day ticket）
於德國每個聯邦州都有所屬交通州票，可於同一天於州內任意乘坐當地公共交通工具和地區火車，有效時限非常特長，特別是多人同遊的話，價格非常抵買！以巴伐利亞州票（Bayern-Ticket）為例，每加多€9，即可加多1人同乘使用，最多可5人。單人票價為€27，2人票價€36，如此類推。

—Info—
有效限期：
週一至週五 當天0900-第2天清晨0300
週六及假日 當天0000-第2天清晨0300
售票地點：自動售票機、MVV App、MVV官網
網站：www.bahn.com/en/offers/regional/regional-day-tickets

—Info—
慕尼黑長途巴士總站（ZOB Munich）
從其他城市抵達的巴士，一般會在此設站。
前往方法：
步行　從慕尼黑中央火車站北門外，往西步行約12分鐘。
電車　乘坐電車16或17號到「Hackerbrücke」站。
S-Bahn　乘坐S1至S4或S6至S8到「Hackerbrücke」站。

市內交通

交通方法

> 地鐵（U-Bahn）、巴士（Bus）、電車（Tram）和近郊火車（S-Bahn）

　　慕尼黑市內公共交通主要由MVV公司運營，提供多條地鐵、巴士、電車和近郊火車路線，並可統一使用MVV車票。
(慕尼黑交通路線圖：可查閱P.070)

---Info---

售票地點：
所有車票 自動售票機、MVV App
一天票或城市旅遊卡 自動售票機、MVV App、MVV官網
MVV官網： www.mvv-muenchen.de
*慕尼黑交通路線圖可於封面內頁查閱。

在MVV App裡除了有點對點的路線建議，還會列出該路線可適用的車票，登入後更可直接於App內購票。

車票種類：

A. 普通車票 Single Ticket

　　於2小時有效期內可隨意轉乘所選區內的地鐵、巴士、電車和近郊火車，但不可來回。

ZoneM票價：€3.7

B. 短程車票 Single Trip

　　可乘坐不多於4個站，其中地鐵和近郊火車只可乘坐最多2個站。

ZoneM票價：€1.9

C. 一天票

　　可無限次乘坐所選票價區內的地鐵、巴士、電車和近郊火車。

有效限期： 當天直到第2天清晨0600
ZoneM票價： 單人€8.8；2-5人團體 €17

*其他票價區之價格可於官網查閱。

德國近郊火車稱為S-Bahn，不同路線會於同一月台開出，為免坐錯車，上車前可留意月台電子告示牌。

德國地鐵稱為U-Bahn，上車前可留意月台電子告示牌，因部分班次有機會以中途站作為總站。

車站內的自動售票機

於電車站、地鐵站和部分巴士內設有MVV自動售票機，並可選擇英文操作版面。

無論是單程票、天票、團體票、城市旅遊卡、慕尼黑觀光卡、巴伐利亞票，都可在自動售票機購買。

於選擇車票種類時，旁邊也有列出車票的適用範圍。

實體車票於使用前記緊放進打票機打票，車票才生效。

Tips I Can

關於站牌
在德國大部分城市都統一使用這些徽標作站牌，很易識別。

Ⓢ 近郊火車站（S-Bahn）　Ⓗ 巴士站
Ⓤ 地鐵（U-Bahn）　Tram 電車站

關於交通票價區 (Fare Zone)
於德國各大城市都會以市中心作為中心點，然後向外環型定出多個交通票價區。越遠離的區段，從市中心出發的車票則會越貴。以慕尼黑為例，共分為7個票價區，交通圖中間白色部分是市中心區（Zone M），而機場設在第5區（Zone 5）。

購買車票時 要選定所屬票價區
而慕尼黑MVV車票分為～
ZoneM：只適用於ZoneM範圍
ZoneM-1：只適用於ZoneM至Zone1範圍……如此類推。
ZoneM-2：只適用於ZoneM至Zone2範圍

的士(Taxi)

　　可直接電召或經由手機應用程式預約。

---Info---

電召的士 (Taxi-München eG)
預約電話：+49 / (0)89/21 610 或 +49 / (0)89/19 410

預約的士 APP (Taxi Deutschland)
全國通用，只要輸入出發點和目的地，可預測大約車費和所需時間，並可於APP內預約的士。

U-Bahn U1、U3及U4路線圖

（來源：MVV官網）

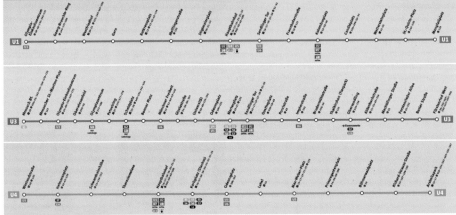

*「慕尼黑交通路線圖」完整版本設於封面內頁。

實用旅行資訊

1. 觀光卡

A. Munich Card（慕尼黑觀光卡）

在有效期限內，於所選的票價區免費無限次乘坐公共交通工具。另外，城中45個博物館、景點及導賞團可享達70%的門票折扣，另有一些購物和餐飲優惠。

─Info─
銷售點：遊客服務中心及官網
官網：www.munich.travel/en/offers/munich-card

票價：

天數	交通票價區：Zone M 市中心		交通票價區：所有範圍	
	單人	2至5人團體	單人	2至5人團體
1天	€16.9	€41.8	€24.9	€63.8
2天	€21.9	€56.8	€34.9	€89.8
3天	€30.9	€78.8	€47.9	€119.8

＊另有4天和5天票；票價可於官網查閱

B. Munich City Pass（慕尼黑旅遊通票）

在有效期限內，於所選的票價區免費無限次乘坐公共交通工具，另可免費及優先進入大約45個博物館和景點，和免費參加導賞團，另有一些購物和餐飲優惠。

─Info─
銷售點：遊客服務中心及官網
官網：www.munich.travel/en/offers/munich-city-pass

票價：成人

天數	交通票價區：Zone M 市中心	交通票價區：所有範圍
1天	€39.9	€49.9
2天	€64.9	€74.9
3天	€79.9	€89.9

＊另有4天和5天票；票價可於官網查閱

C. CityTourCard（城市旅遊卡）

詳細介紹見「慕尼黑機場交通」一欄中。（見P.068）

2. 遊客服務中心（Tourist Information）

可索取免費市內地圖、購買觀光卡、查詢各項景點路線和取得市內最新活動資訊。慕尼黑官方旅遊資訊：www.muenchen.travel/

─Info─
慕尼黑旅遊局
電話：Tel.: +49 (0)89 233 96 500

遊客服務中心（瑪利亞廣場）
地址：Marienplatz 8, 80331 München
開放時間：週一至週五 1000-1800；週六0900-1700；週日及假期1000-1400

慕尼黑發源之地
老城區
Altstadt

　　全城最主要的景點都圍繞在老城區之內，其中瑪利亞廣場和新市政廳，更是整個慕尼黑的最心臟地帶！聖母教堂的神聖莊嚴、穀物市場的熱鬧擠擁、聖彼得教堂鐘樓頂上的醉人景色、皇家宮廷啤酒屋裡的歡樂氣氛，和充滿華麗氣派的慕尼黑王宮，點點滴滴結集成慕尼黑特有的城市和人文景觀。

英國花園及伊薩爾河沿岸

奧林匹克公園及周邊

國王廣場及周邊

氣尼黑中央火車站及周邊

老氣皇居區

交通

S-Bahn:
前往瑪利亞廣場:
乘坐S-Bahn S1至S4、S6至S8號路線到「Marienplatz」站。
U-Bahn:
前往卡爾門:
乘坐U-Bahn U4或U5線到「Karlsplatz (Stachus)」站
前往瑪利亞廣場:
乘坐U-Bahn U3、U6線到「Marienplatz」站。
前往慕尼黑王宮附近:
乘坐U3、U4、U5、U6線到「Odeonsplatz」站。
電車:
前往卡爾門:
乘坐電車16、17、18、19、20、21或27號到「Karlsplatz (Stachus)」站。
前往瑪利亞廣場:
乘坐電車19或21號到「Marienplatz (Theatinerstraße)」站。

慕尼黑

老城區

英國花園及伊薩爾河沿岸

奧林匹克公園及周邊

國王廣場及周邊

慕尼黑中央火車站及周邊

慕尼黑周邊

慕尼黑 老城區

U S 🚆 慕尼黑中央火車站
München Hauptbahnhof
（München Hbf）

卡爾廣場
Karlsplatz

維特爾斯巴赫噴泉
Wittelsbacher Brunnen

♀ Lenbachplatz電車站

Karlsplatz
（Stachus）站
U

L'Osteria

Stachus Passagen

♀
Karlsplatz
（Stachus）電車站

Lederwaren
Hetzenecker

FC Bayern
Fan-Shop

Max Krug

Edeka超級市場 S

聖彌額爾教堂
St. Michael Kirche

Obletter

Karlsplatz站

🔲 Oberpollinger
百貨公司

諾伊豪澤爾大街
Neuhauser Straße

Herrmann
Geschenke

Sendlinger Str.

阿桑教堂
Asamkirche

Bears &
Friends

森德靈大街

森德靈門
Sendlinger Tor

U ♀ Sendlinger Tor站

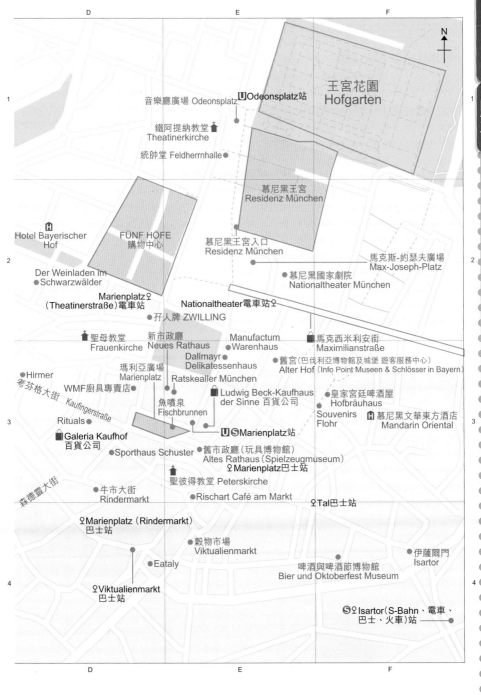

慕尼黑

老城區

英國花園及伊薩爾河沿岸

奧林匹克公園及周邊

國王廣場及周邊

慕尼黑中央火車站及周邊

慕尼黑周邊

N

音樂廳廣場 Odeonsplatz　Ⓤ Odeonsplatz站

王宮花園
Hofgarten

鐵阿提納教堂
Theatinerkirche

統帥堂 Feldherrnhalle

慕尼黑王宮
Residenz München

Hotel Bayerischer Hof

FÜNF HÖFE
購物中心

慕尼黑王宮入口
Residenz München

馬克斯-約瑟夫廣場
Max-Joseph-Platz

Der Weinladen im Schwarzwälder

慕尼黑國家劇院
Nationaltheater München

Marienplatz♀
（Theatinerstraße）電車站

Nationaltheater電車站♀

孖人牌 ZWILLING

聖母教堂
Frauenkirche

新市政廳
Neues Rathaus

Manufactum
Warenhaus

馬克西米利安街
Maximilianstraße

瑪利亞廣場
Marienplatz

Dallmayr
Delikatessenhaus

舊宮（巴伐利亞博物館及城堡 遊客服務中心）
Alter Hof（Info Point Museen & Schlösser in Bayern）

Hirmer

WMF廚具專賣店

Ratskeller München

考芬格大街
Kaufingerstraße

魚噴泉
Fischbrunnen

Ludwig Beck-Kaufhaus
der Sinne 百貨公司

皇家宮廷啤酒屋
Hofbräuhaus

Rituals

Souvenirs
Flohr

慕尼黑文華東方酒店
Mandarin Oriental

Galeria Kaufhof
百貨公司

Ⓤ Ⓢ Marienplatz站

Sporthaus Schuster

舊市政廳（玩具博物館）
Altes Rathaus（Spielzeugmuseum）
♀ Marienplatz巴士站

聖彼得教堂 Peterskirche

森德靈大街

牛市大街
Rindermarkt

Rischart Café am Markt

♀Tal巴士站

♀Marienplatz（Rindermarkt）
巴士站

穀物市場
Viktualienmarkt

伊薩爾門
Isartor

Eataly

啤酒與啤酒節博物館
Bier und Oktoberfest Museum

♀Viktualienmarkt
巴士站

Ⓢ♀Isartor(S-Bahn、電車、
巴士、火車)站

黑尼黑

老城區的心臟地帶

瑪利亞廣場
（Marienplatz）

由中世紀至今一直是老城區的中樞地帶，遊人往來如梭。廣場上豎立了充滿歷史意義的瑪利亞圓柱和魚噴泉，連同宏偉的新市政廳，構成了華麗矚目的廣場景觀。

MAP：P.073 D3-E3

廣場上的瑪利亞圓柱建於1638年，以紀念「三十年戰爭」之後結束了瑞典人的佔領。

這裡也是城中一些大型慶祝活動和傳統聖誕市集（Christkindlmarkt）的舉行地點。

柱頂有一尊鍍金聖母瑪利亞像，手抱著聖嬰的聖母站在新月之上。

Info

地址：Marienplatz, 80331 München
開放時間：全年
前往方法：
乘坐U-Bahn U3或U6線、S-Bahn S1至S8線、巴士132號、電車19或21號，於「Marienplatz」站下車。

讓人眼前一亮的新市政廳，外觀非常古典，看似是建於更久遠的年代。

新市政廳的內部走廊及公共區域可作參觀，而市長辦公室則只在不定期舉行的開放日才允許參觀。

新哥德式建築典範

MAP：P.073 E3

新市政廳（Neues Rathaus）

屹立於瑪利亞廣場上的大型建築，長達1百多米，充分展現了新哥德式建築的輝煌宏偉。建於1905年，是市長和超過6百名市政官員的辦公大樓。每天一到特定時間，瑪利亞廣場總會聚集一大班遊人，抬頭向著新市政廳凝神注目，來觀賞鐘樓上那歷史悠久的「木偶報時鐘」上演音樂表演。而於85米高的鐘樓頂部設有觀景台，可俯瞰老城區的迷人景色。

玻璃窗被繪上了中世紀老城區的景觀，可見當時擁有非常完整的城牆。

外牆上以很多雕塑作裝飾，表現了新哥德式的建築風格。

木偶報時鐘 Glockenspiel
鐘內有上下兩層一共32個真人大小的木偶。於表演時，木偶們會隨著音樂旋轉，上層是1568年慶祝巴伐利亞公爵威廉五世婚禮的情景，一位騎士在婚禮中的馬術比賽勝出了。
下層是一班製桶工匠起舞的情景。於16世紀人們因瘟疫不敢上街，工匠們為了讓城市復甦，上街狂歡起舞。這種舞蹈演變成一種傳統風俗，自1760年於市中心每7年舉辦一次名為「Schäfflertanz」的大型表演。

Info

地址：Marienplatz 8, 80331 München
電話：+49 89 23300
頂層觀景平台（有電梯直達）
前往方法：在瑪利亞廣場上。
開放時間：1000-2000
最後進入：關門前15分鐘
休息日：1/1、6/1、懺悔星期二、1/5、1/11、25/12、26/12
門票：成人€6；學生 €5
木偶報時鐘 表演
表演時間：1100（全年）、1200（全年）、1700（3-10月）

可乘坐電梯直上鐘樓上的觀景台，不用費力即可欣賞到城市美景。

慕尼黑

老城區

英國花園及伊薩爾河沿岸

奧林匹克公園及周邊

國王廣場及周邊

慕尼黑中央火車站及周邊

慕尼黑周邊

德式烤豬扒肉質顏嫩，外皮香脆，附配上彈牙的薯仔大餃子（Kartoffelknödel）和微酸開胃的涼拌捲心菜（Krautsalat）。Schweinebraten €16.5（細份）、€19.5（大份）

置身在充滿中世紀氛圍的地窖裡用餐，會是難忘的體驗。

地窖人氣餐廳
Ratskeller München

MAP: P.073 E3

　　隱藏在新市政廳地窖的德國傳統餐廳，裝潢富有中世紀氛圍，擁有許多不同風格的用餐區，熱鬧之餘又有十足的古典韻味。晚間燃起燭光帶點浪漫氣氛，又不像一般啤酒館那樣擠擁嘈吵，營造了醉人的歐式優雅。餐廳供應地道巴伐利亞美食，選擇甚為豐富，不少菜色更有「大份」和「細份」以供選擇，體貼食量較小的食客，亦有提供附有圖片的中文菜單，方便華人遊客點餐。

起源於德國南部的黑森林蛋糕，中間以煮熟了的櫻桃粒作餡料，甜度適中，奶油輕盈不膩。€6

規模極之大型，可容納多組團體或小戶一起用餐，而每張餐桌之間都有適當的空間。

粉紅葡萄酒Rotling，清新易入口。€4/100ml 小杯

餐廳有多個入口，其中一個設在新市政廳的中庭，門外有穿著了廚師服的巴伐利亞獅子作裝飾。

餐廳設在新市政廳的地下低層，當天氣晴朗時，也會開放中庭的露天用餐區。

─Info─

地址：Marienplatz 8, 80331 München
電話：+49 89 2199890
營業時間：1100-2300
消費：大約€30-40/位（晚市及假日：建議訂座）
網址：www.ratskeller.com
前往方法：在新市政廳（Neues Rathaus）的地下低層，可於新市政廳的中庭進入。於瑪利亞廣場（Marienplatz）上魚噴泉附近有另一個入口。

造型可愛的噴泉
魚噴泉(Fischbrunnen)

MAP: P.073 E3

　　於新市政廳前側，頂部設有魚形雕像，用以紀念這兒曾是熱鬧的魚市場。自15世紀至今，於每年復活節前40天之「聖灰星期三」，市長會在此主持「洗錢袋」傳統儀式，把空空如也的「城市錢袋」浸入噴泉水中，象徵來年錢袋能再度被注滿。

噴泉以阿爾卑斯山北部的綠松石組成，十分碧綠亮麗。

噴泉上圓圓胖胖的魚形雕像，十分可愛！

─Info─

地址：Marienplatz, 80331 München
開放時間：全年
前往方法：在瑪利亞廣場（Marienplatz）上的東北方位。

站在瑪利亞廣場上，背向著新市政廳，即可看到這座92米高的聖彼得教堂鐘樓，兩者相距只有1、2分鐘的步程。

Tips

城中另一座觀景塔樓

想欣賞舊城美景，也可登上新市政廳的觀景塔樓，那兒設有電梯，登頂更容易輕鬆。不過，相比之下，這兒的視角包括了整個瑪利亞廣場和新市政廳，景觀更完美。

身處這兒，美景令人讚嘆！更可一口氣欣賞慕尼黑的兩大地標：新市政廳和聖母教堂。

登上鐘樓欣賞城中美景　MAP: P.073 E3

聖彼得教堂（Peterskirche）

於教堂鐘樓的頂部觀景台，是欣賞舊城區景色的最完美視角！只要登上306級樓梯，壯觀美景盡現眼前，於天氣晴朗時，更可遠眺阿爾卑斯山山脈。登頂過後，別忘了參觀教堂的內部。

這是慕尼黑最古老的教堂，始建於11世紀，幾個世紀以來經過多次大規模重建，建築風格由最初的羅馬式，變為了哥德式、巴洛克和後期的洛可可風格。金碧輝煌的高壇是巴洛克時期的藝術傑作，建於1730至1734年，由8根大理石柱組成，中央設有門徒聖彼得的雕像。

登上塔頂大約需時10分鐘，然後可盡情飽覽舊城美景。一整排磚紅色屋頂和舊市政廳的風貌，盡收眼底！

為了安全，整個觀景台設有金屬鐵網，但也不太妨礙欣賞美景。

堂內中殿的大型天花壁畫，是由當地著名畫家Johann Baptist Zimmermann於1753-1756年繪畫，以「聖彼得的生平」為題。

天花壁畫接近祭壇的部分，有聖彼得殉教時「被倒釘十字架」的情景。

鍍金高壇由Nikolaus Gottfried Stuber設計，傳說靈感來自梵蒂岡聖彼得大教堂之中的新高壇Cathedra Petri。

觀景平台入口設於教堂正立面的左方轉角，在旁邊售票亭享買了門票後，則可登上鐘樓內部的樓梯。

Info

地址： Rindermarkt 1, 80331 München
電話： +49 89 210237760
網址： www.erzbistum-muenchen.de/pfarrei/st-peter-muenchen
前往方法： 在瑪利亞廣場（Marienplatz）的東南方，步行前往大約1分鐘。

教堂內部
開放時間： 0730-1900
門票： 免費
鐘樓觀景平台
開放時間： 夏季 0900-1930；冬季 週一至週五 0900-1830、週末及假日 0900-1930（25/12、31/12 1000-1400；其他宗教節日 開放時間有機會變更）
最後進入時間： 關門前半小時
休息日： 耶穌受難日、懺悔星期二、1/1
門票： 成人€5；學生€3

慕尼黑

老城區

英國花園及伊薩爾河沿岸

奧林匹克公園及周邊

國王廣場及周邊

慕尼黑中央火車站及周邊

慕尼黑周邊

玩具博物館的所在地 MAP: P.073 E3

舊市政廳（Altes Rathaus）

在瑪利亞廣場上除了有華麗耀眼的「新市政廳」，於東側一角，還有另一所外觀精緻的「舊市政廳」。源自14世紀，二戰期間遭受嚴重破壞，重建時保留了新哥德式山牆元素，回復了戰前的模樣。塔樓內現為一所「玩具博物館」，珍藏著昔日的模型火車、洋娃娃、泰迪熊和鐵皮玩具等等，有些收藏品更是18世紀的產物。

於1874年之前，這裡是市政部門辦公的地方，後來遷往廣場上的新市政廳。

在舊市政廳的旁邊，放置了莎士比亞名著中「茱麗葉」的雕像。相傳，如果摸摸她的右胸，可以找到真愛。雕像是由「茱麗葉故鄉」意大利維羅納的一所銀行於1974年送贈給慕尼黑。

在舊市政廳的塔樓內設有玩具博物館，經樓梯上1層可抵達入口。

玩具博物館袖珍小巧，本身像一所玩具屋！由狹窄的樓梯通往幾個樓層，展示了各式各樣的懷舊玩具，是玩具愛好者不容錯過之地。

擁有磚紅色尖頂，外牆上有各種慕尼黑徽章壁畫，外型精緻可愛。相比起新市政廳，卻更有現代感。

—— Info ——

地址： Marienplatz 15, 80331 München
前往方法： 於瑪利亞廣場（Marienplatz）的東側。
玩具博物館 Spielzeugmuseum
電話： +49 89 294001
開放時間： 1000-1730
門票： 成人 €6；4-17歲 €2
前往方法： 在舊市政廳的塔樓內，經樓梯上1層可抵達入口。

150年歷史的時尚百貨 MAP: P.073 E3

Ludwig Beck-Kaufhaus der Sinne

坐落於瑪利亞廣場上的大型百貨公司，由1861年開業至今，走高檔優雅路線，提供多元化時尚優質商品，包括男女時裝、飾品、皮具、美容護膚品、家居用品、文具等等。於3樓設有禮服部門，有多個高貴品牌的宴會晚裝以供選擇。於5樓設有大型唱片部門，是音樂發燒友尋寶的好地方！除了出售古典樂、爵士樂、搖滾樂、流行音樂、民俗音樂等等的CD和黑膠唱片，還不定期舉行室內小型音樂會。

連同地庫一共樓高7層，內部裝潢充滿空間感，讓人逛得舒適。

百貨公司網羅了不少國際高質品牌，大部分以中、高價位為主。

位於慕尼黑的心臟地帶，就在新市政廳和舊市政廳之間，經常人流不斷。

粉橘色系的外牆上配以幾何圖案，並畫上了一對優雅貴氣的男女，建築外觀讓人印象深刻。

—— Info ——

地址： Marienplatz 11, 80331 München
電話： +49 89 2369 10
營業時間： 1000-2000
休息日： 週日
網址： kaufhaus.ludwigbeck.de/en/home
前往方法： 乘坐 U-Bahn U3 或 U6 線、S-Bahn S1 至 S8 線、巴士 52 或 132 號，在「Marienplatz」站下車。

慕尼黑

老城區

英國花園及伊薩爾河沿岸

奧林匹克公園及周邊

國王廣場及周邊

慕尼黑中央火車站及周邊

慕尼黑周邊

聖母教堂位於城中3大主要廣場「瑪利亞廣場」、「卡爾廣場」和「音樂廳廣場」的中間。

教堂的雙子塔樓高99米，是舊城中最高的建築物。

於堂內右後方設有14世紀神聖羅馬帝國皇帝路德維希（Ludwig IV）的紀念碑。而他和其他巴伐利亞王室成員的基碑，則設在主祭壇後方的地下墓室之內。

城中最著名地標之一

MAP: P.073 D2

聖母教堂（Frauenkirche）

　　站在舊城區很多地方，都可看到聖母教堂獨特的「洋蔥式」雙塔圓頂，讓人印象深刻！教堂是慕尼黑最著名的標誌性建築之一，屬於15世紀後期哥德式風格。堂內中殿長109米、寬40米、高37米，規模非常宏大，據稱可同時容納2萬人，至於裝潢方面，沒有過份的華麗，反給人一股樸實莊嚴的氣氛！而遊客可登上雙塔其中的一塔「南塔樓」，欣賞城市美景。

始建於1468至1488年，由建築師Jörg von Halspach設計建造，是慕尼黑最重要建築之一。

白色柱身和肋骨條子拱形天花，相互配合，營造出簡潔俐落的風格。

---**Info**---

地址： Frauenplatz 12, 80331 München
電話： +49 89 2900820
開放時間：
教堂內部 週一至週六 0800-2000；週日、假日 0830-2000（在宗教活動進行時不可參觀）
南塔觀景台 週一至週六 1000-1700；週日、假日 1130-1700（最後進入時間：關門前半小時）
門票： 教堂內部 免費；南塔觀景台 成人€7.5、學生€5.5
網址： www.muenchner-dom.de
前往方法：
乘坐電車19或21號到「Marienplatz（Theatinerstraße）」站，再步行3分鐘。或從瑪利亞廣場（Marienplatz）步行前往，大約5分鐘。

提提你

魔鬼的足跡
在堂內接近入口處的地板上有一個深陷的腳印，被稱為「魔鬼的足跡」。相傳魔鬼曾站在這個位置，嘲笑建築師建造了一所「沒有窗戶」的教堂。因為他當時的視覺被兩側的柱子擋住了，的確完全看不到任何窗戶。而他再邁出一步時隨即發現了窗戶，這令他很生氣並大力踏步造成了深陷的腳印。（故事有多個版本，這是其中之一。）

（照片來源：Wikimedia）

可容納1300人的拱頂用餐大廳，整個天花都以彩繪畫作裝飾，充滿古典氣派。

每天正午12時開始，銅管樂隊會在拱頂大廳奏起悠悠悦耳的巴伐利亞傳統音樂，增加了不少歡樂熱鬧感！

黑尼慕

老城區

英國花園及伊薩爾河沿岸

奧林匹克公園及周邊

國王廣場及周邊

慕尼黑中央火車站及周邊

慕尼黑周邊

啤酒館中的殿堂級

`MAP: P.073 F3`

皇家宮廷啤酒屋
（Hofbräuhaus）

　　世上最著名的啤酒館之一！由德國經典啤酒品牌 Hofbräu（簡稱：HB）創立，因為名氣實在太猛，每位到訪慕尼黑的遊客，都會來一趟親眼看看！啤酒館規模屬於殿堂級，多個用餐大廳加起來，同時可招待3千多名訪客，除了供應自家釀造的啤酒，還供應當地傳統特色料理。喧嘩擠擁絕對是這兒的過人魅力！這種典型巴伐利亞啤酒館的歡樂熱鬧，相信沒有別處能夠好好體會！

帶有朦朧暗金色的小麥白啤酒，口味甘苦，香醇獨特。Münchner Weisse €5.3（0.5L）

經典巴伐利亞傳統早餐「白香腸」在中午前供應，進食時先去除腸皮，然後可沾上甜芥末一起吃。Zwei Stück Original Weißwürste €5.9

在入口旁邊設有專賣店，出售各類型的紀念商品，印上了HB標記的啤酒杯是最熱賣之選。

於用餐區有2大排上了鎖的金屬層架，用來存放熟客的私人啤酒杯。

這裡吸引了世界各地啤酒愛好者前來朝聖，無時無刻都人潮擁擠。

HB啤酒屋的歷史

享譽全球的Hofbräu啤酒品牌，於1589年由巴伐利亞公爵威廉五世建立，當時專門為貴族和宮廷釀製啤酒，後來於現址建造了一座充滿新文藝復興風格的啤酒大廳。於19世紀中期，皇室更開始讓普羅大眾進入酒館，品嚐皇家啤酒。

在庭院有一個於盛夏開放的啤酒花園，在樹蔭下享用啤酒和美食，更覺舒心。

Info

地址：Platzl 9, 80331 München
電話：+49 89 290136100
營業時間：1100-2400
消費：大約€20-30/位
網址：www.hofbraeuhaus.de
前往方法：乘坐U-Bahn U3、U6線或S-Bahn S1至S8線在「Marienplatz」站下車，再步行5分鐘。

黑尼黑

老城區

英國花園及伊薩爾河沿岸

奧林匹克公園及周邊

國王廣場及周邊

慕尼黑中央火車站及周邊

慕尼黑周邊

總面積有達2萬2千平方米，特別於週六，人潮十分擁擠。

露天美食市集

MAP: P.073 E4

穀物市場（Viktualienmarkt）

　　逾200年歷史的露天市場，是全城最大型的傳統美食集中地！市場上匯集了多達110間店舖，出售新鮮蔬果、肉類、家禽、奶酪製品、蜂蜜、各種土產、麵包、糕點、香料和鮮花等等。市集內更有20多個熟食攤檔和一個環境寫意的啤酒花園，吸引不少食客前來享受一次別具風味的用餐體驗！在享受美食的同時，別忘了去欣賞一下於廣場上豎立著的「五朔節花柱」（Maibaum）。

提提你

「五朔節花柱」的由來
每年五月一日「五朔節」，是北半球國家的傳統春節（Maifest），於當日會舉行大型盛會來慶祝春季來臨。而自13世紀起，於德國南部大約每5年會於當日豎立新的「五朔節花柱」，而柱上圖案都是跟當地行業和地道特色有所關聯的。
豎立「五朔節花柱」的儀式
豎立儀式隆重又熱鬧，現場音樂和歌舞是必有的節目，人們還會暢飲只在春季釀造的五月啤酒（Maibock）。

於穀物市場內的這座五月柱，是慕尼黑城中最大型的！柱身兩側的彩繪圖案，以啤酒和慕尼黑的傳統作主題。

在巴伐利亞州的五朔節花柱，一般都以代表巴伐利亞的藍、白雙色作條紋色彩。

市場內設有啤酒花園，供應多款巴伐利亞傳統菜，氣氛輕鬆寫意，是當地人和遊客喜歡聚集的地方。

於露天市場間中會舉辦一些節慶活動，當地人更會穿上巴伐利亞傳統服飾來參與，場面熱鬧。

人們都喜歡在市場上的餐館或咖啡屋用餐，一嚐地道風味。

市場上還有一些特色小店，專售富有當地風情的紀念品和小手作。

━Info━

地址：Viktualienmarkt 3, 80331 München
營業時間：一般為0800-2000（花店、麵包店和餐館則視乎店舖自行決定）

休息日：週日
前往方法：
乘坐巴士52或62號於「Viktualienmarkt」站下車。或從瑪利亞廣場（Marienplatz）步行前往，大約5分鐘。

早上來一杯牛奶咖啡，展開美好的一天！這裡的咖啡全都使用有機牛奶。
Latte Macchiato €4.9

於中午12時前主要供應西式早餐，午後則供應輕食、三文治、簡餐等等。

平台花園咖啡廳

MAP: P.073 E3

Rischart Café am Markt

　　「Rischart」是慕尼黑著名的麵包店，分店遍佈城中多個角落。在穀物市場對面的磚紅色建築物之上，更開設了一間擁有平台花園的咖啡廳，在陽光明媚的日子，於這個別緻的戶外用餐區享用美食，別具惬意。如果坐在靠邊的位置，更可俯瞰熱鬧的穀物市場。這裡每天由早上至中午供應多款西式早餐，所有麵包糕點都是自家烘焙，即日新鮮出爐。

在露天的平台花園享用美食，別有一番風情。

一到正點，圍繞著咖啡廳的多間教堂之鐘聲會同時響起，像有立體聲的音效。

Info

地址: Viktualienmarkt 2, 80331 München
電話: +49 89 2317003330
營業時間: 0800-2000（冬季及假日：營業時間有機會變更或關門）
消費: 大約€15-20/位
網址: www.rischart.de
前往方法: 從舊市政廳（Altes Rathaus）附近的芝士店「Cheese & More by Henri Willig」旁邊，沿著小斜坡直上，可直接抵達咖啡廳的平台花園。

世界知名刀剪餐具

孖人牌

MAP: P.073 D2

（ZWILLING）

　　源自1731年的德國著名刀具品牌「孖人牌」，以簡約高雅且鋒利耐用作賣點，受到不少家庭主婦的追棒。除了刀具，店內也有出售來自法國的「Staub」鑄鐵鍋。雖然香港和亞洲地區都有「孖人牌」的店鋪，但在原產地德國這裡購買，價格大多較便宜，而且還有退稅優惠。

店內有很多不同用途的刀具，這種切牛扒專用的刀具套裝，鋒利度高，切得輕鬆又順手。

擁有超過280年歷史的孖人牌，是世界著名廚具品牌之一。

各種「廚房用刀連刀座套裝」，有很多不同的組合，是最受歡迎的商品之一。

Info

地址: Weinstraße 12, 80333 München
電話: +49 89 222135
營業時間: 1000-1900
休息日: 週日
網址: de.zwilling-shop.com
前往方法:
乘坐電車19或21號到「Marienplatz (Theatinerstraße)」站，再步行1分鐘。

慕尼黑
黑尼慕
老城區
英國花園及伊薩爾河沿岸
奧林匹克公園及周邊
國王廣場及周邊
慕尼黑中央火車站及周邊
慕尼黑周邊

慕尼黑王宮

盡顯巴伐利亞王室的貴氣

慕尼黑王宮
(Residenz München)

MAP: P.073 E1-E2；F1-F2

　　坐落於市中心的一座華麗宮殿，亦是全德國最大的城內宮殿。從1508至1918年，這兒一直是巴伐利亞公爵、選帝侯和國王的住所以及政府所在地，現為大型博物館群，見證著昔日維特爾斯巴赫王朝（Wittelsbach）家族的輝煌歷史。

　　「宮殿博物館」（Residenzmuseum）擁有多個充滿文藝復興、巴洛克和洛可可藝術風格的大廳，當中陳列了昔日珍貴的家具和擺設，另有眾多17世紀的掛毯、畫作和瓷器等等。於「寶物收藏庫」（Schatzkammer）中更展示了眾多王室珍品，包括價值連城的巴伐利亞王室徽章、皇冠和珠寶，讓人目不暇給。

美輪美奐的「古董大廳」（Antiquarium），是慕尼黑王宮中現存最古老的房間。

於大約1585年建造的石窟庭院（Grottenhof），以不計其數的貝殼、鐘乳石、彩色鵝卵石、水晶等等作裝飾，滿有獨特古樸感。

Info

地址： Residenzstraße 1, 80333 München
電話： +49 89 290671
開放時間： 4月-10月中 0900-1800；10月中-3月1000-1700
最後進入： 關閉前1小時
休息日： 1/1、懺悔星期二、24/12、25/12、31/12
門票：
宮殿博物館及古董大廳：€9
寶物收藏庫：€9
聯票〔宮殿博物館及古董大廳＋寶物收藏庫〕：€14
聯票〔宮殿博物館及古董大廳＋寶物收藏庫＋屈維利埃劇院〕：€17
*可免費借用英文語音導賞機
*18歲以下人士免費入場
網址： www.residenz-muenchen.de
前往方法： 乘坐U-Bahn U3、U4、U5或U6到「Odeonsplatz」站，再步行2分鐘。可於Residenzstraße側門進入，或於馬克斯-約瑟夫廣場（Max-Joseph-Platz）上的正門進入。

I Can Tips

宮廷音樂會
（Residenzkonzerte）
喜歡古典音樂的遊人可考慮參加「宮廷古典音樂會」，於宮內滿有氣氛的音樂廳或禮拜堂定期舉行。詳情及訂票：www.bavaria-klassik.de

整個王宮範圍很大，如果喜歡逛博物館，「宮殿博物館」和「寶物收藏庫」典藏豐富，可預留大半天時間慢逛。

慕尼黑

老城區

英國花園及伊薩爾河沿岸

奧林匹克公園及周邊

國王廣場及周邊

慕尼黑中央火車站及周邊

慕尼黑周邊

奉麗耀眼的「祖傳畫廊」

於1742年成為了神聖羅馬帝國皇帝的查理七世（Karl VII），他在1726年成為巴伐利亞選帝侯後，委託了宮廷建築師設計了這個金碧輝煌的「祖傳畫廊」（Ahnengalerie），把他所屬的維特爾斯巴赫王朝（Wittelsbach）家族內一共100多幅成員肖像，都陳列在畫廊中，盡顯家族數百年來的輝煌。（位置：宮殿博物館4號廳）

不容錯過的的「古董大廳」

建於1568至1571年的「古董大廳」（Antiquarium），擁有歐洲文藝復興時期最大的穹頂之一，是慕尼黑王宮中現存最古老的房間，總長達66米，原本是用來收集古物珍藏，後來改建為宴會廳。穹頂上的壁畫主要以「女性美德之寓言」為題，而兩旁羅列了許多古代半身像和雕塑。（位置：宮殿博物館7號廳）

王宮內一共有10個庭院，大多以雕像或噴泉作裝飾。

博物館入口及門票部，位於王宮博物館群的內庭。

從音樂廳廣場進入王宮花園後，只要沿對角線穿過花園，就可到達英國公園的西南面入口。

在神廟內的牆壁上設有4個以貝殼拼成的噴泉，古典又優雅。

於花園中間那綠色亭子就是「戴安娜神廟」，頂部堅立著「巴伐利亞女神」雕像。

文藝復興式的優雅

王宮花園（Hofgarten）

MAP: P.073 E1-F1

充滿意大利文藝復興風格的花園，中央位置的「戴安娜神廟」（Dianatempel）是亮點所在。建於1613至1617年，以8個圓形拱門形成了一個圓空間，內有以貝殼拼成的噴泉和古典馬賽克地板，讓這兒增添了不少優雅氣質。花園不太大，當地人喜歡在陽光明媚的日子在這裡閒坐，享受放鬆的一刻。花園附近也是街頭音樂家經常表演的地方。

在花園旁邊的拱廊，掛滿了多幅壁畫描述維特爾斯巴赫王朝（Wittelsbach）的歷史。

Info

地址： Hofgartenstraße 1, 80538 München
開放時間： 全年
門票： 免費
前往方法： 從「音樂廳廣場」（Odeonsplatz）東北側的拱門進入。

每年夏天的歌劇節會在此舉行一場免費的大型露天歌劇活動「Opera For All」。

新古典主義風格
MAP: P.073 E2
馬克斯-約瑟夫廣場
（Max-Joseph-Platz）

　　於慕尼黑國家劇院正門之外，旁邊是慕尼黑王宮南端入口。廣場建於19世紀初，於中央位置豎立著首任巴伐利亞國王馬克西米利安一世（Maximilian I. Joseph）的紀念雕像。跟這個廣場連接的名店街「馬克西米利安街」，同樣是以他的名字而命名。

Info
地址：Max-Joseph-Platz, 80539 Munich
開放時間：全年
前往方法：
於慕尼黑國家劇院（Nationaltheater München）的正門外。

享負盛名的藝術舞台
MAP: P.073 E2
慕尼黑國家劇院
（Nationaltheater München）

每年6至7月會在這裡舉行慕尼黑歌劇節（Münchner Opernfestspiele）。

　　於1818開幕，以「古典希臘神殿」作建築藍本，別具古典韻味！外牆上的馬賽克鑲嵌壁畫描繪多個神話人物，非常精緻。整座劇院於二戰時被摧毀，後來用了5年時間重建。現為巴伐利亞州立歌劇團、交響樂團和芭蕾舞團的演出場地。

Info
地址：Max-Joseph-Platz 2, 80539 München
電話：+49 89 218501
網址：www.staatsoper.de
前往方法：
乘坐電車號19或21號到「Nationaltheater」站，即達。或乘坐U-Bahn U3-U6到「Odeonsplatz」站，再步行8分鐘。

在古蹟裡的遊客服務中心
MAP: P.073 E3
舊宮（Alter Hof）

従舊市政廳旁邊的Burgstraße一直走，就可看到這座舊宮的塔樓。

遊客服務中心提供整個巴伐利亞州的旅行資訊，如果打算在這一區域作仔細遊覽，可前來查詢及索取資訊。

　　昔日規模龐大的宮殿建築群，經過幾個世紀以來的戰火洗禮，現在已面目全非，換來的有頗為現代化的外觀。於13至16世紀初，這裡曾是維特爾斯巴赫王朝的皇室住所。現在，建築群其中有部分改建為商業辦公室，而舊法院則改建為大型遊客服務中心，提供整個巴伐利亞州的旅遊資訊，於地下低層是舊宮昔日的拱形酒窖，設有關於這座宮殿和維特爾斯巴赫王朝的長期展覽。

只有哥德式塔樓和綠色尖頂凸窗，是比較根據以往的模樣重建。凸窗那部分是「猴子塔」傳說故事的發生位置。

地下低層展覽廳設有電影講述中世紀時的慕尼黑。

Info
「巴伐利亞博物館及城堡」遊客服務中心
Info Point Museen & Schlösser in Bayern
地址：Alter Hof 1, 80331 München
電話：+49 89 21014050
開放時間：1000-1800
休息日：週日及公眾假期
門票：免費進入
網頁：www.infopoint-museen-bayern.de
前往方法：
乘坐電車號19或21號到「Nationaltheater」站，再步行2分鐘。或從瑪利亞廣場（Marienplatz）步行前往，大約5分鐘。

「猴子塔」傳說
傳說當路德維希四世還是小嬰孩時，有一天突然被一隻猴子帶走！猴子抱著他一直攀爬到塔頂，眾人心急如焚，過了很久，猴子才冷靜下來，爬下來並把這位後來成為巴伐利亞皇帝的小嬰兒歸還。從那時起，這個凸窗建築就被稱為「猴子塔」（Der Affenturm）。

提提你

意國風情

MAP: P.073 E1

音樂廳廣場
（Odeonsplatz）

「Klassik am Odeonsplatz」古典音樂會
每年夏季會在廣場上舉行露天古典音樂會，詳情及訂票：www.klassik-am-odeonsplatz.de

充滿意大利古典風格的廣場，於南端建有仿效佛羅倫斯「傭兵涼廊」的「統帥堂」，於西南端則是充滿意大利巴洛克風格的「鐵阿提納教堂」。

於廣場的東北方向設有進入「王宮花園」的側門。

這裡除了是當地人聚集之地，也是一些大型活動和戶外音樂會的舉辦場地。

Info
地址：Odeonsplatz, 80333 München
開放時間：全年
前往方法：乘坐U-Bahn U3、U4、U5或U6到「Odeonsplatz」站下車，即達。或從瑪利亞廣場（Marienplatz）往東北方向步行，大約8分鐘。

啤酒館政變發生之地

MAP: P.073 E1

統帥堂 （Feldherrnhalle）

於1841至1844年間建造的開放式涼廊，為了紀念巴伐利亞軍隊的輝煌事蹟。期後在1923年11月9日，希特拉於市中心一所啤酒館發動了轟動一時的「啤酒館政變」，試圖接管巴伐利亞並成立新政府，但最終行動失敗。當晚，巴伐利亞警察與納粹黨的支持者於這個涼廊前方開火，最後有16名希特拉支持者和4名警察因此而喪生。

以意大利佛羅倫斯著名的傭兵涼廊（Loggia dei Lanzi）作設計靈感，兩者在外觀上十分相似。

涼庭裡的銅像是紀念曾率領巴伐利亞軍參與「三十年戰爭」統帥蒂利伯爵（Graf Tilly）。

於統帥堂前，設有兩隻巨型的石獅子作守護。

Info
地址：Residenzstraße 1, 80333 München
開放時間：全年
前往方法：乘坐U-Bahn U3、U4、U5或U6到「Odeonsplatz」站下車，即達。

巴洛克式的經典

MAP: P.073 E1

鐵阿提納教堂
（Theatinerkirche）

教堂內部用了純白色作主調，充滿簡約優雅的氣質，亦增加了明亮感。

位於音樂廳廣場上，是舊巴伐利亞州第一座以意大利巴洛克風格建造的教堂。教堂建於1663年到1690年，由巴伐利亞選帝侯Ferdinand Maria委托意大利建築師Agostino Barelli設計，以慶祝期待已久的兒子，亦即是王室繼承人-馬克西米利安二世王子（Maximilian II. Emanuel）的誕生。

建築師以意大利羅馬的聖安德肋聖殿（Sant'Andrea della Valle）作設計藍本，富有巴洛克式的風格。

堂內的地下室是多位巴伐利亞公爵和國王的安息之地。

Info
地址：Salvatorplatz 2A, 80333 München
電話：+49 89 2106960
開放時間：教堂內部 0700-2000；地下墓室 5月至11月初1000-1330、1400-1630（假日及宗教節日除外）
門票：免費
網址：www.theatinerkirche.de
前往方法：乘坐U-Bahn U3、U4、U5或U6到「Odeonsplatz」站下車，再步行1分鐘。

慕尼黑

老城區

英國花園及伊薩爾河沿岸

奧林匹克公園及周邊

國王廣場及周邊

慕尼黑中央火車站及周邊

慕尼黑周邊

購物中心利用半開放式設計透入明亮光線，增加空間感。

低調雅緻之時尚

MAP: P.073 D2-E2

FÜNF HÖFE購物中心

以「現代式庭院建築」構成的購物中心，裝潢低調奢華，充滿現代主義風格，內設了60多間時尚雅緻的商店，包括一些高級品牌的旗艦店、時尚概念店、書店、畫廊等等，也有數間高端餐廳和酒吧。私人美術館「Kunsthalle der Hypo-Kulturstiftung」亦進駐在此，展出關於當代繪畫、雕塑、攝影、影像藝術等等主題的短期展覽。

意大利時尚品牌Emporio Armani，也在此開設了咖啡室。

美術館位於購物中心的外圍，入口設於Theatinerstraße大街之上。

Info

地址： Theatinerstraße 15, 80333 München
電話： +49 89 24449580
營業時間： 視乎店舖
休息日： 週日
網址： www.fuenfhoefe.de
前往方法：
從瑪利亞廣場（Marienplatz）或慕尼黑王宮（Residenz München）步行前往，大約5分鐘。於Theatinerstraße、Maffeistraße、Kardinal-Faulhaber-Straße和Salvatorstraße，都設有出入口。

雖然品牌是來自德國，但並非所有商品都是「德國製造」，如果很在意原產地，購買前要細心注意。

跟迪士尼合作所推出的兒童餐具，其中有可愛的米奇老鼠盛蛋器。€16.99

12cm迷你煲，非常適合1-2人的小家庭使用。Mini Fleischtopf €34.99

高品質廚具

MAP: P.073 D3

WMF廚具專賣店

擁有超過160年歷史，是德國著名的高質廚具品牌，其簡約高雅的設計與耐用度，一向備受香港主婦們的推崇！除了多個系列的不鏽鋼鍋具大受好評，其他廚房用品包括壓力鍋、餐具、玻璃器皿、刀具、廚房小家電等都很受歡迎。在德國本土購買，價格相比亞洲地區便宜，吸引不少時尚主婦前去入貨。

用來製作冰沙、奶昔、果汁的迷你攪拌器，非常好用。WMF Kult X Mix & Go €49.99

各式鍋具都很受歡迎，質量好而款式也時尚簡潔。

Info

地址： Weinstraße 4, 80333 München
電話： +49 89 296751
營業時間： 1000-1900
休息日： 週日
網址： www.wmf.com/de/
前往方法： 從瑪利亞廣場的西北方向步行1分鐘。

慕尼黑

老城區

英國花園及伊薩爾河沿岸

奧林匹克公園及周邊

國王廣場及周邊

慕尼黑中央火車站及周邊

慕尼黑周邊

精緻閑落的大街設有眾多高級名店，配合華麗的拱廊建築，流露優雅獨特的氛圍。

Chanel一向是女生們來歐洲入貨的熱門之選，個別款式於退款後會較亞洲區分店便宜，建議出發前可先行格價。

城中最優雅的名店街

MAP: P.073 E2；F2-F3

馬克西米利安街
（Maximilianstraße）

是慕尼黑最雍容爾雅的大街，結集了眾多國際高端名牌的專賣店。大街由德國著名建築師Georg Friedrich Christian Bürklein於1851至1853年期間設計，其雄偉的新哥德式拱廊，盡顯優雅貴麗。高端品牌店包括有Moncler、Hermès、Cartier、Louis Vuitton、Chanel、Christian Louboutin、Valentino、Gucci、Bvlgari、Marni等等。

意大利高級品牌Fendi，在這條慕尼黑最著名的名店街，也設有分店。

Chanel專門店設在慕尼黑國家劇院的對面，從慕尼黑王宮步行前往約需5-10分鐘。

這裡也有Jimmy Choo的品牌店。

而愛馬仕分店設在慕尼黑國家劇院的對面。

── Info ──
地址：Maximilianstraße 31, 80539 München
電話：+49 89 13014310
營業時間：視乎店舖；一般於週日及假期休息
前往方法：乘坐電車19或21號到「Nationaltheater」站，也可乘坐U-Bahn U3、U4、U5、U6線到「Odeonsplatz」站或乘坐U4、U5線到「Lehel」站，再步行5-10分鐘。

鄉村風格葡萄酒商店

MAP: P.073 D2

Der Weinladen im Schwarzwälder

在聖母教堂旁邊的不遠處，有一間古色古香的葡萄酒商店，提供來自德國、意大利、奧地利、法國等歐洲國家的葡萄酒，選擇多不勝數，另外，也有各款利口酒、威士忌和起泡酒。

店裡一排排的木質酒櫃，放滿了各式各樣的葡萄酒。

── Info ──
地址：Hartmannstraße 8, 80333 München
電話：+49 89294678
營業時間：週二至週五1000-1830；週六1000-1600
休息日：週日、週一
前往方法：位於聖母教堂（Frauenkirche）的轉角位置。

喜歡喝一杯的朋友，可以前去搜羅各款酒品。

老城區

英國花園及伊薩爾河沿岸

奧林匹克公園及周邊

國王廣場及周邊

慕尼黑中央火車站及周邊

慕尼黑周邊

店舖林立
MAP: P.072 B4-C4；D3

森德靈大街
(Sendlinger Str.)

街道兩旁建有亮麗的歐式房子，讓這裡更添優雅。

位於老城區西南方的一條購物大街，街道上的人潮雖然不及考芬格大街那邊的多，但這兒也結集了很多大眾品牌的連鎖店，適合想舒舒適適逛街的遊客。而位於街頭的森德靈門站，是老城區現年重要的交通樞紐之一。

Info

地址：Sendlinger Str. 80331 München
前往方法：乘坐U-Bahn U1、U2、U3、U6、U7、U8線或電車 16、17、18、27號到「Sendlinger Tor」站，然後穿過森德靈門即可抵達。

中世紀城門
MAP: P.072 B4

森德靈門
(Sendlinger Tor)

半座城門被綠藤包圍，增添了古樸韻味。

城門位於舊城區的西南方，穿過城門走進舊城，就是繁華熱鬧的森德靈大街。

慕尼黑老城區一共有3座歷史城門，除了這一座之外，還有於老城區西面的卡爾門和東南面的伊薩爾門。

提提你

於14世紀初建造，最初只建有一座中央塔樓，後來於1420年擴建，於兩側都增建了塔樓。而中央塔樓於9世紀被拆去了，只保留了左、右兩旁的側塔，也即是現在的模樣。這座巨大的城門是二戰期間城中難得倖存的歷史古蹟。

Info

地址：Sendlinger-Tor-Platz 12, 80331 München
開放時間：全年
前往方法：在森德靈大街街頭。

口味豐富的果汁軟糖
MAP: P.072 C4

Bears & Friends

跟其他大眾品牌相比，這裡的軟糖更軟身彈牙，充滿水果的甜美，很受當地人歡迎。

源自慕尼黑的水果軟糖，口味和種類超過120款，有些更是意想不到的口味！喜歡新奇特別的，不妨試試酸菠蘿、Gin Tonic和辛辣紅椒，與別不同又充滿驚喜！更有不少造型可愛的糖果，包括有Emoji哈哈笑、玫瑰花、雪山、小蘑菇、骷髏頭等等，無論大小朋友，都會一邊吃，一邊會心微笑。

糖果有200g、500g和1公斤的包裝，以「大包裝」最為抵買。另外也有送禮款式的糖果盒。500g裝每包大約€4.9-5.4，視乎口味。

水果口味果味濃郁，色彩繽紛鮮艷，非常吸引。

品牌創立了超過20年，現在於全國多個城市都有分店。

Info

地址：Sendlinger Str. 19, 80331 München
電話：+49 89 26010945
營業時間：1000-1900
休息日：週日
網址：www.bears-friends.de
前往方法：在森德靈大街的中央位置，從森德靈門（Sendlinger Tor）或瑪利亞廣場（Marienplatz）步行前往，大約5分鐘。

慕尼黑

老城區

英國花園及伊薩爾河沿岸

奧林匹克公園及周邊

國王廣場及周邊

慕尼黑中央火車站及周邊

慕尼黑周邊

精心打造的藝術傑作

MAP: P.072 C4

阿桑教堂（Asamkirche）

　　於暗淡的燈光下，也掩飾不到內部那極度華麗又充滿氣派的氛圍，實在令人嘆為觀止！於1733年，一對藝術家兄弟Cosmas Damian Asam和Egid Quirin Asam 於自己的房子旁邊，自家設計和建造了一所私人教堂，而從睡房的窗戶，更可直接看著教堂內的高壇。堂內每個角落都經過精心設計，放置了眾多雕塑和藝術裝飾品，是巴洛克晚期和洛可可式的建築典範。

　　一走進去，看到教堂每個角落都置有鍍金雕像、畫作和浮雕，讓人驚喜不已。

教堂正式名字為「聖若翰那波穆克教堂」（St.Johann Nepomuk），位於步行購物區森德靈大街之上。

這裡原是阿桑兄弟的私人教堂，後來因各方壓力，最後不得不向公眾開放。

教堂不大，面積只有22x8米，卻在有限的空間裡，放了7個具有宗教寓意的懺悔室。

阿桑兄弟倆都是著名的藝術家，Cosmas是畫家和建築師，而Egid則是祭壇建造者和雕塑家，各有所長，一起精心打造了這間別樹一格的教堂。

教堂旁邊美輪美奐的房子，外牆以雕塑作修飾，是阿桑（Asam）兄弟昔日的居所。

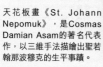

天花板畫《St. Johann Nepomuk》，是Cosmas Damian Asam的著名代表作，以三維手法描繪出聖若翰那波穆克的生平事蹟。

Info

地址：Sendlinger Str. 32, 80331 München
電話：+49 89 23687989
開放時間：週六至週三 0900-1800；週五1300-1800
門票：免費
前往方法：乘坐U-Bahn U1、U2、U3、U6、U7、U8或電車16、17、18或27號到「Sendlinger Tor」站，再步行5分鐘。

慕尼黑
老城區
英國花園及伊薩爾河沿岸
奧林匹克公園及周邊
國王廣場及周邊
慕尼黑中央火車站及周邊
慕尼黑周邊

商品分門別類的擺放著，非常整齊！平日人流不算太多，可以舒適地慢慢逛。

位於穀物市場附近的玻璃建築內，外牆印上「Eataly」的大字招牌，很容易找。

意國美食集中地

MAP: P.073 D4

Eataly

　　來自意大利的連鎖式超市Eataly，售賣各式各樣「Made in Italy」的優質食材和特色美食，是吃貨人的至愛。商品種類應有盡有，包括有麵食、醬料、橄欖油、芝士、風乾火腿、新鮮蔬果、松露產品、陳醋等等，亦設有大型葡萄酒區，出售來自意大利不同產區的酒類商品。同場還有數間意大利食店，供應各式美食，如果鍾情意國料理，值得前來一逛。

充滿濃郁菇菌香的意大利牛肝菌乾（Funghi Porcini Secchi），最適合用來烹調高湯、意粉或意大利飯。€5.9/40g

經典杏仁脆餅（Cantucci alla Mandorla），香脆可口。意大利人一般會沾上Vin Santo甜酒一起享用。

當中有不少特色麵食，包括有這種檸檬黑胡椒扁麵條，別有風味。€6.1

這裡提供意大利全方位美食，吸引很多鍾情意國料理的捧場客。

餐廳和咖啡室分為室內及露天用餐區，供應意式前菜、Pizza、麵食、葡萄酒等等料理。

─Info─

地址： Blumenstraße 4, 80331 München
電話： +49 89 248817711
營業時間： 超市 0900-2000；
　　　　　咖啡室 0800-2000；餐廳 1200-2200
休息日： 週日
網址： www.eataly.net/de_de/geschaefte/
　　　　muenchen/
前往方法： 乘坐巴士52、62或132號到穀物市場「Viktualienmarkt」站，再往西南方向步行1分鐘。

城中梯田噴泉

牛市大街 (Rindermarkt)

　　這兒曾經是慕尼黑的牛市場，現在是當地人聚集和休憩的地方。於廣場上有一座很特別的「牛市大街噴泉」，於1964年建造，隨著微微傾斜的地形上建了一座台階式噴泉，像一片於城市中的「梯田」。

MAP: P.073 D3

在噴泉台階上方設有三頭牛的雕像，旁邊另有一個正在看牛的牧羊人雕塑。

於牛市大街東南方有一座中世紀塔樓，於15世紀時期是一座「水塔」。

─Info─

地址： Rindermarkt 7, 80331 München
開放時間： 全年
前往方法： 從瑪利亞廣場（Marienplatz）往西南方向步行，大約3分鐘。

慕尼黑

老城區

英國花園及伊薩爾河沿岸

奧林匹克公園及周邊

國王廣場及周邊

慕尼黑中央火車站及周邊

慕尼黑周邊

多種熟食整齊陳列在玻璃櫃裡，有不少人外賣回家，慢享美食。

百年高級食材店

Dallmayr Delikatessenhaus

`MAP: P.073 E3`

很受當地人追捧的高級食材店，擁有超過3百多年歷史。地下設有多個美食攤位，出售新鮮蔬菜、沙律、麵包、火腿、芝士、熟食、葡萄酒等。店家也有推出自家品牌的食品，包括咖啡、茶類、果醬、朱古力，包裝亮麗精緻，是不少遊客的手信選擇。店內設有3間餐廳，提供不同形式的餐飲服務。

這裡有出售來自歐洲各地的芝士，琳琅滿目，芝士控不容錯過！

存放在這些別緻的陶罐裡，是自家烘培的咖啡豆，也是店中非常受歡迎的商品，經常出現排隊人龍。

酒類選擇非常豐富，除了葡萄酒之外，也有各種利口酒、威士忌、蘭姆酒等等。

特色果醬也很吸引人！橙橘威士忌果醬和橙橘白蘭地果醬，甜美之餘，酒香四溢。€6.8

坐落在一座優雅古典的建築之內，樓高2層，佔地頗大，地下層主要是出售熟食和雜貨，另設有葡萄酒吧，而1樓則是餐廳。

朱古力禮盒包裝十分精美，屬送禮之選。

Info

地址： Dienerstraße 14/15, 80331 München
電話： +49 89 21350
營業時間： 0930-1900
休息日： 週日
網址： www.dallmayr.com/de/
前往方法： 經瑪利亞廣場魚噴泉旁邊的 Dienerstraße街道步行前往，大約1分鐘。

黑尼慕

老城區

英國花園及伊薩爾河沿岸

奧林匹克公園及周邊

國王廣場及周邊

慕尼黑中央火車站及周邊

慕尼黑周邊

老城區的主要入口
MAP: P.072 B2

卡爾廣場（Karlsplatz）

是昔日老城區西面入口。從中央火車站抵達慕尼黑的人，只要穿過中世紀城門「卡爾門」（Karlstor），就能通往老城購物區和直達城中心臟地帶「瑪利亞廣場」（Marienplatz）。

始建於13世紀的卡爾門，經歷過多次大型重建，現場所見，亮白如新，幾乎看不出是中世紀的遺跡。

廣場上有一個圓形噴泉，是當地人喜歡聚集的地方，於冬季這裡會搭建成一個溜冰場。

┌─ Info ─┐
地址： Karlspl. 1, 80335 München
開放時間： 全年
前往方法：
從慕尼黑中央火車站（München Hbf）步行前往，大約10分鐘。另可乘坐U-Bahn U4、U5或電車16、17、18、19、20、21、27號，於「Karlsplatz (Stachus)」站下車。

殿堂級行李箱Rinowa
MAP: P.072 B2

Lederwaren Hetzenecker

這間行李箱連鎖店擁有全城最誘人的Rinowa價格，大部分價位屬專門店定價之8至9折，另可享有退稅服務。除了Rinowa，Samsonite行李箱之價位同樣吸引。

這一間分店位於卡爾門側轉角位置，店面比較樸實無華。

這裡出售的Rimowa行李箱價格相比百貨公司專櫃和專門店，較為便宜。

┌─ Info ─┐
地址： Karlspl. 8, 80335 München
電話： +49 89 594825
營業時間： 1000-2000
休息日： 週日
前往方法：
可乘坐U-Bahn U4、U5；電車16、17、18、19、20、21、27號或S-Bahn S1至S8線，於「Karlsplatz (Stachus)」站下車。

玩具天堂
MAP: P.072 B2

Obletter

是全城歷史最悠久的大型玩具店，結集了眾多德國和歐洲著名玩具品牌，地下層主售毛公仔和洋娃娃，包括有「Steiff」經典泰迪熊系列和「Sigikid」嬰幼兒毛公仔系列等等。地下底層佔地更廣，玩具種類包羅萬有，包括有模型車、Lego、Playmobil、木偶、蒸汽火車、棋盤遊戲等等，更設有非常大型的「鐵路模型」部門，出售各式各樣的火車模型配件，讓人大開眼界，很值得一逛！

店內售賣的玩具包羅萬有，除了滿足小朋友之外，大人也會逛得很開心。

門外招牌是以一隻「搖搖木馬」作裝飾，非常可愛。

這裡出售很多德國百年泰迪熊品牌「Steiff」的毛公仔，更有一些是限量珍藏品。€34.9

穿上了巴伐利亞傳統服飾的洋娃娃，是很有紀念性的玩具。

於地下底層的「鐵路模型」部門，出售用來組成鐵路模型的組件，包括路軌、交通燈、迷你傳統屋等等，非常齊全。傳統木屋模型約€30起

┌─ Info ─┐
地址： Karlspl., 80331 München
電話： +49 89 55089510
營業時間： 1000-2000
休息日： 週日
前往方法： 在卡爾廣場（Karlsplatz）上，面向卡爾門（Karlstor）的右側方位。

黑尼慕

老城區

四通八達的地下商場
MAP: P.072 B2
Stachus Passagen

每天人流多達30萬人，是歐洲最大的地下街商場，也是S-Bahn和U-Bahn的交匯處。只要從卡爾廣場（Karlsplatz）乘坐扶手電梯往下層，即可抵達。這裡結集了不同形式的商店和小食店，包括超級市場、花店、藥房、麵包店、咖啡室等等，而大眾流行服飾品牌也很多，方便去轉乘公共交通的同時，也可輕鬆購物。

分為2層，佔地約7千8百平方米，有多間大眾連鎖品牌進駐，也有很多輕食和快餐店。

不少路人會沿經這條「地下街」從卡爾廣場走到中央火車站。

地下商場有多個出口，四通八達。

―Info―
地址：Karlspl. 11, 80335 München
電話：+49 89 51619664
營業時間：0930-2000（視乎個別商店）
休息日：週日
網址：www.stachuspassagen.de
前往方法：於卡爾廣場（Karlsplatz）乘坐扶手電梯往下層，即達。

超市掃貨必逛
EDEKA
MAP: P.072 B2

EDEKA是慕尼黑比較好逛的連鎖超市。這間位於「Stachus Passagen」地下商場內，連接人流旺盛的慕尼黑中央火車站和老城區，位置便利。除了供應新鮮食品之外，日常用品、居家雜貨、手信零食都非常齊備，且陳列整齊。於「獅牌啤酒窖」附近，有另一間規模更大的分店（詳細介紹見 P.121）。

無論從慕尼黑中央車站或老城區前往，都很方便。

超市自家推出了不少零食和果乾，也很吸引。櫻桃果乾 €3.09

Edeka超市出名整齊有條理，逛起來也較舒適。

―Info―
地址：Karlspl. 1, 80335 München
電話：+49 89 54828026
營業時間：0700-2000
休息日：週日（公眾假期有機會關門或更改營業時間）
網址：www.edeka.de
前往方法：於Stachus Passagen之內，於Dr. Beckers Central Apotheke藥房旁邊的長通道往最南端直走。

超大型運動及戶外用品店
MAP: P.073 D3
Sporthaus Schuster

規模十分大型的戶外運動用品店，佔地足足有7層，完全能滿足熱愛運動的朋友！商品種類非常廣泛，除了有一般的運動衣物、背包和戶外設備之外，更有一些於香港比較難找的專業運動用品，例如：滑雪器材和攀岩設備等等，於頂層更有部門專售登上亞爾卑斯山的各種裝備。

商店設於一整座建築物之內，新式裝潢與寬敞的空間，讓人逛得很舒適。

由1913年開始營業的大型戶外用品店，屬於當地的「老字號」。

店內更設有樓高幾層的模擬攀石場，甚為壯觀。

―Info―
地址：Rosenstraße 1-5, 80331 München
電話：+49 89 237070
營業時間：1000-2000
休息日：週日
網址：www.sport-schuster.de/
前往方法：從瑪利亞廣場（Marienplatz）的西南方向步行2分鐘即達。

英國花園及伊薩爾河沿岸　奧林匹克公園及周邊　國王廣場及周邊　慕尼黑中央火車站及周邊　慕尼黑周邊

於這一條寬敞闊落的步行街，開滿了不少露天餐廳和各式商店，從早到晚都非常熱鬧。

源自德國的著名戶外休閒服飾品牌「Jack Wolfskin」，也有在這裡設店。

街道上有好幾間百貨公司，除了於卡爾門旁邊高檔優雅的「Oberpollinger」，也有這一間比較親民大眾化的「TK Maxx」。

人氣購物區
MAP: P.072 B2 ; C3
諾伊豪澤爾大街
（Neuhauser Straße）

　　從卡爾門（Karlstor）步入老城區，即可抵達這條人氣步行購物街。這裡從早到晚人流如潮，街道兩旁建滿優雅的19世紀歐式建築，時裝連鎖店、百貨公司、紀念品店、以及餐室林立。只要一直沿著這條步行街向東走，經由考芬格大街（Kaufingerstraße）即可步行至城中最心臟地帶瑪利亞廣場（Marienplatz）。

相傳只要摸一下豬鼻子就會帶來好運。

街上有一座「野豬雕像」，是德國雕塑家Martin Mayer模仿意大利佛羅倫斯「野豬噴泉」而製作，雕像所在位置是德國漁獵博物館（Deutsches Jagd- und Fischereimuseum）的入口。

Info

地址：Neuhauser Straße, 80333 München
前往方法：
於卡爾門（Karlstor）和考芬格大街（Kaufingerstraße）之間。乘坐U-Bahn U4、U5或電車16、17、18、19、20、21、27號，於「Karlsplatz (Stachus)」站下車，穿過卡爾門（Karlstor）即達。

教堂正立面豎立了一共15座歷代統治者的雕塑作裝飾，而於最上方十字架之下，是耶穌基督的雕像。

文藝復興式的優雅
聖彌額爾教堂
（St. Michael Kirche）

　　亮白如雪的文藝復興式教堂，曾經屬於耶穌會學院，建於1583至1597年，由公爵威廉五世下令修建，外觀與內殿都以白色為主調，流露出優雅莊嚴的氣派。而教堂的地下墓室（Wittelsbacher Gruft），是著名巴伐利亞國王路德維希二世和多位巴伐利亞王室成員的安息之地。
MAP: P.072 C3

高壇金光閃閃，滿有氣派。中間的畫像描繪了通往天堂的門戶，並由聖彌額爾總領天使守衛著，阻擋魔鬼進入。

教堂內部以潔白色為主，神聖莊嚴又不失優雅感。

於正立面上的每一個雕像之下，都列出了該統治者的名字與頭銜。

從聖彌額爾教堂這兒也可看到聖母教堂著名的洋蔥圓頂鐘樓，兩者相距步程只需3分鐘。

Info

地址：Neuhauser Str. 6, 80333 München
電話：+49 89 2317060
開放時間：
教堂內部
週一0800-2015；週二、週三0800-1900；
週四1000-1900；週五0800-1900；
週六0700-2215；週日1000-1900
地下墓室
週四、週五1000-1230、1300-1730；
週六 1000-1230、1300-1630
門票：教堂內部 免費；地下墓室 €2
網址：www.st-michael-muenchen.de
前往方法：從卡爾廣場（Karlsplatz）步行前往，大約5分鐘。墓室入口位於教堂外的右側。

慕尼黑

老城區

英國花園及伊薩爾河沿岸

奧林匹克公園及周邊

國王廣場及周邊

慕尼黑中央火車站及周邊

慕尼黑周邊

樓高7層的百貨公司，佔地足足有34,000平方米，規模十分大型。

店內也有出售比利時朱古力品牌「Neuhaus」，藍精靈朱古力禮盒十分可愛。

正門就在諾伊豪澤爾大街接近卡爾門附近，人流很多。

新派購物殿堂

MAP: P.072 B2

Oberpollinger百貨公司

　　屬於德國最著名的百貨公司之一，於2016年開始進行大規模改造，結集了不少奢侈品牌，包括Gucci、Prada、Longchamp、Bottega Veneta、Cartier等等，成為了一間現代化高端百貨。時尚潮服、美容品、香水、文具、家居生活用品都一應俱全。店內的餐飲設施也非常完善，於頂樓的「Le Buffet」更是美食天堂，提供各國料理，選擇非常豐富。

奢侈品牌的專櫃主要在地下樓層，有Louis Vuitton、Valentino、Prada、Burberry、Fendi等等。

「Le Buffet」提供各國料理，包括意大利麵、亞洲麵食、沙律吧、蛋糕甜點等，選擇豐富。

於頂層5樓的美食廣場，如遇上天氣晴朗，更可在戶外露天陽台用餐。

Info

地址： Neuhauser Str. 18, 80331 München
電話： +49 89 290230
營業時間： 1000-2000
休息日： 週日、公眾假期
網址： www.oberpollinger.de
前往方法： 從卡爾廣場（Karlsplatz）穿過卡爾門（Karlstor）後即達。背向卡爾門，於諾伊豪澤爾大街的左邊。

慕尼黑 老城區

英國花園及伊薩爾河沿岸　奧林匹克公園及周邊　國王廣場及周邊　慕尼黑中央火車站及周邊　慕尼黑周邊

專賣店位置非常便利，超級球迷可以盡情購物。

對於球迷來說，印上了拜仁慕尼黑標記的啤酒杯，比起一般啤酒杯，更具紀念性。€14.45

樓梯間展示了多件擁有球星簽名的球衣，宛如一所小型球會博物館。

如果有充裕時間，可考慮到訪比較遠離市中心的「安聯球場」和「拜仁慕尼黑博物館」（詳情介紹見 P.135），那兒是拜仁慕尼黑球迷必到的朝聖地。

球迷之選
FC Bayern Fan-Shop

於慕尼黑市中心一共有3間「拜仁慕尼黑球隊專門店」。這一間開設在繁華熱鬧的步行購物區，非常方便！店的規模不算太大，商品分佈在3個狹小的樓層，包括有各款球衣、精品、家居用品、玩具、童裝、服飾、文具等等，種類相當豐富，琳琅滿目，非常吸引。

紀念商品種類繁多，有些也頗為實用。運動型水壺€7.95

初生嬰兒服裝系列，設計加入了巴伐利亞傳統服飾的元素，可愛又獨特。

MAP: P.072 C3

Info

地址：Neuhauser Str. 2, 80331 München
電話：+49 89 69931666
營業時間：1000-2000
休息日：週日
網址：fcbayern.com
前往方法：從卡爾廣場（Karlsplatz）步行前往，大約5分鐘。

傳統手藝紀念品
Max Krug

於1926年已經開店！集合了很多富有傳統特色的紀念品，包括來自黑森林地區的咕咕鐘、大大小小的胡桃夾子和別具特色的啤酒杯等。眾多商品由門外的大櫥窗一直延伸到店內每個角落，讓人目不暇給。

這裡有不少精緻可愛的手工製擺設，充滿童趣。

在同一條街有相類似的紀念品店，購買之前可先比較價格。

MAP: P.072 C3

Info

地址：Neuhauser Str. 2, 80331 München
電話：+49 89 224501
營業時間：0930-2000
休息日：週日
網址：www.max-krug.com
前往方法：從卡爾廣場（Karlsplatz）或瑪利亞廣場（Marienplatz）步行前往，大約5分鐘。

歷史悠久的紀念品店
Herrmann Geschenke

開業超過60年的手工藝紀念品店。店不算很大，但商品總類豐富，只是啤酒杯就有多達400種！店內還有出售很多其他「德國製造」的傳統工藝品，包括有來自黑森林地區的咕咕鐘、手造木頭裝飾和各種各樣的胡桃夾子。

單單是櫥窗已經很精彩！不同種類的傳統手藝品，整齊地擺滿兩大個櫥窗！

店內有多達150種不同款式的胡桃夾子，價格都清楚列明。

Info

地址：Neuhauser Str. 2, 80331 München
電話：+49 89 229308
營業時間：0930-2000
休息日：週日
網址：www.herrmann-geschenke.de
前往方法：從卡爾廣場（Karlsplatz）步行前往，大約5分鐘。在FC Bayern Fan-Shop的旁邊。

MAP: P.072 C3

慕尼黑

老城區

英國花園及伊薩爾河沿岸

奧林匹克公園及周邊

國王廣場及周邊

慕尼黑中央火車站及周邊

慕尼黑周邊

繁華購物區段

考芬格大街（Kaufingerstraße）

MAP: P.073 D3-E3

跟諾伊豪澤爾大街（Neuhauser Straße）和瑪利亞廣場（Marienplatz）相連的步行購物街，兩旁開滿了各式各樣的商店、百貨公司、紀念品店和餐廳，十分熱鬧，也是不少街頭藝人表演的地方。

這是慕尼黑最繁華熱鬧的購物地段，於假日經常人流洶湧。

於瑪利亞廣場旁邊不遠處，有「Galeria Kaufhof」大型百貨公司。

Info

地址：Kaufingerstraße, 80331 München
前往方法：於瑪利亞廣場（Marienplatz）向西北方向步行。

經典男士服裝店

Hirmer

MAP: P.073 D3

坐落在全條步行購物街最美的建築物之內！這間旗艦店集中了2百多個中高端國際男裝品牌，另設有大型香水及男士護理產品部門，亦有出售高品質男女傳統巴伐利亞服飾。位於3樓設有時尚優雅的咖啡室和酒吧。

坐落在百年歷史大樓之內，於夏季用了嬌豔的花兒作裝飾，讓人眼前一亮。

店內集中了眾多國際品牌，包括有Fred Perry、Boss、Hugo、Diesel等等，分佈在6個樓層內。

Info

地址：Kaufingerstraße 28, 80331 München
電話：+49 89 236830
營業時間：週一至週五 1000-1900；
　　　　　週六 1000-2000
休息日：週日
網址：www.hirmer.de
前往方法：從瑪利亞廣場（Marienplatz）或卡爾廣場（Karlsplatz）步行前往，大約5分鐘。

店內裝潢很有格調，除了香水之外，也有售賣家居香薰、身體護理產品、面部護膚品、衣物等等。

經常推出包裝精美的禮盒套裝，價格也很實惠。

香水選擇很多，其中「Fleurs de l'Himalaya」混了濃郁的野生蘭花與清雅的喜馬拉雅牡丹，香氣獨特。€42.5（50ml）

荷蘭護膚品牌

Rituals

MAP: P.073 D3

近年在歐洲火速興起的香水及護膚品牌，源自荷蘭阿姆斯特丹，於香港和一些亞洲地區也設有商店。包裝優雅的香水很受歡迎，其中一些更由一級調香師調製，創作靈感來自遠渡東方之旅行，不定期更會推出限量版本。而護膚品種類也很齊全，無論包裝還是成份都受到東方傳統的啟發，充滿亞洲氣息，當中包括有以道家哲學作主題的「DAO」護膚系列，和充滿櫻花香氣的「Sakura」身體護理系列。

品牌始創於2000年，分店全球多達幾百間，特別在歐洲各大城市，幾乎隨處可見。

Info

地址：Kaufingerstraße 5, 80331 München
電話：+49 89 24293215
營業時間：1000-2000
休息日：週日
網址：www.rituals.com
前往方法：從瑪利亞廣場（Marienplatz）步行前往，大約2分鐘。

慕尼黑

老城區

英國花園及伊薩爾河沿岸

奧林匹克公園及周邊

國王廣場及周邊

慕尼黑中央火車站及周邊

慕尼黑周邊

一客卡邦尼意粉份量很多，煙肉粒帶有鹹香，芝士口感香濃滑溜。
Spaghetti Carbonara €10.95

用餐氛圍輕鬆熱鬧，定價適中，吸引很多當地年輕人。

人氣最盛的意國料理

MAP: P.072 B2

L'Osteria

　　是當地最負盛名的意大利連鎖餐廳，一到用餐時間，人流絡繹不絕，如果沒有訂位的話，分分鐘要在門外等至少一個小時。餐廳提供意式料理，各式各樣的意大利麵廣受歡迎，例如有「肉醬千層麵」（Lasagne）和「卡邦尼意粉」（Spaghetti Carbonara），都獲得很好的口碑。甜點「提拉米蘇」（Tiramisù）也是人氣之選。

餐廳內部非常大，可容納至少過百人。如果天氣良好，客人還可在戶外用餐區用餐。

除了國民飲品「啤酒」之外，這裡也有供應餐前酒和葡萄酒。

伴以士多啤梨醬汁的意式奶凍，甜度恰到好處，質感較為厚實。
Panna Cotta €5.25

Info

地址：Lenbachpl. 8, 80333 München
電話：+49 89 99019810
營業時間：週一至週六1100-2400；週日1200-2300
消費：大約€25-35/位（建議訂座）
網址：www.losteria.net
前往方法：從卡爾廣場（Karlsplatz）向東北方向步行約3分鐘。或可乘坐電車19或21號到「Lenbachplatz」站，再步行2分鐘。

氣勢磅礴

MAP: P.072 C2

維特爾斯巴赫噴泉
（Wittelsbacher Brunnen）

　　立在連巴赫廣場（Lenbachplatz）上的噴泉，像被城市人遺忘似的！建於1893至1895年，以慶祝建成了第一條從芒法爾山谷（Mangfalltal）引到慕尼黑的輸水道，為市民提供飲用水。噴泉主題為「水的寓言」，於左右兩旁的雕塑分別描繪水的拯救力量和野性力量。

左方雕塑：騎在水馬上的青年，正投擲一塊巨石，暗指山間溪流的野性力量，代表水的破壞力。

右方雕塑：亞馬遜坐在魚尾牛神上，正獻上一碗水，去描繪水的拯救和治療力量。

屬城中最雄偉壯觀的一座噴泉，值得前來一看，晚間亮了燈會更美。

Info

地址：Lenbachplatz, 80333 München
開放時間：全年
前往方法：乘坐電車19或21號到「Lenbachplatz」站。或從卡爾廣場（Karlsplatz）步行前往，大約6分鐘。

慕尼黑

老城區

英國花園及伊薩爾河沿岸

奧林匹克公園及周邊

國王廣場及周邊

慕尼黑中央火車站及周邊

慕尼黑周邊

特色傳統啤酒杯
Souvenirs Flohr

MAP: P.073 F3

如果想入手一些滿有德國傳統特色的紀念品，可以到來這裡逛逛！各類型的商品整齊陳列在L型的大櫥窗裡，當中有半個人高度的巨型傳統啤酒杯，也有穿上了巴伐利亞傳統服飾的人物擺設，是搜羅手信的好地方。

這裡販賣很多大大小小的德式傳統啤酒杯，杯上都畫上了精美的圖案。

店面挺大，紀念品種類也很齊全。

具有當地特色的人物擺設系列，造型可愛。

Info

地址：Orlandostraße 8, 80331 München
電話：+49 89226317
營業時間：1000-1900
休息日：週日
前往方法：
在皇家宮廷啤酒屋（Hofbräuhaus München）的轉角位置。

雄偉的中世紀城門
伊薩爾門 (Isartor)

MAP: P.073 F4

位於老城區的東端，是慕尼黑3座老城門的其中之一。城門的主塔樓建於13世紀，而兩側塔樓則於15世紀加建，於19世紀再建造了拱廊作連接。整座城門於二戰時遭到嚴重破壞，經過重修後回復了昔日的模樣。現於主塔樓內設有被譽為「德國卓別靈」的著名喜劇演員 Valentin-Karlstadt之博物館。

城門拱廊上的壁畫，描繪1322年於安普芬戰役中勝利後凱旋回歸的情況。

整座城門外觀十分雄偉，包括了3座塔樓和畫上了壁畫的拱廊。

Info

地址：Tal 50, 80331 München
開放時間：全年
前往方法：乘坐S-Bahn S1至S8路線、電車16或17號，在「Isartor」站下車。如從瑪利亞廣場（Marienplatz）步行前往，大約10分鐘。
Valentin-Karlstadt-Musäum
開放時間：
週一、週二、週四至週六 1100-1800；
週日1000-1800
休息日：週三、24-26/12、1/1
門票：成人€3；學生€2
網址：www.valentin-musaeum.de

提倡高品質耐用品
Manufactum Warenhaus

MAP: P.073 E3

專門於世界各地網羅一些擁有經典設計和耐用性強的商品，日後甚至可修復重用。商品種類多樣化，當中有不少更是以傳統手工製作，包括皮革品、家具、服裝、文儀用品等。店內另設咖啡室和麵包店，很受當地人歡迎。

用以100％牛皮製造的德國休閒鞋Zeha，品牌超過百年歷史，於意大利和葡萄牙製造。
€249-279

店家鼓勵民眾選用高品質耐用商品，以達到環保理念。

Info

地址：Dienerstraße 12, 80331 München
電話：+49 89 23545900
營業時間：0930-2000
休息日：週日
網址：www.manufactum.de
前往方法：經瑪利亞廣場（Marienplatz）魚噴泉旁邊的Dienerstraße街道步行前往，約2分鐘。於Alois Dallmayr的旁邊。

慕尼黑

老城區

英國花園及伊薩爾河沿岸

奧林匹克公園及周邊

國王廣場及周邊

慕尼黑中央火車站及周邊

慕尼黑周邊

優美的城中綠洲

英國花園及伊薩爾河沿岸

Englischer Garten und Isar

於繁華熱鬧的老城區上方，擁有全城最大型的休憩空間，充滿愜意氛圍的「英國花園」就像城中的綠洲，以多不勝數的樹木、草地與流水，營造出大自然森林美景，是好好呼吸的地方！在英國花園的不遠處，有一條優美的「伊薩爾河」，從北到南穿越慕尼黑，沿岸設有幾間不同類型的博物館，散發優雅的文化氣息。

🚌 交通

U-Bahn：
乘坐U4、U5線於「Lehel」站下車，即達伊薩爾河西岸，或於「Max-Weber-Platz」站下車，則達伊薩爾河的東岸。

電車：
乘坐16號路線，可沿著伊薩爾河西岸往北走，然後抵達英國花園的東端。或可乘坐17號路線，從伊薩爾門穿過德意志博物館所在的小島，再抵達伊薩爾河東岸。

老城區
英國花園及伊薩爾河沿岸
奧林匹克公園及周邊
國王廣場及周邊
慕尼黑中央火車站及周邊
慕尼黑周邊

♀Am Münchner Tor電車站

🏨 Steigenberger Hotel München
②R
Ⓤ Nordfriedhof站

英國花園
Englischer Garten

Ⓤ Münchner Freiheit站

●Seehaus餐廳及啤酒花園
②R

Kleinhesseloher See●

河薩伊爾

Isar

凱旋門 Siegestor●

●中國塔啤酒花園
Chinesischen Turm
②R

♀Tivolistraße電車站

Universität站Ⓤ

Monopteros●

日本茶館
Japanisches
Teehaus Kanshoan

巴伐利亞國立博物館
Bayerisches Nationalmuseum

冰流 Eisbach

Reitmorstraße/Sammlung Schack巴士站
♀

Nationalmuseum/Haus d.Kunst♀
電車/巴士站
和平天使 Friedensengel

五大洲博物館
Museum Fünf Kontinente
Ⓤ Lehel站
♀Friedensengel/Villa Stuck電車/巴士站

Maxmonument
電車站
施圖克別墅博物館
Museum Villa Stuck

馬克西米利安街
Maximilianstraße
馬克西米利安宮
Maximilianeum

♀Maximilianeum電車站
94

ⓊMax-Weber-Platz站

Müllerstraße電車站

加特納廣場
Gärtnerplatz
Boschbrücke巴士站
♀
♀Deutsches Museum電車站

加特納廣場劇院
Gärtnerplatztheater
德意志博物館 Deutsches Museum
Ⓤ Fraunhoferstraße站

英國花園及伊薩爾河沿岸

N

慕尼黑

老城區

英國花園及伊薩爾河沿岸　老城區

奧林匹克公園及周邊

國王廣場及火車站及周邊

慕尼黑中央火車站及周邊

慕尼黑周邊

花園內有一段非常湍急的「冰流」，是專業衝浪者的冒險之地！

時常有經驗豐富的衝浪者，在「冰流」輪流衝浪，吸引很多民眾專程去觀賞。要注意：這裡不適合衝浪初學者，也不允許游泳的。

建於19世紀初的「Monopteros」，是一座擁有古希臘風格的圓形小寺廟，位於園區內的小山丘上，擁有漂亮的園林景色。

X1 Can Tips

Kochelball 民間舞蹈活動

每年7月第3個週日的黃昏，於「中國塔啤酒花園」會舉行大型戶外民間舞蹈活動「Kochelball」，一大班當地人會穿上巴伐利亞傳統服，伴隨著歡樂的音樂，大跳傳統舞，場面十分熱鬧！官網：www.haberl.de/kocherlball

於1972年在公園南端加建了一間「日本茶館」（Japanisches Teehaus Kanshoan），不定期舉行茶道活動。每年7月第3個週日，更會在此舉行大型「日本祭」（Japanfest），透過各式活動展現日本文化。

歐洲最大的城市公園之一
英國花園（Englischer Garten）

　　佔地超過350公頃，是城中一片龐大的綠色休閒空間，花園已有2百多年歷史，採用了英式庭園風格，設計強調來自大自然的舒適感，沒有過多人工修飾。人們都喜歡在花園內放鬆一下，除了散步、野餐、踏單車、跑步或是享受日光浴，最熱門的活動是到「冰流」（Eisbach）觀賞別人衝浪，和到「中國塔啤酒花園」（Chinesischen Turm）跟朋友喝喝啤酒聚一聚，渡過悠閒的時光！

位於園區內的「中國塔啤酒花園」，是城中最受歡迎和最大型的啤酒花園之一，中國風的塔樓別具特色，用餐區擁有七千個座位。

在這座充滿中國風情的塔樓下享用啤酒和美食，別有一番風情！於假日前來，人頭湧湧，滿有熱鬧歡樂的氛圍。

花園範圍非常大，沒有設立特定閘口，遊人可從多條小徑進入公園。園區南端較熱鬧，而北端則較寧靜。

MAP：P.101 A3；B1-B3；C1-C2

Info

地址：Englischer Garten, 80805 München
開放時間：全年
門票：免費進入
前往方法：
從老城區步行：可由王宮花園東北側向北走，從Von-der-Tann-Straße小徑進入英國公園的西南端。
往冰流：乘坐電車16號到「Nationalmuseum/Haus d.Kunst」站。
往中國塔啤酒花園：乘坐電車16號到「Tivolistraße」站，再步行8-10分鐘。也可乘坐巴士54、68或154號到「Thiemestraße」站，再步行10分鐘。
往Kleinhesseloher See 湖區：乘坐U-Bahn U3或U6線到「Münchner Freiheit」站，再步行10-15分鐘。

黑慕尼

老城區

英國花園及伊薩爾河沿岸

奧林匹克公園及周邊

國王廣場及周邊

慕尼黑中央火車站及周邊

慕尼黑周邊

博物館身處的建築結合了浪漫主義、哥德式、巴洛克式和文藝復興時期的元素，於1900年落成，是城中最富古典優美的建築之一。

博物館內設有環境優美的咖啡廳。

皇室珍品收藏

MAP: P.101 B3

巴伐利亞國立博物館

（Bayerisches Nationalmuseum）

想了解巴伐利亞文化的遊客，絕對值得花時間慢慢細逛！由巴伐利亞國王馬克西米利安二世（Maximilian II）於1855年創立，收藏極之豐富，多達1600件的展品包括了來自維特爾斯巴赫王朝的奢華珍品。展覽分佈於3個樓層，種類有象牙工藝品、瓷器、古典樂器、家具、雕塑、掛毯、武器等等。當中於頂樓的瓷器收藏更不容錯過，在場有視頻展示傳統瓷器工藝的精湛製作過程。地下室是較容易被遺忘，內裡展示了昔日的巴伐利亞民間家具。

提提你

愛狠雕塑（Love-Hate-Skulptur）

館外有一個由公共空間藝術家Mia Florentine Weiss創作的雕塑。雕塑的一面是狠的英文單詞「Hate」，而當你走到雕塑的另一面，卻出現了愛的英文單詞「Love」。從2019年開始這一款「愛狠雕塑」在歐洲各地輪流展出，宣揚「愛而不恨」的訊息。

不容錯過的瓷器珍品收藏！包括了著名的邁森瓷器（Meissen）和寧芬堡瓷器（Nymphenburg）。

邁森瓷器廠於1723年出品的茶具，瓷器上的繪畫用色絢麗，主題是中國人的生活場景。

18世紀的鍍銀象牙酒杯，雕刻精美細緻，描述勝利後的情景。

其中一個展館收藏了18世紀的歐洲紡織品和禮服。

Info

地址：Prinzregentenstraße 3, 80538 München
電話：+49 89 2112401
開放時間：1000-1700；週四 1000-2000
休息日：週一
門票：€7（包含租借語音導賞機）；週日€1（租借語音導賞機＋€2）；19歲以下免費
網址：www.bayerisches-nationalmuseum.de
前往方法：乘坐電車16號或巴士100號到「Nationalmuseum/Haus d.Kunst」站，再步行3分鐘。或乘坐U-Bahn U4或U5線於「Lehel」站下車，再步行8分鐘。

世上最大的科學館

MAP: P.101 A4

德意志博物館
(Deutsches Museum)

　　位於伊薩爾河中的一個小島上，面積達5萬平方米，展館連地下低層一共有8個樓層，是世上最大型的自然科學和技術博物館之一。博物館於1903年創立，展覽題材非常廣泛，大致分為50個主題，包括有天文、航空、航海、醫學、玻璃製作、電力、金屬、機械、數學、物理等等，展品多達2萬多件。

　　對於科學很有興趣的遊人，這裡絕對可以逗留大半天！參觀亮點包括全德國第一艘潛水艇U-1，還有於地下低層的「模擬礦場」，配以真實情景和暗淡燈光，營造獨特的氛圍，讓到訪者像親歷其境，從中了解舊日地下礦場的運作。

於1924年由鋁合金製成的深海潛水服，重達380公斤！加裝所有設備後更達475公斤。

位於地下的航海展館，展出了不同年代的船隻，包括這艘從1880至1950年代於漢堡服役的大型漁船「瑪麗亞號」（Maria）。

 Tips *I Can*

 Deutsches Museum

APP：到訪前可先下載官方手機應用程式「Deutsches Museum」，內有展品導賞和詳細解說。

是全德國最熱門的博物館之一，每年有大約150萬遊客前來參觀。

亮點包括了這個全德國第1艘潛水艇U-1，於1906年建造，整隻潛艇被「切開了一半」，讓訪客能清楚看到內裡原有的間隔。

2樓設有一個古典樂器的展館，展示一些特色古董樂器。這是「會自動演奏」的音樂儀器「Phonoliszt Violina」，於1912年由德國人Ludwig Hupfeld設計，琴上的櫃子裡藏了3個會自動演奏的小提琴。

於天台享有迷人的城市景觀，同時可遠眺幾座城中著名地標，包括聖母教堂、新市政廳和聖彼得教堂的鐘樓。

館內有工藝師定時表演燒玻璃，手藝精湛。

在航空展館展出多種古代熱氣球，另有詳細文字解說其飛行原理。

於地下低層的「礦場」，一共有3層高，讓人感到置身於一個舊礦井裡，沿著一條長約半公里的路線走，可體會礦工當年在地底工作的情境。

於頂層天台設有日晷展區，展出了多款以太陽陰影來推斷時間的日晷。

也有不少船隻模型的收藏，大部分手工精緻，讓人目不暇給。

航空展館設於1樓，展品有賴特兄弟（Wright Brothers）的原始飛機和多種滑翔機模型，見證人類從古至今如何逐步實現在空中飛行的夢想。

參觀船艙，從中可了解昔日船員的生活狀況。

館內設有清晰易明的告示牌，以象徵該科學題材的圖像來表示其展館的所在位置，方便訪客找尋想去的展館。

Info

地址：Museumsinsel 1, 80538 München
電話：+49 89 2179333
開放時間：0900-1700（最後售票 1600）
最後入場時間：1630
休息日：公眾假期
門票：成人€15；6-17歲€8；家庭票（2成人＋1位17歲以下）€31
網址：www.deutsches-museum.de
前往方法：乘坐電車16或17號到「Deutsches Museum」站，再步行1分鐘。或乘坐巴士132號到「Boschbrücke」站，過橋後即達。

引人注目的古典建築

凱旋門（Siegestor）

MAP: P.101 A2

建於1843至1850年，由巴伐利亞國王路德維希一世（Ludwig I）委託建築師弗里德里希馮．加特納建造，以古羅馬「君士坦丁凱旋門」為設計藍本，去紀念「巴伐利亞軍隊」的奉獻精神。於二戰後添加了南面的銘文來提倡和平，意指戰爭不僅帶來了勝利，還帶來了痛苦和破壞。

凱旋門位於音樂廳廣場以北、英國公園以西的一條大街之上。

頂部的巴伐利亞女神和4隻雄獅的雕塑，重量超過20噸，是以古羅馬「四馬雙輪戰車」作靈感。

於北面拱門上的浮雕，描繪了巴伐利亞軍隊在戰爭中的情景。

Info

地址：Siegestor, 80802 München
開放時間：全年
網址：www.bayerisches-nationalmuseum.de
前往方法：乘坐U-Bahn U3或U6到「Universität」站，再步行2分鐘。

隱世花園

加特納廣場（Gärtnerplatz）

MAP: P.101 A4

位於一個大型交通迴旋處之中，是城中一個隱世休憩空間！於春夏花季，這裡被五彩繽紛的花兒包圍著，在陽光之下更覺耀眼。廣場以建築師弗里德里希．馮．加特納（Friedrich von Gärtner）的姓氏來命名，以紀念他的輝煌成就。廣場四周開滿了咖啡館和餐廳，充滿悠閒風情。

被百花包圍著的加特納廣場，像城中一個隱世小花園。

廣場上有一間歷史悠久的「加特納廣場國家劇院」，建於1865年，是慕尼黑3間巴伐利亞國家歌劇院的其中一間。

Info

地址：Gärtnerpl., 80469 München
開放時間：全年
前往方法：乘坐U-Bahn U1、U2、U7或U8線到「Fraunhoferstraße」站，或乘坐電車16或17號到「Müllerstraße」站，下車後步行5分鐘。

加特納廣場國家劇院
Staatstheater am Gärtnerplatz
地址：Gärtnerpl. 3, 80469 München
電話：+49 89 21851960
網址：www.gaertnerplatztheater.de

巴伐利亞州議會的所在地

馬克西米利安宮（Maximilianeum）

MAP: P.101 B4

於小山丘上一座充滿新文藝復興風格的建築，建於1857至1874年，由巴伐利亞國王馬克西米利安二世命人修建，落成後以他的名字而命名。自1949年，這裡是巴伐利亞州議會和學術基金會的所在地，平日內部不向公眾開放，僅於一年一度的開放日，可供市民參觀。

於馬克西米利安橋上（Maximiliansbrücke），可欣賞到這座聳立在山坡上的宏偉宮殿。

於正立面拱門上設有彩色馬賽克鑲嵌壁畫，十分精美。

宮殿由Friedrich Bürklein設計，工程持續了17年才完工。

Info

地址：Max-Planck-Straße 1, 81675 München
開放時間：內部不對外開放
前往方法：乘坐電車19或21號到「Maximilianeum」站，再步行3分鐘。

慕尼黑

老城區
英國花園及伊薩爾河沿岸
奧林匹克公園及周邊
國王廣場及周邊
慕尼黑中央火車站及周邊
慕尼黑周邊

高高聳立的守護者
和平天使
（Friedensengel）

位於伊薩爾河東岸，一個閃閃發光的金色天使聳立於38米高的半空，守護著整個慕尼黑城！這座身高6米的勝利女神像，立在一座「科林斯式」巨柱之上。這座紀念碑建於1899年，以紀念於1871年德法戰爭中德國獲勝，及後享有25年的和平歲月。

MAP: P.101 B3

雕像和柱子聳立在一個方形底座上，由8個女像石柱和4個角柱支撐著。

帶有翅膀的和平天使，是以希臘神話中「勝利女神」耐克（Nike）的模樣鑄造。

廣場上噴泉兩旁設有梯階，可登上和平天使前方的觀景台，欣賞慕尼黑城市景色。

━Info━
地址：Prinzregentenstraße, 81675 München
開放時間：全年
前往方法：乘坐巴士100號於「Reitmorstraße/Sammlung Schack」站下車，再步行5分鐘。也可乘坐電車17號到「Friedensengel/Villa Stuck」站，再步行3分鐘。

認識不同地域的文化

MAP: P.101 A4

五大洲博物館
（Museum Fünf Kontinente）

於1835年成立，是全國第一座民族學博物館，主要收藏非歐洲歷史文物，至今展品總庫存多達16萬件，並作輪流展出。常設展覽主題包括有南美洲、非洲、伊斯蘭國家、印度、東亞等地區，展示了各國的風土人情、傳統習俗和藝術文化，讓人大開眼界！

有部分重點展品設有德、英雙語解說，而其餘的則只有德語解說。

非洲加納人的棺木設計，取決於死者的職業、日常生活或愛好。這個波鞋形狀的棺木是屬於一位運動員，由當地著名棺木藝術家Paa Joe設計。

━Info━
地址：Maximilianstraße 42, 80538 München
電話：+49 89 210136100
開放時間：0930-1730
休息日：週五、懺悔星期二、耶穌受難日、1/5、基督聖體聖血節、1/11、24/12、25/12、31/12
門票：成人 €5；25歲以下 €1；18歲以下 免費
網址：www.museum-fuenf-kontinente.de
前往方法：乘坐電車19或21號到「Maxmonument」站，再步行3分鐘。或乘全U-Bahn U4或U5線於「Lehel」站下車，再步行6分鐘。

當地著名藝術家之故居

MAP: P.101 B3

施圖克別墅博物館
（Museum Villa Stuck）

慕尼黑藝術家弗朗茨·馮·施圖克（Franz von Stuck），出生於19世紀下半葉，是當地美術學院教授，他對藝術作出畢生貢獻，因而獲得了「巴伐利亞貴族」頭銜。於1992年，他這座故居及工作室被改建成博物館，展示了他生前一些重要作品。

充滿新藝術風格的別墅，建於1897年，白色牆身流露出優雅簡約的氣質。

天花以「銀河星系」為設計概念，讓人感覺置身在星空下。

室內有很多古董、浮雕、掛毯和雕塑飾品，十分富麗堂皇。

━Info━
地址：Prinzregentenstraße 60, 81675 München
電話：+49 89 4555510
開放時間：1100-1800；每月第一個星期五 1100-2200
休息日：週一、24/12、懺悔星期二
門票：永久及短期展覽 €9；永久展覽 €4；每月第一個星期五1800-2200 免費；18歲以下 免費
網址：www.villastuck.de
前往方法：乘坐電車17號或巴士100號到「Friedensengel/Villa Stuck」站，再步行1分鐘。

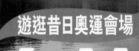

遊逛昔日奧運會場

奧林匹克公園及周邊

Olympiapark

交通 乘坐U-Bahn U3或U8線到「Olympiazentrum」站，再步行10-15分鐘。

1972年於慕尼黑舉辦了一場奧運會，當時為了這項全球矚目的盛事，建設了運動場、游泳館、觀光塔、人工湖和選手村等大型設施。賽事結束後，這些富有紀念價值的奧運建設都被留下來，連同周邊的人工園林，組成了「奧林匹克公園」，成為城中最平靜安逸的綠色地帶。而寶馬汽車公司總部和博物館，就在園區不遠處，跟奧林匹克公園一起成為這一帶的旅遊亮點。

奧林匹克公園及周邊

奧林匹克公園

城中休閒空間

可容納8萬人的奧林匹克運動場，那網索玻璃棚頂非常壯觀！
於1972年在這裡舉行過奧運開幕禮、閉幕禮及多項比賽。

奧林匹克公園（Olympiapark）

MAP：P.109 A1-A2；B1-B2

　　為了1972年奧林匹克運動會而建的體育設施群，現為著名的旅遊景點。遊人可進入奧林匹克運動場館參觀，欣賞這座可容納8萬人的雄偉建築！如果喜歡刺激和冒險，也可放大膽量參加場內的帳篷屋頂之旅（Roof Climb Tour），在場館的網索玻璃頂棚上攀越，或可來一場飛索體驗（Flying Fox），從35米半空飛越整個運動場！除此之外，遊人亦可登上190米高的奧林匹克塔，欣賞整個公園的全景。塔上另設一間旋轉餐廳和搖滾音樂博物館。

老城區

英國花園及伊薩爾河沿岸

奧林匹克公園及周邊

國王廣場及周邊

慕尼黑中央火車站及周邊

慕尼黑周邊

除了奧林匹亞塔上有一間旋轉餐廳，塔的旁邊亦設有另一間餐廳。

公園面積很大，現在成為了城市人的休憩空間，夏季期間於人工湖上也會進行水上活動。

Tips
$I Can$

奧林匹克公園跳蚤市場 Olympiapark Flohmark

於週五和週六開放的大型跳蚤市場，在公園西面的停車場上設了超過460個攤位，商品種類眾多，包括玩具、衣物、餐具、精品等等，慢慢細逛好可能淘到心頭好。

由奧林匹克運動場所舉辦的帳篷屋頂之旅或飛索遊戲，由專人帶領下進行，也有保護裝備以保安全。

園內的綠化區和人工湖景觀都非常漂亮，於假日經常有一些大型活動在這裡舉行，例如：音樂會、遊樂園等等。

奧林匹克村

在1972年奧運會期間建造的奧林匹克村（Olympiadorf），如今成為了當地的民居，大約有6千人在此居住。

幾乎整個奧林匹克村，都被畫上了色彩亮麗的壁畫，很有獨特風格。

Info

奧林匹克公園 Olympiapark
地址：Spiridon-Louis-Ring 21, 80809 München
開放時間：全年
門票：免費
網址：www.olympiapark.de/de/olympiapark-muenchen/
前往方法：乘坐U-Bahn U3或U8線到「Olympiazentrum」站，再步行10-15分鐘。或乘坐巴士144號到「Olympiasee」站。

奧林匹克運動場 Olympiastation
電話：+49 30 30688100
開放時間：每天不同，可於官網查閱
門票：參觀運動場 €3.5；帳篷屋頂之旅（Roof Climb）€43、飛索遊戲（Flying Fox）€40（需在官網預約）
前往方法：
乘坐巴士144號到「Olympiasee」站，即達。

奧林匹克亞塔 Olympiaturm
電話：+49 89 3067-0
開放時間：0900-0000
最後進入：2330
門票：€11；憑寶馬博物館、安聯球場套票門票 €10
前往方法：乘坐U-Bahn U3或U8線到「Olympiazentrum」站，再步行10-15分鐘。

奧林匹克公園跳蚤市場 Olympiapark Flohmark
開放時間：非假日的週五和週六 0700-1600（如有其他大型活動會暫停開放，請查閱官網確定舉辦日期）
網址：www.brk-muenchen.de/angebote/flohmaerkte/flohmarkt-im-olympiapark/
前往方法：乘坐電車20或21號到「Olympiapark West」站，再步行10-15分鐘。或乘坐巴士144號於「Toni-Merkens-Weg」下車。

建築充滿未來風格，玻璃幕牆為內部透入自然光線，格調現代化。

以開放式展覽免費展示尖端新車和還未推出市場的未來車款，無論是不是車迷，都值得前來一看。

汽車迷朝聖地
寶馬世界（BMW Welt）

MAP: P.109 B1

是寶馬、MINI和勞斯萊斯的汽車展覽中心，位於慕尼黑市中心北部，緊鄰寶馬總部，屬於全方位的汽車迷世界！在場展示了旗下品牌的特色汽車、最新型號和未來尖端車款。於一樓展出了多架超酷的電單車，讓遊人可親身騎上拍照留念，實在讓人興奮不已。於地下層還設有大型寶馬紀念品店和餐廳。

展出的新車附有詳細介紹，大部分車款都讓訪客試坐，讓車迷十分興奮。

紀念品店出售各種汽車用品、品牌衣服、迷你汽車模型、「MINI」系列T-Shirt等等。

電單車展覽區設於一樓，無論大小朋友都可騎上電單車體驗一下。

經典汽車模型是很多車迷的收藏之選。€49

Tips

預約參觀寶馬車廠
設有多個不同類型的導賞團，其中最受歡迎是參觀寶馬車廠，讓車迷一睹汽車製造過程。因名額有限，一般需要預早幾個月經Email或電話預約。導賞團詳情可於官網查詢。

Info

寶馬工廠導賞團
（BMW GROUP PLANT MUNICH. Tour）
門票：€14
語言：英語/德語
Email預約：infowelt@bmw-welt.com
網址：www.bmw-welt.com/de/experience/guided_tours.html

展覽中心佔地廣闊，地下層是最主要的參觀區域，除了展示各種車款，還設有「BMW Vision iNEXT」虛擬體驗，讓訪客體會駕駛時的感覺。

Info

地址：Am Olympiapark 1, 80809 München
電話：+49 89 125016001
開放時間：0730-0000；展覽 0900-1800
休息日：24-26/12、31/12
門票：免費進入
網址：www.bmw-welt.de
前往方法：乘坐U-Bahn U3線或巴士173、180號到「Olympiazentrum」站，再步行5分鐘。

充滿歷史意義的「BMW WR 500」電單車！於1937年德國電車車手Ernst Jakob Henne駕駛著這架「飛機座艙式」流線型電單車，以每小時279.5公里的驚人速度，打破了當時的世界紀錄，而紀錄更維持了足足14年。

車迷至愛 MAP: P.109 B1

寶馬博物館
(BMW Museum)

「BMW Museum」APP
車迷可預先下載官方手機應用程式，內有詳盡的英文語音或文字導覽。如果想邊逛邊聽，記緊自備耳機。

　　跟「寶馬世界」一橋之隔，是寶馬車迷必去的大型汽車博物館。於1973年開幕，佔地有5千平方米，一共分為7個不同主題的永久展覽廳，從中展現了超過100年歷史的寶馬汽車發展過程，也展示了多年來製造和設計車輛的重大演變，更收藏了一些歷年來最有價值和最具代表性的寶馬汽車和電單車。館內另設多間餐廳和紀念品店，非常全面。

當一架新型號的汽車正式生產之前，都會以黏土製作一個真實大小的模型，然後再作設計上的調整，以求達至完美。

鮮橙色的「BMW M1」賽車車款於1978年首次亮相，當年是跟林寶堅尼合作一起開發，是意大利知名汽車設計師Giorgetto Giugiaro的作品。劃時代的車身設計令人嘆為觀止。

造型可愛的「BMW Isetta」，於1955年首次向公眾推出，當時希望透過生產小型車讓汽車得以普及化，最後於7年來售出了16萬多輛，銷量驚人！這款車於1962年停產，亦成為了BMW的經典。

館內也有展出昔日一級方程式賽車，車迷都不忘跟它合照。

博物館門外有一條行人天橋，可通往對面的寶馬世界（BMW Welt）1樓。

博物館採用了圓形現代化的設計，簡約時尚。旁邊較高的建築物是寶馬公司總部，於頂部有寶馬品牌商標。

Info

地址：Am Olympiapark 2, 80809 München
電話：+49 89 125016001
開放時間：1000-1800
最後入場時間：1730
休息日：週一、1/1、24-26/12、31/12
門票：成人 €10；27歲以下學生、憑奧林匹克塔或運動場之門票 €7
網址：www.bmw-welt.com/de/experience/exhibitions/exhibition_museum.html
前往方法：乘坐U-Bahn U3線或巴士173、180號到「Olympiazentrum」站，再步行5分鐘。

慕尼黑

老城區

英國花園及伊薩爾河沿岸

奧林匹克公園及周邊

國王廣場及周邊

慕尼黑中央火車站及周邊

慕尼黑周邊

藝術文化集中地

國王廣場及周邊

Königsplatz

　　圍繞著充滿古典氣息的國王廣場，是慕尼黑著名的藝術文化區，整個區域設有多間不同題材的博物館和美術館，每個角落散發著文藝氣息，是文青一族聚集之地。於夏天時份，這裡更是一些大型活動和露天音樂會的表演場地，熱鬧非常。

交通 乘坐U-Bahn U2、U8線或巴士58、100號於「Königsplatz」站下車，然後穿過普羅皮來門 (Propyläen)，即達國王廣場。

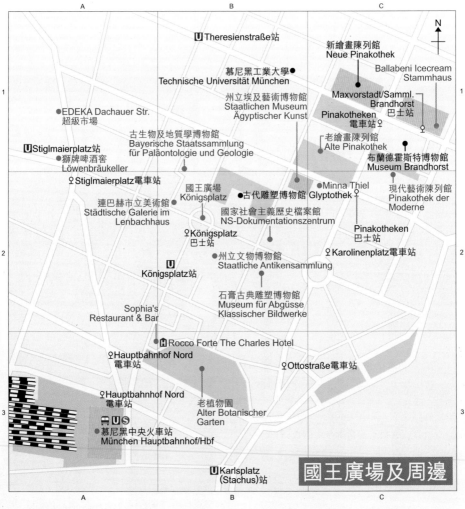

國王廣場及周邊

普羅皮來門的設計模仿希臘古典建築風格，以古希臘流行的「多利安柱」來作外部裝飾，營造樸素莊嚴之感。

這座外觀宏偉的普羅皮來門，是由建築師Leo von Klenze設計。

而古代雕塑博物館的柱廊屬於「愛奧尼亞柱式」，州立文物博物館的則是「科林斯柱式」，呈現出古希臘不同的風格。

普羅皮來門上以細緻的浮雕壁畫作裝飾，刻畫希臘獨立戰爭的場景，以紀念巴伐利亞王子奧托一世登基成為近代希臘王國的開國君主。

充滿古典主義風格

MAP: P.114 B2

國王廣場（Königsplatz）

由3座古典主義風格的建築物組合成的正方形廣場，是巴伐利亞國王路德維希一世於1816年命人建造。最特別之處，是這3座建築分別代表了3種古希臘風格。廣場的西端建有「普羅皮來門」（Propyläen），作為廣場的入口。而另外2座建築分別為「古代雕塑博物館」（Glyptothek）和「州立文物博物館」（Staatliche Antikensammlung），則一左一右跟「普羅皮來門」成直角，中間就是充滿空間感的國王廣場了。

─Info─
地址： Königsplatz 1, 80333 München
開放時間： 全年
前往方法： 乘坐U-Bahn U2、U8線或巴士58、100號於「Königsplatz」站下車，然後穿過普羅皮來門（Propyläen），即達。

讓人深思的歷史

MAP: P.114 B2

國家社會主義歷史檔案館
（NS-Dokumentationszentrum）

位於前納粹黨全國總部「Braunes Haus」的遺址之上，以時序透過不同主題逐一探討過去的納粹獨裁統治，從1914年第一次世界大戰開始直到現代，以圖文細說納粹黨之崛起、希特拉掌權過程、國家社會主義所引致的社會狀況，以及反猶太主義所帶來的禍害等。

展覽分為33個主題，分佈在4個樓層，以文字、照片、舊報章、舊文件、視頻和多媒體方式帶出資訊。

文字解說以德文和英文雙語為主，另外也有語音導賞機提供。

展覽屬於資料性，需時細閱，館內提供便攜式摺椅，讓訪客可自由放置在每個樓層，坐下來慢慢看展板。

─Info─
地址： Max-Mannheimer-Platz 1, 80333 München
電話： +49 89 23367000
開放時間： 1000-1900
休息日： 週一、聖誕期間（日子不定；可於官網上查閱）
門票： 免費
網址： www.nsdoku.de
前往方法：
乘坐電車27、28號到「Karolinenplatz」站下車，再步行2分鐘。或乘坐U-Bahn U2或U8線於「Königsplatz」站下車，再步行5分鐘。

牆上播放著昔日納粹黨的片段，讓人反思獨裁統治和反猶太主義所帶來的禍害。

整座納粹黨總部於二戰時被炸毀，於2005年州政府決定在原址建立這間檔案館，最後於2015年完工及開放。

慕尼黑
老城區
英國花園及伊薩爾河沿岸
奧林匹克公園及周邊
國王廣場及周邊
慕尼黑中央火車站及周邊
慕尼黑周邊

畫廊分為2層，展品依照藝術家的原有國籍和作品年代於14個大廳內展出。

德國最重要的畫廊之一

老繪畫陳列館

（Alte Pinakothek）

MAP: P.114 C1

這座老繪畫陳列館在剛剛建成的時候，是世上最大的博物館建築。

　　巴伐利亞國王路德維希一世（Ludwig I）熱愛藝術，同時亦是一位收藏家。於19世紀初，他決定設立大型畫廊，把維特爾斯巴赫王朝和他本人一直以來的珍藏展示給公眾欣賞，並委託了宮廷建築師 Leo von Klenze 設計了這座「繪畫陳列館」，於1836年開幕。

　　畫廊現收藏了7百多幅14至18世紀的歐洲畫作，當中有一些更是享負盛名的傑作，包括有波提切利（Sandro Botticelli）、達文西（Leonardo da Vinci）、拉斐爾（Raffaello Sanzio）、杜勒（Albrecht Dürer）等一級藝術大師的作品。

幾乎每個大廳都設有梳化椅，可坐下來慢慢細賞名畫。想了解更多，梳化上更放置了詳細參考書籍，可供訪客查閱。

Tips

新繪畫陳列館 （Neue Pinakothek）

於對面的「新繪畫陳列館」，主要展出19至20世紀初的作品。該館正進行大規模重建，目前全面關閉，預計最快於2025年重新開放。當中的精選作品，被轉移到這間老繪畫陳列館和沙克收藏館內展出。

《聖母的康乃馨》（Madonna mit der Nelke）是達文西年輕時的畫作，描繪拿著紅色康乃馨的聖母瑪利亞和抱著的聖嬰。

部分「新繪畫陳列館」展品因裝修工程被遷移到這裡展出，包括梵高（Van Gogh）《向日葵》系列的這一幅。

Info

地址： Barer Str. 27, 80333 München
電話： +49 89 23805216
開放時間： 週四至週日 1000-1800；週二、週三 1000-2030
休息日： 逢週一、懺悔星期二、1/5、24/12、25/12、31/12
門票： 週一至週六€7；週日€1；1天聯票（老繪畫陳列館＋現代藝術陳列館＋布蘭德霍斯特博物館＋沙克收藏館）€12；18歲以下 免費
網址： www.pinakothek.de
前往方法： 乘坐電車27、28號或巴士68、100號於「Pinakotheken」站下車，再步行3分鐘。或乘坐U-Bahn U2線於「Theresienstraße」站下車，再步行7分鐘。

慕尼黑

老城區

英國花園及伊薩爾河沿岸

奧林匹克公園及周邊

國王廣場及周邊

慕尼黑中央火車站及周邊

慕尼黑周邊

於當代藝術博物館內收藏了20世紀初期到現代的重要藝術品，當中更有著名立體主義畫家畢加索（Pablo Picasso）的作品。

匯集4間藝術博物館

MAP: P.114 C2

現代藝術陳列館
（Pinakothek der Moderne）

　　於2002年開幕，總面積超過1萬2千平方米，規模十分龐大，亦是世上最大的現代藝術博物館之一。陳列館把4間博物館合而為一，集合了建築博物館（Architekturmuseum）、慕尼黑國際設計博物館（DIE NEUE SAMMLUNG）、國立平面圖形博物館（Staatliche Graphische Sammlung）和當代藝術博物館（Sammlung Moderne Kunst），只需一張門票，即可同時觀摩不同的藝術和設計領域。

館內裝潢以純白為主調，配合柔和的自然採光，感覺明亮寬敞。

這4間博物館的藏品合計超過60萬件，涵蓋了多個藝術領域。

設計博物館中的一個圓形大廳，展出了幾百張不同時代的椅子，吸引一眾家具愛好者前去參觀。

在館外展出了名為《未來之家》的房子，外觀像一艘UFO，內部也是一個小型展覽室。

設計博物館中館藏分佈在20多個展覽區，除了汽車工業設計外，還包括陶瓷、居家用品、紡織品、家具和珠寶等等。

── **Info** ──

地址： Barer Str. 40, 80333 München
電話： +49 89 23805360
開放時間： 1000-1800；週四 1000-2000
休息日： 週一
門票： 成人€10；18歲以下免費；週日€1；
　　　1天聯票（Alte Pinakothek＋Pinakothek
　　　der Moderne＋Museum Brandhorst＋
　　　Sammlung Schack）€12
網址： www.pinakothek-der-moderne.de
前往方法： 乘坐電車27、28號於「Pinakotheken」站下車。也可乘坐巴士68或100號於「Pinakotheken」站下車，再步行2分鐘。或乘坐U-Bahn U3至U6線於「Odeonsplatz」站下車，再步行7分鐘。

手工冰淇淋

MAP: P.114 C1

Ballabeni Icecream Stammhaus

　　於2017年開業，一直以來口碑極好，於假日旺季經常出現人龍，人氣相當高！主打以天然食材來製作的手工冰淇淋，質地幼滑綿軟，除了傳統口味，店家還不時創造獨特新口味。

冰淇淋果然名不虛傳，選了一球檸檬羅勒（Zitrone Basilikum），檸檬香氣天然清新，散發淡淡羅勒香。€1.9/每球

在收銀處背後的告示板，店家用德文和英語列出了當天供應的冰淇淋口味，方便遊客選擇。

── **Info** ──

地址： Theresienstraße 46, 80333 München
電話： +49 89 18912943
營業時間： 1130-2100　　**休息日：** 週一
消費： 大約€2-6/位
網址： www.ballabeni.de
前往方法： 乘坐巴士68或100號於「Maxvorstadt/ Samml. Brandhorst」站下車。

約公元前1575年，來自埃及第17個王朝的錫特德赫蒂女王（Satdjehuti）之金色棺材面具，那銳利的眼神像有震懾的穿透力，讓人難忘。

博物館範圍很大，佔地有1千8百平方米，訪客可沿著地上的「指示線」走，那是官方建議的「參觀路線」。

探索幾千年前的古埃及歷史

州立埃及藝術博物館
(Staatlichen Museum Ägyptischer Kunst)

如果對於「像謎一般的古文明」很有興趣，那就別錯過這間古埃及博物館了！坐落在一座現代化的建築之內，於2013年落成，在裝潢時尚的展覽廳展出了大約2千件文物。當中的藝術收藏品數量豐富，尤其是來自古埃及不同時期的雕像。此外，也有展出一些人形棺木和亡靈書等等充滿神秘色彩的文物，更備有詳盡的英語說明，讓訪客可從中了解更多古埃及的歷史和文化。

收藏品種類豐富，陳列得整齊有序，展覽還配合了多媒體科技增加互動，非常用心。

展品包括了不同時代的古埃及「人形棺木」，在旁邊也有解說講述「木乃伊」的製法。

MAP: P.114 B2

這些卷軸式的《亡靈書》內有豐富插圖，描述死者生平的功績，而《亡靈書》一般會跟木乃伊一起放入棺木中。

以莎草紙寫成的《亡靈書》，相傳是讓死者在前往陰間之時，可用書上咒語來自我保護，免受惡魔傷害，並能通過審判進入極樂世界。

┃Info┃

地址：Gabelsbergerstraße 35, 80333 München
電話：+49 89 28927630
開放時間：週三至週日 1000-1800；
　　　　　　週二 1000-2000
休息日：週一、1/1、24-25/12、31/12
門票：€7；週日€1；18歲以下免費
網址：smaek.de
前往方法：
乘坐電車27、28號於「Karolinenplatz」站下車。也可乘坐巴士68或100號於「Pinakotheken」站下車，再步行6分鐘。或乘坐U-Bahn U2或U8線在「Königsplatz」站下車，再步行7分鐘。

火車露天酒吧

Minna Thiel

一個廢棄的火車車廂、一個大帳篷和一些露天座椅，構成了這一間非常獨特的戶外酒吧！客人可點選一杯啤酒或飲品，坐在車廂內或帳篷下，渡過一個悠閒的下午。酒吧還會不定期舉行現場音樂會，充滿文化氣息。

在古舊車廂內喝啤酒聊聊天，別具懷舊感。

這裡的飲品價格都很實惠，每杯啤酒大約€3。

┃Info┃

地址：33, Gabelsbergerstraße, 80333 München
電話：+49 89 45215063
營業時間：
週一1700-2200；週二、週三1600-0000；
週四1600-0100；週五1600-0200；
週六1400-0200；週日1200-2200
網址：minnathiel.de
消費：大約€5-8/位（只收現金）
前往方法：
於州立埃及藝術博物館（Ägyptisches Museum）門外。

MAP: P.114 C2

老城區　英國花園及伊薩爾河沿岸　奧林匹克公園及周邊　國王廣場及周邊　慕尼黑中央火車站及周邊　慕尼黑周邊

這是公元前4世紀末的古代金器，是從意大利南部阿曼托的一座古墓發掘出來，花環以各種花、葉、動物和人物作裝飾，金光閃閃，讓人嘆為觀止。

這裡收藏了不少古希臘人、伊特魯里亞人和古羅馬人的藝術品。

陶器上都畫上一些神話人物或生活場景，從中可了解幾千年前的遠古世界。

★I Can Tips
古代雕塑博物館 Glyptothek
位於廣場對面，設有州立文物博物館的分館，這裡主要展出從古代時期（約公元前650年）到古羅馬時期（約公元前550年）的雕塑、馬賽克和浮雕。

古代文明珍品
州立文物博物館
（Staatliche Antikensammlung）
MAP: P.114 B2

　　收藏了古希臘、伊特魯里亞和古羅馬時期的古董文物，包括花瓶、青銅器、玻璃製品和黃金珠寶。這些展品最久遠的可追溯到公元前3千年。最令人驚喜的是來自伊特魯里亞時期的黃金首飾，那些精雕細琢的紋理圖案，難以相信是2千多年前的手藝作品。

Info

地址： Königsplatz 1, 80333 München
電話： +49 89 59988830
開放時間： 1000-1700；週三 1000-2000
休息日： 逢週一，部分公眾假期會關閉
門票： 主館＋古代雕塑博物館 €6；每個週日€1；18歲以下 免費
網址： www.antike-am-koenigsplatz.mwn.de/en/state-collections-of-antiquities-munich.html
前往方法： 乘坐U-Bahn U2或U8到「Königsplatz」站，再步行2分鐘。或乘坐巴士58、68或100號於「Königsplatz」站下車。

藍騎士作品收藏館
MAP: P.114 B2
連巴赫市立美術館
（Städtische Galerie im Lenbachhaus）

　　原本是當地肖像畫家弗朗茨・馮・連巴赫（Franz von Lenbach）的別墅故居，當他離世後，市政府把這裡改建為一所美術館，於1929年開放給公眾參觀。館內收藏了大量19至20世紀和近年的藝術作品，包括有眾多「藍騎士」（Der Blaue Reiter）畫派和弗朗茨・馮・連巴赫本人的作品。

美術館近年經過大型重修，新建築於2013年再度開放，金黃色的外觀十分矚目。

館內空間感十足，人流不算多，可以很舒適地慢慢欣賞藝術品。

館內可通往一個古典優雅的花園，屬連巴赫故居的一部分，於1891年根據意大利文藝復興風格而設計。

Info

地址： Luisenstraße 33, 80333 München
電話： +49 89 23396933
開放時間：
週二、週三、週五至週日 1000-1800；
週四 1000-2000；31/12 1000-1500
休息日： 逢週一、24/12
門票： 成人 €10；18歲以下 免費；每月首個週四1600-2200免費
網址： www.lenbachhaus.de
前往方法：
乘坐U-Bahn U2或U8到「Königsplatz」站，再步行1分鐘。或乘坐巴士58、68或100號於「Königsplatz」站下車。美術館在普羅皮來門（Propyläen）西側的對面馬路。

由丹麥藝術家Olafur Eliasson創作的《Wirbelwerk》，以彩色玻璃組成了螺旋錐體，從館內大廳天花向下延伸，於牆上投射出光影，十分夢幻！

感受古代藝術

MAP: P.114 B2

石膏古典雕塑博物館
(Museum für Abgüsse Klassischer Bildwerke)

在文化學院之內，展示了超過1700件古希臘或古羅馬石膏複製模型，場面壯觀！主要用作學術研究，平日亦會開放給公眾作參觀。

這些雕塑複製本有助於古代藝術和考古學的研究。

展覽廳分佈在兩座相連的建築物之內。

─Info─

地址：Katharina-von-Bora-Straße 10, 80333 München
電話：+49 89 28927690
開放時間：週一至週五 1000-2000
休息日：週末及假日
門票：免費
網址：www.abgussmuseum.de
前往方法：乘坐U-Bahn U2或U8到「Königsplatz」站，再步行3分鐘。或乘坐電車27或28號到「Ottostraße」站，再步行4分鐘。

了解動植物進化史

MAP: P.114 B1

古生物及地質學博物館
(Bayerische Staatssammlung für Paläontologie und Geologie)

館內展出了一些已絕種的史前大型動物骨架，包括有1971年在巴伐利亞區域發現的完整「嵌齒象」（Gomphotherium）骨架化石，屬世上最罕見的動物骸骨之一。

嵌齒象最特別是於上、下顎各有1對象牙。

館內另有展出很多史前動植物化石，而展品介紹以德文為主。

─Info─

地址：Richard-Wagner-Straße 10, 80333 München
電話：+49 89 21806630
營業時間：週一至四・每月第一個週日 0800-1600；週五 0800-1400
休息日：週末及假日（每月第一個週日除外）
門票：免費
網址：bspg.palmuc.org
前往方法：乘坐U-Bahn U2或U8線到「Königsplatz」站下車，再步行3分鐘。

酒吧區供應的特色Tapas，另有多種當地特色啤酒以供選擇。Tapas €7-14/每款；啤酒 €5-6.5/每瓶

酒吧區擁有舒適的沙發座椅，如果遇上現場樂隊表演，氣氛更佳。

酒吧區提供各種雞尾酒、葡萄酒、啤酒和一些輕食，大可小酌一杯，輕鬆一下。

餐廳內裝以白色、金色和卡其色作主調，配合透明落地玻璃，增加亮麗感，從低調中流露典雅的風範。

享有浪漫情調

MAP: P.114 A3

Sophia's Restaurant & Bar

於Rocco Forte The Charles Hotel（酒店詳細介紹見P.036-037）內的西式餐廳，裝潢富浪漫情調，主要供應精緻創意料理，於天氣晴朗時，更可於優美的露天雅座用餐。而旁邊的酒吧除了供應各種酒類和飲品，於晚間還特別供應小巧精緻的Tapas，佐酒一流！於週五晚間時段，更有現場樂隊演奏。

─Info─

地址：Sophienstraße 28, 80333 München
電話：+49 89 5445551200
營業時間：週一至週五 0630-0100；週末及假日 0700-0100
消費：酒吧 大約€35-40/位；餐廳 大約€70-100/位
網址：www.roccofortehotels.com/hotels-and-resorts/the-charles-hotel/restaurants-and-bars/
前往方法：可乘坐電車20或21號到「Hauptbahnhof Nord」站，再步行3分鐘。或乘坐U-Bahn U2或U8到「Königsplatz」站，再步行3分鐘。如從慕尼黑中央火車站步行前往，大約5分鐘。

慕尼黑

老城區

英國花園及伊薩爾河沿岸

奧林匹克公園及周邊

國王廣場及周邊

慕尼黑中央火車站及周邊

慕尼黑周邊

城中歷史悠久的花園

MAP: P.114 B3

老植物園（Alter Botanischer Garten）

隱藏在舊城區外圍的一角，面積不算大，卻是城市人享受休閒的地方。整個植物園呈「D」字形，建於1812年，由景觀園林建築師Friedrich Ludwig von Sckell設計。園中的海王星噴泉（Neptunbrunnen）於二戰被摧毀，後來根據原來模樣重建。舊有的建築只有東面大門能倖存至今。

I Can Tips

於1914年，在市中心以西建了一個規模很大的「寧芬堡國立植物園」。於花季期間，很值得前去參觀。（詳細介紹見：P.134）

園內設有「Park Café」餐廳，提供巴伐利亞菜和地中海菜餚。

呈長方形的「東面大門」是園中最古老的建築，以早期古典主義風格建造，中間有4條多立克柱支撐著。

Info

地址：Sophienstraße 7, 80333 München
開放時間：全年
前往方法：從卡爾廣場（Karlsplatz）或慕尼黑中央火車站（München Hbf）步行前往，大約5-10分鐘。

好逛又好買的超市

MAP: P.114 A1

EDEKA Dachauer Str.

於慕尼黑有很多大大小小的連鎖超市，EDEKA是當中最好逛又最好買的。EDEKA於市中心設有好幾間分店，而位於Dachauer Str.的這一間，佔地算廣，貨物琳瑯滿目，種類繁多，重點是擺放得非常整齊，適合喜歡舒適地慢慢掃貨的遊人。

這分店離老城區不算近，但商品擺放整齊，提供了十分舒適的掃貨環境。

德國大部分超市都會在週日及假期關門，這一間也不例外。

大部分EDEKA超市都寬廣明亮，而且價位適中，有很多當地的捧場客。

Info

地址：Dachauer Str. 63-65, 80335 München
電話：+49 89 51717655
營業時間：0800-2000
休息日：週日
網址：www.edeka.de
前往方法：乘坐U-Bahn U1或U7線於「Stiglmaierplatz」站下車，再步行2分鐘。或乘坐電車20、21或22號在「Stiglmaierplatz」電車站下車，再向北步行3分鐘。

經典之一

啤酒館的綠色塔樓始建於19世紀末期，十分精緻亮眼。

獅牌啤酒窖（Löwenbräukeller）

由當地著名啤酒品牌「獅牌」（Löwenbräu）於1883年在市中心設立的啤酒館，200多年來一直廣受歡迎。啤酒館除了設有優雅傳統的用餐大廳，還有可以容納2千人的宴會廳及充滿休閒風格的露天啤酒花園，提供各式自釀啤酒和巴伐利亞傳統菜。

外牆多個位置畫上了獅牌標誌上的獅子，非常有代表性。

MAP: P.114 A1

從18世紀已經開始釀製啤酒的獅牌，是德國最著名的啤酒品牌之一。

Info

地址：Nymphenburger Straße 2 Stiglmaierplatz, 80335 München
電話：+49 89 998209185
營業時間：1000-0000
休息日：週日
消費：大約€30-40/位
網址：www.loewenbraeukeller.com
前往方法：乘坐U-Bahn U1或U7線在「Stiglmaierplatz」站下車，再步行1分鐘。或乘坐電車20、21或22號，在「Stiglmaierplatz」電車站下車。

München Hauptbahnhof

中央火車站及周邊

　　慕尼黑市中心內有多個火車站，而最接近老城區的中央火車站（München Hauptbahnhof）是人流最多的一個，亦是大部分遊客必經之地。從中央火車站步行往老城區，也只不過十多分鐘的步程，非常方便。作為交通中樞地段，這兒酒店、各式商舖和食店林立，不論是日間或晚上，人們熙來攘往地聚集在這一地帶，相當熱鬧繁華。

交通

S-Bahn：
乘坐S-Bahn S1至S4或S6至S8號路線到「Hauptbahnhof」站。

U-Bahn：
乘坐U-Bahn U1、U2、U4、U5、U7或U8路線到「Hauptbahnhof」站。

電車：
乘坐電車16、17、19、20、22號到「Hauptbahnhof」站。

巴士：
乘坐巴士68號到「Hauptbahnhof Süd」站，或58或100號到「Hauptbahnhof Nord」站。

N

⊙🚇 Hackerbrücke
(S-Bahn) 火車站

Augustiner-Keller
啤酒花園

⊙ ZOB Munich
長途巴士站

⊙ Hopfenstraße
電車/巴士站

● Augustiner Bräustuben

⊟ Forum Schwanthalerhöhe
購物中心

⊙ Holzapfelstraße 電車站

🚇 Schwanthalerhöhe 站

● 德意志博物館（交通館）
Deutsches Museum
Verkehrszentrum

● 巴伐利亞雕像及名人堂
Bavaria Statue und
Ruhmeshalle

特蕾西婭草坪
Theresienwiese

● Das Bad

🚇 Theresienwiese 站

⊙ Hauptbahnhof Nord
電車/巴士站

● dm-drogerie markt

🚇🅢🚌🚋
慕尼黑中央火車站
München Hauptbahnhof/Hbf

⊙ Hauptbahnhof Süd
電車/巴士站

⊟ Hotel Cocoon am Hauptbahnhof

● Rossmann Drogeriemarkt

🚇 Hauptbahnhof 電車站

🚇 Karlsplatz (Stachus) 站

Goetheplatz 站 🚇

慕尼黑中央火車站及周邊

火車站位置非常便利，跟慕尼黑老城區連接，從瑪利亞廣場步行前往也只需15分鐘。

城中交通總匯點

人來人往的慕尼黑中央火車站，每天平均人流多達40萬人次。

慕尼黑中央火車站
（München Hauptbahnhof / Hbf）

`MAP: P.123 C1`

　　屬於德國3大繁忙火車站之一！火車站佔地廣大，地面層設有各式各樣的食肆，像一個大型美食廣場，供應各種特色輕食，包括麵包、德國腸、三文治、Pizza、烤雞、中式料理等，選擇非常豐富。地下底層跟地鐵站（U-Bahn）連接，另設有眾多連鎖商店、食店和超市，讓乘客在登火車之前，可滿足各人所需。

Info
地址：Bayerstraße 10A, 80335 München
電話：+49 180 6 996633
開放時間：全年（商店有機會於假日關閉）
網址：www.bahnhof.de/bahnhof-de/bahnhof_Muenchen_Hbf-1023144
前往方法：
S-Bahn 乘坐S1至S4或S6至S8號路線到「Hauptbahnhof」站。
U-Bahn 乘坐U1、U2、U4、U5、U7或U8路線到「Hauptbahnhof」站。
電車 乘坐16、17、19、20、22號到「Hauptbahnhof」站。
巴士 乘坐68號到「Hauptbahnhof Süd」站，或58或100號到「Hauptbahnhof Nord」站。

飽點選擇豐富
Rischart

　　是慕尼黑著名的麵包連鎖店，在火車站裡也有一間螢大的分店，在整個玻璃櫃裡放滿了不同種類的德式飽點！這裡有甜版的Brezel-「雲呢拿奶油卷餅」，在Brezel蝴蝶形空心的位置加入了奶油餡，入口充滿雲呢拿香，滿足甜吃一族！

方便之選
Bäckerei Höflinger

　　如果很匆忙正在趕火車，在多個月台正前方也有一些美食售賣亭，其中這間「Bäckerei Höflinger」烘焙店，從1931年已經在慕尼黑開業了，可以試試這兒的肉桂卷，加入了果仁碎粒，很有口感。

雲呢拿奶油卷餅 Sweet Brezel With Vanilla Cream €2.5

每天6am就開始營業了。

Info
營業時間：0600-1930
網址：www.rischart.de
前往方法：
火車站內U-Bahn附近。

位置就在26號月台前方，十分方便。

肉桂卷€2

Info
營業時間：
週一至週五0600-2000；
週六0430-2300；
週日0530-2300
網址：hm-gmbh.de
前往方法：
火車站內月台大廳。

黑尼慕

老城區

英國花園及伊薩爾河沿岸

奧林匹克公園及周邊

國王廣場及周邊

慕尼黑中央火車站及周邊

慕尼黑周邊

這裡供應的菜式選擇不算很多，都是一般經典的巴伐利亞美食，重點在於寫意地享受當地釀造的啤酒，和跟朋友聚在一起的歡樂時光。

在樹蔭下享受熱鬧氛圍 MAP: P.123 B1
Augustiner-Keller 啤酒花園

意想不到在市中心竟然有這麼大型的啤酒花園，可容納足足5千人！由當地著名啤酒廠奧古斯丁（Augustiner-Bräu）開設，屬於城中最歷史悠久。園內樹木茂密，置滿了一排又一排的木餐桌和長椅，在樹蔭下輕鬆地享受啤酒和美食，就像是當地人典型的生活方式！除了露天用餐區和「Self-Service」自助區域，也設有室內餐廳，就算天氣不佳或是冬季，也可以在這裡享用美食。

有穿上巴伐利亞傳統服飾的服務生，在露天用餐區負責下單和送餐。

用餐環境像置身在郊外，差點忘了花園外面正是繁忙的大馬路。

於Self-Service自助區域，食客可直接在美食攤位自行點餐和取餐，然後到收銀處付款。價格相對於旁邊的露天餐廳較為便宜。

每天下午5時後，園內餐廳只會供應1公升的特大啤酒。€7.9

從慕尼黑中央車站只需步行約10分鐘，即可到達這個鬧市中規模龐大的啤酒花園。

烤豬手那層厚厚的外皮烤得金黃香酥，沒有油膩感，啖啖厚肉，大大滿足一眾肉食者。€17.9

Info

地址：Arnulfstraße 52, 80335 München
電話：+49 89 594393
營業時間：1000-0000
消費：大約€20-25/位
網址：www.augustinerkeller.de
前往方法：乘坐電車16或17號於
「Hopfenstraße」站下車，再
步行2分鐘。從慕尼黑中央火
車站（München Hbf）步行前
往，大約12分鐘。或從慕尼黑
長途巴士站（ZOB Munich）
步行前往，大約5分鐘。

黑尼慕

老城區

英國花園及伊薩爾河沿岸

奧林匹克公園及周邊

國王廣場及周邊

慕尼黑中央火車站及周邊

慕尼黑周邊

以獨門黑啤酒汁配以脆皮豬手、雞肉、兩條香腸和薯仔大圓餃，是奧古斯丁最傳統的獨門菜式。雞肉嫩滑，而烤豬手外皮香脆，肉質則較為乾身，醬汁鹹度較重，適合喜歡濃味的食客。
Berkutscherpfanne €15.8

全城最古老的啤酒廠餐館 MAP: P.123 A2

Augustiner Bräustuben

　　始於1328年的奧古斯丁啤酒廠（Augustiner-Bräu），是慕尼黑最古老的啤酒廠，在當地民眾心目中，地位超然。於中央火車站的西南面啤酒廠房旁邊，開設了這間室內餐廳，無論是氣氛、裝潢與菜式，都充滿巴伐利亞風情！於繁忙時段擠滿了不少當地人，熱鬧歡樂的大喝特喝。這裡啤酒的價格相比起其他大型啤酒館，更為便宜！而奧古斯丁還在慕尼黑中央火車站的西北面，開設了規模宏大的露天啤酒花園。（詳情介紹見P.125）

這一整排建築物都是屬於奧古斯丁啤酒廠，右方有煙囪的建築是廠房的位置，而左方就是這間啤酒館餐廳。

內部擁有傳統啤酒館的魅力，氣氛一流，另設有舒適的屋頂露台用餐區。

想比較清淡一些，可單點一客烤豬手，也可在下單時說明「走汁」。1/2 pork knuckle with crust €12.95

隨餐附上的酸菜沙律，清新爽口，可消除肉食料理的油膩感。

不要錯過品嚐一下這裡的小麥啤酒（Hefeweißbier），這種沒有把酵母過濾掉的白啤酒，色澤金黃帶點霧霾，充滿諧和的麥芽香。€3.2/500ml

Info

地址： Landsberger Str. 19, 80339 München
電話： +49 89 507047
營業時間： 1000-0000
消費： 大約€20-30/位
網址： braeustuben.hessenherz.de
前往方法： 乘坐電車18或19號到「Holzapfelstraße」站下車，再步行1分鐘。從慕尼黑中央火車站（München Hbf）步行前往，大約15分鐘。

購物中心的附近就是慕尼亞啤酒節的舉行會場「特蕾西婭草坪」，而步行到慕尼黑中央火車站大約要15分鐘。

大部分時裝店都是大眾年青品牌，商品種類應有盡有。

在商場的地下低層，設有Lidl廉價超級市場，相比其他的Lidl，這一間規模較大，而且商品擺放比較整齊。

現代大型商場

MAP: P.123 A2-B2

Forum Schwanthalerhöhe 購物中心

　　於2019年6月開業，是慕尼黑第4大購物中心。商場一共有3個層樓，裝潢設計時尚現代化，非常好逛！場內結集了大約100間商店，大部分是大眾時尚品牌的連鎖店，包括有Hunkemöller、Orsay、O bag和 VERO MODA等。除了各大時裝品牌，還有多間不同風味的食店、大型玩具店Smyths Toys、dM藥妝店、Lidl和Edeka超級市場等。

於地下低層設有共享工作區和充電位置，設備完善。

地下低層有多間小食店，供應各式輕食和各國料理，還有舒適的用餐區。

=Info=

地址：Schwanthalerstraße 111, 80339 München
電話：+49 89 32609044
營業時間：1000-2000
休息日：週日
網址：www.xn--forum-schwanthalerhhe-zec.de
前往方法：乘坐電車18或19號到「Holzapfelstraße」站，再步行5分鐘。或乘坐U-Bahn U4或U5線於「Theresienwiese」站下車，再步行6分鐘。

慕尼黑啤酒節的舉行場地

特蕾西婭草坪 (Theresienwiese)

　　面積達42公頃的草坪，是城中最大型的戶外活動舉辦場地。於1810年巴伐利亞國王路德維希一世在這裡舉行婚禮，安排了一連串盛大慶祝活動與民同樂，豪飲啤酒和欣賞賽馬，草坪更以國王的妻子特蕾莎而命名。人民很享受這種豪飲活動，其後每年都在此舉辦慶典，漸漸演變為一年一度的「慕尼黑啤酒節」，於每年9月尾至10月初在此舉行。

MAP: P.123 B2-B3；A3

每年大約6月或7月，這裡已開始進行「慕尼黑啤酒節」的搭建工程。

=Info=

地址：Theresienwiese, Bavariaring, 80336 München
前往方法：
U-Bahn：乘坐U4或U5線到「Theresienwiese」站，即達東北入口。或乘坐U3或U6線於「Goetheplatz」站下車，再往南步行。
電車：乘坐18或19號於「Hermann-Lingg-Straße」站下車，再步行6分鐘到北面入口。

只有在慕尼黑釀造的啤酒，才可以參與「慕尼黑啤酒節」。

代表著巴伐利亞州的守護女神像，於1843至1850年間設計，並以156萬磅的青銅鑄造而成。而後方的「名人堂」則仿照古代的祭壇而建。

於女神額頭頂上有幾個小開口，就是從內窺看風景的位置。在雕像外部憑肉眼是很難發現的。

藏在雕像內的觀景台

MAP: P.123 A3

巴伐利亞雕像及名人堂
(Bavaria Statue und Ruhmeshalle)

屹立於特蕾西婭草坪的小山丘上，有一座18米高的「巴伐利亞女神」青銅像，是城中最大型的雕像，也是慕尼黑很具代表性的地標！雕像後方的「名人堂」柱廊，集合了眾多巴伐利亞歷代名人的半身像，以紀念他們付出的貢獻。

最不可思議莫過於在空心的「巴伐利亞女神」內，竟然有一個小型觀景台！於每年4月至10月初，遊人可沿著雕像內狹小的樓梯，登上女神的頭部，從3個小窗窺看特蕾西婭草坪的景色，這兒是全國唯一可以進入的青銅雕像。

披著熊皮的女神，左手正舉起一個橡樹花圈，旁邊有一隻代表巴伐利亞的雄獅，象徵著榮譽和勝利。

「雕像」和「名人堂」都是國王路德維希一世（Ludwig I）於19世紀中期命人建造，而他的半身像設在「名人堂」的最正中間和最高的位置。

置身在一座青銅像之內，真的匪夷所思！內部設有狹窄陡峭的螺旋樓梯，並沒有大窗戶，感覺挺侷促的。

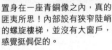

從小窗口所看到草坪的景色，視野不算太廣。而在每年啤酒節舉行時則可欣賞到整個會場熱鬧壯觀的場面。

雕像內的觀景台兩邊設有長椅，空間不大，只可容納大約4人。所以，每次登上雕像的人數都有限制。

=Info=

地址：Theresienhöhe 16, 80339 München
前往方法：乘坐U-Bahn U4或U5線於「Schwanthalerhöhe」或「Theresienwiese」站下車，再步行8-10分鐘。
巴伐利亞雕像內的小型觀景台
電話：+49 89 290671
開放時間：4月-10月初 0900-1800
最後進入時間：關閉前半小時
門票：成人€5；學生€4

館內收藏種類廣泛，一共大約270件，大部分主要展品備有德、英雙語解說，吸引一眾車迷和交通工具控。

常設展覽分佈於3個大型展廳，展品包括一些大型交通工具，例如火車車卡、巴士、電車，讓人目不暇給。

展出的火車有現代化版本，也有舊日的老式蒸氣火車。

交通迷之朝聖地

MAP: P.123 A3

德意志博物館（交通館）
（Deutsches Museum Verkehrszentrum）

面積龐大，佔地有1萬2千平方米，是「德意志博物館」的分館之一，收藏了眾多關於交通和運輸的新舊展品，包括了馬車、汽車、電車、巴士、貨車、單車、電單車等等，在場更展出了多架不同年代的火車車廂。常設展覽分為4個不同的主題，分為「城市交通」、「旅遊」、「移動」和「技術」，很值得一眾交通迷前去參觀，從不同領域去探索由古至今交通上的各項演變。

除了大眾運輸工具和家用汽車，館內也收藏了一些舊日一級方程式賽車。

這兒展示了來自不同時代的單車，讓遊客可對比一下古今設計上的變化。

於1975年由德國汽車製造商Opel所出產的概念車「GT2」，時至今日，設計依然入型入格。

▋Info

地址：Am Bavariapark 5, 80339 München
電話：+49 89 2179333
開放時間：0900-1700
休息日：1/1、懺悔星期二、耶穌受難日、1/5、1/11、24-25/12、31/12
門票：成人 €8；17歲或以下學生 €5
網址：www.deutsches-museum.de/verkehrszentrum/
前往方法：乘坐U-Bahn U4或U5線於「Schwanthalerhöhe」站下車，再步行3分鐘。或從巴伐利亞雕像（Bavaria Statue）步行前往，大約5分鐘。

浴場改建的啤酒屋
Das Bad

只能容納最多99人，是慕尼黑最小型的啤酒屋之一。坐落在一座19世紀的舊公共浴室，單是歷史悠久的建築外觀已經很吸引，室內裝潢卻充滿現代感。啤酒屋供應來自奧古斯汀啤酒廠的啤酒和巴伐利亞特色美食。招牌菜包括各式香腸料理，例如烤牛奶香腸（Gebackene Milzwurst）。

歷史悠久的舊式浴場配以現代化的高雅內裝，那獨一無二的氛圍屬城中少有！

MAP: P.123 B2

啤酒屋外設有一個小型啤酒花園，而對面就是舉行「慕尼黑十月啤酒節」的特蕾西婭草坪了。

▋Info

地址：Bavariaring 5, 80336 München
電話：+49 89 93921770
營業時間：
週一至週五 1200-1430、1700-2200；
週六 1200-2200；週日 1200-1800
消費：大約€20-30/位
網址：www.dasbad089.de
前往方法：乘坐U-Bahn U4或U5線到「Theresienwiese」站，或電車18、19號到「Hermann-Lingg-Straße」站，下車後再步行5-6分鐘。

探索更多

慕尼黑周邊

　　不妨走遠一些，慕尼黑周邊地區還有很多值得到訪的景點！寧芬堡區擁有滿滿優雅逸閒的氛圍，那美不勝收的宮殿和植物園，獲得很多遊客的愛戴。對於球迷來說，到訪世界知名的安聯球場和拜仁慕尼黑球會博物館，更是不能錯過的重點行程。而位於達豪的集中營遺址讓人深刻體會沉重慘痛的歷史，反思極權主義所帶來了的禍害。

慕尼黑周邊

● 達豪集中營紀念遺址
KZ-Gedenkstätte Dachau

● 德意志博物館(航空博物館)
Deutsches Museum Flugwerft
Schleissheim

寧芬堡國立植物園
Botanischer Garten
München-Nymphenburg

寧芬堡宮
Schloss
Nymphenburg

布魯登堡城堡
Schloss Blutenburg

安聯球場 Allianz Arena

拜仁慕尼黑博物館
FC Bayern Museum

慕尼黑市中心

鹿園
Hirschgarten

N

寧芬堡宮周邊

寧芬堡國立植物園
Botanischer Garten
München-Nymphenburg

Botanischer Garten電車/巴士站

馬格達琳內克勞斯
Magdalenenklause

主宮殿
Schloss
Nymphenburg

帕哥登堡 Pagodenburg

Schlosscafé im Palmenhaus

正門入口及售票處

寧芬堡宮
Schloss
Nymphenburg

Schloss Nymphenburg
電車/巴士站

寧芬堡運河　Schloßgartenkanal

阿波羅神廟
Apollotempel

寧芬堡宮花園
Schlosspark
Nymphenburg

阿美琳堡狩獵小屋
Amalienburg

巴登堡
Badenburg

Romanplatz
電車站

Hirschgartenallee站
Schlosswirtschaft Schwaige
Nymphenburg

宮廷馬廄博物館及瓷器博物館
Marstallmuseum und Nymphenburger
Porzellane Museum

鹿園
Hirschgarten

N

慕尼黑

老城區

英國花園及伊薩爾河沿岸

奧林匹克公園及周邊

國王廣場及周邊

慕尼黑中央火車站及周邊

慕尼黑周邊

主宮殿大廳上的天花壁畫，由約翰．巴蒂斯特．齊默爾曼（John Baptist Zimmermann繪畫，非常華麗，是參觀的重點之一。

散發優雅貴氣

MAP: P.131 A3-B3

寧芬堡宮
（Schloss Nymphenburg）

　　充滿巴洛克式風格的宮殿，是昔日維特爾斯巴赫王朝（Wittelsbach）統治者的夏宮。當巴伐利亞選帝侯馬克西米利安二世．以馬內利（Maximilian II Emanuel）出世後，他的父母特意命人修建這座宮殿，來紀念這位繼承人的誕生。宮殿最初於1675年落成，後來逐步擴建。主宮Steinernen Saal大廳的天花壁畫和「美女畫廊」（Schönheitengalerie）中的女性人像畫作，還有阿美琳堡狩獵小屋（Amalienburg）內的鏡廳，都華麗得讓人嘆為觀止。

主宮前有狹長的人工運河向前方伸延，營造了別緻的園林景觀。

花園環境十分寫意安逸！於夏季還有機會遇見宮外湖中暢泳的天鵝。

I Can Tips

寧芬堡宮全票
購買全票即可參觀寧芬堡主宮及花園內其他偏殿建築，全票包含了：

			參觀約需時間
1	主宮殿	Schloss Nymphenburg	約45-60分鐘
2	宮廷馬廄博物館＋瓷器博物館	Marstallmuseum und Nymphenburger Porzellane Museum	約30-60分鐘
3	巴登堡	Badenburg	約10-15分鐘
4	阿美琳堡狩獵小屋	Amalienburg	約10-15分鐘
5	馬格達琳內克勞斯	Magdalenenklause	約10-15分鐘
6	帕哥登堡	Pagodenburg	約10-15分鐘

＊要注意：花園和部分偏殿會於冬季關閉。
＊憑全票每座宮殿只可進入一次，但沒有天數及時間限制。

於「美女畫廊」收藏了30多幅於19世紀繪製的美女肖像畫，畫中女主角來自不同的階級，其中最著名的是《Porträt von Caroline von Holnstein》。

寧芬堡宮

「宮廷馬廄博物館」和「寧芬堡瓷器博物館」，坐落在同一座建築物之內。

「馬廄博物館」內展出了昔日的皇家馬車，包括了婚禮用的豪華馬車和洛可可風格的雪橇。

於1739年落成的粉紅色偏殿建築「阿美琳堡狩獵小屋」，以洛可可風格建造。

在「瓷器博物館」裡收藏了眾多由寧芬堡瓷器製造廠出品的瓷器，包括了氣派非凡的皇室全套餐具，非常亮眼。

宮殿花園內的「Schlosscafé im Palmenhaus」咖啡室，在樹蔭下設有戶外座位，是休息片刻的好地方。

在「阿美琳堡狩獵小屋」內的中央大廳被稱為「鏡廳」，牆身以多塊大鏡子來裝飾，增加了空間感和優雅氣質。

宮殿內部裝飾滿有氣派，這兒亦是「童話國王」路德維希二世出生的地方。

外觀平平無奇的「馬格達琳內克勞斯」被認為是隱士的住所，裡面設有猶如洞穴般的教堂，牆身和天花都以貝殼拼成。

小巧的「帕哥登堡」內藏滿滿的異國情調，內部採用了帶有中國風的牆紙，於18世紀完工之時，這些設計曾經風靡一時。

Info

地址：Schloß Nymphenburg 1, 80638 München
電話：+49 89 179080
開放時間：4月至10月中 0900-1800；10月中至3月 1000-1600
休息日：1/1、懺悔星期二、24/12、25/12、31/12；花園和部分偏殿會於冬季關閉
門票：全票 €12；主宮 €8；宮廷馬廄博物館及瓷器博物館 €6；花園免費進入；18歲以下免費
網址：www.schloss-nymphenburg.de
前往方法：乘坐電車17號或巴士51、151號到「Schloss Nymphenburg」站，再步行10分鐘。

慕尼黑

老城區

英國花園及伊薩爾河沿岸

奧林匹克公園及周邊

國王廣場及周邊

慕尼黑中央火車站及周邊

慕尼黑周邊

猶如走進了莫奈的風景畫中，滿眼都是綻放著的花兒，非常夢幻！

百花綻放之美

MAP: P.131 A3

寧芬堡國立植物園
(Botanischer Garten München-Nymphenburg)

　　於盛夏時份，遊人在陽光明媚下被成千上萬的花朵圍繞著，如置身夢幻的國度！這兒是全歐洲最重要的植物園之一，於1914年建成，坐落在寧芬堡宮的北面，佔地有21.2公頃，種植了超過大約19,600種不同的植物，園內15個溫室更是亮點所在！每個溫室都各有特色，營造不同氣候環境，有潮濕的熱帶地區、炎熱乾旱的沙漠區和平靜優雅的池塘等等。仙人掌、蘭花、高山植物、水生蓮花，還有一些珍稀植物，讓人目不暇給！

園內有大型玻璃溫室，展示各種熱帶植物和旱區植物，走在其中，好像置身於森林或沙漠中一樣。

於15個內部相連的溫室之內，種植了不少稀有植物，值得細逛。

不同形狀和大小的仙人掌，營造了獨特的溫室景觀！

植物園全年開放，每個季度所盛開的花朵和植物都有不同，四季景致各有千秋！

於玫瑰園後方設有環境優美的咖啡廳，遊人可在此享受悠閒的一刻。

於百花齊放的盛夏，一切美得不像話，吸引了不少攝影愛好者入內拍照。

┣**Info**┫

地址: Menzinger Str. 65, 80638 München
電話: +49 89 17861321
開放時間:
園區 冬季 0900-1630 ； 夏季 0900-1800
玻璃溫室 冬季 0900-1600 ；
　　　　 夏季 0900-1730
最後進入: 關門前半小時
休息日: 24/12、31/12
門票: 成人 €6.5（票價會因季節而變動）；
　　　 18歲以下 免費
網址: botmuc.de
前往方法:
乘坐電車17號或巴士143號到「Botanischer Garten」站，即達北面正門入口。或從寧芬堡宮（Schloss Nymphenburg）花園的小路往北步行，即可抵達南面後門入口。

慕尼黑

老城區

英國花園及伊薩爾河沿岸

奧林匹克公園及周邊

國王廣場及周邊

慕尼黑中央火車站及周邊

慕尼黑周邊

球場外牆是以半透明的物料組合而成，在不同的賽事舉行時，於晚間會配合投射彩燈而呈現出色彩變化。

球迷朝聖之地

MAP: P.131 C2

安聯球場（Allianz Arena）

於2005年開幕的安聯球場，坐落於慕尼黑市中心北面，那橢圓形白色流線設計，讓人印象深刻！這裡是德國甲組勁旅「拜仁慕尼黑足球會」（FC Bayern München）的主場，內設全國最大球會博物館，面積超過3千平方米，展品多達500件，包括昔日一些大型賽事的獎杯複製品。球迷更可參加官方導賞團，在專人帶領下遊覽這個全國最經典的球場。

博物館和導賞團的「綜合售票處」設於球場3樓，參觀博物館後經出口則可直達球會專門店。

Tips I Can

觀看球場

購票：
可於拜仁慕尼黑足球會官網購票。
購票網址：fcbayern.com/en/tickets

進場：
去看球場，入場前需經過安檢，不可攜帶專業相機、自拍棒、長雨傘、玻璃瓶、塑膠瓶、生果和任何危險品等。

球場利用了不少歷年經典球員和值得紀念的畫面，作為牆身的裝飾。

買了球衣後，有專人可即場燙上自選名字和號碼，過程不用幾分鐘。燙名字或號碼需另付 €10-15。

─ Info ─

安聯球場
拜仁慕尼黑博物館
*非球賽日：可參加「官方導賞團」參觀球場和博物館
*球賽日：只招待持有球賽門票的觀眾
*比賽日程可於官網查閱
地址：Werner-Heisenberg-Allee 25, 80939 München
電話：+49 89 69931222
開放時間：1000-1800
最後入場時間：1715
休息日：1/1、25/12、31/12
門票：博物館+參觀球場 成人€25；學生€22；博物館 成人€12；學生€10
網址：www.allianz-arena.de
前往方法：乘坐U-Bahn U6線於「Fröttmaning」站下車，再步行15分鐘。

拜仁慕尼黑球會專門店

場內的球會專門店屬全城最大，商品總類很多，屬於球迷必去的朝聖之地！

球衣是店內最受歡迎的商品，價格大約由€100起。

─ Info ─

拜仁慕尼黑球會專門店
營業時間：1000-1830；於比賽日營業時間會有調整，一般於最後一場比賽結束後2個小時關閉。詳情請查閱官網。
休息日：1/1、25/12、31/12
網址：allianz-arena.com/de/shops-und-restaurants/fc-bayern-megastore
前往方法：位於安聯球場3樓。於非球賽日不用門票也可進入，而於球賽日則只開放給球賽觀眾。

當年整個集中營範圍設有34個營房，其中2所於戰後被重建，作為紀念館的一部分。地上有石頭標記展示其他營房的昔日位置，可以想像當年整體佈局是非常密集的。

訪客可於入口處的旅客中心租用語音導賞機，和報名參加當天的導賞團。旅客中心內設餐廳、洗手間和書店。

見證殘酷不仁的納粹主義

達豪集中營紀念遺址
（KZ-Gedenkstätte Dachau）

納粹黨領袖阿道夫·希特拉（Adolf Hitler）於1933年成為德國總理，然後漸漸開始了極權和獨裁統治。於1933年3月，位於慕尼黑郊外的達豪集中營正式運作，成為了第1所為政治犯開設的監獄，第1批囚犯包括反對納粹黨的人員。其後，非政治性的囚犯亦開始被送到集中營，當中有吉普賽人、同性戀者、耶和華見證人教徒和牧師等。

於1935年紐倫堡立法把種族歧視制度化，希特拉更強力推動「反猶太主義」，開始大規模逮捕猶太人，並把他們送到這裡，此地漸漸演變成猶太人的滅絕營。於1938年11月發生的全國襲擊猶太人事件「水晶之夜」，一夜間逮捕了多達1萬多名猶太人，並送往這裡囚禁。

MAP: P.131 A1

這裡曾被納粹黨宣傳為「工作和再教育」的營地，於尤豪斯大門更列出了「工作會讓你自由」（Arbeit macht frei）的字眼。而現實中納粹黨卻在集中營內「強迫勞動」，作為一種折磨的手段。

於二戰期間，這裡容納不下為數眾多的戰犯，營內饑荒加上傳染病蔓延，生活環境非常不人道。其後於營內設了毒氣室，把一批批囚犯用毒氣殺死，亦開始利用囚犯進行殘酷不仁的醫學實驗。

⭐I Can Tips

1. 參觀路線：
官方建議的遊覽路線大約需時3小時。經由尤豪斯大門進入後，可先到前維脩大樓參觀主要展覽，然後到營地之路左右兩旁的營房參觀，再經營地之路直走到盡頭，參觀教堂群和火葬場。

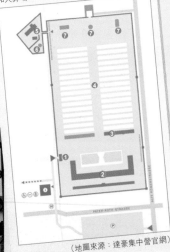

（地圖來源：達豪集中營官網）

① 尤豪斯大門（Jourhaus）
② 前維脩大樓（Wirtschaftsgebäude）
③ 營房（Baracken）
④ 營地之路（Lagerstraße）
⑤ 火葬場、毒氣室和消毒室
⑥ 俄羅斯東正教教堂
　（Russisch orthodoxe Kapelle）
⑦ 教堂群和猶太紀念館

2. 不適合兒童參觀：
紀念館表示並不建議13歲以下兒童參觀。

達豪集中營紀念遺址

黑尼黑
老城區
英國花園及伊薩爾河沿岸
奧林匹克公園及周邊
國王廣場及周邊
慕尼黑中央火車站及周邊
慕尼黑周邊

「前維脩大樓」內的永久展覽分為6個部分，以德文和英文分階段描述集中營的歷史概況，展示了令人心酸的真實過去。

圍繞集中營設有圍欄和瞭望塔，當年一直由黨衛軍士兵監視和看守，防止囚犯逃出。根據紀錄，有些囚犯故意闖入圍欄附近的邊境地帶，被士兵射殺，以結束他們被折磨的痛苦。

從中央的「營地之路」，走到盡頭就可抵達幾間紀念教堂和火葬區域。

納粹德國於二戰戰敗，美軍於1945年4月29日把集中營解放，並揭開了讓全世界震驚的狀況。多年來在這裡先後囚禁了超過20萬人，其中無辜被遇害的估計有3萬多人，在火化場旁邊現設有墓園作深切悼念。

這座帶有煙囪的紅磚建築是昔日的火葬場、毒氣室和消毒室的所在地。

在火化爐的旁邊的大型消毒房，是用來消毒大量死者留下來的囚衣。

展品包括了昔日的剃頭用具。剛送到集中營的囚犯，會被迫脫光衣服和剃光頭髮，並交出所有隨身物品，然後在「囚犯浴池」用消毒劑淋浴，過程十分殘酷和侮辱。

★I Can Tips

2.5小時英語官方導賞團

時間： 每天1100和1300
費用： €4
報名方法： 在開始前至少30分鐘前於入口處的旅客中心報名
名額： 30人，額滿即止。

關於車票

建議購買跨區「Tageskarte 一天票」會比較實惠。除了包括S-Bahn和轉乘巴士的車資，參觀過後回去慕尼黑市中心還可繼續使用到第2天早上6時。票價：成人 €9.3；2-5名團體票 €17

左側營房重組了當年的陳設，遊人可了解當時密集式和不人道的居住情況。

Info

地址： Alte Römerstraße 75, 85221 Dachau
電話： +49 8131 669970
開放時間： 0900-1700
休息日： 24/12-26/12
門票： 免費進入；另可租用中文語音導賞機
　　　　成人 €4.5；學生 €3
網址： www.kz-gedenkstaette-dachau.de
前往方法：
從慕尼黑市中心前往，車程大約1小時。可從慕尼黑中央火車站（München Hauptbahnhof）乘坐S-Bahn S2線前往達豪（Dachau）火車站，再於火車站外轉乘726號巴士到「KZ-Gedenkstätte」站，即達紀念館的入口。

由於集中營要處理的屍體太多，火葬場的爐窯日以繼夜地火化屍體。親眼目睹了現場環境，實在令人心酸。

呈八邊形的俄羅斯東正教教堂（Russisch orthodoxe Kapelle）位於火葬場的旁邊，建於1995年，用來悼念於二戰期間在這裡被殺害的蘇聯戰俘。

慕尼黑

老城區

英國花園及伊薩爾河沿岸

奧林匹克公園及周邊

國王廣場及周邊

慕尼黑中央火車站及周邊

慕尼黑周邊

有鹿作伴的休憩之地

MAP: P.131 B3

鹿園（Hirschgarten）

位於寧芬堡宮南端，是昔日皇室貴族打獵的地方，當時建了狩獵小屋和放養了近百隻鹿，現在改建成鹿園，作為當地人休憩之地。公園佔地4公頃，現時，小鹿約有數十隻，旁邊是擁有8千個座位的啤酒花園，另有一間傳統餐廳，供應巴伐利亞美食。園內有一片大綠草地，人們都喜歡在此曬太陽、跑步或是野餐，是一家大細假日的好去處。

園內擁有200年歷史的傳統餐廳「Königlicher Hirschgarten」。

懶洋洋的鹿隻在草地上躺著，溫馴又可愛。

啤酒花園的食客需要在旁邊的杯櫃自取啤酒杯，然後自行沖洗，再攜杯進入啤酒攤位點啤酒。

這裡提供巴伐利亞傳統美食，還有香噴噴的烤魚！烤魚的價格以重量作計算。

鹿隻的活動範圍都在欄杆之內，旁邊就是啤酒花園，可以一邊欣賞小鹿，一邊享受美食，好像置身於郊野公園。

Info

地址：Hirschgarten 1, 80639 München
電話：+49 89 17999119
開放時間：全年
門票：免費
前往方法：
乘坐巴士51或151號到「Hirschgarten」，再步行5分鐘。或可乘坐電車16或17號到「Romanplatz」，再步行10分鐘。從寧芬堡宮（Schloss Nymphenburg）正門步行前往，大約15-20分鐘。

Königlicher Hirschgarten 餐廳和啤酒花園
營業時間：餐廳 1100-2200；啤酒花園 夏天和天氣好的時候
網址：www.hirschgarten.de

悠閒寫意的河邊漫步

MAP: P.131 A3

布魯登堡城堡
（Schloss Blutenburg）

始建於15世紀，原本是巴伐利亞公爵的狩獵小屋，後來擴建成為擁有4座塔樓和護城河的城堡，現時是國際青年圖書館的所在地。小城堡範圍不大，內有一間哥德式晚期的小教堂，可讓遊人入內參觀，另有一間享有河景的餐廳。

這座中世紀的小城堡外觀非常精緻，河上倒影也很美。

遊人可在河邊坐坐或漫步休息，也可到城堡餐廳用餐，享受悠閒寫意的時光。

Info

地址：Seldweg 15, 81247 München
網址：www.blutenburg.de
開放時間：小教堂 1000-1600
前往方法：
於慕尼黑中央火車站乘坐S Bahn S6線到「München-Pasing」站，再於「Pasing Bf. Nord」站轉乘巴士160號到「Blutenburg」站下車。或於寧芬堡國立植物園外的「Botanischer Garten」站，乘坐巴士143號到「Blutenburg」站下車。

童話中的浪漫城堡區

菲森及施萬高
Füssen und Schwangau

於慕尼黑以南大約130公里外，是巴伐利亞州最浪漫動人之地！在半山上的施萬高，擁有宏偉的阿爾卑斯山山脈景色，聳立著由「童話國王」路德維希二世精心打造的「新天鵝堡」，而不遠處的另一座城堡「高天鵝堡」，就是這位經典巴伐利亞國王成長的地方。而位於山下的「菲森」小鎮，靈氣逼人，也是優美的渡假天堂。菲森與施萬高，猶如童話中的夢幻城堡區。

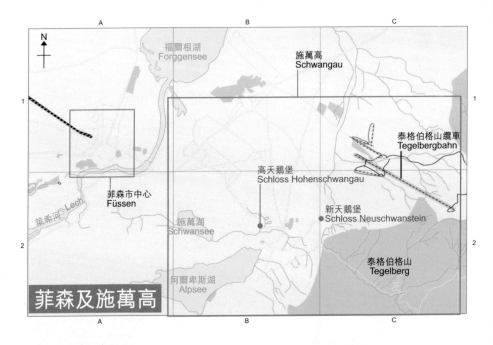

N

福爾根湖
Forggensee

施萬高
Schwangau

A B C

1

泰格伯格山纜車
Tegelbergbahn

菲森市中心
Füssen

高天鵝堡
Schloss Hohenschwangau

萊希河 Lech

施萬湖
Schwansee

新天鵝堡
Schloss Neuschwanstein

2

阿爾卑斯湖
Alpsee

泰格伯格山
Tegelberg

菲森及施萬高

A B C

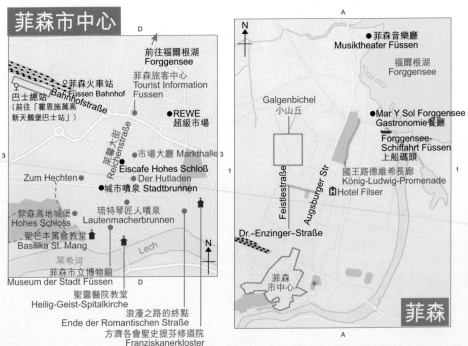

菲森市中心

N

D

前往福爾根湖
Forggensee

菲森旅客中心
Tourist Information
Fussen

菲森火車站
Füssen Bahnhof

巴士總站
（前往「霍恩施萬高
新天鵝堡巴士站」）

Bahnhofstraße

●REWE
超級市場

萊爾大街 Reichenstraße

市場大廳 Markthalle

3

Zum Hechten

●Eiscafe Hohes Schloß
● Der Hutladen

●城市噴泉 Stadtbrunnen

菲森高地城堡
Hohes Schloss

琉特琴匠人噴泉
Lautenmacherbrunnen

聖芒本篤會教堂
Basilika St. Mang

Lech

N

菲森市立博物館
Museum der Stadt Füssen

D

聖靈醫院教堂
Heilig-Geist-Spitalkirche

浪漫之路的終點
Ende der Romantischen Straße

方濟各會聖史提芬修道院
Franziskanerkloster

A

N

●菲森音樂廳
Musiktheater Füssen

福爾根湖
Forggensee

Galgenbichel
小山丘

●Mar Y Sol Forggensee
Gastronomie餐廳

Forggensee-
Schiffahrt Füssen
上船碼頭

Feistlestraße

Augsburger Str

國王路德維希長廊
König-Ludwig-Promenade

H Hotel Filser

Dr.-Enzinger-Straße

菲森
市中心

菲森

A

城際交通

從慕尼黑出發

可於慕尼黑中央火車站（München Hauptbahnhof）乘坐地區火車到菲森火車站（Füssen Bahnhof），車程約2小時。

當地交通

菲森市中心不太大，一般可以步行方式來遊覽。

巴伐利亞州票
(Regional Day ticket：Bayern-Ticket)
可購買巴伐利亞州票，車票包含了地區火車（RB, IRE, RE）、慕尼黑市區交通和菲森當地巴士。（詳細介紹見 P.068）

旅遊資訊

菲森旅客中心 Tourist Information Fussen
地址： Kaiser-Maximilian-Platz 1, 87629 Füssen
菲森 旅遊資訊
www.en.fuessen.de

菲森卡 Füssen Card
城中大部分酒店或住宿，入住時可提供住客一人一張「菲森卡」。
交通： 憑卡可免費乘坐當地公共交通工具，包括來往菲森和施萬高的巴士。
門票優惠： 於菲森和施萬高，可享有部分景點和博物館門票折扣。
詳情 www.fuessen.de/service/gaesteservice/fuessencard.html

酒店提供給住客的菲森卡是循環再用的，住客於離開當天需要把它退還給酒店。

塔樓內在沒有過多的修飾，保留了原始的模樣。登上頂層，可從小窗欣賞小城漂亮的全景。

城堡最大亮點是充滿立體感的外牆壁畫，有大約500年歷史。

於平面外牆繪畫上的窗框、徽章和盾飾，都看似很立體！這些帶有視覺錯亂的壁畫，於幾百年前是非常前衛的風格。

登上塔樓可享絕美景色
MAP: P.140 D3

菲森高地城堡（Hohes Schloss）

聳立在菲森舊城區的小山丘上，是城中最重要的地標之一。始建於1291年，由巴伐利亞公爵路德維希命人建造，後來成為了奧格斯堡王子主教的避暑別墅。其精緻的城堡外觀，表現了德國哥德式後期的建築典範。庭院外牆充滿特色，以壁畫營造出立體的視覺幻象。城堡內設美術館，收藏了一些來自巴伐利亞地區的藝術作品。如果遇上好天氣，十分值得登上城堡塔樓頂層，欣賞小城絕美的景色。

城堡的塔樓頂層，是全城最佳的觀賞位置之一。

美術館收藏了一些昔日當地藝術家的畫作，主要來自哥德式後期和文藝復興時期。

「騎士大廳」是昔日的宴會廳，於木雕花格子天花板上，刻上了彩色浮雕圖案，華麗貴氣。

Info

地址： Magnuspl. 10, 87622 Füssen
電話： +49 8362 940162
開放時間：
4月至10月 週二至週日 1100-1700；
11月至3月 週五至週日 1300-1600
休息日： 4月至10月 週一；11月至3月 週一至週四
門票： 庭院 免費；博物館及塔樓 €6；聯票（菲森市立博物館+菲森高地城堡）€7
網址： stadt-fuessen.org/galerien-im-hohen-schloss
前往方法：
從菲森火車站步行前往，中約10分鐘。可從萊馨大街（Reichenstraße）走到南端，於城市噴泉（Stadtbrunnen）向左轉，經由小斜路Magnuspl往上走，再步行3-5分鐘。

地面上特設橢圓形開口，把上層圖書館大廳和下層飯廳打通了！書本是滿足精神的糧食，而飯廳則是享用美食的地方，設計意味著「身心為一體」。

整座巴洛克式的建築群非常宏偉！其中一部分現為博物館，另設有市政府的辦公室。

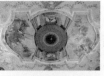

圖書館裝潢美侖美奐，天花壁畫繪出了三維空間，人物栩栩如生。

從萊希河對岸，可以一覽整座修道院。

巴洛克式的輝煌

MAP: P.140 D3

菲森市立博物館
(Museum der Stadt Füssen)

於昔日聖芒本篤會修道院內，收藏了不少藝術瑰寶。非同凡響的圖書館大廳和聖安娜教堂都不容錯過！於聖安娜教堂藏了一幅繪於1602年的《死亡之舞》（Füssener Totentanz），於20幅小型版畫上繪了正在起舞的骷髏骨，而旁邊有來自不同階層的人物，包括較卑微的農民和最有權勢的教皇等，寓意無論什麼身份最終都逃不過死亡的命運。

琉特琴與小提琴之城
於15至18世紀，菲森是著名的琉特琴（德文：Laute）和小提琴製作之地。現在城中仍然有幾位著名小提琴匠正正延續經典的製琴傳統。館內詳細介紹了琉特琴的製作方法，亦展示了琴匠的模擬工作室。

提提你

─Info─

地址：Lechhalde 3, 87629 Füssen
電話：+49 8362 903146
開放時間：4月至10月（週二至週日）1100-1700；11月至3月（週五至週日）1300-1600
休息日：4月至10月 逢週一；11月至3月 週一至週四
門票：€6；聯票（菲森市立博物館+菲森高地城堡）€7
網址：stadt-fuessen.org/museum
前往方法：從萊馨大街（Reichenstraße）走到南端，於城市噴泉（Stadtbrunnen）向左轉，再步行1分鐘。入口於聖芒本篤會修道院內庭裡。

獻給菲森的守護之神
聖芒本篤會教堂
(Basilika St. Mang)

屬於聖芒本篤會修道院的教堂，由傳教士聖馬格努斯（St. Mang）始創，他被喻為菲森的「守護之神」，教堂以他而命名作紀念。東側的地下室屬最古老的部分，可追溯至8世紀。教堂於17世紀的「三十年戰爭」中嚴重受毀，到了18世紀初，再以意大利巴洛克風格重建。

MAP: P.140 D3

相傳聖馬格努斯曾經在菲森附近制服了一條龍，堂內的龍形燭台就是紀念這歷史故事。

堂內的天花壁畫，描繪著聖馬格努斯的生平事跡。

屬於菲森最重要的教堂之一。

─Info─

地址：Kemptener Str. 1-3, 87629 Füssen
電話：+49 8362 6190
開放時間：日間
門票：免費
網址：www.katholisch-fuessen.de/pfarreien-und-kirchen/st-mang/kirchen/stadtpfarrkirche-st-mang
前往方法：從聖芒本篤會修道院旁邊，可經Magnuspl小路於教堂側門進入。

源自巴伐利亞州的「國王路德維希黑麥啤酒」，是德國最著名的黑啤酒之一，以傳統木桶釀造而成，呈深琥珀色，口味濃郁。Das König-Ludwig Dunkel vom Fass €4.7/500ml

鹿肉以洋蔥、番茄醬、紅蘿蔔、紅酒和各種香料慢燉，濃稠郁香的醬汁，香氣撲鼻。古法燉鹿肉（Alttiroler Hirschgulasch）€19

巴伐利亞傳統地方菜

MAP: P.140 D3

Zum Hechten

位於菲森高地城堡正下方，是城中一間歷史悠久的餐廳和旅館，廣受當地人青睞。餐廳提供巴伐利亞傳統美食，其中有不少更是農村地方菜式。招牌菜包括烤鱈魚（Frischer Seehecht vom Grill）、煙燻火腿芝士拌麵（Krautspätzle mit Speck）和烤野豬（Wildschweinbraten）等等，配搭冰凍的當地啤酒一起享用，細會本土風情。

以融化了的芝士煮成濃湯，滿滿濃郁「芝」味。芝士濃湯配麵包丁（Käserahmsuppe mit Croutons）€6

多款新鮮沙律盤組合配以自家製醬料，口味清新健康。

內裝純樸優雅，滿有巴伐利亞的溫馨氛圍。

餐廳門外招牌採用了一條金色的魚，可愛別緻！

這間傳統餐廳是屬於當地一間逾350年歷史的旅館。

Info

地址：Ritterstraße 6, 87629 Füssen
電話：+49 8362 91600
營業時間：1130-2100（根據不同季節會有所更改）
消費：大約€25-35/位
網址：www.hotel-hechten.com/bayerische-spezialitaeten-restaurant-fuessen.html
前往方法：從萊馨大街（Reichenstraße）向南走到盡頭，於城市噴泉（Stadtbrunnen）向右轉，再步行1分鐘。

傳統美食市集
市場大廳（Markthalle）

`MAP: P.140 D3`

內裝以木質家具為主，充滿傳統集市氛圍。

充滿古樸風味的室內小型市場，結集了各種美食攤位，包括有麵包店、熟食店、蔬果攤、海鮮魚販、啤酒吧等等。海鮮攤位的魚湯和酒吧所供應的巴伐利亞啤酒與葡萄酒，都很受當地人歡迎，是享受簡單午餐或喝一杯的好地方。

建築物始建於1483年，最初是一座糧倉，後來改建成消防局，現為美食市場。

市場不算太大，美食攤位大約有10間。但各具特色。

┤Info├

地址： Schrannengasse 12, 87629 Füssen
營業時間： 週一至週四 0800-1830；週五 0800-2000；週六 0800-1500
休息日： 週日
消費： 大約€10-20/位（只收現金）
前往方法： 從菲森火車站（Füssen Bahnhof）步行前往，大約5分鐘。

城中聚集之地
萊馨大街
（Reichenstraße）

`MAP: P.140 D3`

從菲森火車站步行到入舊城區，可經由這一條萊馨大街進入。

這條鵝卵石大街是舊城區最主要的購物大道，兩旁建有一排排傳統山牆形房子，後方小山丘上有菲森高地城堡作襯托，營造了精緻漂亮的小城美景。這裡曾經是古羅馬大道「Via Claudia Augusta」的一部分。該羅馬大道建於1世紀，從意大利北部穿越阿爾卑斯山，再通往德國南部多瑙河流域。

於大街南端的城市噴泉（Stadtbrunnen），上面有菲森的守護之神聖馬哥努斯的雕像。

這裡是當地人喜歡聚集的地方，各式商店、餐廳林立。

┤Info├

地址： Reichenstraße, 87629 Füssen
前往方法： 從菲森火車站（Füssen Bahnhof）步行前往大約5分鐘。

人氣冰淇淋店
Eiscafe Hohes Schloß

`MAP: P.140 D3`

店內的意式冰淇淋口感軟滑，於炎夏值得一嚐。

位於步行街「萊馨大街」，是城中著名的冰淇淋店，於夏天更會出現人龍！這裡除了可以單點冰淇淋，還有供應多款特色冰淇淋新地、華夫餅、咖啡和水果蛋糕等等。店內設有用餐區，可坐下來慢慢品嚐。於陽光明媚的日子，於門外還設有露天座位。

口味選擇也算豐富，其中有充滿南德當地特色的「黑森林」（Black Forest）。

門外招牌充滿古典美！

┤Info├

地址： Reichenstraße 14, 87629 Füssen
電話： +49 8362 38472
營業時間： 1030-2100
消費： 大約€5-10/位
網址： hohesschloss.com
前往方法： 於萊馨大街（Reichenstraße）的中後段，Woolworth百貨公司的對面。

紅色彩繪小教堂

MAP: P.140 D3

聖靈醫院教堂
(Heilig-Geist-Spitalkirche)

　　原為哥德式風格的小教堂，始建於15世紀中葉，跟昔日的聖靈醫院相連，以往病患可以直接從醫院內部進入教堂參加彌撒。於1733年的一場大火，摧毀了整座教堂和醫院。在1749年重建時，外牆以充滿洛可可風格的彩繪壁畫作裝飾，以磚紅色作主調，繪上了「救火之神」和一些聖經人物，色彩艷麗且畫風細膩，現為城中最美的教堂之一。

在德國南部巴伐利亞地區，有很多建築物外牆都繪上了彩色壁畫。

堂內圓形天花壁畫，以3D繪畫技巧描繪了七種「聖禮」，包括洗禮、告解、臨終祝禱等等。

教堂內部雖不太大，但華麗得令人眼前一亮，這裡也是當地人舉行婚禮和音樂會的場地。

外牆的中央位置，繪有代表巴伐利亞州的徽章。

---Info---

地址：Spitalgasse 2, 87629 Füssen
開放時間：0830-1800
門票：免費
前往方法：從菲森市立博物館（Museum der Stadt Füssen）外轉右，步行1分鐘。

老字號帽子店

MAP: P.140 D3

Der Hutladen

　　開業超過了50年，是城中的老字號！專售各種男裝、女裝和小童的帽子，款式多達1千種，實在目不暇給！商品大部分都標明了價格，遊客可以買得放心。而店內也有出售充滿當地民族色彩的巴伐利亞傳統服裝。

滿滿鄉土風情的老字號店，很有巴伐利亞傳統氛圍。

男裝帽子選擇很多，大多數屬長青款式。

---Info---

地址：Brunnengasse 11, 87629 Füssen
營業時間：1000-1300
休息日：週日、週三
網址：www.gwandhaus-fuessen.de
前往方法：從菲森博物館外沿左側小路Brotmarkt步行，大約1分鐘。

眼前景觀包括了菲森2大最重要地標,高地城堡和聖芒本篤會教堂的鐘樓。

教堂建於18世紀,內部裝潢富沉實穩重感。

寧靜之美

MAP: P.140 D3

方濟各會聖史提芬修道院
(Franziskanerkloster)

微微遠離了比較熱鬧的舊城步行區,是享受寧靜的好地方。修道院源於17世紀,坐落在被城牆圍繞的小山丘上,時至今日,依然有9名方濟各會的宗教人員在內隱修及居住。在修道院外設有一個不太起眼的觀景位置,是俯瞰整個菲森小城最佳的角度。而外觀簡單的修道院教堂,內有洛可可風格的裝飾,是一個讓人沉思的地方。

入口較為低調,訪客可推門進去參觀教堂內部。

最佳觀景位置: 在教堂門前幾十米設有展示牌,介紹眼前的建築和景物。於早上順光時拍照會較美。

Info
地址: Franziskanerpl. 1, 87629 Füssen
電話: +49 8362 91530
開放時間: 從清晨到黃昏開放
網址: franziskaner.net/haeuser/fuessen/
前往方法: 從菲森市立博物館(Museum der Stadt Füssen)步行前往,大約5分鐘。

著名旅遊路線之盡頭

MAP: P.140 D3

浪漫之路的終點
(Ende der Romantischen Straße)

風光旖旎的「浪漫之路」(Romantische Straße),是南德最著名的旅遊路線,全程長達4百多公里,從起點維爾茨堡到終點菲森,沿途穿越29個城鎮,遊人以單車、旅遊車、汽車,甚至徒步方式去遊覽。這裡是「浪漫之路」的終點站,有很多遊客前來拍照留念。

木門上以德文寫上了「浪漫之路終點」,旁邊畫上了代表菲森的「三隻腳」紋章圖案,另有代表「浪漫之路起點」維爾茨堡的紋章圖案。

Info
地址: Franziskanerpl. 3-51, 87629 Füssen
開放時間: 全年
網址: www.romantischestrasse.de
前往方法: 在方濟各會聖史提芬修道院(Franziskanerkloster)外的轉角小巷裡,步行1分鐘。

製造古琴之名城

MAP: P.140 D3

琉特琴匠人噴泉
(Lautenmacherbrunnen)

菲森於15至18世紀以製造琉特琴和小提琴而揚名天下。於麵包市場(Brotmarkt)上的一座噴泉,上面設有16世紀當地一名著名琉特琴匠的雕像,以紀念這裡歷史悠久的製琴工藝。

噴泉上的青銅雕像是當地著名琴匠,他正拿著自家製作的琉特琴。

噴泉的所在位置「麵包市場」,是昔日人們販賣麵包的地方。

Info
地址: Brotmarkt 6, 87629 Füssen
開放時間: 全年
前往方法: 從菲森市立博物館(Museum der Stadt Füssen)外沿左側小路Brotmarkt直走50米。

壯麗的山脈全景盡在眼前！如果眼睛夠好，還可眺望隱藏在對面山腰的新天鵝堡！

小山丘不算太高，不用費太多力氣和時間，即可登上頂部看風景。

徒步行！欣賞菲森全景
MAP: P.140 A1
Galgenbichel 小山丘

沿路沒有明確的路標指示，可跟著寬闊的山徑往上走。不過，山丘上沒有街燈和照明設備，遊人要注意安全。

這條超短程徒步路線是當地人所推薦，於晴天下整個菲森全景一覽無遺。

只要走遠一點點，遠離熱鬧非凡的舊城旅遊區，徒步登上附近安靜的小山丘，即可欣賞整個菲森的全景面貌！在這裡可以清楚望見這個在阿爾卑斯山下的中世紀漂亮之城，一大片磚紅屋頂和壯麗的山脈全景，就在眼前。轉一轉身，還可遠眺在不遠處的福爾根湖，風光美景讓人神往！

─ Info ─
地址：Feistlestraße, 87629 Füssen
前往方法：從菲森火車站出發，步程約20-25分鐘。可經Augsburger Str大馬路向東北方向走，然後轉入Dr.-Enzinger-Straße再直走，右轉入Feistlestraße走到盡頭，再沿山路直上小山丘。

遊船會途經菲森著名的「Musiktheater Füssen」音樂廳。

碼頭旁邊的「Mar Y Sol Forggensee Gastronomie」餐廳，享有一望無際的湖泊景色，非常愜意。

Tips

國王路德維希長廊 (König-Ludwig-Promenade)
從舊城區步行至福爾根湖湖邊，可沿著這條風景優美的步道散步前往。於假日，當地人經常到此跑步、徒步或是踏單車。

沿途有風景如畫的庭院和住宅。

平靜的湖光山色
福爾根湖
MAP: P.140 A1
(Forggensee)

觀光遊船有「MS Füssen」和「MS Allgäu」2艘，航線和沿途停靠站都有所不同，船票可上船購買。

屬巴伐利亞州第5大湖泊，是於50年代開發的人工湖，在融雪期間作防洪之用。如果有充裕的遊覽時間，又遇上好天氣，可考慮散步到湖邊，享受悠閒時光。於夏季遊客可乘坐遊船，愜意地在湖中欣賞優美的湖光山色。

─ Info ─
Forggensee-Schiffahrt Füssen 觀光遊船
地址：Weidachstraße 80, 87629 Füssen
電話：+49 8362 921363
運行時間：只在6月初至10月中運行
班次：可於官網查閱時間表
價格：55分鐘航線€13；2小時航線€18
網址：www.forggensee-schifffahrt.de
前往方法：
上船碼頭位於「Mar Y Sol Forggensee Gastronomie」餐廳旁邊100公尺外。從菲森火車站步行前往湖岸，可經Augsburger Str.大街和國王路德維希長廊（König-Ludwig-Promenade），步程約30-45分鐘。

步行及交通路線圖

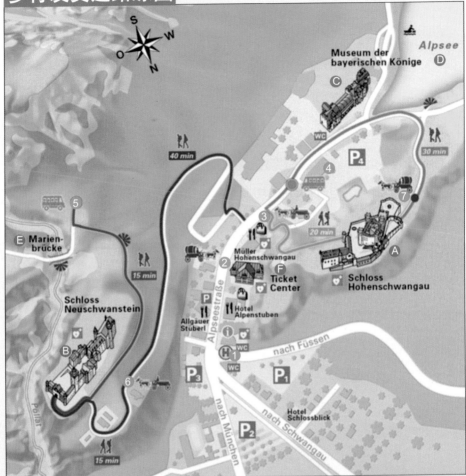

*地圖來源：官網 www.hohenschwangau.de
*注意：此路線圖之方位並非北上南下

於步行路線的開端設有清楚指示牌。

步行往新天鵝堡的路徑都挺寬闊易走。

景點：

- Ⓐ 高天鵝堡
- Ⓑ 新天鵝堡
- Ⓒ 巴伐利亞國王博物館
- Ⓓ 阿爾卑斯湖
- Ⓔ 瑪麗安橋
- Ⓕ 票務中心

交通：

- ❶ 往菲森 巴士站
- ❷ 前往高天鵝堡 馬車站
- ❸ 前往新天鵝堡 馬車站
- ❹ 前往新天鵝堡 接駁巴士站
- ❺ 前往山下 接駁巴士站
- ❻ 前往山下 馬車站
- ❼ 前往山下 馬車站

148

城際交通
來往菲森 Füssen

　　於菲森火車站前方的巴士總站乘坐73或78號，到達城堡山腳下小鎮「霍恩施萬高」（Hohenschwangau）下車。車程約15至20分鐘。可於官網查閱班次：www.rvo-bus.de

當地交通

　　霍恩施萬高位於城堡山腳下，而新天鵝堡和高天鵝堡都是建在山丘上，各據一方，看似不遠，但也要花點時間才可登上。建議於出發前根據預定的遊覽時間，選擇以下的交通方式。

新天鵝堡：轉乘馬車、接駁巴士或步行
高天鵝堡：轉乘馬車或步行
巴伐利亞國王博物館：步行

旅遊資訊
訂票方法

　　於高天鵝堡和新天鵝堡門外並沒有售票處，如打算進內參觀，需預先準備好門票。

1. **官網預訂**：非常建議早於網上訂票，特別是新天鵝堡和高天鵝堡的門票，因只設導賞團，而每節人數有限。

   訂票費用： 門票＋€2.5
   訂票官網：
   shop.ticket-center-hohenschwangau.de

2. **票務中心**：在城堡的山腳下，出售當天剩餘的城堡門票。除了票務部也設有紀念品店。

於旺季時份，剛開門的票務中心已出現人龍。

關於訂票
如果打算在一天內參觀高天鵝堡和新天鵝堡，官方建議兩者參觀時間最少相隔2.5小時，以便有足夠時間前往。

---Info---

票務中心 Ticket-Center Hohenschwangau
地址： Alpseestraße 12, 87645 Schwangau
電話： +498362930830
開放時間： 10月中至3月 0830-1500；4月至10月中 0800-1600
網址： www.ticket-center-hohenschwangau.de
前往方法： 於巴士站下車後前行轉右到Alpseestraße大街，直走約200米即達。

從霍恩施萬高 前往 新天鵝堡
（Schloss Neuschwanstein）
*請參考P.148 步行及交通路線圖

馬車 從山下馬車站乘坐馬車，約20分鐘可抵達位於山腰的馬車站，然後再步行15分鐘可達新天鵝堡正門。車費：上山€8；下山€4
接駁巴士 於接駁巴士站上車，在瑪麗安橋附近下車，然後再沿著圖中紫色路線步行約15分鐘，可抵達新天鵝堡正門。車費：上山€3；下山€2；來回€3.5
步行 沿著圖中紅色路線步行約1.5公里，即可到達新天鵝堡正門，步程約40分鐘。如想前往瑪利亞橋，可沿著紫色路線再步行約15分鐘。

從霍恩施萬高 前往 高天鵝堡
（Schloss Hohenschwangau）
*請參考P.148 步行及交通路線圖

馬車 於山下馬車站開出，沿著圖中粉紅色路線到達高天鵝堡的後方，下車後再步行1分鐘至正門。車費：上山€5.5；下山€3
步行 沿著圖中黃色路線步行約20分鐘，或粉紅色

遊覽新天鵝堡：
最順路又省時的交通方案
去程：乘坐接駁巴士到瑪麗安橋（Marienbrücke）附近，參觀了瑪麗安橋後，再沿著紫色路線步行至新天鵝堡正門。
回程：於城堡山腰馬車站乘坐馬車下山。

前往新天鵝堡的接駁巴士，車身上印有新天鵝堡的模樣。

馬車服務並沒有固定班次，一般是差不多滿座就開出。而於冬季有機會暫停服務。

登上位於小山丘上的高天鵝堡，路線沿經斜路及樓梯，建議穿著舒適的鞋子。

亮黃色的高天鵝堡，外觀上較為平實，沒有過份華麗，跟童話式的新天鵝堡相比，是截然不同的風格。

新哥德式皇家城堡

MAP: P.140 B2；P.148

高天鵝堡
(Schloss Hohenschwangau)

又被稱為「舊天鵝堡」或是「霍恩施萬高城堡」，源自12世紀，由施萬高騎士團所建，於19世紀，巴伐利亞國王馬克西米利安二世命人以新哥德式風格重修成為現在的模樣，用作避暑和狩獵的皇室住所，這裡也是他兒子路德維希二世渡過童年的地方！

在建造「新天鵝堡」的時候，路德維希二世就是待在「高天鵝堡」這裡的露台去視察進度。

於城堡入口的對面建築，外牆壁畫鮮明細膩，是城堡紀念品店的所在。店內還展示了城堡昔日的廚房。

城堡花園不太大，但修飾都很精緻，以多個噴圈作裝飾，包括庭院中這個「小鵝人噴泉」。

提提你

「童話國王」路德維希二世選了這座充滿童年回憶的「高天鵝堡」對面那山頭，作為「新天鵝堡」的選址。

Tips *I Can*

遊覽須知
1. 城堡不設售票部，強烈建議預先於官網預訂，或於當日於山下的霍恩施萬高票務中心購票。
2. 必須跟著官方導遊參觀，參觀時間約為45分鐘。
3. 所有門票設有指定進場時間，遊客須在進場時間前15分鐘到達，過早或過遲都不可內進。
4. 城堡內部和紀念品店，都不可拍攝。

Info

地址：Alpseestraße 30, 87645 Schwangau
電話：+49 8362 930830
開放時間：4月至10月中 0900-1700；10月中至3月 1000-1600 （必須依照預約時間入場）
休息日：24/12、25/12、31/12、1/1
門票：45分鐘導賞團 成人€21、學生€18；網上預約+€2.5
城堡花園 免費進入
網址：www.hohenschwangau.de
訂票網址：shop.ticket-center-hohenschwangau.de/
前往方法：（步行及馬車路線圖：可參考P.148）
步行 從Hotel Müller旁邊小徑，沿著指示登上斜路及樓梯，約20分鐘可抵達。
馬車 從霍恩施萬高票務中心旁的馬車站乘坐，可直達高天鵝堡城堡外。

Tips

參觀須知
1. 城堡不設售票部，強烈建議預先於官網預訂，或於當日在山下的霍恩施萬高票務中心購票，但要注意門票有限。
2. 城堡內不可拍攝。
3. 於城堡內咖啡廳旁邊可通往觀景露台，也是內部唯一可拍照之地方。而咖啡廳外設有多媒體室，定時播放短片介紹新天鵝堡。

童話般的夢幻城堡

MAP：P.140 C2；P.148

新天鵝堡
（Schloss Neuschwanstein）

　　是巴伐利亞國王路德維希二世的舉世傑作，結合了拜占庭式和哥德式建築風格，打造了一座恍如中世紀騎士的城堡。自1869年動工興建，於1884年城堡外觀大概完成，很可惜直到他於1892年突然離世時，內裝還未完工，而他本人只在此居住過172天。

　　原有360個房間的城堡，其中只有14個依照原圖修建完成。於路德維希二世身故後，開放給公眾以導賞團方式參觀。其中王座大廳（Throne hall）擁有金碧輝煌的馬賽克壁畫，讓人難忘。而於國王臥室和多個角落，設有不少天鵝造型的裝飾。

「童話國王」路德維希二世的傳奇一生
於1864年只有18歲的路德維希二世因父離世而繼承王位，但權力一直被掌控，而他把畢生精力投放在打造夢想中的城堡，新天鵝堡就是其中之一。後來德意志帝國成立，讓他的權力更大不如前，令他開始隱居並繼續建造城堡。
於1886年這位童話國王更被醫生宣佈為失智且喪失處理公職之力，隨即被送到湖邊休養。隔天，他與他的醫生於湖邊散步後失蹤，其後2人被發現伏屍於湖中，而死因一直是謎，有估計是被暗殺，也有估計是自殺。

側面的新天鵝堡，非常宏偉！左邊路徑可通往正門，而右邊路徑可步行至瑪麗安橋。

參觀城堡需預先購票並預早到達設在中庭的等候區，只要穿過磚紅色的正門即可進入中庭。

Tips

拍攝城堡的最佳位置
瑪麗安橋 Marienbrücke
站在鐵橋上可享最夢幻的拍攝角度！聳立於山谷上的新天鵝堡，就像融入了風景之內，四季呈現不同的景致。

瑪麗安橋空間有限，於旺季有機會需要排隊進橋。

城堡內設有咖啡廳，另外也可在山腰馬車站附近的Schlossrestaurant Neuschwanstein餐館用餐。

Info

地址： Neuschwansteinstraße 20, 87645 Schwangau
電話： +498362930830
開放時間： 4月至10月中 0900-1800；10月中至3月 1000-1600
休息日： 1/1、24/12、25/12、31/12
門票： 30分鐘導賞團 成人€15、學生€14；網上預約＋€2.5
網址： www.neuschwanstein.de
訂票網址： shop.ticket-center-hohenschwangau.de
前往方法： 從霍恩施萬高（Hohenschwangau）可步行、乘坐接駁巴士或馬車前往。（交通資訊：詳細介紹見P.149）

展覽收藏了一些皇室珍品，包括路德維希二世華麗非凡的藍金色長袍，和路德維希三世婚慶典時所用的皇家瓷器等等。

★I Can
Tips

館內不可拍攝。

館內的大型全景窗戶，享有壯麗的山脈和阿爾卑斯湖的全景。(Photo Credit © Wittelsbacher Ausgleichsfonds, MdbK. Foto: Jörg Sattelberger)

維特爾斯巴赫王朝的輝煌歷史

巴伐利亞國王博物館

MAP: P.148

（Museum der bayerischen Könige）

　　維特爾斯巴赫王朝（Wittelsbach）是德國歷史最悠久的貴族，多個世紀以來統治巴伐利亞地區，在歐洲地位十分顯赫！於1806年在巴伐利亞更建立了王室，直至1918年一戰過後。館內展示了這貴族的數百年歷史，還有部分皇室珍藏。

博物館於2011年開幕，裝潢設計現代化，過往贏取了多個大型建築獎項。(Photo Credit © Wittelsbacher Ausgleichsfonds, MdbK. Foto: Vanessa Richter)

提提你

歷代巴伐利亞國王（1806年-1918年）
1806-1825年　馬克西米利安一世（Maximilian I）
1825-1848年　路德維希一世（Ludwig I）
1848-1864年　馬克西米利安二世（Maximilian II）
1864-1886年　路德維希二世（Ludwig II）
1886-1912年　奧托一世（Otto I）
1913-1918年　路德維希三世（Ludwig III）

路德維希二世有「童話國王」之稱，也是「新天鵝堡」的打造者。

路德維希一世國王是一位古典藝術的愛好者和收藏家，執政時修建了慕尼黑王宮和多間博物館。

「舊天鵝堡」的打造者馬克西米利安二世國王，也是路德維希二世的父親。

*圖片來源：Wikimedia

─**Info**─
地址：Alpseestraße 27, 87645 Schwangau
電話：+49 8362 9264640
開放時間：0900-1630
休息日：24/12、25/12、31/12、1/1
門票：
成人€14；學生€13
網址：www.hohenschwangau.de/museum_der_bayerischen_koenige.html
前往方法：
從霍恩施萬高票務中心（Ticket-Center Hohenschwangau）沿著Alpseestraße大馬路向阿爾卑斯湖（Alpsee）的方向步行，大約8分鐘。

享受寧靜之美

MAP: P.148

阿爾卑斯湖

（Alpsee）

　　位於海拔813.94米，以雄偉的阿爾卑斯山山脈作背景，風光旖旎。湖泊四季景色不同，夏季藍天白雲的日子，湖水碧綠清透，十分宜人。於冬日還可看到白雪皚皚的山脈和冰湖！湖的面積約有1平方公里，圍繞湖岸有一條全程約5公里的行人步道，是晴天時散步和享受寧靜的理想之地。

湖邊有多條健行路線，如果有充裕時間，可圍繞整個湖走一圈，需時約90分鐘。

於假日還可在湖邊租用腳踏船或小艇。

如遇上陽光燦爛的日子，參觀新天鵝堡過後來逛逛，也很不錯。

─**Info**─
地址：Alpseestraße 30, 87645 Schwangau
前往方法：
在巴伐利亞國王博物館（Museum der bayerischen Könige）的旁邊。

多瑙河沿岸小城
茵格斯達
Ingolstadt

在巴伐利亞州內的一座別緻小城，位於慕尼黑和紐倫堡之間，老城區的新派建築保留了傳統山牆木房子的風格，粉色系亮麗耀眼。小城更享有多瑙河岸優美景致，如果喜歡慢步調旅行，這兒是不錯的選擇！茵格斯達也屬車迷天堂，德國名車Audi的總部和博物館都設在城中周邊地區，而於市中心約6公里外，建有大型「茵格斯達購物村」，是德國南部著名的購物熱點。

交通＋旅遊資訊

城際交通
從慕尼黑出發

可於慕尼黑中央火車站（München Hauptbahnhof）乘坐地區火車到茵格斯達火車北站（Nordbahnhof Ingolstadt）或茵格斯達火車總站（Hauptbahnhof Ingolstadt）。車程約50-70分鐘。

當地巴士

茵格斯達火車總站外設有大型巴士站，因老城區比較遠離火車站，建議可轉乘巴士。由「INVG」公司營運的當地巴士，路線及資訊可於其官網查閱。

INVG官網： www.invg.de

巴伐利亞州票
(Regional Day ticket：Bayern-Ticket)
可購買巴伐利亞票，車票包含了地區火車（RB, IRE, RE）、慕尼黑市區交通和茵格斯達當地巴士。（詳細介紹見 P.068）

茵格斯達 旅遊資訊
www.ingolstadt-tourismus.de/en/

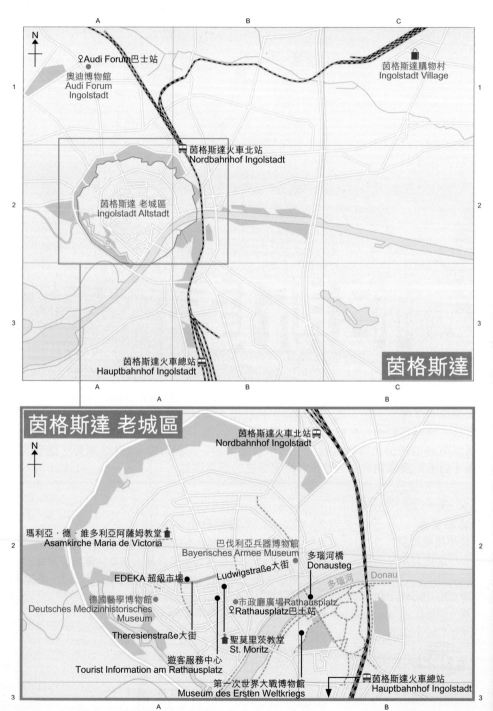

茵格斯達

茵格斯達 老城區
Ingolstadt Altstadt

A

B

C

1

2

3

Audi Forum巴士站

奧迪博物館
Audi Forum
Ingolstadt

茵格斯達購物村
Ingolstadt Village

茵格斯達火車北站
Nordbahnhof Ingolstadt

茵格斯達 老城區
Ingolstadt Altstadt

茵格斯達火車總站
Hauptbahnhof Ingolstadt

茵格斯達 老城區

N

茵格斯達火車北站
Nordbahnhof Ingolstadt

瑪利亞‧德‧維多利亞阿薩姆教堂
Asamkirche Maria de Victoria

巴伐利亞兵器博物館
Bayerisches Armee Museum

多瑙河橋
Donausteg

Donau

EDEKA 超級市場

Ludwigstraße大街

多瑙河

德國醫學博物館
Deutsches Medizinhistorisches
Museum

市政廳廣場Rathausplatz
Rathausplatz巴士站

Theresienstraße大街

聖莫里茨教堂
St. Moritz

遊客服務中心
Tourist Information am Rathausplatz

第一次世界大戰博物館
Museum des Ersten Weltkriegs

茵格斯達火車總站
Hauptbahnhof Ingolstadt

A

B

2

3

這裡每座建築物的外觀設計都很精緻，空間感十足，逛起來非常舒適寫意。

精緻Outlet瘋狂購物

MAP: P.154 C1

茵格斯達購物村
(Ingolstadt Village)

於茵格斯達市中心不遠處，有一間很好逛的Outlet，擁有110多間德國本土和國際級時尚品牌的商店，包括Prada、Jimmy Choo、Gucci、Fred Perry、Michael Kors、Sandro、The North Face 、Timberland等等，全年享有大約正價3至7折優惠。廚房和家居用品品牌也非常齊全，包括有Le Creuset、WMF和孖人牌等等。購物村內的建築更是根據德國傳統房子而設計，除了逛街購物，這裡也是順道拍美照的好地方。

備受亞洲人喜愛的Gucci，商品種類齊全，包括手袋、皮包、衣飾和鞋子等等。

瑞士百年男裝品牌Bally，也有在這裡設店。

憑「VIP Day Pass」於指定品牌店內購物，可額外獲得九折優惠。

一到埗後，可於入口附近的客戶服務中心拿取地圖，另憑護照可領取當天適用的「VIP Day Pass」優惠券。

Prada店內規模挺大，商品種類包括衣物、手袋、錢包、鞋履、太陽眼鏡、香水等等。

購物村內設有多元化餐飲服務，其中也有露天雅座，環境十分舒適。

源自德國的Brickenstock，款式和顏色多不勝數，追求輕便鞋的朋友，可在這裡慢慢選購。

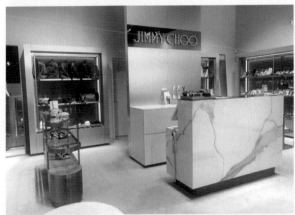

「Coffee Fellows」咖啡店是購物中途稍作休息的好地方，這裡供應各種咖啡、甜點和輕食，環境輕鬆舒適。

Jimmy Choo高跟鞋展現優雅的女性美，屬不少女士們的時尚標配。

店內有不少簡約經典款式，Jimmy Choo高跟鞋每對約由€270起。

男裝Armani牛皮運動鞋，款式休閒時尚。

Armani在這裡的Outlet店規模十分大型，可以慢慢掃貨。

WMF鍋具套裝，有齊5個不同大小的煮食煲，價格十分超值。

━ Info ━

地址：Otto-Hahn-Straße 1, 85055 Ingolstadt
電話：+49 841 8863100
營業時間：1000-2000
休息日：週日
網址：www.thebicestercollection.com/ingolstadt-village/
前往方法：
從慕尼黑市中心：
可乘坐「Shopping Express」購物村專車直達門外，上車位置設於卡爾廣場和寶馬世界附近，車票可於官網預訂。
車費：€20（來回）
訂票官網：www.thebicestervillageshoppingcollection.com/e-commerce/en/iv/shopping-express

從茵格斯達市中心：
於市政廳廣場「Rathausplatz」巴士站，或茵格斯達火車北站外的「Nordbahnhof Ingolstadt」巴士站，乘坐20號線於「Ingolstadt Village」站下車。

如果想同一天順道遊覽市中心的話，要注意當地巴士班次不算太密，出發前建議預先查好班次。購物村於週日不營業。

充滿紀念性的「Auto Union Type C Stromlinien」
德國著名賽車手Bernd Rosemeyer，於1937年以每小時最高速度400公里駕駛著這款流線型賽車，刷新了多項世界記錄。於1938年，他嘗試以更極速創造新紀錄，卻不幸地發生了致命意外。館內展示的這輛模型，是1999年依照當年設計而複製的。

提提你

車迷天地
奧迪博物館
（Audi Forum Ingolstadt）

MAP: P.154 A1

★I Can Tips

博物館提供多種形式的導覽團，車迷們不容錯過！

1. 汽車生產導覽團
　（Ingolstadt: Fascination of production)
由專人帶領下參觀工廠，親眼目睹如何以先進的生產方法來製作汽車。導覽團非常熱門且名額有限，需提前預約。
價格：€9

2. 博物館導覽團
　（Audi museum mobile — The Four Rings)
由專人帶領下參觀博物館，介紹Audi的歷史和歷年來最重要的車款。
價格：€13（已包含博物館門票）
預約網址：www.audi.de/de/foren/en/audi-forum-ingolstadt/discovery-tours/factory.html

　　如果你是車迷一族，那就要預留時間到訪一下Audi於茵格斯達的總部了。這裡設有Audi汽車博物館，也是工廠的所在地！博物館展示了不同年代的Audi汽車，除了電單車、跑車、房車，亦有賽車，從設計上可以體會到汽車於不同時代的演變。樓高3層的展館，面積不算很大，但是於細節上盡見心思，幾乎每一個展品都有詳細英文解説。

博物館坐落在這座圓柱建築內，旁邊是總部大樓，設有餐廳、咖啡座和酒吧等等餐飲設施。

全館展示了超過100輛汽車和電單車，也有曾經風雲一時的賽車車款「Audi QUATTRO」。

這輛車被切開一半展示其橫切面，讓訪客可仔細研究內在機件結構。

這座大型自動升降台上，有14架展出的車輛不停垂直慢轉，讓訪客於每個樓層都可以欣賞。

―― Info ――

地址：Auto-Union-Straße 1, 85045 Ingolstadt
電話：+49 800 2834444
開放時間：0900-1700；週末、假日 1000-1600
休息日：假日之確實開放時間可於官網查閱
門票：成人€5；學生€2.5
網址：www.audi.de/de/foren/de/audi-forum-ingolstadt/audi-museum-mobile.html
前往方法：於茵格斯達火車總站（Ingolstadt Hauptbahnhof）外，乘坐巴士11號到「Audi Forum」站，車程約20分鐘。

館內設有Audi品牌商店，出售衣物、背包、經典車模型、汽車書籍和雜誌等等。

於商店有獨家出售「Auto Union Type C Stromlinien」的汽車模型。

茵格斯達

城中最人氣地段
市政廳廣場
（Rathausplatz）

擁有淡黃色外牆的舊市政廳，和後方的聖莫里茨教堂鐘樓，都是城中最重要的地標。

廣場的西北方位有一座粉紅色房子，是旅遊服務中心，提供地圖和旅行資訊。

MAP: P.154 A2

是舊市政廳的所在地。從廣場向北走，可抵達2條相連的大街Theresienstraße和Ludwigstraße，兩旁建有亮麗的山牆房子，是城中熱鬧的購物區，而廣場附近建有全城最古老的教堂「聖莫里茨教堂」（St. Moritz）。

—Info—
地址：Rathauspl. , 85049 Ingolstadt
開放時間：全年
前往方法：從茵格斯達火車北站外的「Nordbahnhof Ingolstadt」巴士站，乘坐20、52號路線，或從茵格斯達火車總站外的「Hauptbahnhof」巴士站乘坐14、16、18、44號，於「Rathausplatz」站下車。

中世紀武器裝備
MAP: P.154 A2
巴伐利亞兵器博物館
（Bayerisches Armee Museum）

坐落在滿有莊嚴氣派的「新維斯特城堡」（Neues Schloss/Neuveste）之內，收藏了大量古董武器，大部分來自巴伐利亞王朝時期的軍械庫。展品包括了中世紀時所用的長矛、盔甲、刀劍、大砲等等，還保留了一些戰利品和寶物。從兵器展覽中，可體會到歷代戰爭所造成的禍害，是殘酷歷史的見證。

坐落在15世紀「新維斯特城堡」之內，這城堡又被稱為「新城堡」。

中世紀騎士都會穿上這些全身金屬盔甲，防禦力強，可抵擋劍擊。

從這個巴洛克式的鐘樓進入，穿過庭園，即達博物館的入口。

以一些模擬的情景，來展示不同戰術的運用。

—Info—
地址：Paradepl. 4, 85049 Ingolstadt
電話：+49 841 93770
開放時間：0900-1730、週末1000-1730
最後進入：1645
休息日：逢週一、1/1、懺悔星期二、耶穌受難節、1/11、24/12、25/12、31/12
門票：成人€3.5（特別展覽需另行購票）；週日€1；18歲以下免費
網址：www.armeemuseum.de/en/exhibitions/army-museum-in-the-new-castle.html
前往方法：從市政廳廣場（Rathausplatz）步行前往，大約8分鐘。

古老藥用植物園
MAP: P.154 A2
德國醫學博物館
（Deutsches Medizinhistorisches Museum）

於1723年由大學醫學院創建的藥用植物園，雖不太大，但很優雅。

館內設有關於解剖學和醫學史的展覽，而內庭是一個歷史悠久的植物園，植物園本屬巴伐利亞州立大學醫學院，專門向醫科生教授藥理和植物學，後來該大學在1800年關閉，植物園於1992年才重新開放，並設了環境清幽的咖啡館。

—Info—
地址：Anatomiestraße 18-20, 85049 Ingolstadt
電話：+49 841 3052860
開放時間：1000-1700
休息日：週一
門票：博物館成人€5.5、17歲以下免費；植物園免費進入
網址：www.dmm-ingolstadt.de
前往方法：從市政廳廣場（Rathausplatz）向西面步行前往，大約6分鐘。

Legoland盡情玩樂
金茨堡
Günzburg

交通

於慕尼黑西北方110公里以外，是德國樂高樂園（Legoland）的所在之地！這個享負盛名的主題樂園，於2002年開幕，是全球十多間Legoland的其中之一，亦是全德國境內唯一一間。園區內有不少地方以樂高積木砌成，讓人賞心悅目，配合各式各樣的機動遊戲和遊樂設施，無論大小朋友都會流連忘返。

從慕尼黑前往金茨堡Legoland

1. 火車：
從慕尼黑中央火車站（München Hauptbahnhof）乘坐火車往金茨堡火車站（Günzburg），車程約60-100分鐘，然後再轉乘當地巴士818A號到達Legoland門外，巴士時刻表可於Legoland官網查閱。

2. Flixbus長途巴士：
從慕尼黑長途巴士站（ZOB Munich）開出，直達Legoland門外，車程約90-100分鐘。但班次有限，建議預早訂票。官網：global.flixbus.com

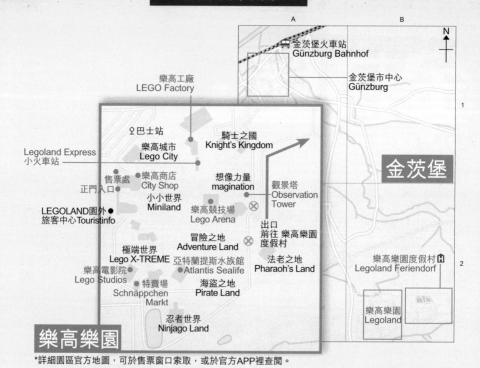

樂高工廠
LEGO Factory

金茨堡火車站
Günzburg Bahnhof

金茨堡市中心
Günzburg

金茨堡

騎士之國
Knight's Kingdom

🚌巴士站

樂高城市
Lego City

Legoland Express
小火車站

想像力量
imagination

觀景塔
Observation
Tower

售票處
正門入口

樂高商店
City Shop

小小世界
Miniland

樂高競技場
Lego Arena

LEGOLAND園外 ●
旅客中心Touristinfo

冒險之地
Adventure Land

出口
前往 樂高樂園
度假村

樂高樂園度假村 🅷
Legoland Feriendorf

極端世界
Lego X-TREME

亞特蘭提斯水族館
Atlantis Sealife

法老之地
Pharaoh's Land

樂高電影院
Lego Studios

特賣場
Schnäppchen
Markt

海盜之地
Pirate Land

樂高樂園
Legoland

忍者世界
Ninjago Land

樂高樂園

*詳細園區官方地圖，可於售票窗口索取，或於官方APP裡查閱。

歡樂滿載 **MAP: P.160 A2**

整個樂園以超過5千7百萬塊Lego積木
打造，營造可愛歡樂氣氛。

德國樂高樂園（Legoland Deutschland）

　　樂園分為10個主題區，共有60多個遊樂設施和景點，加上2023年新設的「樂高神話」（Lego Mythica）主題區，真的一天到晚都玩不完！其中焦點有以古埃及為題的「法老之地」（Pharaoh's Land）主題區，設有「Tempel X-pedition」室內吉普車尋寶之旅。

160

入場後左手邊設有收費儲物櫃，可供遊客放置大型行李或物品。

出發前準備

1. 下載官方APP

「Legoland @Deutschland resort」

除了有園區地圖，入場後還可估計各遊樂設施的排隊所需時間，讓遊客可根據情況安排遊玩次序，分秒必爭盡情玩。

2. 自備雨衣或衣物作替換

在夏季會有一些「濕身」的遊樂設施，如果小朋友想盡情玩水，建議帶備雨衣或可替換的衣物。

3. 玩盡全園小貼士

所有機動遊戲只運作至關門前1小時，如果打算玩到關門才離開，可以把不用排隊的「小小世界」主題區留到最後這1小時才去參觀。如在旺季到訪，可考慮購買「快速通行證」（Express Pass）。

而右邊洗手間外設有多部飲水機，可自備水瓶盛水。

而在充滿中世紀特色的「騎士之國」（Knight's Kingdom）主題區，可乘坐園中最受歡迎的「火龍」（Fire Dragon）極速過山車穿越城堡。不愛冒險的遊人，可逛逛以Lego積木拼湊成的「小小世界」或去欣賞充滿歡笑的4D影院，也很不錯。

意大利水都威尼斯著名的聖馬可鐘樓、總督府和聖馬可教堂，都以樂高積木組成了出來，像真度極高，讓人贊嘆不已！

小小世界 主題區（Miniland）

以超過2500萬塊Lego積木創造了一個「微型世界公園」，把一些迷人的德國和歐洲城市，大部分以1:20的真實比例拼湊了出來，美得不得了！

不容錯過的影相位

球迷們必拍的影相位！於足球明星畫廊（Gallery of football stars）設有全球12位傑出球星的半身像，阿根廷球王馬勒當拿是其中之一。

模擬荷蘭阿姆斯特丹的風車區，河岸的傳統荷蘭木屋非常精緻，還可看到風車在轉動著！

整座「新天鵝堡」樂高模型以1:30的比例製作，長4米半、高3米，重達300公斤！城堡大廳裡還有正在起舞的皇室貴族！

眼前有多個樂高版本的德國名城，包括有漢堡、柏林、慕尼黑和法蘭克福。

曾於多套《星球大戰》電影中亮相的宇宙飛船「千歲鷹號」，亦現身在這裡！

每個遊樂設施外都有一些用樂高拼出來的特色場景，給遊客拍照。

金茨堡

很可愛的熱氣球（Desert X-cursion），遊客可以自己用手拉上拉下，來控制升降。

法老之地 主題區
(Pharaoh's Land)

主題區入口有高大的法老王和駱駝，就像走進神秘的古埃及！焦點有「Tempel X-pedition」，以紅外線手槍去擊中目標和尋找寶藏，展開一場室內驚險之旅。

亞特蘭提斯水族館
(Atlantis by Sealife)

是遊客探索海底世界的好地方，有達1300種熱帶海洋生物，還設有一條8米長的玻璃隧道，當中有Lego積木拼成的潛水員和潛水艇。

海盜之地 主題區
(Pirate Land)

於夏日這裡是「尼克船長的濺水大戰」（Captain Nick's Splash Battle）的遊玩場地！遊人可乘坐海盜船互射水槍，而在岸邊的路人也可還擊！

騎士之國 主題區
(Knight's Kingdom)

皇家城堡是「騎士之國」的地標，內設很受歡迎的極速過山車「Fire Dragon」，也有專門設計給小朋友的兒童過山車「Dragon Hunt」，皆大歡喜。

這裡的人物佈置都充滿中世紀特色，除了有城堡和騎士，還有打鐵工匠。

遊人可付費參加「淘金體驗」，於流水下的沙子中淘出金塊。

想像力量 主題區
(Imagination)

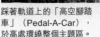
踩著軌道上的「高空腳踏車」（Pedal-A-Car），於高處環繞整個主題區。

旋轉式的觀景塔（Observation Tower）有50米高，在塔頂可俯瞰整個樂高樂園。

樂高電影院 (LEGO Studios)

戴上立體眼鏡穿越4D場景，很令人興奮！這裡每天有2套4D電影輪流上演。於門外列出了場次，也可在官方APP中查閱。

樂高工廠（LEGO Factory）

於「樂高城市」（LEGO CITY）主題區內，可以了解如何生產樂高積木。而每位進去參觀的遊客還可得到一塊「紀念版本」的積木。

然後會進入「模擬樂高工廠」，可親眼看到如何啤出樂高積木，還可以看到「樂高人型」是怎樣一步一步用機器做出來。

一進去會播放一套有關「樂高工廠」的電影，簡單介紹積木的製造過程。

逛逛商店，把Lego買回家！

園區內有一共11間商店，分佈在各個主題區內，讓樂高迷可以無時無刻慢慢逛！

在出入口附近的「City Shop」，是園中最大型的商店，有超過850件不同的樂高模型和紀念品，部分商品更有園區「獨家優惠」，非常抵買！

樂高人頭Cap帽，非常可愛。

店內更有一些樂高樂園「獨家系列」，只在Legoland內出售。

於「樂高工廠」內的「LEGO® Factory Pick A Brick」商店，專門出售以「重量作計算」的樂高積木，可任選顏色、大小和形狀。

可以自己組合出個人化的「迷你人型」，還可刻上名字。

別錯過！Show Time！

每個季度園區都有不同的表演節目，例如歌舞、雜技、魔術等等，一般會在猴子劇院（Affentheater）或樂高競技場（LEGO Arena）上演！

觀看表演最好預早一點到達表演地點，找個好位置！

想看精彩表演，記得留意「表演節目告示牌」，列出了當天場次和表演地點，也可在官方APP中找到有關資訊。

讓人會心微笑的樂高人頭行李牌。

Info

地址：Legoland-Allee 1, 89312 Günzburg, Bavaria, Germany
電話：+49 (0) 180 6 700 757 01
開放時間：1000-1800（旺季開放至1900、2000或2200不等，請查閱官網）；機動遊戲運作至關門前1小時
休息日：11月初至3月尾
門票：€64（官網早鳥優惠：€37）
網址：www.legoland.de/en/
前往方法：交通詳情見P.159

洗滌心靈之美景
國王湖及周邊
Königssee

於1978年建立的自然保護區「貝希特斯加登國家公園」（Nationalpark Berchtesgaden），位於德國東南部，以阿爾卑斯山脈和秀麗的湖泊景色而聞名，亦是全國唯一的高山國家公園。世界知名的「國王湖」（Königssee）就在園區之內。這個被認為是全國最純淨清澈的湖泊，吸引了不少大自然愛好者來欣賞優美的湖光山色，或是來一場健行，穿梭於青翠山林和溪流之中。

國王湖及周邊 交通

從慕尼黑 到 貝希特斯加登：

從慕尼黑中央火車站（München Hbf）乘坐地區火車到貝希特斯加登火車站（Berchtesgaden Hbf），中途需要在Freilassing轉車。全程約2.5小時。

DB德國國鐵官方網站：

www.bahn.com/en/

再從貝希特斯加登 到 國王湖遊船起點：

抵達貝希特斯加登火車站後，於站外轉乘由RVO巴士公司營運的841路線，於「Schönau am Königssee」站下車，車程約10分鐘。再沿著Seestraße大街步行5分鐘，即達觀光船碼頭及售票中心。注意：冬季班次較少。

RVO巴士公司官方網站：

www.rvo-bus.de

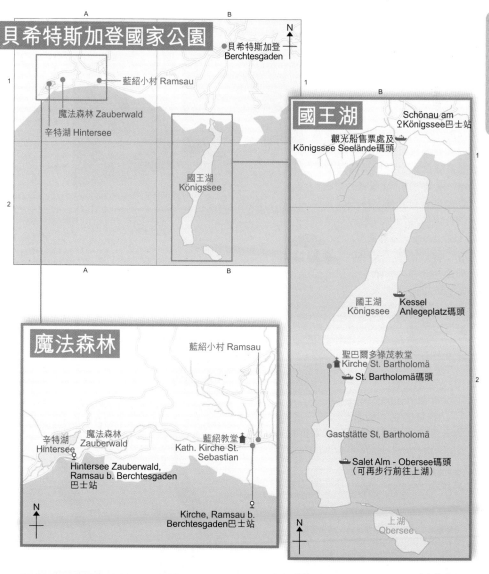

國王湖及周邊 旅遊資訊

旅遊建議

1. 安排2日1夜的小旅行：

   慕尼黑和國王湖相距160公里，不算很近，建議可在湖區附近留宿1-2晚，慢享大自然美景！最方便的住宿位置除了可選擇遊湖起點Königssee Seelände碼頭附近，也可考慮在貝希特斯加登火車站（Berchtesgaden Hbf）附近。

2. 參加1天團：

   從慕尼黑出發但時間有限，可考慮於「KKDay旅遊平台」報名參加「國王湖＋魔法森林一日接送半自助遊」，除了有中文導遊，行程還會增遊魔法森林風景區。詳情：www.kkday.com/zh-hk/product/8894

以舒適旅遊大巴接送，不用擔心交通安排，而每個景點都預留了時間讓遊客自行慢逛。

享受大自然

MAP: P.165 A1

魔法森林
（Zauberwald）

位於德國東南的德奧邊境，鄰近貝希特斯加登（Berchtesgaden）小鎮，是當地人徒步旅行的熱門地段。這裡擁有阿爾卑斯山脈和湖泊景色，風光明媚。沿著健行路線，遊人可在森林裡穿梭，欣賞湍急雄偉的溪流。旁邊的辛蒂湖（Hintersee）平靜宜人，於附近的藍紹教堂（Kath. Kirche St. Sebastian），更是著名的拍攝地點。

圍繞辛特湖的步道平坦易走，環境清幽，很適合悠閒散步。

建於1512年的藍紹教堂，和後方阿爾卑斯山脈與前方溪流上的木橋，是當地明信片裡經常出現的美景。

藍紹教堂位於風景秀麗的藍紹小村（Ramsau）裡，村內設有不少山區民宿木屋。

沿著魔法森林內的徒步山徑，可見氣勢澎湃的溪流，非常壯觀。溪水清澈見底，充滿純天然氣息。

附近的健行路線
1. 藍紹教堂 → 魔法森林 → 辛特湖（大約4公里；步行時間約為1.5-2小時）
2. 環繞辛特湖走一圈（大約3公里；步行時間約為1-1.5小時）

健行路線詳細資訊及地圖
www.berchtesgaden.de/wandern/salzalpensteig/schattseitweg-ramsau

Info

地址：83486 Ramsau bei Berchtesgaden
前往方法：
往辛特湖或魔法森林：
從貝希特斯加登火車站（Berchtesgaden Hbf）乘坐由RVO公司營運的巴士846號，於「Hintersee Zauberwald, Ramsau b. Berchtesgaden」站下車，沿著路前小徑走，左邊是往辛特湖（Hintersee）；右邊則往魔法森林（Zauberwald）方向。
往藍紹教堂：
從貝希特斯加登火車站（Berchtesgaden Hbf）乘坐由RVO公司營運的巴士845或846號，於「Kirche, Ramsau b. Berchtesgaden」站下車。

國王湖

國王湖觀光船
Schifffahrt Königssee

遊覽國王湖的最佳方式，是乘坐觀光船！班次與運行時間可於官網查閱。官方網站：www.seenschifffahrt.de/de/koenigssee/

夏季路線（4月尾至10月中）
遊湖起點 Königssee Seelände → Kessel（只在回程有需要時停靠）→ 聖巴爾多祿茂教堂 St. Bartholomä → 上湖區 Salet Alm

冬季路線（10月中至4月尾；24/12沒有服務）
去程：遊湖起點Königssee Seelände → Kessel（只在有需要時停靠）→ 聖巴爾多祿茂教堂 St. Bartholomä

夏季路線圖

冬季路線圖

*來源：Schifffahrt Königssee官網
*注意：此圖是南上北下

遊覽要點：
1. 最佳位置：當船靠近St. Bartholomä碼頭時，坐在右邊可拍到地標「聖巴爾多祿茂教堂」的最佳角度，而船員吹奏表演也會在右邊近中間的船側進行。上船後建議選右排中排或中後排的靠窗位置。
2. 上湖區：由St. Bartholomä碼頭到上湖區Salet Alm碼頭的航線，只在4月中至10月中行駛。

船票價格及船程：

	來回價格	單程船程
從 Königssee Seelände 到 St. Bartholomä	€22	約35分鐘
從 St. Bartholomä 到 Salet Alm	請於官網查閱	約20分鐘

• 6歲以下：免費；6-17歲：半價

乘船到訪紅色洋蔥頂小教堂「聖巴爾多祿茂教堂」，是很多遊客最基本遊覽路線。如果時間許可，可從這裡再乘船前往擁有醉人風景的「上湖」（Obersee），於「Salet Alm」碼頭下船後步行可達。

純天然仙境

`MAP：P.165 B1-B2`

國王湖徒步資訊
www.koenigssee.de/bergsteigen

國王湖（Königssee）

　　擁有波光粼粼的碧綠湖水和雄偉山脈景色，是德國享負盛名的湖泊。位於貝希斯加登國家公園內，是一個形狀細長的高山湖，令人最印象深刻的是不加修飾的自然風光，帶出了平靜、純淨與諧和。遊覽國王湖最熱門的方式是乘坐電動觀光船，享受湖中美景。觀光船會於湖的中央停下來，船員拿著小號吹奏出音韻，然後遊人可細聽從遠方傳來的回音，很不可思議！

湖水在陽光下呈現晶瑩剔透的翠綠色澤，令人賞心悅目。

湖區於夏日時份綠草如茵，加上清透湖水和清新空氣，屬於很療癒的大自然美景。

在紅色洋蔥頂的小教堂後方不遠處，設有「國家公園資訊中心」，提供了一些徒步地圖和小型展覽。

在觀光船起點「Königssee Seelände」碼頭附近，聚集了很多餐廳和紀念品店。

去程時，船員拿出小號在湖的中央吹奏，遊人可聽到遠方傳來了回音，感覺很奇妙。

整個湖區有多條健行路線，有部分遊人是專程來徒步旅行。

―Info―

地址： 83471 Schönau am Königssee
網址： www.koenigssee.de/schoenau-a-koenigssee/der-koenigssee
前往方法：
從貝希斯加登火車站（Berchtesgaden Hbf）乘坐由RVO巴士公司營運的841路線，於「Schönau am Königssee」站下車，再沿著Seestraße大街步行5分鐘，即達觀光船碼頭及售票中心。

位於國王湖的西岸，是湖中最引人注目的建築物。

Tips

最美拍照角度

乘坐國王湖遊船時就要準備好相機了！當快將到達「St. Bartholomä」碼頭時，船上大部分遊客都很醒目的舉起相機，在湖的中央拍下這座紅洋蔥教堂最美的角度。

為了保留湖區純天然環境，湖邊沒有過多的建築物。

國王湖中的亮點

MAP: P.165 B2

聖巴爾多祿茂教堂
（Kirche St. Bartholomä）

歷史悠久的小教堂，是國王湖最主要的地標。外觀可愛又莊嚴獨特，在碧綠清透的湖景襯托下，鮮明耀眼。小教堂始建於1134年，以高山牧民和農民的主保聖人聖巴爾多祿茂（St. Bartholomä）而命名。於1697年以巴洛克風格重建，並加上了紅色洋蔥圓頂於兩座塔樓之上。細看之下，兩個圓頂的形狀各不相同。

Info

地址：83471 Schönau am Königssee
電話：+49 8652 96360
門票：免費
前往方法：從國王湖遊湖起點「Königssee Seelände」碼頭，乘坐觀光船到「St. Bartholomä」碼頭下船，再步行1分鐘。船程約35分鐘。

一客「德式香煎鱒魚」非常香口，配以一杯白葡萄酒更令人滿足。Gebratene Forelle Müllerin €20.9；白葡萄酒€4.9

餐廳在聖巴爾多祿茂教堂的後側，樓高2層，規模大型。

其他巴伐利亞傳統菜式選擇也多，包括有德式豬手、炸肉排，也有供應意大利麵、沙律等。

內部裝潢帶有濃厚的鄉村風格！

湖畔鱒魚料理

MAP: P.165 B2

Gaststätte St. Bartholomä

這一間傳統巴伐利亞餐廳，提供很不錯的美食！推薦一試來自湖中的「鱒魚」，做法有煙燻（Ganze geräucherte Forelle），也有香煎（Gebratene Forelle），賣相雖然不太突出，但是肉質非常新鮮嫩滑，讓人驚喜！於夏天時份，餐廳更設有露天雅座，於大自然美景下享用料理，更覺寫意！

Info

地址：St. Bartholomä 1, 83471 Schönau am Königssee
電話：+49 8652 964937
營業時間：於每天第一班遊船到達時開始營業，直至尾班船開出後。
休息日：24/12
消費：大約€25-35/位
網址：www.bartholomae-wirt.de
前往方法：從國王湖遊湖起點「Königssee Seelände」碼頭，乘坐遊船到「Anlegestelle St. Bartholomä」碼頭下船。

中世紀城鎮之韻味

紐倫堡
Nürnberg(德) / Nuremberg(英)

來到充滿中世紀韻味的紐倫堡，就來一場香氣撲鼻的美味情緣吧！一走進城，會發現大小餐館都在烤紐倫堡香腸，香氣四溢！市場上大大顆的黑櫻桃，讓人垂涎欲滴！這兒亦是德國薑餅的著名產地，廣場上的傳統薑餅店出售各式各樣的薑餅，都是送禮佳品！除了有「薑餅之城」的美譽，紐倫堡更被稱為「聖誕之城」和「玩具之城」，每年於大集市廣場舉行的聖誕市集，和城中大型玩具博物

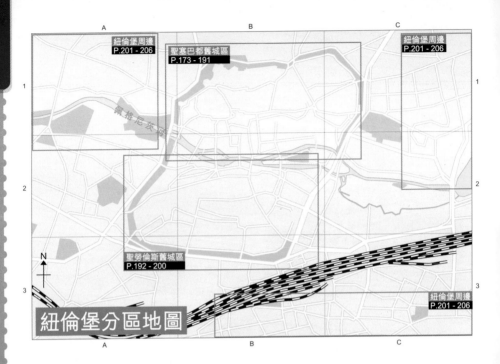

紐倫堡周邊
P.201 - 206

聖塞巴都舊城區
P.173 - 191

紐倫堡周邊
P.201 - 206

佩格尼茨河

聖勞倫斯舊城區
P.192 - 200

紐倫堡周邊
P.201 - 206

紐倫堡分區地圖

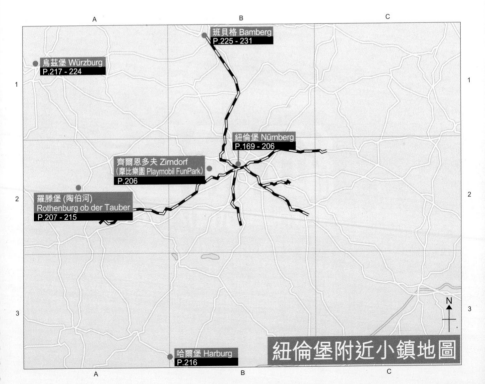

班貝格 Bamberg
P.225 - 231

烏茲堡 Würzburg
P.217 - 224

紐倫堡 Nürnberg
P.169 - 206

齊爾恩多夫 Zirndorf
(摩比樂園 Playmobil FunPark)
P.206

羅滕堡 (陶伯河)
Rothenburg ob der Tauber
P.207 - 215

哈爾堡 Harburg
P.216

紐倫堡附近小鎮地圖

機場交通
紐倫堡機場 （NUE）Flughafen Nürnberg

位於紐倫堡市中心以北大約5公里外，非常鄰近市中心。機場提供歐洲及國際航線，但現時並沒有航班直飛香港，需要在歐洲各大城市轉機。官網：www.airport-nuernberg.de

交通方法

1. 地鐵（U-Bahn）

可於機場正門外的 U-Bahn「Flughafen」站乘坐U2線，於「Hauptbahnhof」站下車，即可抵達紐倫堡中央火車站。如前往紐倫堡市中心，可在「Hauptbahnhof」站再轉乘U1路線往「Lorenzkirche」，即達聖勞倫斯舊城區。

Info

班次：大約每10至15分鐘一班
車程：大約12分鐘
車票：普通車票 Price level A（Nürnberg-Fürth-Stein）可適用
票價：€3.3；於VAG官網購買€2.85
官網：www.vag.de/en/
備註：如有持有效的「NÜRNBERG CARD + Fürth」紐倫堡觀光咭，可免費乘搭機場來往市中心的公共交通。

2. 的士（Taxi）

從紐倫堡市中心或中央火車站，乘的士往來紐倫堡機場，單程大約€21，需時約15至20分鐘。

Info

紐倫堡電召的士中心 (Taxi Center Nuremberg)
預約電話：+49911-19410
預約網站：taxi-nuernberg.de

城際交通

交通方法

1. 火車

從德國各大城市可乘坐火車到「紐倫堡中央火車站」（Nürnberg Hauptbahnhof）。運行至全國的火車，主要由「德國國鐵」（Deutsche Bahn 或DB）營運。可於DB官網查閱路線、時間表及訂票：www.bahn.com/en/

紐倫堡中央火車站鄰近市中心，步程大約12-15分鐘，即可抵達城中最熱鬧之地「大集市廣場」。

2. 長途巴士

來往全國各大城市的長途巴士，主要由廉價長途巴士公司「Flixbus」運營。可於Flixbus官網查閱路線、時間表及訂票：global.flixbus.com

紐倫堡長途巴士總站（Nürnberg ZOB am Hbf）位於紐倫堡中央火車站附近，從火車站正門外往東步行約5分鐘，即達。

市內交通

紐倫堡市中心不算很大，一般都可以步行方式遊覽。而紐倫堡周邊範圍，也有一些重要景點值得參觀，所以，也有機會需要乘坐交通工具。而市內公共交通主要由VAG公司運營，提供多條地鐵（U-Bahn）、巴士、電車和近郊火車（S-Bahn）路線。

Info

售票地點：地鐵站、部分電車站或巴士上都設有自動售票機，也可在官網購買。
VAG官網：www.vag.de/en/
地鐵和電車路線圖：可於P.172查閱

Tips

票價區 (Fare Zone)：一般遊客會到訪的地方，包括所有於本書所介紹的紐倫堡景點，甚至遠至摩比樂園，都是屬於 Zone A 範圍內，只需購買車票 Price level A 即可。

車票種類：
Tickets for Nürnberg-Fürth-Stein (Price level A)

A. 單程 Single ticket
於有效期90分鐘內可隨意轉乘區內地鐵、巴士、電車或近郊火車。單程€3.3、官網€2.85

B. 短程車票 Single ticket-short distance
只限乘坐不多於2個站的地鐵，或4個站的巴士/電車，期間不可轉乘。€1.8；官網€1.45

C. 一天票 All day ticket
可於當天無限次乘坐區內地鐵、巴士、近郊火車或電車路線。購買時需輸入使用日期，於週末期間，有效期更可延長至週一的凌晨3時，非常抵用。

適用時數：
平日：由當天零時0000起生效，直到次天凌晨0300。
週末：由週六零時0000起生效，直到週一凌晨0300。
票價：
單人 All day ticket solo：€8.5
1-6人團體（當中最多2名成人）All day ticket plus：€12.6

紐倫堡市內電車

紐倫堡市內巴士

實用旅行資訊

1.「NÜRNBERG CARD + Fürth」紐倫堡觀光卡

有效期48小時，憑卡可免費參觀40多個紐倫堡市政博物館和景點，並可免費無限次乘坐整個Nürnberg-Fürth-Stein區域內的公共交通工具。

Info

銷售點：遊客服務中心及紐倫堡機場內的主要詢問處（Main Information Desk）
官網：tourismus.nuernberg.de/en/booking/nuernberg-card-city-card/
票價：€33

2. 遊客服務中心（Tourist Information）

除了可索取免費市內地圖，還可購買觀光咭、查詢各項景點路線，和取得市內最新活動資訊。官方旅遊資訊：tourismus.nuernberg.de

Info

遊客服務中心（大集市廣場）
地址：Hauptmarkt 18, 90403 Nürnberg
電話：+49 911 23360
開放時間：0900-1700

紐倫堡U-Bahn路線圖

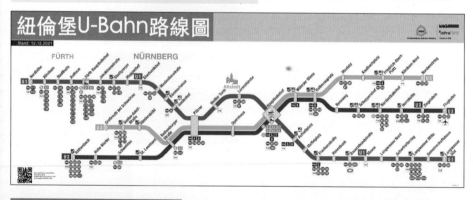

紐倫堡電車路線圖

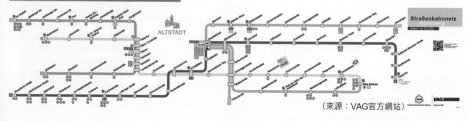

（來源：VAG官方網站）

漫步細味歷史感
聖塞巴都舊城區
Altstadt - St. Sebald

紐倫堡是巴伐利亞州第2大城市，於第二次世界大戰期間，幾乎被完全摧毀。後來，城中最主要建築物和廣場，都以戰前的模樣重建，讓這個城市再度呈現歷史韻味。只要在聖塞巴都舊城區漫步遊走，會發現這裡有讓人説不出的驚喜！童話街、河岸古橋和山上城堡的美景，多個角落流露出中世紀城鎮的古典氣息。

交通

電車：
前往紐倫堡城堡：
乘坐電車4號到「Tiergärtnertor」站。
前往童話街：
乘坐電車4或6號到「Hallertor」站。

巴士：
前往集市廣場：乘坐巴士36號到「Nürnberg Hauptmarkt」站。

聖塞巴都舊城區

N

A　　　B　　　C

Hexenhäusle
啤酒花園

Vestnertorbrücke
隧道小橋

Burg

DJH Jugendherberge
Nürnberg

Tiergärtnertor電車站

Café Bar Wanderer

紐倫堡城堡
Kaiserburg Nürnberg

Tiergärtnertor

「歷史藝術地堡」集合地點
Historischer Kunstbunker

杜勒之家
Albrecht-Dürer-Haus

Hausbrauerei Altstadthof

城堡街

「地下酒窖」報名及集合地點
Förderverein Nürnberger Felsengänge

Albrecht-Dürer-
Straße

紐倫堡市立博物館
Stadtmuseum im
Fembo-Haus

Albrecht-Dürer-Stuben

Bergstraße

Burgstraße

童話街
Weißgerbergasse

Die kleine
Eismanufaktur

聖塞巴都堂
St. Sebald -
Sebalduskirche

Burgstraße巴士站

Hallertor電車站

Bratwursthäusle
bei St. Sebald

玩具博物館
Spielzeugmuseum

舊市政廳
Altes Rathaus

美泉
Schöner Brunnen

遊客服務中心
Tourist Information
am Hauptmarkt

Weintraubengasse巴士站

Tafelzier

Hauptmarkt
巴士站

鏈橋
Kettensteg

大集市廣場
Nürnberger
Hauptmarkt

聖母堂
Frauenkirche

佩格尼茨河
Pegnitz

前葡萄酒倉庫
Weinstadel

Wicklein - Die
Lebküchnerei

Lebkuchen-
Schmidt

馬克思橋
Maxbrücke

Café am Trödelmarkt

Casa Pane

Restaurant Heilig-
Geist-Spital

Starbucks

劊子手橋
Henkersteg

肉橋
Fleischbrücke

博物館橋
Museumsbrücke

Liebesinsel

A　　　B　　　C

174

這個廣場也是城中大型活動的熱門舉行地點，例如：聖誕市集、綠色市集、音樂會等等。

建於1385至1396年的美泉，有人認為原是用來聖母教堂的塔頂裝飾，但當年沒有合適的升降裝置而擱置，後來把它改成了噴泉。

全城最著名的聚集點

MAP: P.174 C3

大集市廣場
(Nürnberger Hauptmarkt)

　　始建於14世紀，是全城最熱鬧的聚集之地。圍繞廣場的地段，是紐倫堡的心臟地帶。廣場上有2大亮點，絕對不容錯過！包括華麗莊嚴的「聖母堂」（Frauenkirche）和金光閃閃的「美泉」（Schöner Brunnen）。聖母堂是紐倫堡3大教堂之一，其哥德式的建築風格，吸引視線。位於廣場西北方的「美泉」，亦讓人印象深刻！高19米的金字塔式噴泉，像一座哥德式教堂的尖塔，以4排一共40個石像作裝飾，非常精緻。

Tips

紐倫堡聖誕市集（Nuremberg Christkindlesmarkt）
世界知名的紐倫堡聖誕市集，每年於11月底至聖誕前夕在這兒舉行。
詳情：www.christkindlesmarkt.de

這座美泉以許多人像雕塑作裝飾，人物主要是傳教士、先知和聖人，五官雕琢十分精緻。

聖母堂是廣場上最引人注目的建築，始建於14世紀中期，歷史十分悠久。

每天中午12時鐘聲響起時，教堂正面大鐘的下方，會有7尊選帝侯人偶，圍繞著查理四世皇帝的塑像轉圈並行禮。

聖母堂內的大門，以眾多金色雕像包圍著，讓人印象深刻。

 提提你

美泉「愛的傳説」
傳説昔日欄杆工匠的女兒，跟他的學徒墜入愛河。工匠不想女兒嫁給窮小生，把學徒趕走。學徒為了證明自己，打造了一個完美的鐵環，套在圍著美泉的欄杆上，然後一去不返。女兒傷心不已，而工匠見到鐵環也感到很後悔。自此，鐵環成為了「幸運之環」，相傳只要轉動圓環3次並許願，願望就會成真。

因為原本的鐵環不易發現，於美泉西南方位的欄杆之上，設有一個金色圓環，讓遊客們可以轉動並許下願望。遊客們也可考考眼力，去找出原本那灰黑色鐵環的位置。

Info

大集市廣場
地址：Hauptmarkt, 90403 Nürnberg
開放時間：全年
前往方法：可乘坐巴士36號路線，於「Hauptmarkt」站下車，即達。也可從紐倫堡中央火車站（Nürnberg Hbf）步行前往。大約12-15分鐘。

Info

聖母堂
地址：Hauptmarkt 14, 90403 Nürnberg
電話：+49 911 206560
開放時間：0900-1800
休息日：如有宗教活動正在進行，不會開放作參觀。
門票：免費；可自由捐獻
前往方法：於大集市廣場上的東面位置

穿上了歐洲婦女服飾的洋娃娃，打扮優雅，造型精緻可愛。

集齊了經典的歐式玩具

玩具博物館

（Spielzeugmuseum）

MAP: P.174 B3

舉世聞名的玩具博物館！總面積有1千4百平方米，收藏極之豐富，多達8萬5千件，其中大約5%用來作永久展覽，從19世紀歐洲古董玩意直到現代玩具，都很齊備，包括了火柴盒積木、洋娃娃、微型商店模型、微型廚房、鐵皮玩具、木製玩具、大型鐵路模型等，展品都按照了年代陳列出來，讓遊人可了解玩具的時代演變。於最頂層則展出本世紀流行的玩具，例如Lego、Barbie、Playmobil等等。

Tips ★I Can

於夏季期間，館內於靜謐的庭院中，更設有一個戶外遊樂場和小型露天咖啡館，小朋友在欣賞展品之餘，還可在遊樂區玩樂一下。

博物館坐落在一座文藝復興時期的建築物之內，是16世紀時期哈勒（Haller）貴族的大宅。

於1樓的展覽廳，展出了大量來自不同年代的洋娃娃。

博物館分為4層，收藏品主要來自拜耳（Bayer）家族，他們於1920年代開始以私人性質收藏玩具。

紐倫堡從600多年前開始生產玩具，被稱為「玩具之都」，每年1月或2月都會舉辦盛大的「國際玩具博覽會」。

1953年於美國出產的米奇老鼠鐵皮玩具車，保存得非常原好。

於二戰期間所生產的玩具武器、戰爭場景和納粹黨希特拉的人形玩偶，這些具有歷史意義的玩具，讓人深思。

Playmobil 的可愛模型啤酒屋，人們拿著啤酒舉杯暢飲，充滿當地特色。

以樂高積木拼成的兩座德式傳統木房子，十分精美。

這些微型廚房組合和洋娃娃屋，都是昔日富戶或貴族孩子們的玩具，漂亮得讓人驚訝。

每一個「微型廚房」都設計精緻，一絲不苟。

以鐵皮製作出來的旋轉木馬，內裡還有氫氣球、小型飛機等等模樣的座位，十分精美。

頂層設有一個龐大的兒童區，放置了各式各樣的玩具，小朋友可以任意玩樂。

1952年於紐倫堡生產的玩具車，還可變身成為飛機。

也有展出大型的洋娃娃車，讓人目不暇給。

Info

地址：Karlstraße 13-15, 90403 Nürnberg
電話：+49 911 2313164
開放時間：1000-1700；
　　　　　　週六、週日 1000-1800
休息日：週一、24/12、25/12
門票：€6；4-18歲€1.5
網址：museen.nuemberg.de/spielzeugmuseum/
前往方法：
乘坐巴士36號到「Weintraubengasse」站，再步行1分鐘。或從大集市廣場（Nürnberger Hauptmarkt）步行前往，大約3分鐘。

在進入城堡之前，別忘了在城門外旁邊的觀景地欣賞美景！
這裡有極佳的視野，可俯瞰一整片磚紅屋頂。

德國最重要的堡壘之一

紐倫堡城堡

MAP: P.174 B1

（Kaiserburg Nürnberg）

　　坐落在小山丘上的帝國城堡建築群，是紐倫堡的象徵，也是欣賞全城美景的最佳地點！始建於11世紀，從1050到1571年，這裡是神聖羅馬帝國皇帝造訪紐倫堡時的住所。城堡設有博物館，收藏了一些神聖羅馬帝國的展品。遊客也可以去看看中世紀的井房，導遊會把一個放有蠟燭的盤子，緩緩下降到近50米深的井底，讓遊客感受「深井」有多深，還有大螢幕可以看到整個過程。

城堡位於小山丘上，沒有公共交通可直達門外。遊人要從市中心經由「城堡街」（Burgstraße），再沿樓梯或斜路登上城堡。路途不算遙遠，步程約5至10分鐘。

城堡博物館的售票處和入口，設在城堡內園的這一座精緻建築物之內。

於城堡內的梅里安花園（Maria Sibylla Merian-Garten），也享有遼闊的視野！

城堡不定期會舉行不同種類的節目，到訪當日在梅里安花園裡遇上了傳統音樂表演，非常熱鬧。

城堡內的羅馬式雙禮拜堂，始建於公元11世紀。禮拜堂分為上、下兩層。上層是帝國禮拜堂（Kaiserkapelle），給國王和皇室人員使用。設在下層的瑪格麗特禮拜堂，則給平民百姓使用。而上、下兩層出入口並不互通，也沒有樓梯作連接，讓平民和皇室保持一定的距離。

這座建有5層閣樓的皇家馬廄（Kaiserstallung），最初是一座大型糧倉，後來每當皇帝到訪期間，馬匹都被安置在這裡。現為一所別具特色的青年旅館。（詳細介紹見P.050-051）

始建於13世紀下半葉的辛維爾塔，於塔頂可欣賞紐倫堡舊城區的壯麗景色。

「深井」位於1座16世紀的老房子之內，深度接近50米。遊客需要於指定時間在門外等候，由官方導遊帶領下參觀，導遊會以德語作解說。

前方三角形屋頂的房子是「井房」，就是深井（Tiefen Brunnen）的所在位置。而後方的高塔，則是辛維爾塔（Sinwellturm）。

城堡博物館收藏了兵器、盔甲和一些神聖羅馬帝國寶物的複製本。

I Can Tips

城堡後花園

從城堡出來後，可轉往左手邊的「Burg」小路，再穿過城門中的小隧道「Vestnertorbrücke」，即可抵達城堡背後的「城堡花園」（Burggarten）和「Hexenhäusle」啤酒花園。然後再沿著城牆旁邊的通路走，通過「Tiergärtnertor」城門，可回到舊城區的杜勒之家（Albrecht-Dürer-Haus）。

Info

地址：Burg 17, 90403 Nürnberg
電話：+49 911 2446590
開放時間：
城堡博物館 10月至3月 1000-1600；4月至9月 0900-1800
城堡花園 4月中至10月 0800-日落時份或2000
梅里安花園 4月至9月 1400-1800；10月 1400-1600
最後進入：關門前45分鐘
休息日：1/1、懺悔星期二、24/12、25/12、31/12
門票：€7（包括參觀城堡博物館、禮拜堂、深井、辛維爾塔）；18歲以下免費；城堡花園/梅里安花園 免費進入
網址：www.kaiserburg-nuernberg.de
前往方法：從大集市廣場（Hauptmarkt）沿著「Burgstraße」大路步行登上城堡，大約8分鐘。另可乘坐電車4號路線到「Tiergärtnertor」站，或巴士36號到「Burgstraße」站，下車後再步行約5-8分鐘。

在城堡腳下的啤酒花園 MAP: P.174 B1

Hexenhäusle

　　這一間在城堡後方的啤酒花園，打造的是中世紀氛圍，提供全戶外用餐區，主要供應弗蘭肯地區傳統美食和啤酒。除了用爐火烤的「紐倫堡小香腸」，在這裡也可品嚐到另一種烹煮方法！就是「香醋洋蔥白酒小香腸」，小香腸佐以特製香醋湯汁，微酸開胃，是當地經典的傳統菜式。

在公園樹蔭下享用美食和啤酒，令人有置身在郊野的感覺。

「香醋洋蔥白酒小香腸」中的湯汁以醋、洋蔥、白葡萄酒和各種香料煮製而成，入口清新開胃。Blaue Zipfel €8.9

檸檬啤酒清爽消暑，有淡淡的檸檬香。

自家製芝士蛋糕味道濃郁，質感沒有過份厚實，甜度剛好。€3.4

啤酒花園位於城堡的背面，用餐區還可仰望宏偉的城堡建築。

Info

地址：Vestnertorgraben 4, 90408 Nürnberg
電話：+49 911 49029095
營業時間：週二至週六 1100-2200；週日及假日 1100-2100（廚房於關門前1小時收爐）
休息日：逢週一；冬季及天氣不佳時，有機會關門。
消費：大約€25-35/位
網址：hexenhaeusle-nuernberg.com
前往方法：
於紐倫堡城堡（Kaiserburg Nürnberg）的後方，可從「DJH Youth Hostel」西面的「Burg」路徑，穿過小隧道中的「Vestnertorbrücke」前往，步行大約5分鐘。

城門下的人氣酒吧 MAP: P.174 B1

Café Bar Wanderer

酒吧內是沒有座位的，客人都待在露天雅座，或隨意坐在廣場上。

　　位於「Tiergärtnertor」城門旁邊的人氣酒吧，一到夏天，來喝一杯和湊熱鬧的人十分多，幾乎坐滿整個廣場！酒吧供應各種啤酒和葡萄酒，於冬天還會供應熱紅酒。這裡被保存完好的半木結構老房子包圍著，背後是13世紀城牆和城門，抬頭還可見到聳立在高處的紐倫堡城堡。在此喝一杯，慢慢享受眼前這醉人的風景，真的挺不錯！

Tips

青銅兔子雕塑
《Der Hase》
於酒吧前方，是雕塑家Jürgen Goertz於1984年的作品。靈感來自藝術奇才杜勒的畫作《野兔》。雕塑被放在「杜勒之家」附近，是來向這位藝術大師致敬！但細心看會發現兔子正跪踏著一隻人的腳。有人描述這是「世上最駭人的公共藝術」之一，也有人認為這是反映雕塑家本身的幽默風格。

廣場上的中世紀古井，讓人沉浸在古城的美妙氛圍之中！

在酒吧裡下單取酒後，就可以自行在廣場找一個位置坐下來。付款時需付上少許按金，當把酒杯退還時，按金會退回。

Info

地址：Beim Tiergärtnertor 6, 90403 Nürnberg
營業時間：3月至4月中、10月中至聖誕前 1000-1900；4月中至10月中 1000-2400
休息日：3月至4月中之週一、10月中至聖誕前之週一
消費：大約€5-10/位
網址：www.cafe-wanderer.de
前往方法：從杜勒之家（Albrecht-Dürer-Haus）步行前往，大約1分鐘。

這座精緻的半木結構房子，建於大約1420年，是紐倫堡少數倖存下來的傳統屋之一。在二戰中損壞，及後重修。

位於閣樓的畫廊，展出了一些杜勒生平的原創作品或複製本。

藝術大師的故居

MAP: P.174 B1

杜勒之家 (Albrecht-Dürer-Haus)

從1509至1528年，這兒是德國著名畫家阿爾布雷希特‧杜勒（Albrecht Dürer）生活和工作的地方。樓高4層的建築物，是北歐唯一保留下來的15世紀藝術家房子，早在1828年已經再建成為博物館。起居室、廚房、繪畫工作室，都保留了昔日的模樣，讓參觀者可以更了解當年杜勒的居家生活。博物館利用一些展版，介紹了杜勒的生平和事蹟。

這是杜勒一幅舉世聞名的畫作，當時28歲的他，以中世紀時期用於繪畫基督的正面姿勢，來畫這幅自畫像，讓人想起耶穌基督的肖像畫，當時這種繪畫手法令人震驚不已。原創作品收藏在慕尼黑老繪畫陳列館。

從板畫模型印出來的紙畫，可以帶回家作紀念。

館內有一間放置了古代印刷機的房間，遊人可在專人指導下體驗一下板畫印刷技術。

─Info─

地址: Albrecht-Dürer-Straße 39, 90403 Nürnberg
電話: +49 911 2312568
開放時間: 週二至週五 1000-1700；週六、週日 1000-1800；7-9月及聖誕市集期間之週一 1000-1700
休息日: 10-6月份逢週一；24/12、25/12
門票: 成人€6；學生€1.5
網址: museen.nuernberg.de/duererhaus/
前往方法:
乘坐電車4號路線到「Tiergärtnertor」站，再步行2分鐘。或從紐倫堡城堡（Kaiserburg Nürnberg）花園經蒂爾加特納門（Tiergärtnertor）步行下山，大約5-8分鐘即可抵達。

老房子內的傳統德國菜

MAP: P.174 B2

Albrecht-Dürer-Stube

一間充滿溫馨感的傳統餐廳，除了用餐氣氛良好，這兒價格相對其他餐廳亦較便宜！餐廳主打地道法蘭克美食，遊人可以一嚐著名的紐倫堡香腸，也可以嘆一下招牌名菜「烤豬肩配蘋果、紫甘藍與薯球」。

餐廳位於「杜勒之家」附近，人氣十足。於旺季到訪，建議預先訂座。

要到達餐廳的正門，需要經過一條小走廊。走廊兩旁以布藝品作裝飾，充滿家的感覺。

─Info─

地址: Albrecht-Dürer-Straße 6, 90403 Nürnberg
電話: +49 911 227209
營業時間: 週一至週四、週六 1730-2400；週五、週日 1130-1430、1730-2400（建議網上訂座：熱盤只供應到2200）
休息日: 6-8月之週日午市；8月首3個星期、24/12-8/1
消費: 大約€25-35/位
網址: www.albrecht-duerer-stube.de
前往方法:
從杜勒之家（Albrecht-Dürer-Haus），沿經「Albrecht-Dürer-Straße」道路，步行約1分鐘。

河岸古樸風韻

MAP: P.174 A3

馬克思橋（**Maxbrücke**）

　　站在馬克思橋之上，可以看到全城最美的景緻！由老房子「前葡萄酒倉庫」（Weinstadel）、「劊子手橋」（Henkersteg）和始建於14世紀的「水塔」（Wasserturm），合併成為一幅充滿浪漫古樸風韻的畫面。前葡萄酒倉庫建於15世紀，是一座大型的半木結構老房子，精緻的倒影映照在河面之上，美得讓人難以忘懷！這裡也是拍攝夜景的好地方。

眼前的這個畫面，是當地明信片經常出現的經典美景。

從側面看這座長達48米的15世紀前葡萄酒倉庫，非常宏偉！現為一座學生宿舍。

眼前有另一座木造的行人橋，名為「劊子手橋」，可通往佩格尼茨河中的小島 Trödelmarkt。

橋上加建了一層「長廊式走道」，是劊子手於16至19世紀期間的居所，現為「Galerie im Henkerhaus」畫廊。

這座馬克思橋是人車兩用的石橋，站在橋上所看到的風光，實在讓人驚喜。

河岸上的傳統民宅，古意盎然，配上了潺潺的河水聲，十分幽靜雅致。

━Info━

地址：Maxbrücke, 90403 Nürnberg
開放時間：全年
前往方法：乘坐巴士36號路線到「Weintraubengasse」站下車，再步行2分鐘。如從玩具博物館（Spielzeugmuseum）步行前往，大約3分鐘。

鏈橋是一座微微狹窄的行人橋，於2009年進行過大型重建，來鞏固結構。

舊城邊緣的秘景

古色古香的鏈橋，在中世紀的城牆襯托下，充滿韻味。

鏈橋（Kettensteg）

MAP: P.174 A3

　　於舊城區西面，貼近城牆前的邊緣位置，建有一座很有特色的古橋。橋長68米，建於1824年，是歐洲本土最古老的鐵索橋。當年橋建好的時候，市政府並沒有特意為它取一個名字。所以，當地人只簡簡單單的稱它為「鐵鏈橋」。站在橋上，欣賞充滿靈氣的佩格尼茨河河岸風光，四周瀰漫著古樸雅致的氛圍，是城中一處迷人的秘景。

站在橋上，可以觀賞到河道上昔日為防洪而建的攔河壩，河水經過河壩，就像小瀑布一樣，水聲潺潺，充滿仙氣。

這裡優美的格尼茨河河岸風光，非常宜人！

─Info─

地址：90403, Kettensteg, 90403 Nürnberg
開放時間：全年
前往方法：乘坐電車 4 或 6 號路線到「Hallertor」站，再步行3分鐘。或從馬克思橋（Maxbrücke）沿著河邊往西北方向步行，大約3分鐘。

優美露天咖啡座

MAP: P.174 B3

Café am Trödelmarkt

　　在佩格尼茨河中小島上的露天咖啡座，享有優美的河道景色！這兒遠離了舊城區的繁華，遊客們可以在暖和的陽光下，慢享咖啡和蛋糕甜點，十分寫意！咖啡座主要供應輕食和飲品，包括歐式早餐、花茶、自家製蛋糕、啤酒、葡萄酒等等，於中午時段也有供應午餐。大部分客人都會被眼前的美景吸引，坐下來小喝一杯，作為旅程中的一個休憩站。

坐在河邊的雅座，可享有「劊子手橋」（Henkersteg）的美景。

跟一杯奶泡細滑的拿鐵瑪琪雅朵，一起享受寫意的午後時光！

自家製蛋糕有多款選擇，微酸酸的雜莓水果蛋糕，甜度適中，是夏日開胃之選。

在陽光明媚的日子，來這裡喝一杯的人都不少。

咖啡座的景觀一流。

─Info─

地址：Trödelmarkt 42, 90403 Nürnberg
電話：+49 911 208877
營業時間：0900-1800；週日 1000-1800
消費：大約€8-15/位
前往方法：從馬克思橋（Maxbrücke）的西南端，沿著劊子手橋（Henkersteg）走進河中小島「Trödelmarkt」，咖啡店就在左邊。

這些傳統半木結構房屋是由中世紀保存至今，歷史悠久，流露出古典雅致的韻味。

這條街道上大約有20多座老房子，每一座的外觀上都各具特色。

「童話街」是紐倫堡舊城區保存得最完好的街道。

風景如畫的步行街
MAP: P.174 A2-B2

童話街（Weißgerbergasse）

　　被認為是紐倫堡最美的街道！正式名字為「魏格伯格大街」，是以中世紀時期住在這裡的皮革製造工匠而命名。兩旁建滿了充滿色彩的半木結構老房子，充滿歷史韻味，在陽光下散發出耀眼光芒，像走進了童話的國度，所以也被稱為「童話街」。現在，街上設有一些小餐館、精品店和手工藝作坊，遊人也可在咖啡館或酒吧坐坐，享受寧靜悠閒的氛圍。

街道上有一些小型精品店、畫廊和手工藝作坊。

Info

地址： Weißgerbergasse, 90403 Nürnberg
開放時間： 全年
前往方法：
乘坐電車4或6號路線到「Hallertor」站，再步行3分鐘。

人氣手工冰淇淋店
MAP: P.174 A2

Die kleine Eismanufaktur

　　讓人不能抗拒的手工冰淇淋！小店坐落在一座精緻的半木結構房屋之內，裝潢簡約。冰淇淋採用全天然材料，甜美細滑，十分可口，吸引很多食客慕名而來！雖然口味選擇不算多，但也有一些創新口味，讓人十分驚喜。清爽的檸檬薑（Zitrone-Ingwer）和蜂蜜乳清奶酪（Honey & Ricotta），充滿著夏日甜蜜的氣息。在炎炎盛夏，於店外還經常出現人龍！

坐在門外的露天座位品嚐冰淇淋，眼前就是精緻漂亮的童話街街景，別具閒情。

店內並沒有用餐區，只設有一張小型沙發，於門外則有少量座位。

冰淇淋口味選擇大約有十多款，其中有一些是純素口味。

Info

地址： Weißgerbergasse 28, 90403 Nürnberg
電話： +49 1514 3101426
營業時間： 1200-1800；旺季之週末有機會延長至 1100-2000
休息日： 冬季營業時間不定
消費： 大約€3-5/位
前往方法：
在童話街（Weißgerbergasse）的中後段。從玩具博物館（Spielzeugmuseum）步行前往，大約3分鐘。

小店簡約精緻的佈置，流露出點點法式情懷，原來主人是一位長居德國的法國人。

水果口味清爽天然，口感綿密細滑，讓人極速愛上！冰淇淋€1.9/每球

於第二次世界大戰期間，教堂受到嚴重破壞，後來於1945至1978年進行了大規模重建。

堂內裝潢較為質樸，沒有過多華麗的裝飾，帶出莊嚴神聖的氣氛。

城中最古老的教堂
MAP: P.174 B2

聖塞巴都堂
（St. Sebald - Sebalduskirche）

於1508至1519年以青銅鑄造的聖塞巴德聖棺，是哥德式和文藝復興時期的傑作。

　　位於市議會旁邊，建於大約1215年，是全城最古老的教堂。教堂以紐倫堡的主保聖人聖塞巴都（St. Sebald）而命名，起初以羅馬式晚期建築風格來建造。後來於14至17世紀進行了多次重建，按照了哥德式和巴洛克風格重修。堂內安放了主保聖人聖塞巴都的聖棺（Shrine of St Sebald），由16世紀初的當地藝術家Peter Vischer和他的兒子們，花了11年時間合力完成，是教堂最重要的珍藏。

教堂翠綠色的尖頂雙塔，是於15世紀加建的。

─Info─
地址：Winklerstraße 26, 90403 Nürnberg
電話：+49 911 2142500
開放時間：4-12月 0930-1800；1-3月 0930-1600
休息日：在宗教儀式和活動進行期間，不開放參觀。
門票：免費進入
網址：www.sebalduskirche.de
前往方法：乘坐巴士36號路線於「Hauptmarkt」站下車。或從大集市廣場（Nürnberger Hauptmarkt）步行前往，大約2分鐘。

了解城市的歷史文化

紐倫堡市立博物館
（Stadtmuseum im Fembo-Haus）

　　坐落在一座16世紀的商人大宅之內，也是全城現存唯一屬於文藝復興後期風格的房子。展品包括畫作、家具陳設、帝國徽章等等，而4樓設有舊城區大型木製模型，配合多媒體元素，展示了城中一些重要建築物，呈現出從古至今的城市發展。

MAP: P.174 C2

這座精緻的建築物「Fembohaus」，是第二次世界大戰後城中唯一倖存的古典商人大宅。

展覽從最頂層（4樓）開始，這裡設有整個城市的木型模型，配合燈光和語音解說，讓遊人對紐倫堡的歷史有更多概念。

─Info─
地址：Burgstraße 15, 90403 Nürnberg
電話：+49 911 2312595
開放時間：週二至週五 1000-1700；週六，週日 1000-1800
休息日：週一（聖誕市集期間之週一除外），24/12、25/12
門票：成人€6；學生€1.5
網址：museen.nuernberg.de/fembohaus/
前往方法：乘坐巴士36號路線於「Burgstraße」站下車，再步行1分鐘。博物館於紐倫堡城堡（Kaiserburg Nürnberg）的山腳，從城堡經斜路下山，步行大約3-5分鐘。

地窖像一個迷宮一樣，佔地足足有2萬平方米，是德國南部最大的酒窖地下城。現在大部分範圍都是空置的。

地底溫度平均約為8-15度，很適宜釀造啤酒。而大量酒精製品比較適宜儲存於地下酒窖，以防火災發生。

在導覽團完結前，導遊會安排一起品嚐地道的紅啤酒，淡淡的苦澀令人耳目一新。

除了可品嚐紅啤酒，還可自費品嚐當地釀造的氈酒和威士忌。

中世紀的啤酒儲存庫
地下酒窖 MAP: P.174 B2
（Förderverein Nürnberger Felsengänge）

Tips
因酒窖位於地底，溫度較低，建議帶備外套。

於14世紀全城有多達40間啤酒釀造廠，市議會立法要求所有釀酒廠都必須擁有自家酒窖，人們就在地底建了一個大型鑿岩地窖，用來釀造和儲存啤酒。於二戰期間，地窖變成了防空洞，用作市民藏身之處，以防轟炸襲擊。如果想看一下這個獨特的地窖，遊客可參加官方導賞團，參觀過後，還可一起品嚐紐倫堡傳統紅啤酒。

Info

Felsengänge 60分鐘導賞團（必需預約）
集合地址：Bergstraße 19, 90403 Nürnberg
預約方法：可於旅客中心或於官網預約
門票：成人€11；學生€9
網址：www.historische-felsengaenge.de
前往方法：
從紐倫堡城堡（Kaiserburg Nürnberg）步行前往，大約5分鐘。或可乘坐電車4號路線到「Tiergärtnertor」，再步行5分鐘。

二戰時期收藏藝術品之秘地
歷史藝術地堡 MAP: P.174 B1
（Historischer Kunstbunker）

地堡位於地底，溫度較低，建議帶備外套。

在地堡內設有一些展版，介紹了於二戰時期被收藏在這兒的藝術珍品。

在第二次世界大戰爆發後不久，為了保護價值連城的藝術瑰寶，於紐倫堡舊城區的古老地下酒窖，設立了一個獨特的藝術倉庫。在這個深入地底達24米的防禦通道，秘密收藏了城中最重要的藝術珍品，讓它們不會因空襲轟炸而損毀。如果想到訪這個歷史地堡，遊客必需預約參加官方導覽團，在導遊陪同下參觀。

Tips
只可參加官方導覽團，需要事先預約。
預約方法：
可網上訂票，或於門外的自助售票機、杜勒之家售票處、大集市廣場或火車站對面的遊客服務中心預約。
參觀時間：
大約75分鐘。

參加者需在指定時間準時到達，遲到者不可自行進入。

門外設有自動售票機，可作訂票之用。

Info

地址：Obere Schmiedgasse 52, 90403 Nürnberg
電話：+49 911 227066
門票：成人€9.5；學生€8
網址：museums.nuernberg.de/world-war-art-bunker/
前往方法：從杜勒之家（Albrecht-Dürer-Haus）步行前往，大約1分鐘。

地堡內部現在空空如也，隨行導遊以英語講述了當時如何策劃保護城中藝術品。

拌以紅啤酒和洋蔥煮製的醬汁，小香腸味道濃郁，別有一番風味。Four in Beer €8.1

紅啤酒特色料理

MAP: P.174 B1

Hausbrauerei Altstadthof

　啤酒迷注意！來到紐倫堡，若想試試當地著名的紅啤酒（Rotbier），就來這間啤酒館餐廳吧！這裡是由紐倫堡舊城區最古老的釀酒廠「Altstadthof」所開設的酒吧及餐室，除了提供傳統特色紅啤酒，還有獨一無二的「紅啤酒料理」，當中的「Four in Beer」是以紅啤酒煮製的醬汁來烹調紐倫堡小香腸，味道非常濃郁！

「Altstadthof」釀酒廠早在14世紀就開始釀製紐倫堡紅啤酒，一直以來很受當地人歡迎。

內裝充滿傳統啤酒館風情，除了來用餐之外，也可待在吧枱位置喝一杯，感受一下小酒館氣氛。

紅啤酒洋蔥湯質感綿密，十分暖胃。煮過後的紅啤酒去掉了苦味，酒味亦不算太明顯。
Onion Beer Soup €4.5

桌椅選用木頭家具，暖色系讓人感覺溫馨舒適。

除了在餐廳內可品嚐自家釀造的紅啤酒，客人還可購買1公升瓶裝外帶享用。

=Info=

地址：Bergstraße 19, 90403 Nürnberg
電話：+49 911 2449859
營業時間：週一至週四 1200-2300；
　　　　　　週五、週六 1200-2400；
　　　　　　週日 1700-2300
消費：大約€25-35/位
網址：www.hausbrauerei-altstadthof.de
前往方法：從杜勒之家（Albrecht-Dürer-Haus）沿經「Bergstraße」大街，步行約2分鐘。

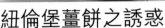

Elisenlebkuchen

紐倫堡薑餅之誘惑　　MAP: P.174 C3

Wicklein - Die Lebküchnerei

　　圓圓大大的紐倫堡薑餅，香甜鬆軟，充滿肉桂香，讓人一試難忘！紐倫堡以傳統古法製造的軟薑餅（Lebkuchen），用了超過9種香料，再加入蜜糖烘烤而成。從1996年開始，於紐倫堡所製作的薑餅，更可取得「紐倫堡薑餅」（Nürnberger Lebkuchen）這個原產地標記，是品質的最佳保證。在大集市廣場前方的這一間薑餅專賣店，由當地歷史悠久的製造商「Wicklein」開設，更提供一站式薑餅體驗！

 提提你

薑餅之城
紐倫堡有「薑餅之城」的美譽！自中世紀起，這兒是歐洲重要的香料交易地，也造就了當地人製作薑餅。其他歐美地區，大多以硬薑餅為主，而且一般只有聖誕節才售賣薑餅。在紐倫堡這裡則天天都可買到薑餅，而且大多屬於軟薑餅，口感與別不同。

店內出售種類繁多的薑餅禮盒，可慢慢選購。內部亦設有舒適用餐區。

「胡桃夾子」小薑餅禮盒十分可愛，屬送禮之選！

客人還有機會看到服務員即場製作一些特色薑餅。各種果仁、咖啡豆、朱古力碎，都是一些薑餅的配料！大薑餅€5.95/一件

 Tips I Can

於這包裝左下方那個藍、黃色圓形圖案，就是「紐倫堡薑餅」的原產地標記（Protected Geographical Indications PGI）。

這一款可以一次過試盡3種口味，包括了原味、朱古力塗層和沾上糖粉的軟薑餅，而且最為抵買。

Info

地址： Hauptmarkt 7, 90403 Nürnberg
電話： +49 911 2007951
營業時間： 週一至週五 1000-1900、
　　　　　　 週六1000-1600
休息日： 逢週日
網址： www.die-lebkuechnerei.de
前往方法：
在大集市廣場（Hauptmarkt）的西面位置，「Casa Pane」麵包店旁邊，面對著聖母堂（Frauenkirche）。

老字號薑餅店

MAP: P.174 C3

Lebkuchen-Schmidt

　　薑餅是紐倫堡最具代表性的名物！這間歷史悠久的餅家「Schmidt」，大部分薑餅都以別具特色的鐵盒來盛載。享用過薑餅之後，精美的鐵盒還可留作紀念。這些鐵盒包裝都屬送禮之選，受到不少當地人和遊客的愛戴。而每年聖誕節期間更會推出新設計的鐵盒，主題和風格年年都不一樣，有時更會寫上推出的年份，很值得買回家，作收藏之用。

自1927年，這間餅家就一直在紐倫堡製作薑餅，於整個城區設有幾間分店。

在大集市廣場上的這一間分店，裝潢很有復古風格。

充滿懷舊風的薑餅鐵盒裝，都非常精緻，屬送禮首選！

店內有時候會散發出烘焙的香氣，原來店員會不定期在店內新鮮即烘各式禮餅，然後給客人試吃。

小袋裝的薑餅也非常吸引，口味選擇有很多，包括了灑上了糖粉的原味、烤蘋果口味、朱古力味、果仁等等。€6-7

Info

地址：Plobenhofstraße 6, 90403 Nürnberg
電話：+49 911 225568
營業時間：0900-1830；週六 0900-1600
休息日：逢週日
網址：www.lebkuchen-schmidt.com
前往方法：於聖母堂（Frauenkirche）和博物館橋（Museumsbrücke）之間，步行約1分鐘。

城中大型麵包店

Casa Pane

　　在這裡可以品嚐到最道地的德國飽點，包括各種穀物麵包、黑麥麵包、傳統蛋糕等等，每天新鮮供應，款式眾多。店內裝潢以舒適簡潔為主，重點是設有寬敞的用餐區，讓客人可以坐著慢慢享受餐點。以麵包店來説，有如此大型的室內用餐位置，絕對是城中少有。食品價格相對也便宜，店內還有其他方便客人的配套，包括提供免費WiFi和洗手間，是旅途中小休的好地方。

MAP: P.174 C3

於夏天時份，還設有少量戶外座位。

果仁蝸牛麵包卷充滿肉桂香氣，灑上了滿滿的果仁碎，入口有質感。Nussschnecke €2

店內也有供應多款三文治，配料選擇豐富。

喜歡甜點的話，可試試德國傳統李子蛋糕，上面放滿了一片片李子，烘烤過後微微酸甜，十分清新。

用餐區非常寬敞！這裡主要是「Self Service」，用餐後由客人把餐具放回收集處。

Info

地址：Hauptmarkt 3, 90403 Nürnberg
電話：+49 911 6607037
營業時間：週一至週六0700-2000；週日0800-1900
消費：大約€5-8/位
網址：www.der-beck.de/in-ihrer-naehe/casa-pane/
前往方法：
在大集市廣場（Nürnberger Hauptmarkt）上。從聖勞倫斯舊城區沿過了肉橋（Fleischbrücke），向北再走1分鐘，即達。

法式甜點的浪漫
Tafelzier

MAP: P.174 B3

被愉悅誘人的法式甜點迷住了！這間糕餅店位於玩具博物館附近，店內每一個角落都讓人賞心悅目。在玻璃櫃裡整齊地擺放著各式各樣的法式甜點，色彩鮮豔的馬卡龍、香脆的羊角麵包、精緻的小餡餅，還有讓人垂涎三尺的法式泡芙，美得令人不得不來一客，猶如夢幻般的味覺體驗。店內用餐位置不算多，但非常有空間感，十分舒適。

讓人賞心悅目的法式甜點魅力非凡，款式還會不定期更新。

精緻甜美的馬卡龍，口味挺多，吸引不少法式甜點迷。

店內也有出售一些法國美食，例如葡萄酒、果醬等等。

外脆內軟的玫瑰馬卡龍，中間夾著細滑的奶油餡，和微酸的覆盆子與甜美的荔枝，充滿水果香氣。Lyboise €6.5

─Info─

地址：Weintraubengasse 2, 90403 Nürnberg
電話：+49 (0)911 131373-40
營業時間：1100-1900；週日 1400-1700
休息日：逢週一、二
消費：大約€10-15/位
網址：www.tafelzier.de
前往方法：
在玩具博物館（Spielzeugmuseum）旁邊轉角位置的大街上，步行約需1分鐘。另可乘坐巴士36號，於「Weintraubengasse」站下車。

石拱古橋
肉橋（Fleischbrücke）

MAP: P.174 C3

橋建成後的翌年，於橋側加建了一座門，通過門可沿著河邊往城的西面。門上有一隻石牛的雕飾。

連接「聖塞巴都舊城區」和「聖勞倫斯舊城區」，是城中一條重要的石拱古橋之一。於1598年建成。橋身以天然石作原材料，建於佩格尼茨河床最狹窄的部分。

肉橋於二戰期間幾乎沒有受到損毀，完整的倖存下來。

─Info─

地址：90403, An der Fleischbrücke, 90403 Nürnberg
開放時間：全年
前往方法：從大集市廣場（Nürnberger Hauptmarkt）前方的「Casa Pane」麵包店，向南步行約1分鐘到河邊，即達。

愛情島
Liebesinsel

MAP: P.174 B3

於盛夏之午後，很多當地人喜歡在這兒坐來聊天，或等待夕陽西下。

這個小地方名為「愛情島」（Liebesinsel），是佩格尼茨河中小島上延伸出來的一片三角形草地。這裡面向著古樸雅致的「肉橋」，河岸景色優美。在仲夏時份，很多當地人會在這裡看看書，享受日光浴，是很舒適的休息之地。

在這裡可以悠閒坐坐，欣賞佩格尼茨河的美景。

─Info─

地址：Trödelmarkt 1, 90403 Nürnberg
開放時間：全年
前往方法：從大集市廣場（Hauptmarkt）向南步行至「Starbucks」咖啡店，要沿河邊向西步行，越過「Schleifersteg」小橋，即達，步程約3分鐘。

城中經典美景

MAP: P.174 C3

博物館橋（Museumsbrücke）

由清晨到下午，橋上總是熙來攘往！這兒是露天市場的所在地，有好幾間蔬果攤檔經常在此處擺賣，非常熱鬧。站在繁忙的橋上，很容易會錯過了河岸優美的風光！只要從攤檔之間走到橋邊，就會發現獨一無二的美景！建在拱橋之上有一座氣派非凡的老房子，倒影映在河面之上。河岸景觀中有如此獨特的古風建築，情景美極了！

站在博物館橋看到的這個畫面，是紐倫堡其中一個經典美景！眼前建在拱橋之上的老房子，現為一間傳統餐廳「Restaurant Heilig-Geist-Spital」。（詳細介紹見下文）

橋上的露天市場，一直延伸到南面的聖勞倫斯堂前方。

橋於二戰後受損毀，及後於60年代重建。

┌─ **Info** ─────────┐
地址：Museumsbrücke, 90403 Nuremberg
開放時間：全年
前往方法：從大集市廣場（Nürnberger Hauptmarkt）上的聖母堂（Frauenkirche），向南步行，大約2分鐘。
└──────────────┘

建於拱橋上的餐廳

MAP: P.174 C3

Restaurant Heilig-Geist-Spital

從博物館橋上第一眼看到對面這座拱橋上的老房子，真的有點驚為天人！古雅華貴的中世紀老房子，前身是聖靈醫院及療養院，現為一所當地著名的傳統餐廳。餐廳的其中一部分，更是醫院昔日的飯堂。服務員都穿上了巴伐利亞傳統服飾，在用餐大廳裡穿梭，配合古典優雅的裝潢，彷彿回到了中古世紀！餐廳主要供應紐倫堡傳統料理，一客「烤豬肩」（Krustenschäufele）更是招牌之作！

室內用餐大廳充滿中世紀非凡格調，古典大燈配上深棕色木質家具，別具情調。

位於內庭的露天用餐區，環境優美！

內廳非常寬敞且座位眾多，但一到晚餐時間，客人如潮，瞬間滿座。

「烤豬肩」外層烤得非常香脆，伴以獨門醬汁，味道豐富有層次。微微有嚼勁的薯仔餃子球（Knödel），份量十足。
Krustenschäufele €18.9

餐後甜點「烤蘋果圈」，入口暖和，十分香脆甜美，配上雲呢拿冰淇淋和朱古力醬，一冷一熱的口感更是獨特。Apfelküchle €5.9

┌─ **Info** ─────────┐
地址：Spitalgasse 16, 90403 Nürnberg
電話：+49 911 221761
營業時間：1130-2300
消費：大約€25-40/位
網址：www.heilig-geist-spital.de/index.php
前往方法：從博物館橋（Museumsbrücke）步行前往。大約1分鐘。餐廳入口於「Spitalgasse」街道上。
└──────────────┘

新舊並融

聖勞倫斯舊城區
Altstadt - St. Lorenz

　　連接「紐倫堡中央火車站」和「聖塞巴都舊城區」，以「聖勞倫斯堂」為此區最著名的地標。這一區段設有多條熱鬧的步行街，結集了眾多商店、餐廳和百貨公司，成為全城最主要的商業購物區。遊人也可到訪收藏豐富的「日耳曼國家博物館」逛上大半天，亦可一個轉身進去充滿古樸風韻的「工匠庭院」，猶如一瞬間時光倒流，走進了中世紀的街巷之中。

交通

U-Bahn：
乘坐U1路線到「Lorenzkirche」站，可抵達聖勞倫斯堂。

步行：
從紐倫堡中央火車站 (Nürnberg Hbf) 經國王大道 (Königstraße) 步行至「聖勞倫斯堂」，約需6分鐘。

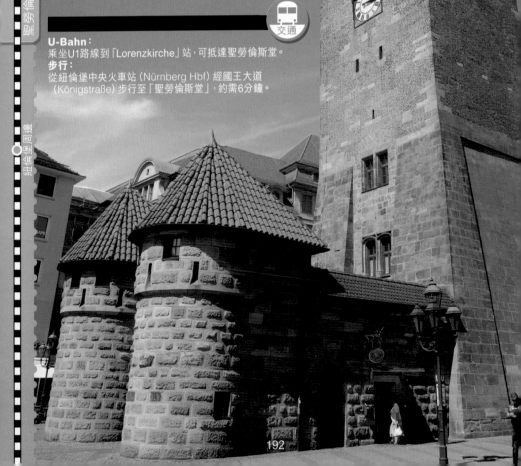

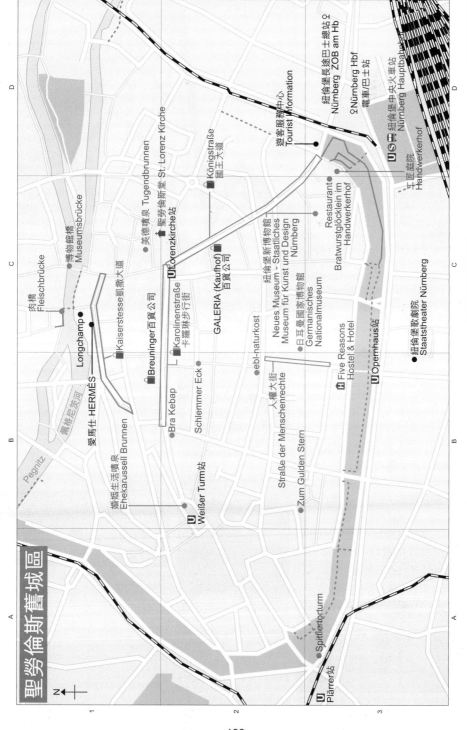

聖勞倫斯舊城區

N

紐倫堡

聖塞巴都舊城區

聖勞倫斯舊城區

紐倫堡周邊

Pegnitz

佩格尼茲河

婚姻生活噴泉
Ehekarussell Brunnen

Ⓤ Weißer Turm站

Zum Gulden Stern ●

Schlemmer Eck ●

Bra Kebap ●

Spittlertorturm ●

Ⓤ Plärrer站

人權大街
Straße der Menschenrechte

● ebl-naturkost

愛馬仕 HERMÈS

Longchamp ●

肉橋
Fleischbrücke

博物館橋
Museumsbrücke

Kaiserstesse凱撒大道

Breuninger百貨公司

Karolinenstraße
卡羅琳步行街

美德噴泉 Tugendbrunnen

聖勞倫斯堂 St. Lorenz Kirche

🏛Lorenzkirche站Ⓤ

**GALERIA (Kaufhof)
百貨公司**

Königstraße
國王大道

紐倫堡新博物館
Neues Museum – Staatliches
Museum für Kunst und Design
Nürnberg

日耳曼國家博物館
Germanisches
Nationalmuseum

Five Reasons
Hostel & Hotel

紐倫堡歌劇院
Staatstheater Nürnberg

Opernhaus站Ⓤ

Bratwurstglöcklein im
Handwerkerhof

Restaurant ●

工匠庭院
Handwerkerhof

遊客服務中心
Tourist Information

紐倫堡中央火車站
Nürnberg Hauptbahnhof

Nürnberg Hbf
電車巴士站

ⓊⓈ紐倫堡長途巴士總站
Nürnberg ZOB am Hb

16世紀塔樓「Frauentorturm」是工匠庭院的標記！這座塔是紐倫堡城牆中4座大型圓形塔之一。

重現中世紀風情
工匠庭院 MAP：P.193 D3
（Handwerkerhof）

呈環型的「工匠庭院」，建滿了傳統精緻的半木結構房子，充滿古城風韻。自1971年開始，這兒聚集了不少傳統工匠的手工作坊和紀念品商店，販售玻璃製品、皮具、鐵皮玩具、布偶、木製玩具等等。遊人走在庭院中的鵝卵石小路上，就像時光倒流，回到了中世紀時期的城鎮。庭院內也開設了一些啤酒小館和烤香腸餐館，飄送而來的美食香氣，讓人難以抵擋！

從塔底的入口一走進工匠庭院，烤腸的香氣隨即撲鼻而來。

木製掛牌畫上了充滿生活感的人物和圖案，帶有鄉村風情。

在入口附近的「Restaurant Bratwurstglöcklein」餐館，可享用「烤紐倫堡小香腸」，配以一杯當地Tucher啤酒，充滿風情。Nürnberger Rostbratwurst €9.8/6條；Tucher麥啤€4.5/500ml

庭院裡有不少手工藝店，是尋找特色手信的好地方。

其中有很多充滿復古風的商品，包括車牌、海報和家居裝飾品。

Info

地址： Königstraße 82, 90402 Nürnberg
電話： +49 911 32179831
開放時間： 0800-2230；週日 1000-2230
休息日： 週日（部分商店）、公眾假期
網址： www.nuernberg.de/internet/handwerkerhof/
前往方法： 在紐倫堡中央火車站的對面馬路，步行大約5分鐘。入口設在「Frauentorturm」圓形塔下。

館內收藏極為豐富，總數多達130萬件，當中大約2萬多件，於館內作永久展覽之用。

來自17世紀的象牙雕刻工藝品，刻畫一個懷孕女子和腹中胎兒及臍帶，當時作為解剖教學之用。

收藏豐富

MAP: P.193 C2

日耳曼國家博物館
（Germanisches Nationalmuseum）

　　於1852年創立，是紐倫堡最重要的文化寶藏，也是全球德語區最大的文化歷史博物館之一。館內主要收藏關於日耳曼民族的一切文物，從史前和石器時代，到20世紀至近代的展品，都包含了在內。收藏種類繁多，包括有古代鐘錶、餐具、畫作、家具、樂器、手工藝品、衣物、玩具、兵器等等。特別亮點包括有杜勒（Albrecht Dürer）的原畫作、公元前1250-800年的黃金帽子，和世上現存最古老的地球儀等等。

參觀亮點：
黃金帽子
（Goldhut von Ezelsdorf/Buch）
是館內最重要的收藏品之一！約有3千年歷史，用薄金片人工製成，是祭師在進行儀式時所戴的頭飾。

位於閣樓的畫廊，展出了一些杜勒生平的原創作品或複製本。

建築設計採用新舊融合的概念，擁有中世紀迴廊和內庭院，充滿歷史韻味。

來自邁森（Meissen）的瓷器舉世聞名，這套是18世紀貴族用來品嚐朱古力熱飲的杯具。

Info

地址：Kartäusergasse 1, 90402 Nürnberg
電話：+49 911 13310
開放時間：1000-1800，週三 1000-2030
休息日：週一
門票：€8；學生€5；家庭套票€10；週三 1730後 免費
網址：www.gnm.de
前往方法：
從紐倫堡中央火車站（Nürnberg Hbf）步行前往，大約8-9分鐘。或乘坐U-Bahn U2或U3線到「Opernhaus」站，再步行2分鐘。

白色柱子的宣言

MAP: P.193 B2-B3

人權大街
（Straße der Menschenrechte）

　　在日耳曼國家博物館的門外，有一條別具象徵意義的「人權大街」。這裡一共有29枝白色混凝土圓柱，和1枝以橡樹木製成的圓柱，分別以不同語言刻上了《世界人權宣言》中的一些內容節錄，用來向大眾宣揚人權。

其中1根石柱，用了繁體中文來刻文。

這些柱身刻著的《世界人權宣言》，是於1948年在聯合國大會裡通過的一項文件，用來維護全世界人類基本的權利。

Info

地址：Kartäusergasse 1, 90402 Nürnberg
開放時間：全年
前往方法：
於日耳曼國家博物館（Germanisches Nationalmuseum）入口外面的街道。

聖塞巴都堂、大集市廣場上的聖母教堂和這間教堂，被列為紐倫堡3大最重要的教堂。

竪立於聖禮堂的砂岩塔，有20.11米高，是15世紀德國雕塑家Adam Kraft的傑作。上面以精緻無比的浮雕刻上了基督受難記的3個場景。

紐倫堡三大教堂之一　MAP: P.193 C1-C2

聖勞倫斯堂（St. Lorenz Kirche）

這間教堂的外觀，跟聖塞巴都堂幾乎是一模一樣，同屬城中重要地標。始建於1250年，以哥德式建築風格修建。教堂擁有十分大型的管風琴，有多達1萬2千個管子。堂內也收藏了一些很值得一看的藝術品，包括了一座近20米高的砂岩塔，還有中世紀流傳下來的祭壇。而堂外前方設有露天蔬果市場，有眾多市集攤檔和美食車在擺賣，一直伸延到博物館橋。

堂內沒有過於華麗花巧的裝飾，更顯莊嚴。

兩旁的彩繪玻璃窗，描繪了耶穌基督和多個聖經人物。

教堂前的蔬果市場，除了假日之外，一般都由每天早上營業到中午或下午。

專售菇菌類的攤檔也很受歡迎，其中乾菌是送禮自用之選。

於夏季正是車厘子、士多啤梨和雜莓的當造季節，非常新鮮甜美。

Info

地址：Lorenzer Pl. 1, 90402 Nürnberg
電話：+49 911 2142500
開放時間：週一至週三、週五、週六0900-1730；週四 0900-1900；週日 1000-1530
休息日：在宗教儀式和活動進行期間，並不開放參觀。
門票：免費進入；建議捐獻 €2
網址：www.lorenzkirche.de
前往方法：乘坐U Bahn U1線到「Lorenzkirche」站，即達。或從紐倫堡中央火車站（Nürnberg Hbf）步行前往，大約8-10分鐘。

正義女神守護公義

美德噴泉　MAP: P.193 C1

（Tugendbrunnen）

由當地雕塑家Benedikt Wurzelbauer於1584-1589年創作的噴泉，坐落在聖勞倫斯堂和博物館橋之間的勞倫斯廣場上（Lorenzplatz）。噴泉以3層象徵不同美德的雕像作為裝飾。頂部竪立了正義女神像，手拿著象徵「公正」的天秤和象徵「正義力量」的寶劍。

最下層設有6個女性雕像，分別象徵6種美德，包括：信念、希望、善心、勇氣、節制和耐心。

被蒙上了眼睛的正義女神，象徵法律上人人平等，不會眼見對方有財有勢而偏袒。

提提你

「正義女神」源自古希臘神話，在法蘭克福市中心的羅馬廣場，設有另一座「正義噴泉」（詳細介紹見P.239）。

Info

地址：Lorenzer Pl., 90402 Nürnberg
開放時間：全年
前往方法：在聖勞倫斯堂（St. Lorenz Kirche）門外，往博物館橋（Museumsbrücke）的方向。

土耳其特色美食
Bra Kebap

　　在德國非常流行吃土耳其「旋轉烤肉」卡巴（Döner Kebap），在每個大城小鎮都總會有土耳其小食店。於紐倫堡市中心的這一間，是當地人氣之選！用

烤肉配以酸奶醬和辣醬，更具風味。客人另可自選新鮮沙律菜，作為餡料。Döner Kebap €5

雖然是小食店，但亦設有舒適的室內和戶外座位。

一片一片從旋轉串子中切下來的烤肉，又香又脆。

來夾著Kepap的比得包（Pita），更是由店內新鮮自家烤製。除了最受歡迎的Kepap，還有供應其他經典土耳其特色美食，例如土耳其捲餅（Dürüm）和橢圓形的土耳其披薩（Lahmacun）等等。

MAP: P.193 B2

Info

地址：Färberstraße 2, 90402 Nürnberg
電話：+49 911 23696868
營業時間：1000-2200 ；週五、週六 1000-2300 ；週日 1100-2100
消費：大約€5-10/位
前往方法：乘坐 U-Bahn U1 線到「Lorenzkirche」站，即是聖勞倫斯堂（St. Lorenz Kirche）的所在位置，再步行5分鐘。

路邊風味即烤香腸飽
Schlemmer Eck

　　紐倫堡小香腸（Nürnberger Bratwürste）是當地著名的美食！除了可在餐廳或酒館品嚐，還可更地道一點，於路邊美食攤檔試試，感受街頭小吃的文化。這裡主要供應「烤香腸飽」（3 im Weckla），把3條剛烤好的紐倫堡小香腸，夾在硬麵包之內，熱乎乎的，而且超便宜！

MAP: P.193 B2

小香腸在鐵板爐上即製即烤，香氣散發至整個路口。

雖然是路邊攤，但也設有一個小型用餐區，供應少量餐桌椅子，不用食客邊行邊吃。

熱騰騰的香腸夾在硬麵包之內，十分香口。3 im Weckla €2.5

Info

地址：Brunnengasse 33, 90402 Nürnberg
營業時間：不定
消費：大約€3-5/位
前往方法：從日耳曼國家博物館（Germanisches Nationalmuseum）往北步行，大約3分鐘。

中世紀圓形塔樓

MAP: P.193 A3

Spittlertorturm

　　紐倫堡建於中世紀的城牆，只有一部分倖存至今。位於舊城區西南面的這一座圓形塔樓，是城中4座圓塔的其中之一，昔日用於防禦看守，免受外界入侵。這座圓塔始建於1377年，至今仍然屹立且保存完整。於19世紀末，塔樓進行了改建，建造了更多的拱門作為車輛出入口，應付日益繁忙的交通。

充滿歷史感的塔樓和城牆，為紐倫堡保留了更多古城韻味。

這兒是倖存至今的城牆其中一部分，從這裡向東伸延到火車站附近。

圓形塔樓是中世紀城牆建築中，最引人注目的一部分。

Info

地址：Spittlertorzwinger, 90402 Nürnberg
開放時間：全年
前往方法：乘坐U-Bahn U1 、U2或U3線到「Plärrer」站，再步行1分鐘。

古色古香的烤腸餐廳
MAP: P.193 B2
Zum Gulden Stern

　　這裡是享用德式烤腸和啤酒的好地方！屬於紐倫堡最歷史悠久的餐廳之一，也被認為是世上最古老的其中一間烤香腸小酒館。古典優雅的木桌椅子，配合磚塊拼成的牆壁，別有一番風情。除了供應各種即烤香腸，烤豬里脊（Schweinelende mit Beilage）和巴伐利亞式薯仔沙律（hausgemachter Kartoffelsalat）也是這裡著名的菜色。

餐廳隱身於一座歷史悠久的房子，建於1380年，內外都滿有古典情懷。

內部裝潢使用了木質天花和家具，十分古色古香。

這裡氣氛挺好的，於午後來坐坐，喝一杯啤酒也很不錯。啤酒€3.8/400ml

一客雲呢拿蘋果卷俘虜了甜品控！暖甜的蘋果餡，配上香濃雲呢拿醬和忌廉，非常可口。Apfelstrudel mit Vanillesoße €5.2

接近廚房的位置，天花吊掛著很多銅製鍋具，很具特色。

Info

地址：Zirkelschmiedsgasse 26, 90402 Nürnberg
電話：+49 911 2059288
營業時間：1100-2200（最後點餐：2130）
消費：大約€20-35/位
網址：www.bratwurstkueche.de
前往方法：乘坐 U-Bahn U1線到「Weißer Turm」站，再步行3分鐘。或從日耳曼國家博物館（Germanisches Nationalmuseum）步行前往，大約5分鐘。

反映詩人對婚姻的解讀
MAP: P.193 B2
婚姻生活噴泉（Ehekarussell Brunnen）

　　由德國雕塑家尤爾根・韋伯（JürgenWeber）設計的大型噴泉，以15世紀當地著名詩人漢斯・薩克斯（Hans Sachs）所作的詩詞-《苦樂參半的婚姻生活》為題，噴泉設計根據了詩中對婚姻的描寫，展示了其中6個關於婚姻歷程的場景，從熱戀相愛期開始，發展到夫妻間互相責備，然後步入無可挽回的地步。於1984年噴泉揭幕時，有不少人給予負面評價，認為會讓人對婚姻失去信心。

噴泉上的人物以青銅鑄造而成，規模相當大型。

噴泉底座的心型雕塑，刻上了《苦樂參半的婚姻生活》的詩句。當年，這首詩是漢斯・薩克斯寫給他妻子的。

噴泉後方有一座名為白塔（Weißer Turm）的中世紀塔樓，現在是地鐵站的出入口。

雕像所描述的各個情景，反映了婚姻生活中的高低起伏。

Info

地址：Am Weißen Turm, 90402 Nürnberg
開放時間：全年
前往方法：乘坐U-Bahn U1線到「Weißer Turm」站下車，即達。

車站始建於1844至1847年，後來於1900年重新設計，自此之後成為了現在那「新巴洛克風格」的模樣。

全城交通中樞

MAP: P.193 D3

紐倫堡中央火車站 (Nürnberg Hauptbahnhof)

　　屬於紐倫堡的交通中樞點，火車站連接多條地鐵、巴士和電車路線，通往城中每個主要角落，十分便利！車站內的商店不算太多，不過，食店卻非常齊全。站內更有一個龐大的美食廣場「Rubenbauer Genusswelten」，提供了各國全方位美食。另外，於地下低層的平價超級市場「Lidt」，是全城唯一一間於週日都營業的超級市場，雖然貨品擺放較為凌亂，人流也很多，但營業時間特長，位置也方便。

德國國民美食椒鹽卷餅（Brezel），在紐倫堡這裡會加入不同的餡料，包括火腿、芝士、蕃茄、生菜等等，口味選擇眾多。

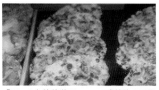
「Ditsch」的件裝Pizza，口感薄脆！下單後可要求服務員把它重新烘熱。€3.2

在車站東翼設有德國著名連鎖麵包烘焙店「Ditsch」，供應各式飽點。

站內設有大型美食廣場「Rubenbauer Genusswelten」，選擇豐富。

在「Rubenbauer Genusswelten」提供國際美食，包括了意式薄餅、亞洲小菜、三文治、咖啡茶點、德式香腸等等。

Info

地址： Bahnhofpl 9, 90443 Nürnberg
開放時間： 全年
網頁： www.bahnhof.de/bahnhof-de/bahnhof/Nuernberg_Hbf-1022750
前往方法：
可乘坐S-Bahn S1-S4或U-Bahn U1、U2、U3路線到「Hauptbahnhof」站。也可乘坐電車5、7、8號或巴士43、44號到「Nürnberg Hbf」站。

Lidt 超級市場
地址： 紐倫堡中央火車站內地下低層 UG
營業時間： 0500-2300；週日/假日 0800-2100

Rubenbauer Genusswelten 美食廣場
地址： 紐倫堡中央火車站內地下，於正面大門旁邊。
營業時間： 0600-2200

Ditsch 麵包烘焙店
地址： 紐倫堡中央火車站內地下，於東翼商場，麥當勞斜對面。
營業時間： 0500-2300

有機超市

MAP: P.193 B2

ebl-naturkost

　　是德國第5大有機連鎖超市，分店主要設在紐倫堡和巴伐利亞。超市規模不算太大，但非常舒適好逛。主售新鮮蔬果、健康食品、有機食材和生活用品，另外也設有熟食部門和咖啡雅座，供應當地便宜又健康的美食、麵包和甜點。

位置就在日耳曼國家博物館附近，十分便利。

超市屬於新派裝修，貨架整齊有序，非常好逛。

Info

地址： Kornmarkt 8, 90402 Nürnberg
電話： +49 911 23695972
營業時間： 0900-2000
休息日： 週日（公眾假期：有機會關門或更改營業時間）
網址： www.ebl-naturkost.de
前往方法： 乘坐U-Bahn U1線到「Lorenzkirche」站，再步行5分鐘。

親近藝術

MAP: P.193 C3

紐倫堡新博物館
(Neues Museum)

坐落在充滿現代感的建築物之內，以100米長的弧形玻璃幕牆，營造出透視感，很引人注目。佔地達3千平方米，主要展示當代藝術和設計，收藏包括由20世紀中葉至今的繪畫、雕塑、攝影和立體藝術作品。

這座現代化建築充滿美感，多年來獲得了不少獎項，包括了「德國城市設計獎」中的特別認可。

在亮白寬闊的展覽空間，展出了來自世界各地的現代藝術和設計作品。

博物館由德國著名建築師Volker Staab設計，於1999年竣工。

Info

地址： Luitpoldstraße 5, 90402 Nürnberg
電話： +49 911 2402069
開放時間： 週二、週三、週五至日1000-1800；週四1000-2000
休息日： 週一
門票： €7；週日€1；18歲以下免費
網址： www.nmn.de
前往方法： 從紐倫堡中央火車站（Nürnberg Hbf）步行前往，大約5分鐘。

國王大道（Königstraße）與紐倫堡中央火車站連接，經常人流不斷。

德國大型百貨公司「GALERIA（Kaufhof）」，在國王大道（Königstraße）也設了分店。

在卡羅琳步行街的Breuninger百貨公司內，設有德國人氣護膚品牌「Dr Hauschka」的專櫃。

購物集中地

Königstraße, Kaiserstraße, Karolinenstraße

是城中最具人氣的購物地段，由紐倫堡中央火車站對面的國王大道（Königstraße）開始，一直延伸至舊城區，於多條繁華大街開滿了林林總總的商店、餐廳和百貨公司。而卡羅琳步行街（Karolinenstraße），亦是十分熱鬧的商業街。另外一些高端時裝、配飾和室內設計的旗艦店，大多聚集在凱撒大道（Kaiserstraße），屬於城中的「名店街」。

很受亞洲人歡迎的法國品牌「Longchamp」，分店開設在凱撒大道。

「愛馬仕專門店」設在凱撒大道名店街的街頭，接近博物館橋。

Breuninger百貨公司主售中高端品牌，也有售賣巴伐利亞傳統服飾。

Info

Königstraße MAP: P.193 C2-D3
前往方法： 從紐倫堡中央火車站對面的遊客服務中心開始，一直和西北方伸延，直到聖勞倫斯堂（St. Lorenz Kirche）。

Karolinenstraße MAP: P.193 B1-C1
前往方法： 從聖勞倫斯堂（St. Lorenz Kirche）的正門向前步行，即達。

Kaiserstraße MAP: P.193 B2-C2
前往方法： 從聖勞倫斯堂（St. Lorenz Kirche）向北步行往博物館橋（Museumsbrücke）的方向，經過了「Käthe Wohlfahrt」聖誕裝飾店後轉左，步程約3分鐘。

紐倫堡周邊

見證納粹黨的興衰

　　紐倫堡曾經被希特拉選為納粹政權的總部和重要據點，也是全國黨派集會之地。於二戰前在市中心外圍建有多個大型規劃，更有些還未完成。而二戰後，戰勝盟國決定在這個城市以國際法庭去審判戰爭中的納粹罪犯。這場歷時218天的「紐倫堡審判」，在國際間引起巨大迴響。而當年用作審判的法庭，位於紐倫堡市中心外圍，現為展覽館，向公眾剖析了審判中的細節。另於昔日納粹黨集會場地設立了檔案中心，展示當年納粹黨的一些重要文檔。

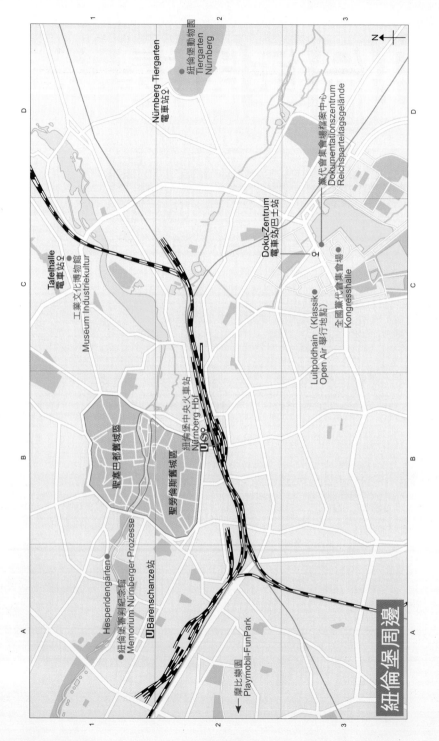

紐倫堡周邊

Nürnberg Tiergarten
電車站 ☉

紐倫堡動物園
Tiergarten
Nürnberg ●

Tafelhalle
電車站 ☉

工業文化博物館
Museum Industriekultur

Doku-Zentrum
電車站/巴士站

黨代會集會場檔案中心
Dokumentationszentrum
Reichsparteitagsgelände

Hesperidengärten ●

紐倫堡審判紀念館
Memorium Nürnberger Prozesse

Ⓤ Bärenschanze 站

Luitpoldhain（Klassik）
Open Air 舉行地點 ●

全國黨代會集會場
Kongresshalle ●

聖塞巴都舊城區

聖勞倫斯舊城區

紐倫堡中央火車站
Nürnberg Hbf
Ⓤ ⊙ ◉

↑ 摩比樂園
Playmobil-FunPark

探索納粹暴政的歷史過去 MAP: P.202 C3

黨代會集會場檔案中心
(Dokumentationszentrum Reichsparteitagsgelände)

曾經被納粹黨設計為一個巨大無比的黨集會場地，從1933至1938年期間，國家社會主義者在這個地段舉行過6次大型黨派集會。而還未建好的國會大廳北翼，被改建成為一所檔案中心，向公眾展示當年納粹黨和希特拉的文檔，包括大量照片、文件和資料，描繪了國家社會主義下的暴政，並探討納粹黨的崛起、發展和滅亡。

展覽不適合14歲以下的兒童。

提 提你

檔案中心正在整修中，預計於2025年完工。整修期間只作有限度開放。

位於舊城區東南面4公里外，需乘坐公共交通工具前往，大約15分鐘即可抵達。

希特拉於1925年撰寫的自傳《我的奮鬥》（Mein Kampf）來宣揚反猶太和納粹主義，當時書本更成為了送給新人的新婚禮物。及後書本被視為「世上最危險的書本」之一，現為多個國家的禁書。

訪客可以走到檔案中心的外圍，看看旁邊還未建成的「全國黨代會集會場」（Kongresshalle）。當年動工興建如此巨大的建築，是希望超越羅馬鬥獸場之規模，可見納粹當年的狂妄野心。

┤Info├

地址：Bayernstraße 110, 90478 Nürnberg
電話：+49 911 2317538
開放時間：1000-1800
最後進入：1700
休息日：24/12、25/12
門票：成人€6；18歲以下€1.5
網址：museen.nuernberg.de/dokuzentrum/
前往方法：乘坐電車6、8號或巴士36、45、55或65號，於「Doku-Zentrum」站下車。

有些當地人還會搬來戶外用的餐桌和椅子，並自備食物，一邊聽音樂，一邊聚餐，享受與家人和朋友們的美好時光。

年度露天古典音樂會
Klassik Open Air

每年仲夏有2個晚上，於城外會舉行別開生面的露天古典音樂會，每次有超過數萬人前來欣賞！露天音樂會是免費入場，遊人可帶備野餐墊、啤酒和一些小食，到場席地而坐，欣賞悠揚的樂曲演奏。而當地人也會到場跟親友一起野餐，或在草地上跟著音樂起舞。最後1場更有盛大煙火作閉幕。 MAP: P.202 C3

如果想坐在較前排的位置，需要預早來找位置。

音樂會由黃昏前日光下開始，一直到天黑。入黑後，不少當地人還會燃起燭光。在場氣氛一瞬間由熱鬧歡樂，轉換成為微微浪漫。

Luitpoldhain

這一片大型空地，是昔日納粹黨的集結地，當年曾在此舉行過大規模的閱兵儀式。現在，則成為了市政公園和大型活動的舉辦場地。

提 提你

在這樣大型的露天場地，與眾人一起欣賞一場古典音樂會，真的非常難忘。

場內有多架美食車，整晚供應小吃和飲品。

┤Info├

地址：Luitpoldhain, 90471 Nürnberg
舉行日期：每年都有不同，一般在7月或8月份的其中2個週六或週日，確實日期可於官網查閱。
舉行時間：大約2000-2245
門票：免費
網址：klassikopenair.nuernberg.de
前往方法：從紐倫堡中央火車站外的「Nürnberg Hbf」站，乘坐電車8號路線到「Doku-Zentrum」站，再步行5分鐘。

位於2樓的「600號法庭」，現在仍然作法庭之用。如果到訪當日沒有案件，訪客可入內參觀。

是次「紐倫堡審判」具有深度歷史意義，亦成為了建立「海牙國際刑事法院」的基礎。

展版主要以德文作解說，門票包括租用語音導賞機，設有多國語言（包括中文或英文）的詳盡解說。

需進行審判的主要戰犯一共有21位，展覽中詳細描述了各人的資料、犯罪行為和判決結果，大部分最後都被判以死刑。

展覽主要設在3樓，以大量文字和圖片，來記錄整個審判的來龍去脈。

納粹戰犯大審判

MAP : P.202 A1

紐倫堡審判紀念館
(Memorium Nürnberger Prozesse)

　　位於舊城區西面2公里外的「正義宮」（Palace of Justice），是當年進行「紐倫堡審判」的所在地。於第二次世界大戰結束後，德國成為了戰敗國。當時的4個戰勝盟國，包括美國、前蘇聯、英國和法國，決定對二戰前後參予種族屠殺的主要納粹戰犯，作正式調查及審判。於1945至1946年間，審判在這裡的「600號法庭」進行，經過一共218天，最後於1946年10月宣佈了判決。現在這座法庭成為了「紐倫堡審判紀念館」，以資訊性展覽向大眾展示整個審判的背景、過程和結果。

━Info━

地址：Bärenschanzstraße 72, 90429 Nürnberg
電話：+49 911 23128614
開放時間：11月至3月 1000-1800；4月至10月 平日 0900-1800，週末及假日1000-1800
最後進入：1700
休息日：週二、3/10、24/12、25/12、26/12
門票：成人€6、學生€1.5
網址：museen.nuernberg.de/memorium-nuernberger-prozesse/
前往方法：乘坐 U-Bahn U1線到「Bärenschanze」站，再步行3分鐘。

經典巴洛克式花園
Hesperidengärten

　　於中世紀時期，在紐倫堡城牆之外，貴族和富人興建了很多避暑別墅和充滿特色的花園，有不少更以意大利巴洛克式風格修建。呈長方形的這一個花園，位於紐倫堡舊城區以西，優美小巧，環境宜人，最適合在陽光明媚的日子，漫無目的地坐在咖啡座，享受片刻的寧靜。 **MAP : P.202 A1**

園內有一間環境優美的小型咖啡廳，可在花兒樹影下用餐，非常寫意。

園內有一個很獨特的「日晷」，把植物修剪成長方體，作為日晷的刻度，並以太陽的陰影來推算時間。

花園面積不太大，有多個噴泉和雕塑作裝飾，盡顯了巴洛克式的庭院風格。

━Info━

地址：Johannisstraße 13+47, 90419 Nürnberg
電話：+49 911 23360
開放時間：4月至10月 0800-2000
門票：免費進入
前往方法：乘坐電車6號路線到「Hallerstr.」站，即達。

跨過這條小型高架木橋，遊客就能進入「親親動物區」。

親親北極熊

MAP: P.202 D2

園內有2隻北極熊，他們的活動範圍都算闊落，偶爾在池中游水，偶爾在岸邊曬太陽。

紐倫堡動物園
（Tiergarten Nürnberg）

企鵝館內有一群群可愛的企鵝。

在「親親動物區」，遊人可在自動售賣機購買飼料，親自餵食小羊們。

大小朋友都可以跟小動物近距離接觸，他們都很溫馴。

　　距離市中心不算遠，很適合親子旅行！動物種類有大猩猩、長頸鹿、獵豹、紅鶴、班馬、企鵝、羊鴕等等，就連北極熊也有，遊人還可通過池邊大型水底玻璃，窺看一下北極熊在水裡游泳時的模樣。而「親親動物區」也是園中亮點之一，大小朋友都可以親手摸摸可愛的小羊，好讓人興奮！園區佔地約70公頃，如果不想走動太多，可另付一點費用，乘坐環繞園區的小火車。

每天設有定時的海豚表演，表演雖然比較簡單不花巧，小朋友也看得開心。

---Info---

地址： Am Tiergarten 30, 90480 Nürnberg
電話： +49 911 54546
開放時間： 3月至10月底 0900-1800；10月底至2月底 0900-1700
最後進入： 關門前1小時
門票： 成人 €18、學生或持有當日公共交通票（VGN or DB）€16；家庭票（2位家長及其子女）€42、（1位家長及其子女）€24
網址： tiergarten.nuernberg.de/startseite.html
前往方法：
於紐倫堡中央火車站外的「Nürnberg Hbf」站，乘坐5號電車路線，於「Nürnberg Tiergarten」站下車。

展示製造行業的歷史

工業文化博物館
（Museum Industriekultur）

也有舊牙醫診所的模擬場景，放滿了舊式醫療器材和用品。

展館的其中一部分，展示了昔日街道上多間商店的模樣，讓遊人可以了解當年人們的日常生活。

　　透過展品讓遊人了解紐倫堡從19世紀至今不斷變化的工業發展。佔地6千平方米，擁有大量電單車和舊式汽車的收藏，另有展出蒸汽機房、印刷間和多款舊式工廠設備。館內設有一條「模擬大街」，重組了昔日的商店、民居、酒吧、牙科診所等，讓人可了解多些當時的生活和工作狀況。

MAP: P.202 C1

館內有一個大型展廳，展出了為數不少的單車和電單車。

---Info---

地址： Äußere Sulzbacher Str. 62, 90491 Nürnberg
電話： +49 911 2313875
開放時間： 0900-1700；週末1000-1800
休息日： 週一、24/12、25/12
門票： 成人 €6；學生 €1.5
網址： museen.nuernberg.de/museum-industriekultur/
前往方法： 乘坐8號電車到「Tafelhalle」站，即達。

正門以城堡作場景，非常可愛！內裡有多個不同主題的遊樂區，包括有海盜世界、金礦、騎士城堡、卡車賽道、警局、沙泥遊樂場、恐龍樹屋等等。

大人和小朋友可以一起在海盜湖上泛舟，又或者發射水砲！園區內有不少玩水設施，於夏天開放。建議帶備毛巾和衣物作替換。

Tips

關於園區
於淡季時段，部分室外遊玩設施區域有機會分段關閉。詳情可於官網查閱。

關於交通
1. 從紐倫堡市中心前往，需轉車，而班次不算多，於淡季和假日更有機會不發車，建議出發前先確定好發車時間。班次查詢：www.vgn.de
2. 憑有效「NÜRNBERG CARD + Fürth」紐倫堡觀光咭，可免費乘坐來往紐倫堡市中心到這裡的公共交通。

小朋友的玩樂天地
摩比樂園 MAP: P.170 B2
（Playmobil FunPark）

　　在紐倫堡以西9公里外的齊爾恩多夫（Zirndorf）小鎮上，設有「Playmobil」的主題公園，總面積達9萬平方米，非常適合親子旅行！園區有戶外和室內遊樂區，各種遊戲設施都為兒童精心設計，大部分設施都沒有利用現代化電子科技，反而把重點放在訓練小朋友的體能、協調能力和平衡感之上。而各種玩水遊戲、滑梯、彈床和攀爬設施有很多，特別適合精力充沛的小朋友，來好好放電！

室內區佔地甚廣，有大型餐廳和玩樂中心。這裡放滿了Playmobil組合玩具，讓小朋友可以盡情任玩。

園區內設有大型商店，款式齊全，亦有出售一些「園區限定商品」，Playmobil迷不容錯過！

在模擬農場裡，小朋友可以試試擠牛奶和替馬匹洗刷的體驗。

如遇上了天氣不佳的情況，也可留在室內遊樂區。這裡設有大型的攀爬滑梯，讓小朋友跑跑跳跳。

公園內以很多真人大小的摩比人偶作裝飾，讓人滿心歡喜。

Info

地址：Brandstätterstraße 2-10, 90513 Zirndorf
電話：+49 911 96661455
開放時間：3月尾至11月初 0900-1900；
　　　　　11月初至12月白 1000-1800
休息日：冬季
門票：1天票€17.9；1500後入場€15.9；3歲以下免費
網址：www.playmobil-funpark.de
前往方法：從紐倫堡中央火車站（Nuremburg Hbf）乘坐S-Bahn S4路線到「Anwanden」站，再轉乘巴士151號，於「Zirndorf Playmobil-FunPark」正門外下車。車程全程約40分鐘。

羅滕堡 (陶伯河)

中世紀童話小鎮

Rothenburg ob der Tauber

　　來到這個浪漫醉人的古典小城，猶如進入了童話世界！正式名字為「陶伯河上的羅滕堡」（Rothenburg ob der Tauber），是德國著名旅遊路線「浪漫之路」和「城堡之路」交匯處上的一個小鎮。城中的每個角落，流露出迷人的中世紀情懷。沿著歷史悠久的城牆散步，滿眼都是三角尖頂的傳統木房子。在精緻的市集廣場附近，設有琳瑯滿目的小店鋪，抬頭一個又一個可愛無比的招牌，走在其中，讓人歡愉！

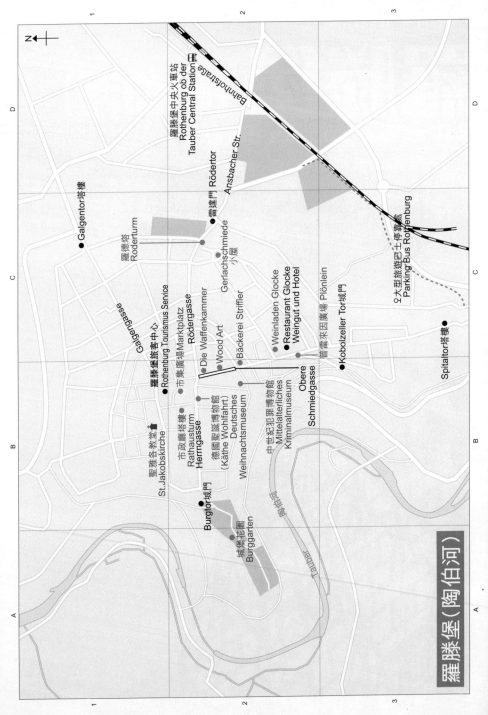

交通＋旅遊資訊

從紐倫堡出發

可從紐倫堡中央火車站（Nürnberg Hbf）乘坐地區火車到羅滕堡中央火車站（Rothenburg ob der Tauber Central Station），要注意中途需轉車。全程大約80-110分鐘。班次及票價可於德國鐵路（DB）官網查閱：www.bahn.com

從火車站步行至這座羅德門，就是進入舊城的其中一條通道。

當地交通

從羅滕堡中央火車站步行至舊城區，可沿著「Ansbacher Str.」街道，經羅德門（Rödertor）進城，步程大約6分鐘。而整座小城面積不大，只需步行遊覽就可以了。

羅滕堡（陶伯河）官方旅遊資訊
www.rothenburg-tourismus.de

市集廣場的四周，建有多間彩色精緻的半木結構房屋，營造了童話小鎮的景觀。

非常可愛的鑄鐵招牌，大部分圖案都是跟那店舖類型有關連的，增添了童話小城的浪漫情懷。

作「機關人偶表演」的白色建築物，也是遊客服務中心的所在，門口於轉角位置。

鎮上最人氣地帶

MAP: P.208 B2

市集廣場（Marktplatz）

整個羅滕堡並不太大，不用2個小時大概可以走完了，而城中最主要的觀光點，都以「市集廣場」這裡為中心。廣場上的「市政廳」，是全城最重要的建築之一。附近開滿了各式各樣的餐廳、商店和紀念品店。在這裡閒逛，別忘了抬頭欣賞一下一眾商店的金屬招牌，大部分圖案都是跟店舖相關的，可愛又精緻，讓人十分愉悅！

紀念老市長為了拯救城鎮而豪飲
於1631年，正是歐洲三十年戰爭期間，羅滕堡被敵軍佔領了。而當時敵軍表示，如有人可以一口氣喝下巨量的葡萄酒，便可以「放過」羅滕堡。結果，市長為了拯救城鎮，挺身而出豪飲了3.25公升的酒，敵軍沒有食言並撤退了，而市長也因酒醉而昏睡了三個整天。

遊客服務中心上的一個大鐘，左右兩旁的小窗會定時開啟，以機關人偶上演這個故事以作紀念。表演時間：每天1100、1500、2000、2200

有近400年歷史的噴泉，坐落在市集廣場之上。噴泉頂部有聖喬治騎士屠龍雕像。

提提你

Info

地址： Marktplatz, 91541 Rothenburg ob der Tauber
前往方法：
從羅滕堡中央火車站（Rothenburg ob der Tauber Central Station）步行，可沿著街道「Ansbacher Str.」從羅德門（Roderturm）進城，再途經街道「Rödergasse」步行，全程大約12分鐘。

從塔頂可以近距離欣賞到這些可愛的三角屋頂房子，充滿精緻華美的風格。

這座白色市政廳塔尖上的觀景台是露天的，比較建議在晴朗天氣下到訪。

Tips

城中一共有2座塔樓，可以讓遊客登上頂部欣賞風景！除了這座市政廳塔樓，也可考慮前往「羅德塔」。（詳細介紹見P212）

飽覽全城美景

MAP: P.208 B2

市政廳塔樓（Rathausturm）

如果想欣賞羅滕堡多角度的美景，可以登上市政廳塔頂上的觀景台！只要緩緩踏上220級樓梯階，這個絕美的中世紀城鎮全景，就會360度的盡現眼前！最開端的樓梯較為闊落，不太難走。當到達最頂層的時候，從塔頂往外的出口非常窄小，像一個半斜的天窗。穿過那塔頂口之後，站在露天觀景台，有一大片歐式紅磚屋頂的漂亮風光，絕對令人印象深刻。

一大片的磚紅色屋頂和多座中世紀防禦塔樓，營造了滿眼的美景。

觀景台上可走動的範圍不太大，如果遇上人潮，有機會需要在位於塔頂下一層的售票樓層，稍作等候。

這裡的視野範圍很廣，基本上整個羅滕堡全景，和遠至城外優美的田野景色，都能飽覽。

越走越高，樓梯就越來越窄，整體不算太難走。塔頂上漂亮的美景，絕對值得花一點腳骨力。

距離市政廳不遠處的聖雅各教堂，在觀景台這裡可以近距離欣賞到它的宏偉。

Info

地址：Marktpl. 1, 91541 Rothenburg ob der Tauber

開放時間：
4月至10月 每天0930-1230、1300-1700；
1月至3月、11月週六、週日1200-1500；
12月聖誕市集舉行期間
1030-1400、1430-1800

門票：€2.5

前往方法：
登塔入口在市政廳廣場（Rathaus und Ratstrinkstube）上的拱形長廊中央位置，面向著市集廣場（Marktplatz），沿著樓梯登上接近塔頂的位置，即可抵達售票處。

步道的高度跟這裡的房子屋頂相差無幾，沿途景觀很美，可以近距離欣賞一整排的木房子屋頂。

這兒也是欣賞舊城區美景的好地方！還可遠眺市政廳和聖雅各教堂塔樓。

提提你

城牆上的名字
於第二次世界大戰的時候，羅滕堡有大約40％的建築物受到損毀，多年來得到各界捐出資金來幫助重建，包括了來自世界各地的機構和人士。這些捐獻者的名字都被刻在城牆上，作為對他們的謝意。

漫步城牆欣賞美景
城牆步道
（Rothenburg Tower Trail）

Tips

路線建議：
如果時間許可，非常值得走半個圈！建議可沿著地圖上的灰色路線，從南面「Spitaltor」塔樓登上步道，然後選右邊的路段，前往並登上「羅德塔」（Röderturm）觀景台欣賞美景（詳細介紹見：P212），再步行往東面的「Galgentor」塔樓，然後下樓梯離開。再沿經「Galgengasse」街道可抵達市集廣場（Marktplatz）。

建於13-14世紀的城牆，圍繞著羅滕堡整個小城。其中一部分的城牆設有「架空木頂步道」，讓遊客可以沿著城牆走走。路徑全程約有2.5公里，至今大部分路段依然保存完好。遊人沿路可近距離欣賞城中漂亮的木房子屋頂，同時可了解多些中世紀城牆的防禦結構！

這條有蓋的行人步道，以木板、磚頭和石頭建造，環繞大半個羅滕堡的外圍，從舊城區東北面到南面。

城牆步道之盡頭　Galgentor 塔樓

Röderturm 羅德塔（觀景塔）

Gerlachschmiede 小屋

城牆步道之盡頭

Spitaltor 塔樓

（地圖來源：羅滕堡官方旅遊局）

━━ 灰色路線：城牆步道
━━ 紅色路線：城牆外徒步路線

沿著步道一直走到羅德塔（Röderturm）的附近，會發現這間可愛小屋「Gerlachschmiede」。

可由城中多個塔樓旁邊的樓梯，登上或離開「城牆步道」。

─── Info ───
地址： 路徑可參考旁邊的「城牆步道地圖」
開放時間： 全年
門票： 免費
前往方法：
可由城中多個塔樓旁邊的樓梯登上城牆步道，包括南面的「Spitaltor」、羅德塔（Röderturm）和東面的「Galgentor」等等。

部分樓梯比較狹窄，但不算難走，而售票窗口位於塔的頂層。

需要先登上城牆步道，然後再拾級而上，才可找到登上塔樓的入口。

登上塔的頂層後，遊客可以通過窗戶欣賞絕美的舊城區景色。

Tips

羅德門（Rödertor）
羅德塔後方的羅德門（Rödertor），是遊客進入羅滕堡舊城區的最主要入口，一般從火車站進入舊城區，都會經過這座城門。

觀光塔看舊城美景
羅德塔（Roderturm）

MAP: P.208 C2

　　位於城牆東面的「羅德塔」，是全城唯一一座可以登頂看風景的防禦塔。羅德塔的內外，保留了古樸務實的風格，不算得特別的精緻，但從塔樓頂層的窗戶，可欣賞到漂亮的全城美景！這座塔樓於二戰期間幾乎被完全摧毀，在戰後進行了重建，在塔樓頂層設了有關「二戰時期羅滕堡損毀情況」的小型展覽。

塔樓頂層裝潢比較樸實，左邊是關於二戰的小型展覽。而右邊有兩個大窗可以欣賞風景。門票很便宜，如果喜歡看風景，也值得前來一看。

從這裡可以從高處看到一部分的城牆步道，跟市政廳塔樓那個觀景台相比，景觀有點不同。

---**Info**---

地址： Rödertor, 91541 Rothenburg ob der Tauber
開放時間： 只在初春至秋季開放（大約3月至9月）0900-1700：開放時間不定，可留意官網資訊。
門票： €2
網址： www.alt-rothenburg.de/roederturm/
前往方法： 從羅滕堡中央火車站（Rothenburg ob der Tauber Central Station）沿經「Ansbacher Str.」街道步行，大約6分鐘。如從市集廣場（Marktplatz）經由「Rödergasse」街道步行前往，大約4分鐘。

享受寧靜愜意
城堡花園
（Burggarten）

　　穿過小城西面的「Burgtor」城門塔樓，就可抵達這個優美宜人的花園。雖然現在花園裡已經沒有城堡，但是這裡十分寧靜愜意，是享受悠閒的地方。穿過塔樓往左方走，在花園的邊緣位置，可以從外圍遠眺陶伯峽谷和羅滕堡舊城區美麗的景色。

MAP: P.208 A2-B2

花園面積挺廣闊，空間感十足，是休憩的好地方。於盛夏時份，花園內以鮮花作點綴，環境十分宜人。

在花園入口處的「Burgtor」城門，建於大約1460年，是城中最高的城門塔樓。

於城堡花園東南方位，可遠望漂亮的舊城區全景，景觀一流。

---**Info**---

地址： Alte Burg, 91541 Rothenburg ob der Tauber
開放時間： 全年
前往方法： 從市集廣場（Marktpl）沿經「Herrngasse」街道向西步行，大約3分鐘。

全城最熱門拍攝地
普雷來因廣場（Plönlein）

　　來到羅滕堡遊覽，別忘了在這個著名小廣場拍照留念！一座微微歪斜的黃色半木結構房子建於三角分岔路口上，加上前方可愛的小噴泉，合成了羅滕堡最著名的景觀，也是很多當地明信片最經典的背景。

MAP: P.208 C2

在三角分岔路口上的黃色房子，微微歪斜，造型十分可愛。

從普雷來因廣場通往市集廣場的「Obere Schmiedgasse」大街，是全城最熱鬧的街道之一。

取景時別忘了把房子後方一左一右、一高一低的塔樓，都拍下來喔！

—Info—
地址：Plönlein, 91541 Rothenburg ob der Tauber
前往方法：從市集廣場（Marktpl）沿經街道「Obere Schmiedgasse」步行前往，大約3分鐘。

充滿節日氣氛
德國聖誕博物館
（Deutsches Weihnachtsmuseum）

MAP: P.208 B2

Tips I Can

館內和商店內都不可拍攝。

像是走進了奇幻的世界！店內精美的佈置，讓人深深感受到普天同慶的節日氣氛！

　　位於德國著名的Käthe Wohlfahrt聖誕裝飾店內，展出由上世紀至今的聖誕裝飾和聖誕老人像，還介紹了聖誕節的起源和傳統習俗。就算不進去博物館，也值得逛逛充滿節日氣氛的店舖。

門外停泊了一輛放滿聖誕禮物的老爺車作裝飾，紅色車身，非常矚目，也是遊客們的拍照熱點。

—Info—
地址：Herrngasse 1, 91541 Rothenburg ob der Tauber
電話：+49 9861 409365
開放時間：1000-1700（冬季：關門時間有機會會提前）
最後進入：關門前30分鐘
休息日：於1月中至3月底有機會關門。
門票：成人€5；學生€4
網址：www.weihnachtsmuseum.de/en/
前往方法：在市集廣場（Marktpl）的轉角位置，步行大約1分鐘。博物館入口在「Käthe Wohlfahrt」店舖之內。

讓人不寒而慄的刑具展覽
中世紀犯罪博物館
（Mittelalterliches Kriminalmuseum）

MAP: P.208 B2

大多數展品設有英語註解，看過之後再加以聯想，確實會讓人毛骨悚然。

　　中世紀時期，歐洲各地使用很多殘酷的刑法來懲罰犯人。這個博物館集合了聚多昔日的刑具，讓人大開眼界，亦會不寒而慄。展品有佈滿了尖刺的「針椅」、內藏眾多鐵釘的「鐵處女」酷刑器具、用來以防背叛丈夫的「貞操帶」等。

庭園中展出了中世紀的「吊籠」，這種刑具專門懲罰偷工減料的麵包師，行刑時連人帶籠浸入水中，直至犯人斷氣為止。

—Info—
地址：Burggasse 3-5, 91541 Rothenburg ob der Tauber
電話：+49 9861 5359
開放時間：
4月至10月 1000-1800、12月1100-1700、11月、1月至3月 1300-1600；24/12、31/12 1000-1300
最後進入：關門前45分鐘
門票：成人€8
網址：www.kriminalmuseum.eu
前往方法：從市集廣場（Marktpl.）向普雷來因廣場（Plönlein）方向步行，再右轉往小街道「Burggasse」，步程大約2分鐘。

店內也有出售一些當地傳統酒瓶和酒杯，非常精緻。

店內氣氛非常古樸典雅，座位不多，只有2張木質餐桌。而酒館沒有供應餐點，主要是品酒和出售葡萄酒。

古雅葡萄酒館
Weinladen Glocke

MAP: P.208 C2

羅滕堡附近是德國著名葡萄酒產地之一。城中有一些酒館，讓遊客可以品嚐一下當地釀造的葡萄酒，其中以「Riesling」最為人氣。於這一間葡萄酒館，遊客可從酒單裡點選一杯，然後坐下來慢慢細嚐。酒館同時販售各式各樣自家釀造的葡萄酒，愛酒人士不容錯過。

Tips

Restaurant Glocke Weingut und Hotel 於酒館旁邊不遠處，設有同樣屬於「Glocke Weingut」酒莊的餐廳和旅館，內裡充滿中世紀雅緻氛圍，供應當地特色菜和自家葡萄酒，另有提供20多間客房。

Riesling口感清香，在炎炎夏日坐下來慢慢品嚐，清爽舒暢。Riesling €3/一杯

Info

地址：Untere Schmiedgasse 29, 91541 Rothenburg ob der Tauber
營業時間：1000-1800；週六 0900-1300
休息日：週日
消費：大約€5-10/位
網址：www.glocke-rothenburg.de/weingut/
前往方法：在普雷來因廣場（Plönlein）的旁邊。

大小號雪球
Bäckerei Striffler

MAP: P.208 B2

源自400多年前的雪球（Schneeballen），是羅滕堡的名物，因為樣子像一顆雪球而得此名，吃起來口感像是撒上了糖粉的餅乾。從前，雪球主要是婚禮和宴會上的甜點，現在成為了非常普遍的地道食品，在城中多個角落都可以品嚐到，一般都是比起拳頭還要大。如果只想小試一下，可以來到這一間麵包糕餅店，這裡有較嬌小的雪球，一人一個，感覺不會太多，份量剛剛好！

除了傳統經典口味，也有很多不同口味選擇，包括有朱古力、果仁等等。

雪球的製作方法是把麵團搓好成長形，然後捲起來成為球狀，再用油炸至香脆，最後灑上糖霜。小雪球€1.2；大雪球€2

Info

地址：Untere Schmiedgasse 1, 91541 Rothenburg ob der Tauber
電話：+49 9861 6788
營業時間：週一至週五 0700-1830；週六 0630-1900；週日1000-1800
消費：大約€5-10/位
網址：www.baecker-striffler.de
前往方法：於市集廣場（Marktplatz）沿著「Obere Schmiedgasse」街道向普雷來因廣場（Plönlein）的方向步行，大約1分鐘。

店裡有蠻舒適的用餐區，可以坐下來慢慢品嚐。

一客水果啫喱蛋糕（Fruchtschnitte），清新爽甜。

麵包店坐落在一座綠色的房子內，很有優雅感。

中世紀特色紀念品
Die Waffenkammer

MAP: P.208 B1

　　店名的中文意思是「軍械庫」，是一間以「中世紀兵器」為主題的紀念品店。這裡真的讓人大開眼界！一整套的中世紀盔甲、劍士用的長劍、短劍和各種配備，都可以選購回家！除了兵器，店內也有出售各式各樣的紀念品，包括了皮製記事簿、中世紀復古衣服、啤酒杯、古代書寫用具等等，總類繁多，是選購特色手信的好地方。

「中世紀騎士迷」可以把這些盔甲買回家！雖然一整套價格不便宜，但是精製度極高。

這裡收集了很多款式的啤酒杯，有些還刻上了羅滕堡的風景地標，非常精美！價格大約由€35-100不等。

店舖位置便利，就在市集廣場附近的購物區。

店裡陳列了許多別具特色的中世紀男女服飾。

店內以一些特色場景作裝飾，猶如讓人時光倒流，回到了中世紀武士的世界。

Info

地址： Obere Schmiedgasse 9/11, 91541 Rothenburg ob der Tauber
電話： +49 9861 3713
營業時間： 1000-1830
休息日： 週日
前往方法： 於市集廣場（Marktplatz）沿著「Obere Schmiedgasse」街道往普雷來因廣場（Plönlein）方向步行，大約1分鐘。的旁邊。

羅滕堡主教堂
MAP: P.208 B2

聖雅各教堂
(St.Jakobskirche)

　　始建於15世紀，一共用了173年才建成。堂內的2個祭壇是參觀亮點所在，其中由雕刻家Tilman Riemenschneider所創作的「聖血祭壇」，刻有「最後的晚餐」中那情景。

教堂屬於哥德式風格，規模雖然不算很大，但也收藏了不少藝術佳作。

Info

地址： Klostergasse 15, 91541 Rothenburg ob der Tauber
電話： +49 9861 700610
開放時間： 1至3月，11月 1200-1500；4至10月 0900-1700；12月 1000-1700
門票： €3
網址： www.rothenburgtauber-evangelisch.de
前往方法： 從市集廣場（Marktplatz）步行前往，大約2分鐘。

可愛木製手藝品
Wood Art

　　小店專門出售木製手藝品，例如一些門牌、木衣架、木製廚具、裝飾擺設等。其中有一些木牌，會以德文刻上羅滕堡的名字，或刻有帶點特別意思的話語，吸引遊客買回家，當作旅程的紀念。

MAP: P.208 B2

出售的木製紀念品，種類多樣化，也有一些空白木門牌，讓客人可以自定刻上什麼名字或話語。

印上了可愛人物的木製掛牌，富有德國傳統鄉村風情。

Info

地址： Obere Schmiedgasse 17, 91541 Rothenburg ob der Tauber
電話： +49 9861 9561716
營業時間： 1000-1730
休息日： 週日
前往方法： 於市集廣場（Marktplatz）沿著「Obere Schmiedgasse」街道往普雷來因廣場（Plönlein）方向步行，大約1分鐘。

第1站來到了「哈爾堡城堡」，這座建於12世紀的城堡，位於哈爾堡小鎮的小山丘上，是德國南部保存得最完好的中世紀城堡之一。

超省時方案
浪漫之路一天遊!

如果打算從慕尼黑出發遊覽「浪漫之路」上的童話小鎮，而又只有一天的時間，可考慮參加即日往返的當地旅行團。以下的一天團，以半自由行形式到訪哈爾堡城堡和羅滕堡，參加者不用擔心交通安排，超省時方便，而且於羅滕堡更享有自由時間，不用跟著導遊走，十分合適喜歡自由自在的遊客。

I Can Tips

活動行程安排
* 早上0830從慕尼黑出發
* 到訪哈爾堡城堡（遊覽時間：大約1小時）
* 到訪羅滕堡（自由遊覽時間：大約3小時）
* 黃昏大約1900回到慕尼黑

於哈爾堡城堡旁邊有一條通道，可通往一個觀景台，於這裡居高臨下，可飽覽山下整個哈爾堡小城和彎彎的沃爾尼茨河河道。

於到達羅滕堡之前，導遊會於車上派發地圖和介紹一下羅滕堡值得到訪的景點（詳細介紹：P.207-215）。到達之後，參加者即可自由活動或用餐，最後於集合時間回到旅遊巴停靠站乘車，回程到慕尼黑。

從慕尼黑出發，登上了旅遊大巴，向「浪漫之路」上的2個中世紀童話小鎮出發。

慕尼黑前往哈爾堡約需1.5小時，而羅滕堡回去慕尼黑大概需時2.5-3小時。雖然車程較長，但旅遊大巴也挺舒適。

於哈爾堡城堡會作短暫遊覽，參加者可另行購票參加城堡導覽團，於專人帶領下參觀這座精緻的中世紀城堡。

車上除了有隨團英語導遊，還有多國語言的語音導覽解說，當中包括了普通話，介紹沿途景點。

Info

報名資訊(*可經由「KKDay」旅遊平台於網上預約)
活動名稱：
【德國羅曼蒂克大道】羅騰堡與哈爾堡一日遊（慕尼黑出發）
語言：
英語導覽；於車上另有中文語音導覽解說
報名方法：網上報名
活動費用：
大約港幣$550（不包括：進入哈爾堡城堡的門票及當天餐飲）
網址（報名＋詳情）：
www.kkday.com/zh-hk/product/19995

葡萄酒之鄉

烏茲堡
Würzburg

位於德國巴伐利亞州西北面的一個城鎮，是著名旅遊路線「浪漫之路」的起點。這兒是德國著名的葡萄酒之鄉，城中有多個享用葡萄酒的熱點。於盛夏時份，很多遊人聚在一起，在著名地標「老美茵橋」上一享杯中之物，面朝著美茵河景，把酒談歡。圍繞小城更是一片片依山而建的葡萄田，只要走到小山丘上的「瑪利亞堡」，就能夠欣賞到這個「葡萄酒之鄉」醉人的全景！

烏茲堡

A B C

N

Schlosshotel Steinburg

Weingut am Stein - Ludwig Knoll

烏茲堡火車站
Würzburg Hauptbahnhof

美酒徑
Der Stein-Wein-Pfad

Kulturspeicher
巴士站

尤里烏斯醫院酒莊 內園噴泉
（品酒導賞團 集合地點）
Juliusspital Weingut

Hauptbahnhof
電車站

「尤里烏斯醫院酒莊」
葡萄酒吧和酒品專賣店
Weineck Julius-Echter

「尤里烏斯醫院酒莊」餐廳
Weinstuben Juliusspital

Bürgerspital Weinhaus

烏茲堡官邸
Residenz Würzburg

Main 美茵河

聖母禮拜堂
Marienkapelle

遊客服務中心
Tourist Information

Rathaus
電車站

主教座堂
Würzburger Dom

Tellsteige

Würzburger
Ratskeller

Residenzplatz
巴士站

登上「瑪利亞堡」之路徑

老美茵橋
Alte Mainbrücke

四管噴泉 Vierröhrenbrunnen

宮廷花園
Hofgarten

瑪利亞堡
Festung Marienberg

王子花園 Fürstengarten Marienberg

A B C

城際交通

從紐倫堡出發

　　最方便是從紐倫堡中央火車站，乘坐ICE或IC高速火車，大約50至55分鐘可直達烏茲堡火車站（Würzburg Hbf）。另外也有較便宜的地區火車（RE），車程約70分鐘。班次及票價可於德國國鐵（DB）官網查閱：www.bahn.com

巴伐利亞州票
(Regional Day ticket：Bayern-Ticket)
如於同一天或週末從紐倫堡往返，可購買「巴伐利亞州票」，車票包含了巴伐利亞州內運行的地區火車（RB, IRE, RE）、近郊火車（S-Bahn）和當地大部分公共交通工具。

從法蘭克福出發

　　可從法蘭克福中央火車站（Frankfurt (Main) Hbf）出發，乘坐ICE高速火車，車程大約70分鐘。

當地交通

　　從烏茲堡火車站（Würzburg Hbf）步行至老美茵橋（Alte Mainbrücke）附近，步程大約15分鐘。除了前往至山丘上的「瑪利亞堡」，步程較遠，其餘景點主要集中在舊城區，以步行方式遊覽大致上也可以的。當地VVM公共交通官網：www.vvm-info.de

也可從火車站外的電車站，乘坐有軌電車1、3或5號，於「Rathaus」站下車，即達市中心。

烏茲堡官方旅遊資訊
www.wuerzburg.de/en/visitors/

現開放了其中40個房間及大廳給公眾參觀，展示了18世紀家具、掛毯、繪畫和一些藝術珍品。

除了擁有富麗堂皇的內部裝修，宮殿花園（Hofgarten）也漂亮得很！而且是免費進入的。

世界文化遺產之一
烏茲堡官邸
（Residenz Würzburg）

MAP: P.218 C3

（地圖來源：官方資訊）

這座金碧輝煌的宮殿，完美展現了德國南部巴洛克和洛可可建築特色。始建於1720年，是由菲利普·弗朗茲·馮·尚博恩王子主教命人建造。於階梯大廳（Treppenhaus）裡有由威尼斯著名畫家喬凡尼·巴提斯塔·提也波洛（Giovanni Battista Tiepolo）所繪製的天花壁畫，華麗得令人讚嘆不已！而滿有氣派的宮殿教堂（Hofkirche）、鏡子廳（Spiegelkabinett）、白廳（Weißer Saal）和帝王廳（Kaisersaal）都絕不容錯過。

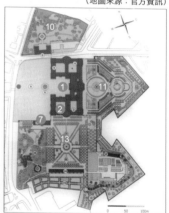

1. 宮殿入口及售票處　　10. 玫瑰園
2. 宮殿教堂　　　　　　11. 東面花園
7. 餐廳及宮廷花園閘口　13. 南面花園

宮殿花園擁有獨立大門進出，可經由宮殿旁邊閘口直接進入花園範圍。

花園內種植了多種花卉和植物。於春夏期間，花兒處處，是遊客拍照的好地點。

園內設有一些洛可可式雕塑，散發優雅氣質。

於18世紀下半葉，這座華麗的宮殿曾經是主教們的官邸住宅。

提提你

宮殿內部不可拍照。

---Info---

地址：Residenzplatz 2, 97070 Würzburg
電話：+49 931 355170
開放時間：4至10月 0900-1800；11至3月 1000-1630；宮廷花園 於天黑時或2000關閉
最後售票：關門前45分鐘
休息日：1/1、24/12、25/12、31/12
門票：€9（門票包括了英文導賞團：每天 1100、1500、4至10月另加 1330、1630；每節45-50分鐘）；18歲以下免費；宮廷花園免費進入
網址：www.residenz-wuerzburg.de
前往方法：乘坐巴士471、472、491、492、511或560號路線到「Residenzplatz」站，即達。或從市政廳前的四管噴泉（Vierröhrenbrunnen）步行前往，大約10分鐘。

從山上的瑪利亞堡，可以欣賞到這條中世紀古橋的整個面貌。

橋上堅立了多尊聖人雕像，讓這座老橋更加古色古香。

於橋頭設有幾間酒吧小屋，如果天氣晴朗，排隊買杯裝葡萄酒的遊人十分多！

人來人往的老美茵橋，浪漫優雅，是經典的拍照地點。

站在橋上可看到河岸漂亮的房子，還可遠眺山上一片片葡萄園。

橋上橋下迷人的風景

MAP: P.218 B3

老美茵橋（Alte Mainbrücke）

　　是烏茲堡最古老的橋樑，也是全城最重要的地標。始建於1476年，以天然石材製成，總長度為185米，橋身一共有8個拱型開口，於18世紀在橋上加設了12尊聖人雕像，讓古橋更具韻味。從建成那天一直到1886年，這是全城唯一的渡河橋樑。現在，於橋頭設有葡萄酒吧，人們都喜歡在橋上聚集，手拿一杯在美茵河景前，慢慢享受。

Info

地址：Alte Mainbrücke, 97070 Würzburg
開放時間：全年
前往方法：從聖母禮拜堂（Marienkapelle）步行前往，大約5分鐘。或從烏茲堡火車站（Würzburg Hauptbahnhof）外，乘坐電車5號路線於「Rathaus」站下車，再步行2分鐘。

展現了哥德式風格

MAP: P.218 B3

聖母禮拜堂（Marienkapelle）

　　禮拜堂始建於1377年，擁有高聳的尖拱塔樓，屬於典形哥德式晚期建築風格。南大門上的雕像《亞當和夏娃》，是堂內珍貴的藝術作品，由德國著名雕刻家蒂爾曼·里門施耐德（Tilman Riemenschneider）所創作，原著於1975年被複製品取代，並轉移到瑪利亞堡內的弗蘭肯博物館裡收藏。教堂正門外的左方，聳立了一座精緻的五朔節花柱。

禮拜堂後方建築物名為「獵鷹之屋」（Falkenhaus），現為「烏茲堡旅客中心」。

堂外的市集廣場和附近一帶，是全城最人氣熱鬧的地段。

堂內較為樸實莊嚴，主祭壇上鑲有16世紀繪畫的板畫。

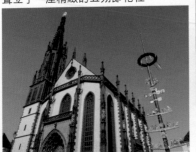

禮拜堂的外牆被繪上了磚紅色和白色，外觀讓人印象深刻。

五朔節花柱上的圖案人物，彰顯了烏茲堡「葡萄酒之鄉」的地位。圖案有採摘葡萄的女子、品嚐葡萄酒的紳士和搬運釀酒木桶的工人。

Info

地址：Marktpl. 7, 97070 Würzburg
電話：+49 931 38662800
開放時間：日間（於宗教活動進行時，不開放作參觀）
門票：免費
網址：www.bistum-wuerzburg.de/bildung-kunst/sehenswuerdigkeiten/marienkapelle-wuerzburg
前往方法：從烏茲堡火車站（Würzburg Hbf）步行前往，大約12分鐘。

從城堡的庭院可進入王子花園（Fürstengarten），這裡可享有全城最美的風景。

於花的季節，王子花園美得難以形容！園中擁有多個雕像和噴泉，詩意盎然。

通過這一座古樸又精緻的城門，即可進入瑪利亞堡的內庭。

位於小山丘上的「瑪利亞堡」和橫越美茵河的「老美茵橋」，締造了烏茲堡古典的韻味。

可俯瞰舊城區美景

MAP: P.218 A3-B3

瑪利亞堡（Festung Marienberg）

位於小山丘上的瑪利亞堡，是烏茲堡最重要的地標之一。最原先這裡只有一間聖母教堂（Marienkirche），是於8世紀初由當時統治者法蘭克王國的圖林根公爵下令建造。後來於中世紀時期，圍繞著這座教堂大規模加建了城堡和城牆，形成了一座宏偉的瑪利亞堡，亦成為了當時統治烏茲堡的主教王居所。現為法蘭肯博物館（Museum für Franken），展出了法蘭肯地區一些重要文物和藝術珍品。

而於城堡東側的王子花園（Fürstengarten），於16世紀初開始修建，在古典雕像和噴泉的襯托下，別具優雅！花園擁有巨大的觀景露台，居高臨下可欣賞到壯麗的全城美景。

從王子花園或瑪利亞堡東側城牆外，都可享有如此醉人的城市美景。

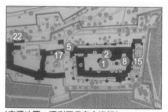

（來源地圖：瑪利亞堡官方資訊）
1. 水井塔
2. 聖母教堂
5. 城門（庭院入口）
8. 王子花園入口
15. 王子花園
17. 法蘭肯博物館
22. 露天餐廳 Schaenke zur alten Wache

━ Info ━

地址： Marienberg, 97012 Würzburg
電話： +49 931 3551750
網址： www.schloesser.bayern.de/deutsch/schloss/objekte/wu_fest.htm
前往方法：
巴士：於4至10月，可乘坐9號巴士，來往烏茲堡官邸前的「Residenzplatz」站，沿經「Kulturspeicher」站，再登上瑪利亞堡的門前，大約半小時1班。

Tips

從老美茵橋步行到瑪利亞堡，是很不錯的散步路線！

步行：登上瑪利亞堡有多條路徑，最方便快速的就是從老美茵橋（Alte Mainbrücke）沿著Tellsteige街道前行，再往左邊Neutorwiese州立公園中的大路往山上走，步程大約30分鐘。（可跟隨沿路的路標前往）

━ Info ━

王子花園 Fürstengarten
開放時間： 4月中至10月 週二至週日 0900-1730、週一 0900-1600
休息日： 11月至4月中
門票： 城堡庭院、王子花園、聖母教堂、水井塔 免費進入
前往方法： 位於瑪利亞堡東側，可經城堡庭院進入。

法蘭肯博物館 Museum für Franken
電話： +49 931 205940
開放時間： 4至10月 1000-1700；11月至3月 1000-1600
休息日： 逢週一、懺悔星期二、24/12、25/12、31/12
門票： €5；週日€1
網址： museum-franken.de
前往方法： 位於瑪利亞堡西側，售票處於城門旁邊。

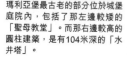
瑪利亞堡最古老的部分位於城堡庭院內，包括了那左邊較矮的「聖母教堂」。而那右邊較高的圓柱建築，是有104米深的「水井塔」。

歷史相當悠久的地下老酒窖，藏在醫院的地下底層，長達250米，古樸典雅。

漫步酒莊品酒行

MAP: P.218 B2

尤里烏斯醫院酒莊
(Juliusspital Weingut)

　　坐落在市中心尤里烏斯醫院之內，是當地最著名的酒莊。於1576年，尤里烏斯‧埃希特創立了尤里烏斯醫院，更因為他對葡萄酒的熱情，於醫院的地下底層建了一個250米長的酒窖，用來自家釀造和儲存葡萄酒。經過了4百多年的發展，這裡成為了德國第2大酒莊，還曾經被《金融時報》評為世界百強酒莊之一。如果想觀摩一下這個隱藏在醫院地底的著名酒莊，可以參加導賞團，在專人帶領下邊嚐美酒，邊聽酒莊的歷史故事。

除了會有專人帶領逛逛酒窖，還會品嚐2種葡萄酒，其中有甜美清爽的「Riesling」白葡萄酒。

「Silvaner」白葡萄酒也是酒莊的人氣佳釀。而一般來自弗蘭肯的葡萄酒（Franconia Wine），於傳統上會採用這種扁平較矮身的瓶子。

導賞團也包括參觀醫院的老藥房，裝潢十分典雅精緻。

在醫院外圍2個街角，分別設有酒莊所屬的 Weineck Julius-Echter 葡萄酒吧、專賣店和 Weinstuben Juliusspital 餐廳。

老酒窖內收藏了一些精美雕花橡木酒桶，充滿藝術感。

尤里烏斯醫院內圍噴泉位置，是品酒導賞團的集合地點。

---Info---

酒莊品酒導賞團 Guided winery tours and wine tastings
集合地點：尤里烏斯醫院內圍噴泉
活動時間：1.5小時
舉行日期：確實日期、時間和預約詳情可於官網查閱

費用：€17
預約網址：www.juliusspital-weingut.de/en/visit/guided/index.html

尤里烏斯醫院酒莊 Juliusspital Weingut
地址：Klinikstraße 1, 97070 Würzburg
電話：+49 931 3931400
網址：www.weingut-juliusspital.de
前往方法：從烏茲堡火車站（Würzburg Hauptbahnhof）步行前往，大約5-8分鐘。

於「Weingut am Stein」酒吧的戶外雅座，可飽覽烏茲堡的全景。

葡萄酒吧「Weingut am Stein - Ludwig Knoll」就在路徑的第一站，從火車站步行前往，只需約15分鐘。

在葡萄酒吧可單點一杯慢慢品嚐，內部也附設了葡萄酒商店。

健行葡萄田！邊享美酒
美酒徑
MAP: P.218 A1-C1
（Der Stein-Wein-Pfad）

如果在烏茲堡有充裕時間遊覽，又遇上好天氣，愛酒人士可考慮走走這一條「美酒徑」（Der Stein-Wein-Pfad）。從火車站後方的小山丘開始，沿路經過依山而建翠綠的葡萄田，還可遠眺對面「瑪利亞堡」和城鎮的美景。沿著這條「美酒徑」，更可到訪一些當地著名酒莊，遊人可內進點選杯裝葡萄酒，在田園景色下，享受美酒！

這條美酒徑位於居高臨下的小山丘上，整個烏茲堡就在腳下了！

大部分路段都寬闊易走，在品嚐葡萄酒之餘，還可親近大自然。

「Schlosshotel Steinburg」酒店坐擁全城美景，也附設了「Schloss Bar」葡萄酒吧。

Info

網址： www.wuerzburger-steinweinpfad.de
前往方法：
於烏茲堡火車站（Würzburg Hbf）後方，穿過Ständerbühlstraße高速公路的橋底，登上Rotkreuzsteige小樓梯，然後沿著小路一直上山，就可抵達美酒徑的第1站-葡萄酒吧「Weingut am Stein - Ludwig Knoll」。
Weingut am Stein - Ludwig Knoll
葡萄酒吧
地址： Mittlerer Steinbergweg 5, 97080 Würzburg
電話： +49 931 25808
營業時間： 1月至3月 週一至週五 1400-1800、週六 1000-1400；4月至12月 週一至週五 1400-1800、週六 1000-1700
休息日： 週日
網址： www.weingut-am-stein.de

（地圖來源：Der Stein-Wein-Pfad 官方網站）
1. Weingut am Stein - Ludwig Knoll
11. Schlosshotel Steinburg

Tips
整條美酒徑附近範圍都是葡萄田，如果跟著地圖中的紅色線走畢全程，需要大半天的時間。建議可只走一小段，略略散步一下。

路線建議：
可從火車站走到「Weingut am Stein - Ludwig Knoll」，坐下來喝一杯，然後沿著「Mittlerer Steinbergweg」（地圖1號和11號之間的路徑）往前走到「Schlosshotel Steinburg」，再折返下山。此段路程，沿途可欣賞到葡萄田和全城美景，步程大約1.5小時。

現代式酒窖餐室
Bürgerspital Weinhaus

MAP: P.218 C2

由當地著名「Bürgerspital」酒莊開設的葡萄酒專賣店和餐室，屬於現代式的裝潢風格。在地下樓層有一個蠻大的葡萄酒銷售專區，出售多種當地著名的葡萄酒，當中以Silvaner、Riesling、Bacchus葡萄釀造的葡萄酒最具人氣。最引人注目的是那超過6米長的櫃檯，甚有氣派！這裡除了可以品嚐各種自家釀造的葡萄酒，也同時供應餐飲服務。

炸雞腿拌配薯仔沙律，再配一杯地道清新的Bacchus。

餐室分為2層，地下層另設葡萄酒商店。

內裝挺優雅，富有現代舒適感，用餐氣氛相當輕鬆。

除了可以品嚐各種弗蘭肯尼亞葡萄酒，同時也有供應午餐和晚餐。

Info
地址：Semmelstraße 2, 97070 Würzburg
電話：+49 931 3503403
營業時間：週一 0900-1800、週二至週四 0900-2200、週六 0900-2400、週日 1100-1800
消費：大約€20-30/位
網址：www.buergerspital.de/weingut/weinhaus/index.html
前往方法：從烏茲堡火車站（Würzburg Hbf）經由Bahnhofstraße大馬路步行前往，大約8分鐘。

城中最繁華的地段
四管噴泉
（Vierröhrenbrunnen）

MAP: P.218 B3

坐落在市政廳前方的廣場上，是全城最著名和最具代表性的噴泉。於1733年，城中正安裝第1條公共水管，這座噴泉就是當時的計劃之一。噴泉是巴洛克晚期的典型設計，以方尖碑為主軸，旁邊4個雕像象徵了4種美德，分別為英勇、智慧、節制和正義。於噴泉附近，商店和餐廳林立，是當地人和遊客經常聚集的地方。

廣場上的市政廳，外觀十分精緻。

噴泉是18世紀的設計，於底座有4隻噴水的海豚。

這座市政廳也是現存城中最古老的羅馬式建築物，外牆繪上了樹木的圖案。

於市政廳的地下底層，設有一間當地著名的傳統餐廳「Würzburger Ratskeller」。

Info
地址：Beim Grafeneckart 12, 97070 Würzburg
開放時間：全年
前往方法：從烏茲堡火車站（Würzburg Hauptbahnhof）外，可乘坐電車5號路線到「Rathaus」站，即達。

城中最重要的教堂
主教座堂
（Würzburger Dom）

MAP: P.218 C3

屬於羅馬式教堂，始建於11世紀，之後經過幾百年的重修擴建，加入了哥德式、文藝復興和巴洛克式等等的建築元素，成為了現在的模樣。宏偉的巴洛克式內殿，莊嚴亮麗。

屬於烏茲堡最重要的教堂，其雙塔更是城中地標。

Info
地址：Domstraße 40, 97070 Würzburg
電話：+49 931 38662900
開放時間：0930-1730
休息日：週日
門票：免費進入；內部需預約參觀。
網址：www.dom-wuerzburg.de
前往方法：從市政廳前的四管噴泉（Vierröhrenbrunnen）向東步行前往，大約2分鐘。

不可思議的美

班貝格
Bamberg

位於巴伐利亞州之內，又譯作「班堡」，這個中世紀小城幸運地避過了二戰戰火的洗禮，保存得十分完好，於1993年更被列入了世界文化遺產名錄之中。班貝格不算大，但卻精緻亮眼！建在雷格尼茨河道人工島上的舊市政廳，讓人印象深刻。位於小山丘上的新王宮，或是聖邁克爾修道院，擁有廣闊的視野，風景無限好！遊覽過後，別忘了在傳統餐廳品嚐獨一無二的煙燻啤酒！

城際交通

從紐倫堡出發

最方便是從紐倫堡中央火車站，乘坐地區火車（RE），大約45分鐘可直達班貝格火車站（Bamberg Hbf）。

巴伐利亞州票
(Regional Day ticket：Bayern-Ticket)
如於同一天或週末從紐倫堡往返，可購買「巴伐利亞州票」，車票包含了巴伐利亞州內運行的地區火車（RB, IRE, RE）、近郊火車（S-Bahn）和當地大部分公共交通工具。

當地交通

步行

從班貝格火車站（Bamberg Hbf）步行至老市政廳（Altes Rathaus）附近，步程大約20分鐘。

巴士

可於火車站外的「Bamberg Bahnhof」站乘坐巴士978或989號，於「Schranne」站下車，即達老市政廳附近。或乘坐巴士901、902、907、911、914或931號，於「Bamberg ZOB」站下車，則可抵達綠色市場附近。

班貝格官方旅遊資訊
www.en.bamberg.info

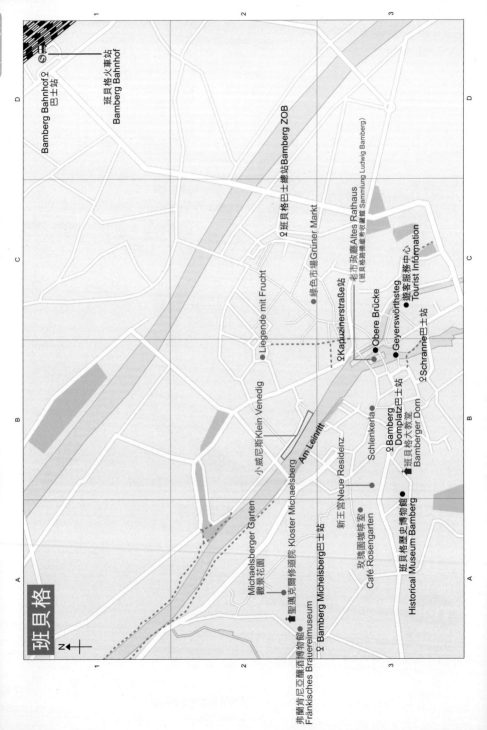

班貝格

N

Bamberg Bahnhof ⚲
巴士站

班貝格火車站
Bamberg Bahnhof

⚲班貝格巴士總站Bamberg ZOB

綠色市場Grüner Markt

● Liegende mit Frucht

● 綠色市場Grüner Markt

⚲Kapuzinerstraße站

老市政廳Altes Rathaus
（班貝格器彌維希收藏館Sammlung Ludwig Bamberg）

● Obere Brücke

Geyerswörthsteg

遊客服務中心
Tourist Information

⚲Schranne巴士站

小威尼斯Klein Venedig

Am Leinritt

Schlenkerla ●

⚲Bamberg
Domplatz巴士站

班貝格大教堂
Bamberger Dom

Michaelsberger Garten
觀景花園

弗蘭肯尼亞釀酒博物館
Fränkisches Brauereimuseum

聖連克爾修道院 Kloster Michaelsberg

⚲ Bamberg Michelsberg巴士站

新王宮Neue Residenz

玫瑰園咖啡室
Café Rosengarten

班貝格歷史博物館
Historical Museum Bamberg

226

建在小島上的老市政廳，是班貝格獨一無二的景觀，只要站在對面的「Geyerswörthsteg」橋樑，就可拍到這個明信片上經常出現的構圖。

城中最著名地標

MAP: P226 B3

老市政廳（Altes Rathaus）

城中的老市政廳，建於河道中央一座人工小島上，也是島上唯一的建築物，旁邊有兩座小橋跟對岸相連，營造了很獨特的小鎮風光。於15世紀，人民打算在城中修建市政廳，卻被當時掌權的主教反對，在沒有土地被許可使用之下，人民就索性在河的中央建了一座人工島，作為市政廳的興建地點。老市政廳內現設有「班貝格路德維希收藏館」（Sammlung Ludwig Bamberg），展出大量珍貴陶器和瓷器，當中有不少來自聞名於世的德國邁森（Meissen）瓷器。

瓷器擺設中的人物，神情姿態都栩栩如生，充滿故事感。

「班貝格路德維希收藏館」樓高3層，展出了不少精美的瓷器珍品。

站在老市政廳相連的橋上，可以飽覽「小威尼斯」河畔的優美景色。

從橋樑「Obere Brücke」，可以通往「班貝格路德維希收藏館」的入口。

館內收藏豐富，這一盒來自18世紀的餐具套裝，圖案繪畫得非常細緻。

老市政廳外牆的壁畫，以三維繪畫手法，營造了立體透視錯覺，非常精彩！

─ Info ─

班貝格路德維希收藏館
（Sammlung Ludwig Bamberg）
地址： Obere Brücke 1, 96047 Bamberg
電話： +49 951 87 1871
開放時間： 1000-1630
休息日： 週一、24/12、1/1
門票： 成人€6；18歲以下€1
網址： museum.bamberg.de/sammlung-ludwig/
前往方法： 可於班貝格火車站外「Bamberg Bahnhof」站乘坐巴士978或989號，於「Schranne」站下車，或乘坐957號於「Kapuzinerstraße」站下車，再步行2分鐘。

於仲夏之時，整個花園有超過數千朵玫瑰在盛開，漂亮得令人難以置信。

從1703至1802年，這座宏偉的新王宮一直是班貝格主教王的居所。

巴洛克式的玫瑰花園，以一些雕塑作裝飾，十分古典雅緻。

在玫瑰園中的咖啡雅座於春夏開放，供應啤酒、咖啡、蛋糕、輕食、開胃酒和各種飲品。

金碧輝煌的氣派

MAP: P226 B3

新王宮（Neue Residenz）

建於17世紀的主教宮，擁有德國經典巴洛克式建築風格，內部金碧輝煌，其中多間充滿氣派的大廳以眾多古典家具和掛毯作裝飾，於帝國廳（Kaisersaal）內有由梅爾基奧·斯特德（Melchior Steidl）繪製的天花壁畫，讓人眼前一亮！另外，在宮殿畫廊中亦收藏了很多巴洛克時期的畫作。新王宮旁邊設有迷人玫瑰園，種植了不同品種的玫瑰，每逢花季時份，花開得美艷動人，從玫瑰園更可飽覽班貝格小城的醉人全景。

Tips
王宮內部不可拍攝。宮殿畫廊可憑門票自由參觀，至於王宮中的大廳和房間，則要參加導覽團，由專人帶領下參觀。

坐在玫瑰園中的咖啡雅座，享受一杯清涼的啤酒，確實是旅程中的小幸福。

在玫瑰園中還可俯瞰一大片磚紅色屋頂，舊城全景盡收眼底。

新王宮的對面是舊宮殿（Alte Hofhaltung），現為歷史博物館（Historisches Museum）。

─**Info**─

地址：Domplatz 8, 96049 Bamberg
電話：+49 951 519390
開放時間：4月至9月 0900-1800；
　　　　　10月至3月 1000-1600
休息日：1/1、懺悔星期二、24/12、
　　　　　25/12、31/12
門票：新王宮 €6（門票包含了導覽團；每
　　　　30分鐘1節；每節約45-60分鐘；可
　　　　於售票處預約）；玫瑰園 免費進入
網址：www.residenz-bamberg.de
前往方法：乘坐巴士910或913號 到
　　　　　「Bamberg Domplatz」站，
　　　　　再步行1分鐘，在班貝格大教
　　　　　堂（Bamberger Dom）正門斜
　　　　　對面。

─**Info**─

Cafe im Rosengarten 玫瑰園咖啡雅座
地址：Domplatz 8, 96049 Bamberg
電話：09 51-5 09 07 92
營業時間：1100-1800
休息日：11月至3月
消費：大約€15-25/位
網址：caferosengartenbamberg.de
前往方法：穿過新王宮的大門，即可直達
　　　　　玫瑰園。

超過千年歷史
MAP: P226 B3

班貝格大教堂
（Bamberger Dom）

這裡也是教宗克雷門二世（Clemens II）、亨利二世及其夫人的長眠之地。

教堂內以很多人物浮雕作裝飾。

由神聖羅馬帝國皇帝亨利二世（Emperor Heinrich II）於1002年命人建造，現為班貝格主教座堂。原本屬於羅馬式建築風格，早期經歷了多次火災，於13世紀重建時，以哥德式風格融合了原來的設計。堂內收藏了一座13世紀「班貝格騎士」石雕（Der Bamberger Reiter），它被認為是世上第1座大型騎馬雕像。

「班貝格騎士」雕像上那位騎著馬的男子，戴有冠冕，後人估計它是代表某國王或聖人。

I Can Tips

每逢5至10月的星期六中午，教堂內都會舉行管風琴音樂會。除了參加音樂會的信徒之外，其他訪客則不可進入。

教堂建築呈長方形，於每一個角位分別建有高聳的尖塔，共有4座，成為了班貝格最標誌性的建築之一。

---Info---

地址： Domplatz, 96049 Bamberg
電話： +49 951 5022512
開放時間：
11月-3月 週一至週三0900-1700、週四及週五0930-1700、週六 0900-1630、週日及假期 1300-1700
4月-10月 週一至週三0900-1800、週四及週五0930-1800、週六 0900-1630、週日及假期 1300-1800
休息日： 於宗教儀式和活動進行期間，不可參觀。
門票： 免費
網址： www.bamberger-dom.de
前往方法： 乘坐巴士910或913號到「Bamberg Domplatz」站，再步行1分鐘。

河岸醉人風光
MAP: P226 B2

小威尼斯（Klein Venedig）

於雷格尼茨河岸的東部，是昔日漁民的居所，建有一整排精緻漂亮的半木結構房屋，每家每戶都有小船停泊處，小船隨風晃動，組合成醉人的風光，更有「小威尼斯」的美譽。跟真正威尼斯不一樣的是，這裡沒有蜿蜒的水道巷弄，也沒有熱鬧繁華的水都氛圍，但擁有平靜實在的生活感。

沿岸的半木結構房屋，大部分源自中世紀，充滿古典鄉村情懷。

只要從「Untere Brücke」橋樑走到沿岸小路「Am Leinritt」，再往「Markusbrücke」橋樑的方向步行，就可欣賞到「小威尼斯」最漂亮的畫面。

於陽光普照的日子，河岸風光更是醉人。

---Info---

地址： Am Leinritt, 96047 Bamberg
開放時間： 全年
前往方法： 從老市政廳（Altes Rathaus）步行前往河岸的西面「Am Leinritt」，步程大約5分鐘。

「煙熏啤酒醬汁拌班貝格洋蔥」是當地著名傳統菜，把豬肉碎釀入了一整個香甜的大洋蔥，配上秘製的啤酒醬汁，美味無窮！Bamberger Zwiebel in Rauchbiersoße €11.7

品嚐古法釀造的煙熏啤酒
Schlenkerla

MAP: P226 B3

　　來到班貝格不得不試試煙熏啤酒（Rauchbier）！世上僅有兩間啤酒廠，堅持源用傳統方式生產煙熏啤酒，這間歷史悠久的啤酒釀製廠「Schlenkerla」，就是其中之一了！麥芽會預先在明火上烘乾，當中所產生的煙霧，令麥芽散發出一陣煙熏香氣，然後利用這些麥芽釀造啤酒，啤酒會帶有一股獨特的熏香，味道富層次。啤酒廠在市中心開設了這間餐館，除了可品嚐獨一無二的自釀煙熏啤酒，還可享用別具風味的班貝格傳統菜式。

Rauchbier啤酒口感濃烈，充滿陣陣熏香，色澤也很深，讓人一試難忘。

餐館以前是多米尼加修道院的家庭禮拜堂，很有歷史意義。

這兒的煙熏啤酒都在橡木酒桶裡釀造和存放，別具風味。

餐館坐落在一座雅緻的老房子之內。於春夏時份，窗戶外擺滿了花朵，非常漂亮。

這裡一直人氣高企！設有多個用餐大廳，裝潢以深色木質家具和直紋天花為主，每個角落都散發著古樸典雅的氣質。

┤Info├

地址：Dominikanerstraße 6, 96049 Bamberg
電話：+49 951 56050
營業時間：0930-2330
　　　　　　（1130-2200 供應熱食）
消費：大約€20-30/位
網址：www.schlenkerla.de
前往方法：從老市政廳（Altes Rathaus）沿著Dominikanerstraße街道步行前往，大約1-2分鐘。

露天蔬果攤檔
綠色市場
(Grüner Markt)

水果預先分成「小盒裝」出售。

除了新鮮蔬果的攤檔，市場上也有鮮花攤位。

　　位於市中心的露天市集，主要出售當地新鮮蔬果。而這裡附近是班貝格最熱鬧的地段之一，圍繞著市集開滿各式各樣的商店、餐廳和咖啡店，旁邊有引人注目的海王星噴泉（Neptunbrunnen）。

┤Info├

地址：Grüner Markt, 96047 Bamberg
開放時間：早上到下午
休息日：週日
前往方法：從班貝格火車站（Bamberg Bahnhof）步行前往，大約15分鐘。從班貝格巴士總站（Bamberg ZOB）步行前往，大約3分鐘。

MAP: P226 C2

美景盡收眼底

MAP: P226 A2

聖邁克爾修道院與教堂
（Kloster Michelsberg）

這裡最原本的教堂始建於1015年，後來在1117年被地震摧毀，隨後在這個地點建造了一座羅馬式禮拜堂，之後教堂進行過無數次重建，並融入了新哥德式和巴洛克建築風格。而堂內的中央走道，於1617年畫了一幅很獨特的天花壁畫，畫中共有578種鮮花和草藥，猶如一個「天上花園」。遊客也可從教堂後方的花園露台「Michaelsberger Garten」，一覽漂亮的城市景觀。

教堂聳立在一座小山丘上，目前教堂內部正進行大規模重修，需要一段時間才完工。

於觀景花園的餐廳「Restaurant Café Michaelsberg」，設有露天雅座，環境優美。

在教堂後方設有開放式觀景花園「Michaelsberger Garten」，居高臨下，可飽覽整個城市的美景。

Info

地址：Michelsberg 10, 96049 Bamberg
開放時間：目前教堂內外正進行大規模重修，內部現不開放。花園範圍則可自由進入。
前往方法：乘坐巴士910或913號到「Bamberg Michelsberg」站，再步行2分鐘。
Restaurant Café Michaelsberg餐廳
地址：Michelsberg 10, 96049 Bamberg
營業時間：週一、週四、週五1130-1800、週六、週日1100-1800
休息日：週二、週三
網頁：www.restaurant-michaelsberg.de
前往方法：於教堂後方的「Michaelsberger Garten」花園露台上。

了解啤酒之釀造

MAP: P226 A2

弗蘭肯尼亞釀酒博物館
（Fränkisches Brauereimuseum）

坐落在本篤會啤酒廠之內，於一個18世紀拱形酒窖，展出了多達1千4百多件關於啤酒的物品，讓遊人了解古今啤酒之釀造技術。博物館另設有紀念品店和小酒吧。

除了展示過去的釀酒設備，也有展出很多啤酒杯、杯墊和舊照片等等。

這裡也設有小酒吧，可以點選啤酒來品嚐一下。

Info

地址：Michelsberg 10B, 96049 Bamberg
電話：+49 951 53016
開放時間：4-10月 週三至週五1300-1700；週六及假日1100-1700
休息日：11-3月 閉館；4-10月 逢週一、週二
門票：€4
網址：brauereimuseum.de
前往方法：在聖邁克爾修道院（Kloster Michelsberg）正門外廣場的旁邊。

Botero之雕塑名作
Liegende mit Frucht

市政府於1998年買下的一座青銅雕塑，用來放置在市中心的公共空間，作為藝術裝飾。雕塑出自世界知名的現代藝術家費爾南多·博特羅（Fernando Botero），手執水果的胖美人，躺著的姿勢十分性感撩人。以豐腴飽滿的美女為雕像主角，是Botero大師一貫的風格。

跟Botero大師其他作品一樣，主角體形相當肥胖。

Botero是來自哥倫比亞繪畫及雕塑大師，這項於1996年的雕塑作品，充分表現了他對飽滿體態的獨特美學。

Info

地址：Heumarkt 8, 96047 Bamberg
開放時間：全年
前往方法：從綠色市場（Grüner Markt）步行前往，大約3分鐘。

MAP: P226 B2

璀璨國際大都會

法蘭克福
Frankfurt

全名為美茵河畔法蘭克福（Frankfurt am Main），另有「Bankfurt」之美稱。在第二次世界大戰期間受到聯軍空襲，整個城市幾乎被夷為平地。於戰後短短數十年間，迅速重建並成為了歐洲首屈一指的金融中心，就連管理歐元貨幣的歐洲中央銀行，都選擇在這裡設立總部。雖然這兒是建滿了高樓的國際大都會，但只要走到美茵河畔，就能陶醉在愜意休閒的氛圍了！也可以走進地道的小酒館，點選一杯清新傳統蘋果酒，來細味法蘭克福那種璀璨中帶著優雅的情愫。

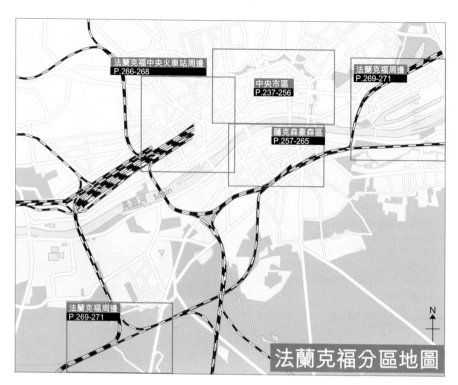

法蘭克福中央火車站周邊
P.266-268

中央市區
P.237-256

法蘭克福周邊
P.269-271

薩克森豪森區
P.257-265

美茵河 Main

法蘭克福周邊
P.269-271

N

法蘭克福分區地圖

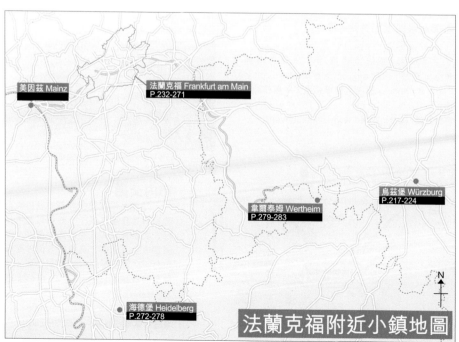

美因茲 Mainz

法蘭克福 Frankfurt am Main
P.232-271

烏茲堡 Würzburg
P.217-224

韋爾泰姆 Wertheim
P.279-283

海德堡 Heidelberg
P.272-278

N

法蘭克福附近小鎮地圖

機場交通

法蘭克福機場（FRA）

Flughafen Frankfurt am Main

又名為「萊茵-美茵機場」（Rhein-Main-Flughafen），位於法蘭克福市中心以南大約12公里外，是全國乘客流量最高的國際機場，現時也有直飛航班來往香港。

官網：www.frankfurt-airport.com

交通方法

1. 前往 法蘭克福中央火車站 附近

近郊火車(S-Bahn)

可於1號航廈內的地區火車站（Regionalbahnhof）乘坐近郊火車S-Bahn S8或S9路線，到達法蘭克福中央火車站（Hauptbahnhof）。如前往中央市區羅馬廣場（Römerberg），可再轉乘地鐵U-Bahn U4或U5路線到「Dom/Römer」站。

```
┌─ Info ─┐
班次：約10-15分鐘一班
車程：約12-20分鐘
票價區：機場 5090、市區 5000
車票：單程€5.8；機場及市中心一天票單人€11.3、
      2-5人團體€19.1
└────────┘
```

RMV公共交通公司官網：www.rmv.de

2. 直接前往 德國其他城市

長途火車(ICE、IC)

可於跟1號航廈連接的「法蘭克福機場長途火車站」（Frankfurt am Main Flughafen Fernbahnhof），直接從機場乘坐火車前往德國各地。

德國國鐵（DB）官網：www.bahn.com/en/

城際交通

交通方法

1. 火車

最接近中央市區的「法蘭克福中央火車站」（Frankfurt (Main) Hauptbahnhof）是城中最主要火車站，往來德國各大城市的火車，大部分都會在此停靠。全國火車一般由「德國國鐵」(Deutsche Bahn：DB)營運，可於其官網查閱路線、時間表及訂票。

德國國鐵（DB）官網：www.bahn.com/en/

從法蘭克福中央火車站往中央市區，可轉乘地鐵（U-Bahn）或步行約10-20分鐘。

2. 長途巴士

來往全國各大城市的長途巴士，大部分於法蘭克福長途巴士總站（Frankfurt (Main) Hauptbahnhof FOB）停靠，並由Flixbus廉價長途巴士公司運營。可於其官網查閱路線、時間表及訂票：global.flixbus.com

長途巴士總站位於法蘭克福中央火車站南翼外，步程約5分鐘。

市內交通

法蘭克福主要景點集中在中央市區和薩克森豪森區，一般都可利用步行方式遊覽。如果不想走太多路，乘坐當地公共交通工具也很方便。而市內公共交通主要由RMV公司運營，提供多條地鐵（U-Bahn）、近郊火車（S-Bahn）、巴士和電車路線。

RMV官網：www.rmv-frankfurt.de

地鐵和電車路線圖：可查閱P.236

法蘭克福常用交通路線圖

（來源：RMV官方網站）

於部分巴士站或電車站，亦設有自動售票機。

票價區：

整個市中心所屬票價區為 5000
法蘭克福機場所屬票價區為 5090

車票種類：

A. 單程車票 One Way Ticket

車票一購買後立即生效，所以不可提前購買，適用於單次旅程，但可隨意轉乘區內之近郊火車、地鐵、巴士或電車。€3.4（票價區5000範圍內）

B. 短途車票 Short Trip Ticket

有效於單次短途旅程，上車點和目的地不可超過2公里。€2.1（票價區5000範圍內）

C. 一天票 Day Ticket

可於當天無限次乘坐所屬票價區內的近郊火車、地鐵、巴士或電車路線。

票價：

票價區	單人	2-5人團體
5000	€6.65	€12.6
5000＋5090	€11.3	€19.1

法蘭克福市內電車非常方便，相比當地地鐵更為舒適。

全國的U-Bahn地鐵站口，都統一設有藍底白字「U」字站牌。

全國大部分S-Bahn火車站於同一月台可以有不同路線先後停靠，而到站時間又不算太準確。上車前記緊留意車頭、車身或月台上的電子告示牌所列出該火車的路線，以免上錯車。

於歐洲很多國家，有些電車和火車到站後，乘客需要自行按鈕開門，車門才會開啟的。

的士（Taxi）

可直接電召或經由手機應用程式預約。

─Info─
法蘭克福電召的士 (Taxi Frankfurt)
預約電話：+49 (0) 69/23 00 01 或
　　　　　+49 (0) 69/23 00 33

預約的士 APP（Taxi Deutschland）
全國通用，只要輸入出發點和目的地，可預計大約車費和所需時間，並可於APP內預約的士。

觀光船（Sightseeing Cruise）

乘坐觀光船暢遊美茵河，是法蘭克福熱門的遊覽活動之一。於中央市區鐵橋附近設有「Primus-Linie」觀光遊船公司的售票亭，詳情及時間表可查閱其官方網站。
網址：www.primus-linie.de

實用旅行資訊

1. Frankfurt-Card（法蘭克福觀光卡）

憑卡於城中一些主要景點和博物館可享有5至8折的優惠。另外分為包含交通和不含交通，包含交通的觀光卡可於有效期內免費無限次乘坐市中心和機場範圍內（票價區Fare Zone：5000及5090）的近郊火車、地鐵、巴士和電車路線。

─Info─
銷售點：可於官網或旅遊服務中心購買。
官網：www.frankfurt-tourismus.de/en/Information-Planning/Frankfurt-Card

包含交通 票價：

	個人	2-5人團體
一天票	€11.5	€24
兩天票	€17	€34

不含交通 票價：

	個人	2-5人團體
兩天票	€6	€13
三天票	€9	€19

2. 旅遊服務中心（Tourist Information）

除了可索取免費市內地圖和法蘭克福市內最新活動資訊，還可購買觀光卡和查詢各項景點路線。
官方旅遊資訊：www.frankfurt-tourismus.de

─Info─
1. 於「羅馬廣場」上的市政廳
地址：Römerberg 27
開放時間：週一至週五0930-1730；週六、週日0930-1600
2. 於「法蘭克福中央火車站」內
地址：Hauptbahnhof, Empfangshalle
開放時間：週一至週五0800-2100；週六、週日0900-1800

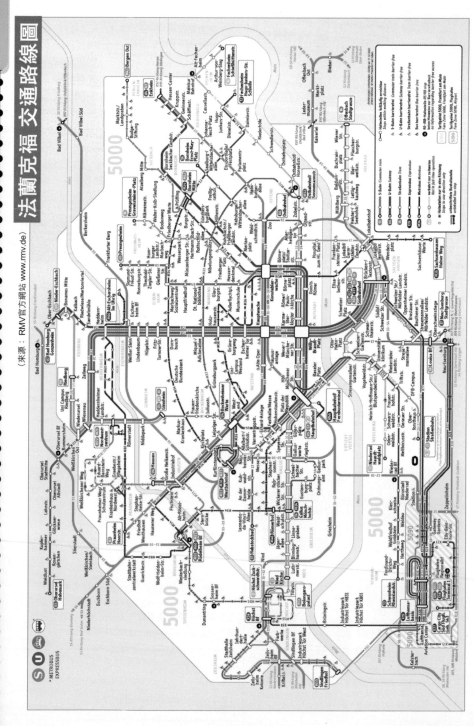

法蘭克福 交通路線圖

（來源：RMV官方網站 www.rmv.de）

城中最繁忙的地段

中央市區
Innenstadt

　　來法蘭克福遊覽的人們，都會喜歡待在這一區段！可先在充滿代表性的「歐元塔」下拍照留念，然後參觀「歌德故居」去了解文壇巨匠歌德的生平，再到戰後重建的「羅馬廣場」，看看精緻的半木構造建築，跟著到訪「法蘭克福歷史博物館」，去探索城市的古今歷史文化。如果天氣晴朗，不妨登上「聖保羅教堂」鐘樓，欣賞新舊對照的全城美景！

交通

前往「美茵塔」附近
U-Bahn 乘坐U1-5或U8路線於「Willy-Brandt-Platz」站下車。
電車 乘坐11、12或14號路線到「Willy-Brandt-Platz」站下車。

前往「羅馬廣場」附近
U-Bahn 乘坐U4或U5路線於「Dom/Römer」站下車。
電車 乘坐11、12或14號路線到「Römer/Paulskirche」站下車。

中央市區

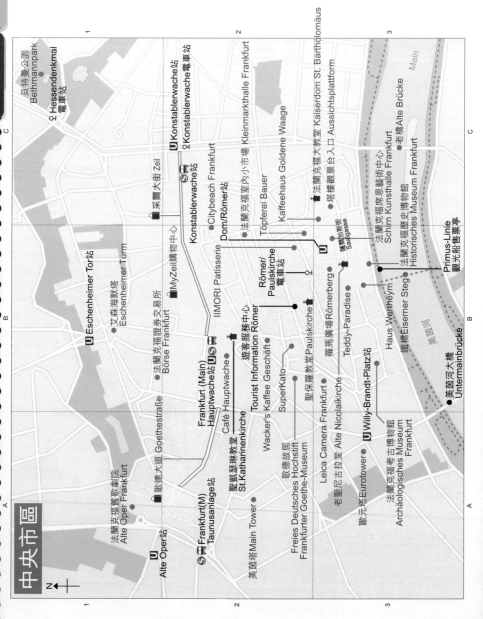

貝特曼公園 Bethmannpark

Hessendenkmal 電車站

Konstablerwache站
Konstablerwache電車站

法蘭克福室內小市場 Kleinmarkthalle Frankfurt

采爾大街 Zeil

Citybeach Frankfurt

法蘭克福羅馬廣場 Dom/Römer站

Konstablerwache站

MyZeil購物中心

Eschenheimer Tor站

艾森海獸塔 Eschenheimer Turm

IIMORI Patisserie

法蘭克福大教堂 Kaiserdom St. Bartholomäus
塔樓觀景台入口 Aussichtsplattform

Töpferei Bauer

Kaffeehaus Goldene Waage

法蘭克福席恩藝術中心 Schirn Kunsthalle Frankfurt

舊咖斯街 Saalgasse

Römer/Paulskirche電車站

法蘭克福歷史博物館 Historisches Museum Frankfurt

Primus-Linie 觀光船售票亭

法蘭克福大道 Goethestraße

歌德大道 Goethestraße

法蘭克福證券交易所 Börse Frankfurt

Frankfurt (Main) Hauptwache站

Café Hauptwache

遊客服務中心 Tourist Information Römer

聖凱瑟琳教堂 St. Katharinenkirche

Wacker's Kaffee Geschäft

SuperKato

聖保羅教堂 Paulskirche

羅馬廣場 Römerberg

Teddy-Paradise

Haus Wertheym

鐵橋 Eiserner Steg

美茵河 Main

老橋 Alte Brücke

美茵河 Main

法蘭克福歌劇院 Alte Oper Frankfurt

Alte Oper站

Frankfurt(M) Taunusanlage站

美塔 Main Tower

歌德故居 Freies Deutsches Hochstift Frankfurter Goethe-Museum

Leica Camera Frankfurt

老聖尼古拉堂 Alte Nicolaikirche

Willy-Brandt-Platz站

歐元塔 Eurotower

法蘭克福考古博物館 Archäologisches Museum Frankfurt

美茵河大橋 Untermainbrücke

N

在廣場中央設有於1611年建造的正義噴泉，是法蘭克福第1個噴泉。手持著天秤和劍的「正義女神」雕像，象徵公平公義，是整個城市的靈魂。

於廣場東側的一整排半木結構老房子，於戰後重建，回復了中世紀時期的面貌。

城中最經典之地

MAP：P.238 B3

羅馬廣場（Römerberg）

　　城中最有歷史意義的地方必然是這個充滿古典氣息的廣場了！自中世紀以來，這裡是市集、商業街和市政廳的所在。於廣場西側有可愛的「市政廳」（Römer in Frankfurt），是市政府辦公的地方。而東側有一整排半木結構房屋，美得猶如童話故事裡的建築！至於南側，建有哥德式「老尼可拉教堂」（Alte Nicolaikirche），是昔日市議員的專屬教堂。立在中央的正義噴泉（Gerechtigkeitbrunnen）更是這裡的靈氣所在。

始建於13世紀的老尼古拉教堂，位於廣場的南側。教堂的鐘琴有47個共重3千5百公斤銅鐘，於每天09:05、12:05和17:05都會播放美妙的旋律。

旅遊服務中心就在舊市政廳旁邊。

於廣場東側轉角有一座名為「大天使」（Großer Engel）的老房子，房子角柱上有天使作裝飾，於16至19世紀是一間錢幣兌換店。

Tips

市政廳（Römer in Frankfurt）
由3座「梯級型」山牆房屋組成，自15世紀以來，市政府就一直在這裡辦公。這裡也曾舉行皇帝加冕，內裡有華麗的帝國大廳（Kaisersaal），牆上掛著由8至19世紀52位統治者的畫像，現開放給公眾參觀。

而位於中間那房子的陽台，是昔日統治者向廣場上人群揮手和宣佈重要事項的地方。

提你

市政廳別名「Römer」的由來
這3座山牆房屋中間的1座，名為「羅馬之家」（Haus zum Römer），是昔日羅馬商人的居所。它建於1322年，後來於1405年被市政府購買，成為了市政廳。這個「市政廳廣場」也因此而被稱為「羅馬廣場」（Römerberg）。

Info

帝國大廳（Kaisersaal）
地址： Römerberg 23, 60311 Frankfurt am Main
電話： +49（0）69 212 34814
開放時間： 1000-1300、1400-1700（於活動舉行期間，並不開放）
門票： €2（需事先預約）
前往方法： 於羅馬廣場西面市政廳內2樓。

羅馬廣場（Römerberg）
地址： Römerberg , 60311 Frankfurt am Main
開放時間： 全年
前往方法： 乘坐U-Bahn U4、U5路線到「Dom/Römer」站，即達。也可乘坐11、12、14號電車於「Romer/Paulskirche」站下車，步行1分鐘。

炸豬排配法蘭克福綠醬和歐芹薯仔，是當地傳統名菜之一。豬排炸得酥脆香口，沾上以7種蔬菜和香草製作成的綠醬，風味更佳！Schweineschnitzel €14.8

老房子受到二戰戰火洗禮後重建，內裝古意盎然，就像承載著幾個世紀的歷史故事。

牆上各種銅製壁飾和木板畫，營造了古老優雅的懷舊氛圍。

美不可言的中世紀情調

MAP: P.238 B3

Haus Wertheym

源自1479年的傳統餐館，坐落於歷史悠久的半木結構房子之內，一走進去，猶如穿越了時空，回到了中世紀！玻璃窗上的人像畫、濃濃古樸韻味的木質家具和情調滿滿的彩繪天花吊燈，每個角落都瀰漫著不可思議的氛圍！餐館主要供應南德和法蘭克福特色傳統菜，烤豬里脊、維也納炸肉排、烤豬手都屬熱門之選。喜歡德國腸的客人，可試試集合了5種香腸的拼盤「Die Würstchenplatte」，充滿地道風味。

水吧前方放滿了古董啤酒杯，天花吊滿各種銅鐵舊廚具，裝潢帶有歲月痕跡，卻讓人賞心悅目！

在這氛圍甚佳的餐館內品嚐蘋果酒，那清新微酸的口感一試難忘！Apfelwein €4.5/500ml

湯品選擇蠻多，除了這一客香濃的匈牙利燉牛肉湯，還有洋蔥湯、肝餃子湯、龍蝦湯等等。Gulaschsuppe €6

這間餐廳只收現金，食客們要注意一下。

━━┃Info┃━━

地址：Fahrtor 1, 60311 Frankfurt am Main
電話：+49 69 281432
營業時間：1100-2300
消費：大約€25-30/位（只收現金）
網址：www.haus-wertheym.de
前往方法：從羅馬廣場（Römerberg）向南面步行，大約1分鐘，於法蘭克福歷史博物館（Historisches Museum Frankfurt）正門斜對面。

這個內設機關的大型「雪球」(The Snow Globe)，裝置了好幾個城市模型，會輪流自動升降，並有語音系統介紹法蘭克福的8大經典特色。

於新展覽大樓的3樓，設置了別出心裁的大型城市模型「Frankfurt Now！」，面積達70平方米，當中利用了很多日常用品和小物件，拼合出整個城市現在的模樣。

展品多不勝數

MAP: P.238 B3

法蘭克福歷史博物館
(Historisches Museum Frankfurt)

　　想徹底瞭解法蘭克福這座大都會城市發展和古今藝術文化，這座博物館是絕佳之選。博物館面積十分大，達4千5百平方米，於多座建築物內設了7個常設展覽，展品種類繁多，包括樂器、錢幣、時裝、雕塑、城市模型、玩具、日常用品等等。另設有收藏家博物館（Collector'Museum），展出了城中一些收藏家所捐贈的珍品，包括袖珍畫作、瓷器、家具等等，件件價值連城，十分珍貴。

皇冠和權杖是12至15世紀德國各地的「帝王權力象徵物」（Imperial Insignia），用於新帝王的加冕儀式。這些是1913年製成的複製品。

博物館面向著美茵河的這一邊，外觀十分精緻。而左邊4層高的尖塔是15世紀的稅塔（Toll Tower），也是昔日港口的城門。

最令人深刻的城市模型是這個二戰被轟炸後的舊城原型，整個城鎮幾乎被夷為平地，讓人感受到戰爭的殘酷。

於1515年繪製的地球儀，是館內最珍貴的收藏之一。

正門入口位於整座博物館建築的北面。

於收藏家博物館展示了多達8百幅迷你畫作，當中包括了山水畫、肖像畫、宗教主題畫作等等。

─┤ Info ├─

地址： Saalhof 1, 60311 Frankfurt am Main
電話： +49 69 21235599
開放時間： 週二至週日 1100-1800
休息日： 週一、24/12、31/12、1/1
門票： 成人 €12；學生 €6；18歲以下 免費
網址： www.historisches-museum-frankfurt.de
前往方法： 於羅馬廣場（Römerberg）向南步行，大約2分鐘即達。

從大教堂的塔樓頂部，可欣賞法蘭克福的全景！後方高聳入雲的現代化商廈，是戰後隨著經濟發展而逐一建造。

位於66米高的觀景台，居高臨下，視野廣闊，可享美茵河畔的空前美景。

前方舊城區中的傳統木房子，是二戰後根據戰前模樣重建。

從1562年起，一共有十位德國皇帝和神聖羅馬帝國的國王，在這間大教堂內當選或加冕。

塔頂美不勝收的景色

MAP: P.238 C3

法蘭克福大教堂
(Kaiserdom St. Bartholomäus)

　　是城中最主要的教堂，於14世紀初以哥德式風格建造，並以耶穌十二門徒之一聖巴多羅買（St.Bartholomew）的名字而命名。堂內收藏了不少藝術瑰寶，包括15世紀的「瑪麗亞‧施拉夫祭壇」（Maria-Schlaf-Altar）由安東尼奧‧範‧戴克（Antonius van Dyck）繪畫的「基督哀悼像」。參觀完內殿之後，不妨登上教堂塔樓頂部的觀景台，爬上一共328級台階，可俯瞰美不勝收的城市景色。

大教堂先後受到兩次嚴重破壞而作大型重建，包括了於1867年的一場大火和於1944年的二戰戰火。

---Info---

地址：Domplatz 14, 60311 Frankfurt am Main - Altstadt
電話：+49 69 2970320
教堂
開放時間：0900-2000（當有宗教活動進行時，不可參觀）
門票：免費
網址：www.dom-frankfurt.de/dom/kaiserdom-frankfurt
前往方法：羅馬廣場（Römerberg）向東步行約5分鐘。
塔樓觀景台
開放時間：（如遇上惡劣天氣，觀景台會關閉）
11月至3月 週三至週五1000-1700；週末、假日1100-1700
4月至10月 週二至週五1000-1800；週末、假日1100-1800
休息日：11月至3月週一、週二；4月至10月週一
門票：成人€3、學生€2
網址：dommuseum-frankfurt.de/beitrag/domturm/
前往方法：入口位於教堂外的南方。

日與夜的美

MAP: P.238 C3

老橋（Alte Brücke）

　　始建於中世紀，是法蘭克福最歷史悠久的橋樑。以紅砂岩建造的老橋，橋身原本擁有多個拱形結構，於二戰期間，橋的中央位置被戰火炸毀了，重建時把中央缺了的那部分，換上了較為現代化的鋼橋，成為了現在的模樣。站在老橋之上，是拍攝城市天際線和河岸景致的最佳地點之一，日間與夜晚之景色，有著不同的美。

於舊橋上設有中世紀早期法蘭克王國「查理曼大帝」的雕像。

這一座新舊融合的橋樑和後方現代化的建築，營造了法蘭克福經典的城市景色。

---Info---

地址：Alte Brücke, 60547 Frankfurt am Main
開放時間：全年
前往方法：從羅馬廣場（Römerberg）沿著河邊步行前往，大約10分鐘，對岸則是薩克森豪森博物館區。

從老橋沿著河堤可走到另一座經典橋樑「鐵橋」，河岸風光旖旎。

橫跨美茵河的鐵橋，是法蘭克福最具代表性的建築之一。

從鐵橋上可欣賞到法蘭克福別緻的城市景觀，滿眼璀璨繁華的高樓商廈。

美茵河畔的浪漫情調

MAP：P.238 B3

鐵橋（Eiserner Steg）

城中一座非常著名的鋼鐵橋，連接中央市區與美茵河南岸的薩克森豪森博物館區，每天大約有過萬名行人沿著鐵橋步行至對岸。橋樑由當地土木工程師Peter Schmick於1869年以新哥德式風格建造。這兒是法蘭克福最人氣的景點之一，只要站在橋上，就可以欣賞到城市的天際線和優美的河岸風光！這兒也是戀人們見證愛情之地，鐵橋兩旁的圍欄上，掛滿了無數個愛情鎖，散發著浪漫情調！

來自世界各地的愛侶，在欄河上掛上了各式各樣的鎖頭，以見證他倆的愛情。

橋上古色古香的電燈柱，讓鐵橋更具典雅氣質。

Tips

美茵河畔的遊船之旅
如果想乘坐觀光遊船遊覽美茵河，於中央市區這一邊的橋頭，設有觀光遊船公司「Primus-Linie」的售票亭，詳情及時間表可查閱其官方網址。
網址：www.primus-linie.de

橋樑擁有超過100多年的歷史，期間經過多次改建才形成了現在的模樣。

Info

地址：Mainkai 39, 60311 Frankfurt am Main
開放時間：全年
前往方法：乘坐U-Bahn U4或U5線於「Dom/Römer」站下車，即達羅馬廣場（Römerberg），再向南步行5分鐘至美茵河畔。

小街上別緻的後現代建築

薩爾加斯街（Saalgasse）

曾經是舊城區最古老的街道之一，原本建在這兒的中世紀老房子，在二戰空襲時期毀於一旦。這條街道於戰後沒有立刻被重建，工程大約於1980年代才正式展開。當時重建的概念是把「後現代風格」注入舊式傳統建築之中，利用線條造成了視覺對比，營造出這一條街道獨一無二的景緻。

MAP：P.238 B3-C3

小街道位於「法蘭克福席恩藝術中心」的後面，充滿設計感。

這條街道跟不遠處「羅馬廣場」上的古舊建築，成了很大的對比。

這些後現代建築都很精緻，每一間房子的外觀都有不同，當中有不少更是出自知名建築師的藍圖。

Info

地址：Saalgasse , 60311 Frankfurt am Main
開放時間：全年
前往方法：從羅馬廣場（Römerberg）步行前往，大約2分鐘。

半木房子內的咖啡香

MAP: P.238 C3

Kaffeehaus Goldene Waage

在充滿歷史韻味的老房子裏，享受一杯咖啡和美味的甜點，真的會讓人意亂情迷！咖啡館坐落在一座被譽為「全城最漂亮的老房子」之內，主要供應咖啡、西式早餐、蛋糕和飽點。房子名為「黃金秤屋」（Goldene Waage），近年經過大型重修，回復了戰前的模樣，那中世紀半木結構外觀和文藝復興時期的裝飾佈置，充滿悠久歷史的優雅感，營造了令人讚嘆的咖啡館氛圍。

雜果撻十分精緻，水果甜美新鮮，配一杯奶泡細滑的拿鐵瑪奇朵，讓味蕾和視覺都得到滿足。 Latte Macchiato €4.7；雜果撻 €5.5

重修後的文藝復興式天花，十分瑰麗，為咖啡館帶來了古典韻味。

咖啡館擁有2個用餐區，同樣地裝飾優雅。

房子牆角上有一隻拿著金色秤子的手伸了出來，非常特別！房子也因而名為「黃金秤屋」。

老房子於二戰時期被摧毀，及後根據原來模樣重建，最後於2018年才完成工程。

糕點種類繁多，包括了雜果撻、士多啤梨撻、朱古力蛋糕等等。

Info

地址：Markt 5, 60311 Frankfurt am Main
電話：+49 69 92020323
營業時間：1100-1900；週六1100-2000
消費：大約€12-20/位
網址：www.goldenewaage.com
前往方法：於法蘭克福主教座堂（Kaiserdom St. Bartholomäus）的旁邊。如從羅馬廣場（Römerberg）步行前往，大約2分鐘。

藝術展覽空間

MAP: P.238 B3

法蘭克福席恩藝術中心
(Schirn Kunsthalle Frankfurt)

於1986年開幕，外觀設計充滿現代感，入口附近那圓形大廳的玻璃穹頂，讓人印象深刻。內裝走簡約樸素風，跟羅馬廣場附近的傳統舊城建築，形成很大的對比。這裡不定期展出各類型的現代或當代藝術展覽，十分適合藝術愛好者前來欣賞慢逛。

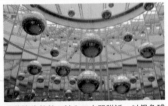

內裝簡約華美，於入口大門附近，以銀色球體作天花裝飾，充滿現代感。

設有多個展覽廳，主要展出專題展覽。

藝術中心位於羅馬廣場之後方不遠處，位置十分便利。

Info

地址：Römerberg, 60311 Frankfurt am Main
電話：+49 69 2998820
開放時間：週二、週五至週日 1000-1900；週三、週四 1000-2200
休息日：週一
門票：入場費因展覽而異
網址：www.schirn.de
前往方法：從羅馬廣場（Römerberg）步行前往，大約2分鐘。

昔日國民議會的所在地

MAP: P.238 B2

聖保羅教堂（Paulskirche）

　　位於羅馬廣場西北後方的聖保羅教堂，建於1789至1833年，是一座古典主義式的橢圓形教堂，外觀樸實不華，卻在德國人民心目中有很重要的政治地位。於1848至1849年，這裡由教堂改為了國民議會的所在地，全國第一個國民機構「法蘭克福國民議會」，就是在堂內昔日的古典圓形大廳舉行「德國國民大會」，是德國邁向民主自由重要的一步。

昔日舉行國民議會的古典圓形議事大廳已經不在了。戰後重建時把原本的議事大廳，設計得較為簡約現代化，現可容納約1200人。

於二戰期間教堂被燒毀，重建後沒有再用作宗教活動，現為展覽、會議或文化活動的舉行地。

堂內中央位置有由柏林畫家Johannes Grützke創作的壁畫，於1991年製作。

內設小型展覽，介紹這座教堂的歷史。

議事大廳位於1樓，牆壁上以德國16個聯邦州和法蘭克福市的代表旗幟作裝飾。

━Info━
地址：Paulsplatz 11, 60311 Frankfurt am Main
電話：+49 69 21234920
開放時間：1000-1700
門票：免費
前往方法：從羅馬廣場（Römerberg）向西北步行，大約2分鐘。

泰迪熊迷之天堂

MAP: P.238 B3

Teddy-Paradise

　　看著這麼多可愛的啤啤熊，心正在融化！這是一間以「泰迪熊」為主題的專賣店，集合了各大品牌大大小小的熊公仔，當中有不少更是獨一無二的限量收藏品，珍貴無比。這裡除了出售毛公仔，還有許多特色紀念品，包括小掛飾、明信片、音樂小盒等等的小玩意。在這裡逛逛，猶如進入了一個小型玩具博物館，讓大人們重拾童趣！

泰迪熊的造型設計可愛，有王子、公主、畢業生等等，也有充滿當地特色的款式，就像正在賣啤酒和賣薑餅的小熊，讓人大開眼界。

讓人滿心歡喜的泰迪熊專賣店，不但吸引小朋友，大人亦樂在其中。

當中有一些屬於限量版本，擁有德國手工製造的証明書，是收藏家的至愛。

門外站著正在吹泡泡的大型泰迪熊，十分可愛。

各種泰迪熊明信片，其中還有以羅馬廣場的市政廳作背景，熊迷們不容錯過。

━Info━
地址：Römerberg 11, 60311 Frankfurt am Main
電話：+49 69 13377000
營業時間：週一至週五1100-1800；週六1000-1900；週日1200-1800
網址：www.teddy-paradies.de
前往方法：於羅馬廣場（Römerberg）上老聖尼古拉堂（Alte Nikolaikirche）

這裡出售很多特色食材，吸引了一些喜歡體驗道地口味的食客。

地道街市尋美食

MAP: P.238 B2

法蘭克福室內小市場
(Kleinmarkthalle Frankfurt)

　　位於市中心人氣購物區附近，佔地有1千5百平方米，是傳統美食愛好者的天堂！菜市場寬闊明亮，一共有超過150個攤位，出售各種食材，包括香腸、鮮花、麵包、甜點、香料、醬料、芝士、肉類、海鮮、蔬果、乾果、酒類產品等等。另外也有一些熟食店和咖啡館，提供地道平民美食，其中有一家叫做「Schreiber」的德國香腸熟食店，由2位老太太主理，幾十年來好評如潮，每天來排隊買香腸的人真很多！

如果喜歡嘗試當地特色美食，在近門口的「Else Kalbskopp」肉攤，可試試「生豬肉麵包」（Mett），新鮮生豬肉碎先用調味料醃過，然後塗抹在麵包片上，再撒上生洋蔥粒。

各式各樣的水果，擺放得整潔有序，新鮮度高，非常吸引。

各式前菜選擇甚多的，一般以重量計費。

於2樓設有魚販攤位和少量用餐椅桌，提供一些海鮮小吃。另有餐廳和小酒館，用餐氛圍挺不錯。

小市場坐落在這座暗黃色的建築物之內，是體會德國人日常生活的好地方。

市場內美食選擇也挺多，有麵包、甜點、朱古力、三文治、沙律、意大利麵等等。

其中有部分熟食店設有用餐區。

Info

地址：Hasengasse 5-7, 60311 Frankfurt am Main
電話：+49 69 21233696
營業時間：0800-1800；週六0800-1600
休息日：週日
網址：kleinmarkthalle.de
前往方法：從采爾大街（Zeil）步行前往，大約3-4分鐘。而從羅馬廣場（Römerberg）步行前往，大約5分鐘。

情迷中世紀老房子
Töpferei Bauer

MAP: P.238 B2

　　這間手工藝店以各個城市具代表性的老房子為題，包括教堂、城門、塔樓和可愛的半木結構房屋，把它們的模樣製作成陶器，於德國本土人手製造，造功精細，很值得買回家作收藏或紀念。如果把好幾座一起並排放著，就好像重組了中世紀古城街道，在家就能湊合出一個德國童話小鎮！

每一座「老房子」陶器，都是真實存在的中世紀建築物之模樣！除了有法蘭克福一些著名建築物，也有來自其他城市的房屋。每座由€18起。

除了房子模型，還有出售其他手工藝品和紀念品，例如有陶器杯碟、吊飾等等。

如果想買一些比較輕巧的紀念品，這些房子造型磁石貼，也很可愛。€8

這些陶器也可用作「室內香薰爐」。在裡面可放置燃點了的三角香錐，煙霧和香氣會從窗戶和煙囪冒出來。每座€24（小）

也有一些傳統釉彩酒具，是當地人專門用來品嚐蘋果酒的。

非常值得逛逛的紀念品店！就在羅馬廣場和法蘭克福大教堂之間。

法蘭克福大教堂、羅馬廣場上的市政廳和老尼可拉教堂等等，都是法蘭克福的地標！每座大約€25起。

黃金秤屋（Goldene Waage）是城中最漂亮的老房子之一，在這裡可以找到它，也是人氣之選！每座€88（大）

━┃Info┃━

地址： Markt 9, 60311 Frankfurt am Main
電話： +49 69 92101838
營業時間： 週一至週六1000-1900
休息日： 週日
網址： www.toepferei-bauer.de
前往方法： 從羅馬廣場（Römerberg）步行前往，大約2分鐘。於黃金秤屋（Goldene Waage）的斜對面。

參觀故居，除了可讓人窺看歌德年輕時的居家生活，也可從中了解18世紀資產階級的居住環境。

文壇巨匠之出生地

MAP: P.238 B2

歌德故居
(Goethe-Haus und Goethe-Museum)

18世紀德國文壇巨匠約翰·沃夫岡·馮·歌德（Johann Wolfgang von Goethe），是一位舉足輕重的浪漫主義詩人、小説家和劇作家。在法蘭克福的這座房子，是歌德於1749年出生的地方，他前前後後居住了20多年。訪客可參觀這座4層高的居所，了解歌德昔日成長之地，並尋訪他當年撰寫名作《少年維特的煩惱》（Die Leiden des jungen Werthers）期間的工作室。門票亦包含了參觀旁邊的「歌德博物館」，收藏了歌德時代的繪畫畫作。

於二戰爆發前，故居內大部分家具和物品都被搬到安全的地方收藏，所以能夠保存至今。

在1樓的廚房爐灶，表現了18世紀富人居所的模樣。

二戰期間，這座歌德故居跟法蘭克福的大部分建築物一樣，完全倒塌並化為瓦礫，戰後根據原貌重組。

與故居相連的的「歌德博物館」（Goethe Museum），收藏了一些浪漫主義和古典主義的畫作。

以歌德的側面剪影作杯子的圖案，是很不錯的紀念品，於售票大堂有售。€9.5

Info

地址： Großer Hirschgraben 23-25, 60311 Frankfurt am Main
電話： +49 69 138800
開放時間： 週二、週三、週五至週日1000-1800；週四 1000-2100
休息日： 週一、24/12、25/12、31/12、1/1
門票： 歌德故居＋歌德博物館
成人€10；學生€6
網址： www.goethehaus-frankfurt.de
前往方法： 乘坐U-Bahn U1-5或U8路線到「Willy-Brandt-Platz」站下車，再步行5分鐘。或從羅馬廣場（Römerberg）往西北方向步行，大約7分鐘。

探索古代文物

MAP: P.238 B3

法蘭克福考古博物館
(Archäologisc Ohes Museum Frankfurt)

主要展出來自遠古時代至中世紀時期的文物，當中包括了從羅馬帝國時期Nida小城所發掘出來的珍貴古物。

博物館坐落在一間哥德式晚期的教堂和修道院之內。

這裡是城中僅存少數中世紀建築物之一，入口位置設於新翼大樓。

Info

地址： Karmelitergasse 1, 60311 Frankfurt am Main
電話： +49 69 21235896
開放時間： 週二、週四至週日1000-1800；週三1000-2000
休息日： 逢週一、耶穌受難日
門票： 成人€7；18歲以下免費
網址： www.archaeologisches-museum-frankfurt.de
前往方法： 從羅馬廣場（Römerberg）向西南方向步行，大約4分鐘。

店家供應各式各樣的蛋糕，絕對是甜點迷的天堂。

飽點和餡餅選擇豐富，是享用早餐或下午茶的好地方。

室內用餐區環境優雅舒適，富有法式情調。

少女系裝潢簡約中帶點心思，茶壺形狀的吊燈非常精緻可愛。

咖喱脆飽炸得蓬松香脆，內裡的咖喱餡料香氣撲鼻。Curry Buns €2.8；黑咖啡 €3.2

日系法式甜點店

MAP：P.238 B2

IIMORI Patisserie

　　舒適甜美的法式蛋糕店，總會讓人滿心歡喜！由日本人開設，這裡的法式甜點都融合了日式元素，還加入了不少日本食材。在櫃檯上琳琅滿目的蛋糕和飽點，當中有抹茶奶油卷、法式檸檬撻、牛角麵包、日式咖喱脆飽等，另外也有供應日式壽司和卷物。店內設有裝潢雅緻的用餐區，流露歐式優雅的格調。

━Info━

地址：Braubachstraße 24, 60311 Frankfurt am Main
電話：+49 69 97768247
營業時間：1000-2100
消費：大約€8-20/位
網址：www.iimori.de/altstadt
前往方法：從羅馬廣場（Römerberg）步行前往，大約2分鐘。

店內2樓也有展示一些古董徠卡相機。

旗艦店的大圓窗戶，從外面看起來就像相機鏡頭。

於3樓設有龐大的展覽空間作定期攝影展覽。

於2樓出售很多關於攝影、藝術和徠卡相機的書籍。

地下層主要是銷售部，除了出售最新型號的徠卡相機，也有售賣品牌紀念品和配飾，包括T恤、萬用刀等等。

經典相機旗艦店

MAP：P.238 B3

Leica Camera Frankfurt

　　擁有超過百年歷史的徠卡（Leica），於相機界地位一直非同凡響，皆因品牌於1925年研製了世上首部使用35mm菲林底片的相機！源自德國的徠卡，於2015年在這兒開設了全國第1間旗艦店，面積超過1千平方米，除了出售最新型號的相機、鏡頭和配件之外，還設有藝術空間，定期舉辦攝影展覽，絕對是相機迷的天堂！

━Info━

地址：Großer Hirschgraben 15, 60311 Frankfurt am Main
電話：+49 69 9207070
營業時間：週一至週五 1000-1900；
　　　　　週六 1000-1700
休息日：週日
網址：www.leicastore-frankfurt.de
前往方法：從歌德故居（Goethe-Haus und Goethe-Museum）步行前往，大約2分鐘。

高14米深藍色的「歐元標誌雕塑」，歐元標誌有12顆的星星圍繞著，設計和顏色跟「歐洲旗」是一致的。

一共有12顆的星星的深藍色旗幟，是代表「歐盟」的「歐洲旗」。

雕塑內藏了電子LED燈，於晚間會顯出亮眼的藍光。

城中著名地標

MAP: P.238 A3

歐元塔 （Eurotower）

　　高148米的摩天大樓「歐元塔」，一共有40層，是歐洲中央銀行（ECB）首個總部選址，意義非凡。自從該銀行於1998年成立後，總部一直設在歐元塔之內。直至2014年，總部從這兒遷往市中心東部「奧斯滕德區」。而於這裡最矚目的必然是放置在大樓前方那「歐元標誌雕塑」（Euro-Skulptur），幾乎是所有來法蘭克福的遊客必會留影的地方。

樓高40層的歐元塔，是法蘭克福最著名的摩天大樓之一，建築外觀過一般廣雹沒有太大分別。人們都把重點放在前方的「歐元標誌雕塑」之上。

┤Info├

地址： Kaiserstraße 29, 60311 Frankfurt am Main

開放時間： 全年（內部並不開放參觀）

前往方法： 乘坐U-Bahn U1-5或U8路線到「Willy-Brandt-Platz」站下車，即達。或從羅馬廣場（Römerberg）向西步行前往，大約10分鐘。

提提你

歐洲中央銀行是負責管理整個歐盟成員國歐元貨幣體系的銀行。

經濟之都

MAP: P.238 B1

法蘭克福證券交易所
（Börse Frankfurt）

　　是德國最大的證券交易所，亦是世上最重要的交易所之一。坐落在一座新古典主義建築之內，而於交易所外的廣場上，設有「公牛」和「熊」的雕像，是遊客經常拍照留念的地方，拍照過後亦會順道觸摸一下「牛角」，相傳會帶來財運。內部平日不開放參觀，訪客可預約參加官方導賞團，在專人帶領下到訪經典的「股票交易大廳」。

交易所身處的建築物建於1843年，充滿歷史韻味。

於門外的柱廊上，設置了分別象徵「五大洲」的雕像，象徵交易所國際性的地位。

廣場上的「公牛和熊」雕像

公牛正在跟熊決戰，而氣勢如虹的公牛明顯佔著優勢，象徵股市週期中上升的牛市和下跌的熊市。

┤Info├

地址： Börsenpl. 4, 60313 Frankfurt am Main

開放時間： 內部一般不開放參觀；可網上預約參加官方導賞團

網址： www.deutsche-boerse.com/dbg-en/our-company/experience-the-stock-exchange/visit-the-stock-exchange

前往方法： 從羅馬廣場（Römerberg）步行前往，大約10分鐘。或乘坐S-Bahn S1-S9路線到「Frankfurt (Main) Hauptwache」站，再步行4分鐘。

美茵河河岸風光盡收眼底，遊人也可考慮在日落時段到訪，有機會遇上迷人的天色。

360度全方位觀景平台
MAP: P.238 A2

美茵塔（Main Tower）

　　位於金融商業區一座56層高的摩天大樓，頂層設有360度全方位的觀景平台，遊客可乘坐升降機直上天台，飽覽法蘭克福天際線的壯麗景色。始於1960年代，法蘭克福成為了歐洲各大銀行和金融機構的據點。人們把美茵河（Main）和曼克頓（Manhattan）的英文名字，兩者拼合成一個特別的稱號～「美茵河上的曼克頓」（Mainhattan），來形容這一帶繁華的商業區。

呈圓柱形的美茵塔，其觀景平台於2000年開放，可全方位鳥瞰城市景致。

遊人也可利用平台上的望遠鏡，來細看眼前的美景。

觀景平台上設置了一些介紹牌，讓訪客可以了解眼前一些主要建築物。

美茵塔附近一帶是城中金融商業區，建有多座摩天大樓。

這裡是俯瞰整座城市的最佳角度！另於53樓設有高雅的雞尾酒吧和餐廳，同樣可飽覽美景。（需預先訂座）

新舊交替的城市景觀十分引人入勝。

─**Info**─

地址： Neue Mainzer Str. 52-58, 60311 Frankfurt am Main
電話： +49 69 36504878
開放時間：
3月-10月 1000-2100；週五、週六 1000-2300
11月-2月 1000-1900；週五、週六 1000-2100
最後進入： 關門前半小時
休息日： 於惡劣天氣的日子，觀景台有機會關閉。
網址： www.maintower.de
門票： 成人€9 ； 學生€5
前往方法：
S-Bahn 乘坐S1-6、S8或S9路線到「Frankfurt(M) Taunusanlage」站下車，再步行3分鐘。
U-Bahn 乘坐U1-5或U8路線到「Willy-Brandt-Platz」站下車，再步行5分鐘。

如果想浸浸水，場內也有一個小型游泳池，給大小朋友嬉戲。

天台上的沙灘酒吧

MAP：P.238 B2

Citybeach Frankfurt

城市渡假模式啟動中！如果你身處在大都會法蘭克福，卻想念陽光與海灘，這兒絕對是不二之選。酒吧位於一座建築物的天台，整體裝潢模擬一個真實的沙灘，充滿渡假氣氛。客人可以在太陽椅上享受日光浴，雙腳踏著綿綿細沙，在這個獨特環境下喝一杯，真的讓人心情舒暢。酒吧分為兩部分，一邊是自助形式，自行點選飲品然後付款。另一邊則是設有服務生的餐飲區，主要供應輕食和簡餐，例如沙律、漢堡餐、德國香腸等等。

Tips

要注意：入口有點隱蔽

首先，在位於「Carl-Theodor-Reiffenstein-Platz 5」的升降機大堂，登上5樓到達「Parkhaus Konstabler」室內停車場。

於停車場的右前方，設有樓梯通往位於天台的酒吧。

場內提供了大量沙灘椅，現場播放著輕音樂，人們在陽光下聊天、休憩、看書，是放鬆身心的好地方。

酒吧的其中一部分被鋪上了綿綿細沙，讓人感覺置身於海邊一樣。

酒吧除了供應啤酒、葡萄酒、蘋果酒和雞尾酒，也有一些無酒精飲品。各式飲品大約€4-10

從酒吧往外看，景觀不算開揚，但也可居高臨下眺望商廈建築群。

在椰林樹影下，設有一些有頂廂座，光是想像置身在海邊，也覺得十分寫意。

Info

地址： Carl-Theodor-Reiffenstein-Platz 5, 60313 Frankfurt am Main
電話： +49 69 29729697
營業時間： 週一至週四 1200-2300；週五 1200-0000；週六 1100-0000 週日1100-2200（營業時間會因應天氣和季節而更改）
消費： 大約 €15-30/位（於平日1700後/週六、假日入場：需另付入場費€5）
網址： www.citybeach-frankfurt.de
前往方法：
步行 在采爾大街中段和法蘭克福室內小市場之間，步行大約2分鐘。
U-Bahn 乘坐U1-3、U6、U7路線到「Hauptwache」站。
電車 乘坐12、18號到「Konstablerwache」站，再步行5分鐘。

每天供應好幾款自家製蛋糕和飽點,滿足甜點控!亦是早餐或下午茶的好去處。

用餐區不算很大,餐桌只有數張,遇上人多的時候,可能要耐心等候。

店內售賣多種自家烘培的咖啡豆,有預先包裝好的,也可按重量購買。€11-18/500g

凍朱古力配一球雲呢拿冰淇淋,還有細滑的奶油,不太甜又不太濃,恰到好處。凍朱古力 €3.5

店內亦有出售很多自家製的朱古力,口味選擇豐富。

百年咖啡館
Wacker's Kaffee Geschäft

MAP: P.238 B2

是一個充滿迷人咖啡香氣的地方!源自1914年,屬於當地老字號咖啡館。裝潢沒有像一般歐洲百年咖啡廳那般華麗有氣派,卻保留了平民小店的樸實感。這裡的咖啡都是自家烘焙,特別的醇香濃厚,而且價格實惠。如果是咖啡控,店內也有出售多種來自不同地方的咖啡豆和一些相關產品,可以考慮選購一些帶回家。特別於週末,這兒總是人潮湧湧的。

咖啡館就在歌德故居附近,位置十分便利。

Info
地址: Kornmarkt 9, 60311 Frankfurt am Main
電話: +49 69 287810
營業時間: 0800-1800
休息日: 逢週日
消費: 大約€8-12/位
網址: www.wackers-kaffee.com
前往方法: 從歌德故居(Goethe-Haus)步行前往,大約2分鐘。或可乘坐S-Bahn S1-6、S8、S9或U-Bahn U1-3、U6、U7路線到「Hauptwache」站,再步行3分鐘。

正宗壽司小店
SuperKato

是由日本人主理的壽司小店,每天供應新鮮製作的壽司和小卷,口味選擇較為簡單,不過,對於旅行期間想尋找亞洲美食的遊客,這兒是不錯的選擇!店內裝潢樸實,有蠻大的站立式用餐區,而店舖後半部設有小型商店,出售各種日式食材、飲品、小食等等。

MAP: P.238 B2

小店屬自助形式,先在壽司吧台點餐,然後拿取號碼紙等待領餐。付款後,則可在用餐區找個位置慢用。壽司約 €1.5-2.5/每件;小卷 €2.2-3/每條。

店內設有小賣部,主要出售柴米油鹽和各種日式食材。

這兒走樸實平民化路線,沒有太多的裝潢。

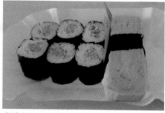

店舖由日本人主理,吸引了不少人前來享用當地較為正宗的壽司。

Info
地址: Kornmarkt 3, 60311 Frankfurt am Main
電話: +49 69 281006
營業時間: 1000-1830
休息日: 逢週日
消費: 大約€8-15/位
前往方法: 從歌德故居(Goethe-Haus)步行前往,大約2分鐘。

建築外觀十分古典爾雅，於夏天更會開放露天雅座，別有一番風情。

內廳牆上掛上了這座歷史建築和法蘭克福的舊照片。

前側方是一座始建於17世紀的巴洛克式教堂，名為「聖凱瑟琳教堂」（St. Katharinenkirche）。

古蹟改建的餐館
MAP: P.238 B2

Café Hauptwache

　　這座建於1729年的歷史建築名為「主守衛台」（Hauptwache），曾經是法蘭克福軍隊的兵營，現為一間咖啡館和餐室。從外而看，巴洛克式建築外觀實在讓人眼前一亮，而內廳則以簡約優雅的裝飾為主。餐室供應國際化和當地美食，包括意大利麵、德式香腸、沙律、西式早餐、多士、雞尾酒等等。在擁有迷人氛圍的古蹟之中用餐，感覺格外獨特。

傳統水煮白香腸配上椒鹽脆餅，是德國南部經典早餐之一。白香腸是要去皮吃的，沾上甜芥末醬，美味可口。Paar Weisswürste mit Brezel & süsser Senf €9.8

在法蘭克福，除了蘋果酒之外，這種沒有酒精的蘋果飲料也挺流行，以蘋果汁混合有氣礦泉水，味道非常清淡。Apfelsaftschorle trüb €3.9/300ml

Info
地址：An der Hauptwache 15, 60313 Frankfurt am Main
電話：+49 69 21998627
營業時間：1000-2300
消費：大約€20-30/位
網址：www.cafe-hauptwache.de
前往方法：乘坐S-Bahn S1-6、S8、S9或U-Bahn U1-3、U6、U7路線到達「Hauptwache」站，即達。或由采爾大街向西面步行。

中國式園林景緻
MAP: P.238 C1

貝特曼公園（Bethmannpark）

　　是昔日的貴族花園，由法蘭克福著名的貝特曼家族於1783年購買，並重新設計了好幾次。後來法蘭克福市政府於1941年買入，自此花園成為了公共休憩之地。園中有一部分景觀是以中國式園林景緻為題，建有亭子和蓮花池塘，在這兒閒逛的亞洲遊客，都會對於這個中國風花園感到驚訝，更會差點忘了這裡是歐洲。

位於市中心的邊緣位置，就像城市中的一片寧靜綠洲。

公園雖不算大，卻是當地人放鬆身心的地方！老伯伯們正在下大型西洋棋。

Info
地址：Friedberger Landstraße 8, 60316 Frankfurt am Main
開放時間：全年
前往方法：乘坐電車12或18號路線到「Hessendenkmal」站，即達。

名店集中地
MAP: P.238 A2

歌德大道（Goethestraße）

位於歌德廣場（Goetheplatz）和舊歌劇院（Alte Oper）之間，是法蘭克福的名店街。集中了全球最尖端的高級品牌，包括了Cartier、Chanel、Tiffany、Gucci、Louis Vuitton、Hermès、Prada、IWC、Dior、Burberry等等。如果想在歐洲選購一些名牌商品，可以前來逛逛。

想來購物的朋友要注意，於德國大部分的商店都會在週日休息。

歌德大道不算很長，只有大約300公尺。不過，在這裡可以找到很多國際名牌的商店。

歌德廣場位於街頭位置，廣場中央豎立了歌德青銅雕塑，以紀念這一位偉大的德國詩人。

這條名店街開了不少亞洲人喜愛的品牌店。

Info
地址：Goethestraße, 60313 Frankfurt am Main
前往方法：乘坐U-Bahn U6或U7路線於「Alte Oper」站下車，再步行3分鐘。從美茵塔（Main Tower）步行前往，大約5分鐘。

高雅古典之韻味
法蘭克福舊歌劇院
(Alte Oper Frankfurt)

建於19世紀，最原本的設計屬於「新文藝復興式」風格，後來歌劇院於二戰期間受毀，從1976年開始以「後古典主義式」建築風格重建。經過了多年重修，最終在1981年重開。於每年的演出季度，會在此上演各種歌劇、舞台劇和大型音樂會。

MAP: P.238 A1

舊歌劇院是法蘭克福少有的古典建築，內廳屬於巴洛克式，十分富麗堂皇。

Info
地址：Opernplatz 1, 60313 Frankfurt am Main
電話：+49 69 13400
開放時間：只在表演期間開放給予觀眾
售票網址：www.alteoper.de
前往方法：
U-Bahn 乘坐U6或U7路線於「Alte Oper」站下車。
S-Bahn 乘坐 S1-6、S8-9路線於「Frankfurt(M) Taunusanlage」站下車。

中世紀城門塔樓
艾森海默塔
MAP: P.238 B1
(Eschenheimer Turm)

建於14世紀，是法蘭克福舊城區現存最古老的建築之一！當時這塔樓是用於保衛城鎮免受入侵，後來它被改建為住所，現為餐廳。古樸的塔樓聳立在繁忙和現代化的廣場之中，非常亮眼。

塔樓建於1346年，歷史相當悠久。

塔樓現為一間餐廳，充滿特色。

Info
地址：Eschenheimer Tor, 60322 Frankfurt am Main
開放時間：全年
前往方法：乘坐U-Bahn U1、U2、U3或U8線到「Eschenheimer Tor」站，即達。

人氣購物地段

采爾大街 (Zeil)

MAP: P.238 B2-C2

是法蘭克福最著名的購物步行街，由東面Konstablerwache廣場，一直伸延到西面Hauptwache廣場。沿路結集了多間大型商場和百貨公司，包括德國著名連鎖百貨「Galeria Kaufhof」和「Karstadt」，以及擁有時尚外觀設計的「MyZeil」購物中心，附近還開設了許多酒吧、服飾店、餐館和露天咖啡館，是全城著名的購物地段。

步行街非常寬闊，中央位置設有露天咖啡館和休憩空間，非常愜意。

街上設有一整座Galeria Kaufhof百貨公司，遊客可盡情購物。

很多大眾品牌服飾店都在這裡設店，包括了Primark、Deichmann、Pimkie等等。而大部分商店和百貨公司，於週日並不營業。

Appelrath Cüpper服飾店結集了許多中高價位品牌，以高尚優雅見稱。

Info

地址：Zeil, 60313 Frankfurt am Main
前往方法：乘坐S-Bahn S1-6、S8、S9或U-Bahn U1-3、U6、U7路線到達「Hauptwache」站，再步行2分鐘。或乘坐電車12或18號路線到采爾大街的另一端，於「Konstablerwache」站下車。

富現代感的大型商場

MAP: P.238 B2

MyZeil購物中心

於2009年開幕，位於城中最熱鬧的購物區，樓高8層，結集了一些國際和本地的時尚品牌，也設有多間食店和咖啡店。購物中心由意大利著名建築師Massimiliano Fuksas設計，有別於一般的商場建築，這裡的劃時代風格讓人驚喜不已！外牆以流線型的「玻璃片」組成，讓遊人在商場的不同位置，都可感受到千變萬化的視角景觀。

從正門的玻璃外牆可看到一個像漩渦的大洞，一直伸延到購物中心的內部，設計很不可思議。

於地下低層設有大型Rewe超級市場，營業時間幾乎至凌晨。

購物中心內設有不少國際和本地年輕連鎖品牌商店。

外牆以三角形狀的「玻璃片」組成，透入光線，增加空間感。獨特的建築設計，多年來屢獲殊榮。

於1樓設有法蘭克福足球會的球隊專賣店「Eintracht Frankfurt Fan Shop」，球迷不容錯過！

Info

地址：Zeil 106, 60313 Frankfurt am Main
電話：+49 69 29723970
營業時間：
一般店舖 週一至週三 1000-2000；週四至週六 1000-2100
Rewe超級市場 週一至週五 0700-2400；週六 0700-2330
休息日：逢週日及公眾假期（週日：只有少數食店和美食廣場營業）
網址：www.myzeil.de
前往方法：乘坐S-Bahn S1-6、S8、S9或U-Bahn U1-3、U6、U7路線到「Hauptwache」站，再步行2分鐘。

城中休閒區段

薩克森豪森區
Sachsenhausen

　　位於法蘭克福美茵河南岸，跟北岸商業區的繁華熱鬧有點不一樣，這兒充滿了悠閒愜意的氛圍，河岸景色宜人，待在河畔酒吧，點選一杯清香的Riesling葡萄白酒，或是一杯當地傳統蘋果酒，開展一場悠然之旅。除了有一種慢活休閒感，這裡同時散發出濃濃的文化氣息，城中著名的博物館區，就是坐落在這一區段，大大小小的博物館並排在河岸大道之上，總數多至十多間。

交通

U-Bahn：
乘坐U-Bahn U1、U2、U3或U8路線於「Schweizer Platz」下車。
電車：
乘坐電車15或16號到「Otto-Hahn-Platz」或「Schweizer-/Gartenstraße」站。
步行：
從中央市區（Innenstadt）的羅馬廣場（Römerberg）出發，可沿經鐵橋（Eiserner Steg）步行到達，約需10-15分鐘。

薩克森豪森區

N

法蘭克福通訊博物館
Museum für Kommunikation Frankfurt

荷爾拜因橋
Holbeinsteg

和平橋 Friedensbrücke

德國電影博物館
Deutsches Filminstitut &
Filmmuseum

Untermainbrücke - Frankfurt am Main

美茵河大橋
Main

Cafe Senza Licenza

Maincafé

Städel巴士站

古代雕塑品博物館
Liebieghaus

施泰德藝術館
Städel Museum

Otto-Hahn-Platz
電車站

世界文化博物館
Weltkulturen Museum

鐵橋 Eiserner Steg

Bootshaus Dreyer

應用藝術博物館
Museum Angewandte Kunst

博物館區 Museumsufer

三王教堂 Dreikönigskirche

Zum-Feuerraedchen

Brücken-/Textorstraße
電車站

Schweizer Platz站

Südbahnhof站

法蘭克福火車南站
Bahnhof Frankfurt (Main) Süd

258

滿滿文藝氣息

MAP: P.258 A2:B1-B2:C1

博物館區（Museumsufer）

優美的薩克森豪森區段，是法蘭克福最著名的文化空間之所在地。「博物館區」位於鐵橋（Eiserner Steg）與和平橋（Friedensbrücke）之間的河岸大道上，設有十多間各具特色的博物館，配合著擁有河岸景色的酒吧和餐廳，是文青一族享受悠閒的好去處。

單單在這一區段，就設有十多間博物館和美術館，足以讓人慢慢細逛。

 提提你

要注意閉館日子
幾乎所有位於這一區的博物館，都是每逢週一閉館的。

一整排博物館設在河畔優美的「Schaumainkai」林蔭大道之上，充滿靜謐悠閒的氣息。

Info

地址：60594 Frankfurt am Main
電話：+49 69 21236325
網址：www.museumsufer-frankfurt.net
前往方法：乘坐U-Bahn U1、U2、U3、U8 到「Schweizer Platz」站，再步行4-8分鐘。或從中央市區的羅馬廣場（Römerberg）沿經鐵橋（Eiserner Steg）越過美茵河，即達。

19世紀的「西洋鏡」（Zoetrope），又稱為「走馬燈」，可以說是動畫的始祖。在圓柱內裡畫上一些具有連續性的靜態圖，當走馬燈被快速轉動時，人們可透過狹隙看到了像動畫的畫面。

博物館也展出了多部不同年代的電影放映機。

展覽加入了不少互動元素，就像這個電腦螢幕內，預先準備了一些電影情節內容，訪客可以剪輯並加上配樂，嘗嘗剪片的過程。

展覽廳內設有4個大型投影螢幕，同時播放著內容相互協調的電影短片，刺激視覺，吸引了不少電影愛好者前來欣賞。

走進電影製作的世界

MAP: P.258 B1

德國電影博物館
（Deutsches Filminstitut & Filmmuseum）

這座博物館讓人了解一齣電影究竟如何製作出來！從各式各樣的展品和多媒體互動，訪客就像進入了電影世界，了解基本拍攝和製作過程。博物館也有展出一些電影發展史上的重要珍藏，當中包括了19世紀還未發明電影之前的活動放映機（Kinetoscope），人們可透過木箱上的觀看孔，去窺看設在放映機內的小型動畫，讓人大開眼界。

地下層設有咖啡室，客人可以坐在充滿設計感的「人臉」椅子上，嘆嘆咖啡休息一下。

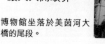
博物館坐落於美茵河大橋的尾段。

Info

地址：Schaumainkai 41, 60596 Frankfurt am Main
電話：+49 69 961220220
開放時間：1000-1800；週五 1000-2000
休息日：週一、24/12、31/12
門票：常設展覽€6；全票（常設＋專題展覽）€12
網址：www.dff.film
前往方法：乘坐U-Bahn U1、U2、U3、U8 到「Schweizer Platz」站，再步行4分鐘。

法蘭克福

中央市區

薩克森豪森區

法蘭克福中央火車站周邊

法蘭克福周邊

博物館區

橋上美景

MAP: P.258 A1-B1

荷爾拜因橋
(Holbeinsteg)

横跨美茵河的一座懸索橋，建於1990年，富有現代簡約感，跟前方中央市區的繁華商廈，結合成宏偉的城市景觀。橋樑只供行人或騎單車的人士使用，任何汽車都不可行駛，讓遊客可以更舒適自在的走走這條懸索橋。無論於日間或晚上，站在橋上都可欣賞到賞心悅目的美景。

從中央市區，沿經此橋橫越美茵河，即可到達對岸的博物館區。

跟「鐵橋」一樣，都是行人專用的橋樑，同樣受到遊客歡迎。

吊橋全長有210米，是欣賞法蘭克福摩天大樓的最佳位置之一。

Info

地址： Holbeinstraße, 60596 Frankfurt am Main
開放時間： 全年
前往方法：
於施泰德藝術館（Städel Museum）正門的對面，步行2分鐘。

了解通訊科技的發展

MAP: P.258 B1

法蘭克福通訊博物館
(Museum für Kommunikation Frankfurt)

把世界各地從古至今的通訊發明逐一介紹，讓人更了解通訊科技的發展。展品包括世上第一座電話，以及德國在二戰期間用來傳遞秘密情報的恩尼格瑪密碼機（Enigma）。

展品包括了各種電話、電視、電報機、郵箱、電腦等等。

博物館坐落在一座精緻的特色建築之中，設計更是屢獲殊榮。

Info

地址： Schaumainkai 53, 60596 Frankfurt am Main
電話： +49 69 60600
開放時間： 1000-1800；週三 1000-2000
休息日： 週一
門票： 成人€6；6-17歲€1.5
網址： www.mfk-frankfurt.de
前往方法： 於德國電影博物館旁邊，步行前往大約1分鐘。

體現各地民俗風情

MAP: P.258 B1

世界文化博物館
(Weltkulturen Museum)

坐落在2座古典的建築物之內，以短期展覽形式，介紹來自世界各地的民俗文物、習俗傳統和生活模式，讓人們更了解各民族的文化和特色。

Info

地址： Schaumainkai 29, 60594 Frankfurt am Main
電話： +49 69 21231510
開放時間：
1100-1800；週三 1100-2000
休息日： 週一、週二
門票：
€7；學生€3.5；每月最後1個星期六、18歲以下 免費
網址：
www.weltkulturenmuseum.de
前往方法：
在 德 國 電 影 博 物 館（Deutsches Filminstitut & Filmmuseum）和應用藝術博物館（Museum Angewandte Kunst）之間。

博物館坐落在2座不同的建築物之內，都是以短期展覽形式為主。

展覽主題大多以非洲、太平洋島嶼和東洋國家為主。

是德國最重要的美術館之一，由銀行家約翰·弗里德里希·施泰德（Johann Friedrich Städel）於1815年成立之基金會所營辦。

藝術大師們的真跡

MAP: P.258 B2

施泰德藝術館（Städel Museum）

是城中最享負盛名的美術館，收藏十分豐富，有多達3千幅畫作、6百個雕塑、4千多幅照片和10萬多幅素描與版畫。作品有從14世紀初至現代21世紀，涵蓋了中世紀時期、文藝復興時期、巴洛克時期和當代藝術等等的作品，就像在了解700多年來的藝術演變。不容錯過的展品包括了杜勒（Albrecht Dürer）、波提且利（Sandro Botticelli）、莫內（Claude Monet）、畢卡索（Pablo Picasso）等等歷代著名藝術家的作品。

如對繪畫和藝術有興趣，可預留半天時間，在館內慢慢細賞。

展覽廳亮麗寬敞，充滿空間感，讓訪客可以十分舒適地欣賞藝術大師們的真跡。

館內也有收藏舉世聞名的文藝復興藝術家波提且利（Sandro Botticelli）之作品。

於地下層設有咖啡館，另設有紀念品店，出售一些設計商品和關於藝術、建築及設計的書籍。

Info

地址：Schaumainkai 63, 60596 Frankfurt am Main
電話：+49 69 605098200
開放時間：週二、三、週五至週日 1000-1800；週四 1000-2100
休息日：週一、24/12、31/12
門票：€12（如另有特別專題展覽，門票價格有機會提高）
網址：www.staedelmuseum.de
前往方法：
乘坐電車15或16號到「Otto-Hahn-Platz」站，再步行5分鐘。或乘坐巴士46號，於門前「Städel」站下車。

這幅描繪歌德的肖像油畫《Goethe in der Campagna》，是歌德於1786年在意大利旅行期間，由德國畫家Johann Heinrich Wilhelm Tischbein所繪畫。

博物館重視建築美學，採用了純白色增加空間感。內部設有一條步行斜道，連接多個展覽樓層。

博物館內的天橋通道，連接了旁邊的一座19世紀新古典主義梅茨勒家族別墅。

在梅茨勒家族別墅之內，也設有展覽室，展示一些舊家具和裝飾藝術。

由數個立方體組成的應用藝術博物館，位於世界文化博物館的旁邊。

展覽展出了與生活息息相關的家居藝術品，包括陶瓷裝飾、家具、紡織品等等。

日常生活中的藝術品

MAP: P.258 B1

應用藝術博物館
（Museum Angewandte Kunst）

收藏品來自12世紀到現代，主要是日常生活中的手工藝品、設計商品和藝術品，種類非常廣泛。博物館以常設和短期展覽形式，利用不同主題展出了家具、玻璃製品、紡織品、金屬製品和陶瓷藝術品等等，展現了美學與實用性之融合，吸引了不少藝術和設計愛好者前來參觀。

┤Info├

地址：Schaumainkai 17, 60594 Frankfurt am Main
電話：+49 69 21234037
開放時間：週二、週四、週五 1200-1800；週三 1200-2000；週六、週日 1000-1800
休息日：週一、24/12、31/12
門票：成人 €9；大學生 €4.5；18歲以下 免費；每月最後之週六 免費
網址：www.museumangewandtekunst.de
前往方法：乘坐電車15或16號到「Schweizer-/Gartenstraße」站，再步行6分鐘。

從古埃及到新古典主義時期

MAP: P.258 A2

古代雕塑品博物館（Liebieghaus）

坐落在一棟像城堡般漂亮的別墅裡，收藏了古希臘、古羅馬、古埃及時期的雕塑，還有中世紀、巴洛克、文藝復興時期和古典主義的雕刻作品，總數達3千件。參觀亮點包括了一些於古羅馬時期根據古希臘原著而製作的雕塑，例如《米隆之雅典娜》（Myron's Athena）和《拿著鐵餅者》（Discophoros），歷史悠久且具有代表性，相當珍貴。

花園設有咖啡座，園中陳列著許多古典雕塑，優美愜意。

┤Info├

地址：Schaumainkai 71, 60596 Frankfurt am Main
電話：+49 69 605098200
開放時間：週二、三 1200-1800、週四 1000-2100、週五至日 1000-1800
休息日：週一
門票：成人 €10；學生 €8
網址：www.liebieghaus.de
前往方法：
乘坐電車15或16號到「Otto-Hahn-Platz」站，再步行5分鐘。或乘坐巴士46號，於施泰德藝術館（Städel Museum）門前「Städel」站下車，再步行2分鐘。

《米隆之雅典娜》原著屬青銅雕像，是著名古希臘雕塑家米隆（Myron）於大約公元前450年所製作，並豎立在雅典衛城裡。原著作品已失傳，這座保存完好的大理石複製本，是古羅馬時代的作品，至今也有近2千年歷史。

館內也收藏了一些來自古埃及時代的石棺。

悠閒放鬆之地
美茵河畔（Main）

　　美茵河畔是法蘭克福最漂亮舒適的地方之一。遊客可以從中央市區，沿著風景如畫的海濱長廊漫步，觀賞悠閒又具有城市天際線的河岸景觀，然後慢慢走到薩克森豪森區。特別於天氣晴朗的日子，當地人最喜歡在海濱長廊散步、慢跑、騎單車，或者坐在草坪上聊天休息，綠草如茵，十分放鬆。 **MAP: P.258 A1-A2;B1;C1**

於夏季時份，人們都會聚集在河畔的露天咖啡座、酒吧或餐室。

有不少鴨子、海鷗也躺在草地上休憩。

Tips

法蘭克福跳蚤市場（Flohmarkt am Mainufer)
每逢週六都會在美茵河畔博物館區附近舉行跳蚤市場。喜歡充滿風情的二手商品和手工藝品的遊客，可前去尋找心頭好。
地址：Schaumainkai 60594, Frankfurt am Main
營業時間：週六 0900-1400（公眾假期除外）；確實日期可於官網查閱
網站：www.hfm-frankfurt.de/flohmaerkte

Info
地址：Mainpromenade, Schaumainkai, 60596 Frankfurt am Main
建議散步路線：可從中央市區出發，經由老橋（Alte Brücke）或鐵橋（Eiserner Steg）到達對岸的薩克森豪森區，沿著河邊散步至博物館區，再經由荷爾拜因橋（Holbeinsteg）步行返回中央市區。

特別是在夏季的週末，這裡是當地人氣聚集地，總是很擁擠。如果想享受較寧靜的氛圍，建議可於平日午後時段前來。

嘆一杯賞河岸美景
Maincafé

MAP: P.258 B1

　　擁抱美景的美茵河岸咖啡座！長期以來深受當地人的喜愛，皆因這兒是絕佳的河岸賞景點。咖啡座擁有全露天座位，供應啤酒、葡萄酒、各式飲品和少量飽點，而且價格也很實惠。一到假日，特別是陽光普照的日子，一眾享受生活的當地人都喜歡聚集在這裡，輕輕鬆鬆的嘆一杯啤酒或是葡萄酒，氣氛很不錯！也有特意於黃昏來等待日落景致。

用餐區屬全室外座位，有蠻多的長椅、太陽椅與幾個大帳篷。客人需自行進入售賣部點餐及取餐。

法蘭克福的近郊是白葡萄酒Riesling的著名產區之一，在這裡也可品嚐到！

蘋果餡餅擁有雙層口感，上層酥脆，下層有鬆軟的麵包質感，中間夾著香甜的果粒。

Info
地址：Schaumainkai 50, 60596 Frankfurt am Main
電話：+49 69 66169713
營業時間：週一至週四 1500-2100；週一至週四 1500-2000（營業時間會因應旺季或淡季而更改）；週日 1200-2100
休息日：每年冬季至大約3月
消費：大約€8-10/位（只收現金）
網址：maincafe.net
前往方法：於美茵河大橋附近（Untermainbrücke），法蘭克福通訊博物館（Museum für Kommunikation）的對面馬路河岸之上。

除了各種有酒精和無酒精飲品之外，也有供應少量飽點和蛋糕。

法蘭克福

中央市區

薩克森豪森區

法蘭克福中央火車站周邊

法蘭克福周邊

美茵河畔

蘋果酒乃法蘭克福之名物，雖然酒精濃度不高，但是在這樣的河岸風光下細細品嚐，真的特別醉人。Apfelwein €2.2/0.25L

以滿滿花兒作裝飾的平板船餐室，是充滿浪漫氣氛的用餐好去處。

這艘平板船餐室位置極佳，位於美茵河畔，讓客人可享受寫意悠閒的時光。

船上餐室享迷人美景

MAP: P.258 C1

Bootshaus Dreyer

於船上體驗最富浪漫氣息的河岸景緻！這一艘停泊於美茵河畔的平板船上，可一邊享用當地美食，一邊領略河畔的迷人美景。餐室主要供應飲品和簡單輕食，包括多種德國香腸、三文治、沙律、冰淇淋和各式飲品等等。在微風輕吹之下，船擺微微搖晃著，點選一杯當地馳名的蘋果酒，然後慢慢享用各種輕食料理，感覺寫意無限！

船上餐室享有河岸絕佳美景！也推薦於黃昏日落時段去喝一杯。

「手工音樂芝士」是當地傳統芝士，以手製酸奶芝士配上浸在油、醋中醃製的洋蔥粒，配合牛油麵包片一起吃，味道十分濃烈。Handkase mit Musik €3.1

法蘭克福香腸配薯仔沙律是當地特色菜。水煮香腸味道清淡沒有油膩感，是輕鬆美食的好選擇。

─Info─

地址： Schaumainkai 90, 60596 Frankfurt am Main
電話： +49 69 621935
營業時間： 1600-2200；週日 1200-2200（營業時間有機會因應淡旺季而更改）
休息日： 冬季
消費： 大約€10-15/位
前往方法： 於美茵河河堤上，停泊位置有機會隨季度變更，一般會在鐵橋（Eiserner Steg）至和平橋（Friedensbrücke）之間。

河邊酒吧車卡

MAP: P.258 B1

Cafe Senza Licenza

以一個舊時代的火車車廂作為酒吧，很酷的外型得到不少遊客歡心！酒吧設在美茵河邊的綠色草地上，享有優美的河畔景色，設有大量露天餐桌和座椅，讓客人可以在陽光明媚的日子，悠閒坐下來喝一杯！

這裡主要供應啤酒、葡萄酒、調酒和一些無酒精飲品。

─Info─

地址： Schaumainkai, 60596 Frankfurt am Main
營業時間： 不定，一般在1700後
休息日： 冬季
消費： 大約€5-10/位
前往方法： 在美茵河南岸德國電影博物館對出的河畔草地。

在天氣晴朗的日子，這兒總是擠滿了人。

美茵河南岸的優雅

三王教堂
(Dreikönigskirche)

教堂於19世紀重新修建，充分表現了新哥德式的建築風格。

　　早於1340年，於原址建一有座哥德式風格的教堂，用來奉獻給東方三博士。於1875至1881年，舊教堂被拆除並重新設計，修建了這座新哥德式教堂。教堂聳立在美茵河南岸，小巧精緻的外觀，讓河岸景觀多了一份優雅。

MAP: P.258 C1

┤Info├

地址：Dreikönigsstraße 30, 60594 Frankfurt am Main
電話：+49 69 681771
開放時間：週一 1300-1800、週二至週五 1000-1800、週六 1000-1500
　　　　*有機會因宗教活動而更改
休息日：週日
門票：免費
網址：dreikoenigsgemeinde.ekhn.de
前往方法：從羅馬廣場（Römerberg）沿經鐵橋（Eiserner Steg）越過美茵河，沿著河邊向東步行，步程大約8分鐘。

「薩克森豪森鍋」以原個煎鍋盛載著，烤煙肉和半條牛肉香腸拌以烤薯角、洋蔥和煎蛋，上面灑上新鮮濃郁的香草，風味十足。

在牛肉高湯中煮成的大圓球肉肝餃子，充滿歐芹的香氣，滿足口慾。€5.9

設於內庭的露天座位，周邊以不少綠葉花朵作裝飾，用餐氣氛非常舒適。

百年酒館品嚐蘋果酒

MAP: P.258 C2

Zum-Feuerraedchen

　　來到「蘋果酒之城」法蘭克福，絕對要試一試當地的經典蘋果酒（Apfelwein）。這間酒館由1905年開始營業，供應的是來自當地著名家庭釀酒廠Possmann蘋果酒，果酒有點混濁，帶有微酸不太甜，口感清爽易入口，是夏日炎炎的好選擇！除了嚐酒，當然不要錯過這裡的法蘭克福地道菜式，價格親民，非常受當地人和遊客的歡迎！酒館還設有優美的花園雅座，相當愜意。

當地傳統以這種菱形圖案的「Geripptes」玻璃杯，用來盛載蘋果酒。

┤Info├

地址：Textorstraße 24, 60594 Frankfurt am Main
電話：+49 69 66575999
營業時間：週四至週日 1200-2300；週二、週三 1600-2300
休息日：週一
消費：大約€25-30/位
網址：www.zum-feuerradchen.de
前往方法：
U-Bahn 乘坐 U1、U2、U3、U8 到「Südbahnhof」站。
S-Bahn 乘坐 S5、S6到「Bahnhof Frankfurt (Main) Süd」站（法蘭克福火車南站），再步行5分鐘。
電車 乘坐16或18號「Brücken-/Textorstraße」站，再步行2分鐘。

小酒館位於法蘭克福火車南站附近，內部裝潢以實木為主，帶出點點溫馨感。

全天候人流不斷 法蘭克福 中央火車站 周邊

屬於法蘭克福交通中樞地段，圍繞宏偉古典的中央火車站，聚集了眾多旅館、酒吧、餐廳和夜店，而這一帶也是城中知名的紅燈區。日間這裡擠滿了趕著上班的當地人，而晚間則搖身一變成為了五光十色的夜生活世界。

U-Bahn：
乘坐U4或U5路線於「Hauptbahnhof」站下車。

S-Bahn：
乘坐S1-S9路線於「Frankfurt (Main) Hauptbahnhof」站下車。

電車：
乘坐11、14、16、17、20、21號路線，於「Hauptbahnhof」站或「Hauptbahnhof Südseite」下車。

交通

法蘭克福棕櫚園Palmengarten

Ⓤ Bockenheimer Warte站

Ⓤ Westend站

森肯堡自然博物館
Senckenberg Forschungsinstitut
und Naturmuseum

Hammering Man

Ⓤ Alte Oper站

Frankfurt (M)
Taunusanlage火車站 Ⓢ 🚉

Ⓢ 🚉 Frankfurt (Main)
Messe火車站

展覽塔MesseTurm
Ⓤ Festhalle/Messe站

法蘭克福展覽中心
Messe Frankfurt

25hours Hotel
The Trip Frankfurt Ⓗ

Skyline Plaza
購物中心

Tegut超級市場

Hauptbahnhof電車站

法蘭克福中央火車站 Ⓤ Ⓢ
Frankfurt (Main) Hauptbahnhof

凱撒大道
Kaiserstraße

法蘭克福中央火車站周邊

🚏法蘭克福長途巴士總站
Frankfurt (Main) Hauptbahnhof FOB

繁忙中流露古樸風韻

MAP: P.267 B2

法蘭克福中央火車站
(Frankfurt (Main) Hauptbahnhof)

　　於1888年啟用，擁有新文藝復興和新古典主義老建築風格，讓法蘭克福這個充滿現代感的大都市，增添了不少古樸韻味。屬於歐洲最大型的火車站之一，每天人流超過45萬次，僅次於漢堡中央火車站，成為全國第2客流量最多的長途火車站。車站內設有多間商店和食店，也設有營業至零晨的「SPAR Express」超級市場，十分方便。

於火車站附近和凱撒大道一帶，人流比較複雜，建議要多加提防。

車站內設有多間速食店和麵包店。

全國所有大型火車站都設有自助儲物櫃，分大、中、小型，最大型的足夠放入整個行李箱。費用每天約為€4-6。

月台上的半拱天花，設計採用了大量鋼鐵物料，實而不華。

於19世紀後期花了5年時間建造的火車站，正立面屬於新文藝復興風格，非常典雅。

─── Info ───

地址：Am Hauptbahnhof, 60329 Frankfurt am Main
電話：+4969 2651055
開放時間：全年
網址：www.bahnhof.de/bahnhof-de/bahnhof/Frankfurt-28Main-29-Hbf-1038974
前往方法：乘坐U-Bahn U4、U5或S-Bahn S1-6、S8、S9路線，於「Hauptbahnhof」站下車。

熱鬧街區

MAP: P.267 B2

凱撒大道（Kaiserstraße）

　　從法蘭克福中央火車站一出，越過對面馬路就可抵達凱撒大道了。這是城中一條熱鬧的商業大街，街道兩旁開滿了各式酒吧、食店和咖啡店，附近也可找到一些亞洲超市。而於位於街尾有一間寬敞明亮的Tegut超級市場，是入貨的好地方。大街的一端是著名的紅燈區，以色情商店和夜生活而聞名。而另一端則可找到名貴珠寶店和名牌精品店。

這間Tegut超市鄰近火車站，位置十分便利，而且營業時間特長。

大街上有一些保存完好的古舊建築，增添了古典氣息。

Tegut屬於城中比較好逛的超級市場，貨架擺放得十分整。

於Tegut超市可找到不少地道食材，例如「法蘭克福蘋果酒香辣醬」，可搭配烤肉與香腸。€5.95

有不同口味的罐裝蘋果酒出售，有原味、西柚味和可樂味。€1.09/500ml

---**Info**---

地址： Kaiserstraße, 60329 Frankfurt am Main
開放時間： 全年
前往方法： 從法蘭克福中央火車站（Frankfurt (Main) Hauptbahnhof）正門向東直行，過對面馬路即是。

Tegut 超級市場
地址： Kaiserstraße 62-64, 60329 Frankfurt am Main
營業時間： 0700-2300
休息日： 週日
網址： www.tegut.com
前往方法： 從法蘭克福中央火車站正門向東步行3分鐘。

火車站附近之購物要點

MAP: P.267 A2

Skyline Plaza購物中心

　　是法蘭克福中央火車站附近的大型商場，擁有大約170間商店，包括了各式各樣的大眾品牌。商場裝潢設計充滿現代感，而其中一個亮點是位於5樓天台的大型花園和觀景台，於天氣晴朗時開放，讓遊人可俯瞰附近城市美景。

商場面積達3萬8千平方米，店舖之間充滿空間感，購物環境蠻舒適。

商場內也設有很多食店，提供各國料理。

---**Info**---

地址： Europa-Allee 6, 60327 Frankfurt am Main
電話： +49 69 29728700
開放時間： 商店 1000-2000；餐廳 視乎個別店舖
休息日： 週日
網址： www.skylineplaza.de
前往方法： 從法蘭克福中央火車站（Frankfurt Hauptbahnhof）步行前往，大約10分鐘。

非常矚目的巨型人

MAP: P.267 A2

Hammering Man

　　從遠處已經可以看到這座巨型雕塑了！坐落在摩天大樓展覽塔（MesseTurm）之外，足足有21米高，雕塑人物是一個拿著鎚子不停在錘打的人。這是藝術家Jonathan Borofsky的作品，自1991年以來聳立在此，亦成為了這區的地標之一。

重32噸的巨型人形剪影雕塑，聳立在街頭，非常矚目。

創作這座雕塑的藝術家，於世界各地創作了很多「Hammering Man」不同的版本。

---**Info**---

地址： Friedrich-Ebert-Anlage 60327 Frankfurt am Main
開放時間： 全年
休息日： 週一
前往方法： 從法蘭克福中央火車站（Frankfurt Hauptbahnhof）步行前往，大約12分鐘。也可乘搭U-Bahn U4路線，或電車16、17號於「Festhalle/Messe」站下車，再步行1分鐘。

享受時光

法蘭克福周邊

如果跑透了法蘭克福的主要景點，遊客們也可考慮往城市東部靜謐的「奧斯滕德區」遊遊走走，到城中大型超級市場盡情掃貨。球迷們也可考慮到城市西南面全國十大足球場之一的「德意志銀行公園」，進入「法蘭克福足球俱樂部博物

A

B

Scheck-In-Center
a&o Hostel
Frankfurt Ostend

中央市區

法蘭克福
中央火車站周邊

Ostbahnhof/
Sonnemannstr. 電車站

Main

法蘭克福中央火車站
Frankfurt (Main) Hauptbahnhof

薩克森豪森區

Frankfurt (Main)
Ostbahnhof
及火車站

Schwedlerstraße
電車站

美因河

法蘭克福火車南站
Bahnhof Frankfurt
(Main) Süd

歐洲中央銀行總部
European Central Bank

法蘭克福足球俱樂部博物館
Eintracht Frankfurt Museum

N

德意志銀行公園 Deutsche Bank Park

Frankfurt am Main - Stadion站

法蘭克福周邊

A

B

全國十大足球場之一

MAP: P.270 A2

德意志銀行公園 (Deutsche Bank Park)

位於市中心西南面5公里外，可容納大約4萬8千名觀眾。自1925年揭幕後，經過了多次重修，成為了現在的模樣。這裡是德甲「法蘭克福足球會」的主場球場，除了舉辦大型足球賽事，也是音樂會或其他活動的舉行地。

球場最近期的一次大型重建是於2005年，當時擴建成現在的模樣，是為了2006年所舉行的世界杯。

提提你

如果到場觀看賽事，不可攜帶以下物品入場：包括大型行李、大過「A4 Size」的背包、任何酒精飲料、玻璃瓶、鐵罐、長雨傘、剪刀、相機、Go Pro、自拍棒等等。

Tips

法蘭克福足球俱樂部博物館
(Eintracht Frankfurt Museum)
博物館設於球場的主看台，展出了球會的歷年球衣、照片、獎杯等等，讓球迷更了解其球隊的歷史。於旁邊設有「Eintracht Frankfurt Fanshop」球會專賣店，出售多款球衣和紀念品。

法蘭克福足球俱樂部成立於1899年，已有過百年歷史。

地址：入口設於球場東北方向的外圍。
電話：+49 69 95503275
開放時間：非球賽日 1000-1800；
球賽日 由球賽開始前約2個小時，直至球賽開始前15分鐘關閉；只開放給入場觀看球賽的球迷。
休息日：週一
門票：€5
網址：www.eintracht-frankfurt-museum.de

Info

地址：Mörfelder Landstraße 362, 60528 Frankfurt am Main
電話：+49 69955031585
開放時間：球場並不開放自由參觀。
訂票網址：www.deutschebankpark.de
前往方法：於法蘭克福中央火車站（Frankfurt (Main) Hauptbahnhof），乘坐 S-Bahn火車S8或S9路線，在「Frankfurt am Main-Stadion」站下車，再步行12分鐘。

超市有寬敞闊落的空間，十分好逛。

有機紅菜頭脆片，美味又健康。
€1.49

超大型超級市場 MAP: P.270 B1

Scheck-In-Center

內有小型酒吧區，設有吧枱可讓客人品嚐葡萄酒。

如果想到超級市場大量入貨，建議可去這一間！位於市中心外圍，是城中難得的大型超級市場，超市佔地極廣，除了有新鮮食品之外，地道零食、日常用品、居家雜貨、廚具用品都可以買得到。貨品種類應有盡有，而且擺放得整齊有序，一心去掃貨的人，應該可以滿載而歸。

從中央市區羅馬廣場乘坐電車前往，只需10至15分鐘。

來自北德的著名茶葉品牌「Tee-Handels-Kontor Bremen」，在這裡有多款茶葉和混合花茶可選購。大約€4.5-6.95

源自柏林的百年朱古力品牌「Rausch」，一直深得亞洲人的愛戴，在這裡可找到很多款口味。€1.09-1.29

野生蔓越莓果醬內有豐富的果肉，口感天然甜美。€1.49

---Info---

地址：Ferdinand-Happ-Straße 59, 60314 Frankfurt am Main
電話：+49 69 94947630
營業時間：0700-2200
休息日：週日
網址：www.scheck-in-center.de/html/content/frankfurt_ostend.html
前往方法：
於中央市區的「Willy-Brandt-Platz」或「Römer/Paulskirche」站乘坐電車11號，於「Osthafenplatz」站下車，再步行6分鐘。

彰顯金融中心的地位 MAP: P.270 B1

歐洲中央銀行總部
(European Central Bank)

從1998至2014年，歐洲央行總部一直設在中央市區內的「歐元塔」，於2014年才搬遷至現址。

歐洲中央銀行成立於1998年，主要負責管理歐元貨幣體系，從成立以來一直以法蘭克福作為總部的選址，可見法蘭克福於歐洲的金融中心地位。總部現設在靜謐的「奧斯滕德區」（Ostend）。

---Info---

地址：Sonnemannstraße 20, 60314 Frankfurt am Main
開放時間：內部不開放作參觀
前往方法：乘坐電車11號到「Ostbahnhof/Sonnemannstr.」站，或乘坐U-Bahn U6線到「Ostbahnhof」站，再步行5分鐘。

浪漫大學之城

海德堡
Heidelberg

　　位於巴登-符騰堡州之內，被認為是德國最美麗的城市之一，也是第二次世界大戰後仍保持原貌的少數主要德國城市。依山而建的海德堡城堡和充滿浪漫氣息的老橋，湊合出濃郁的歐洲古城風韻。這裡也被稱為「大學之城」，海德堡大學於1386年在此建立，成為了德國最古老的大學。在城中漫步時，可細細體會這裡散發著的古典樸雅書卷氣。

城際交通
從法蘭克福 出發
火車

　　從法蘭克福中央火車站（Frankfurt (Main) Hauptbahnhof）乘坐IC或ICE高速火車，約55分鐘可達海德堡火車站（Heidelberg Hauptbahnhof）。另也有較便宜的地區火車（RB），車程約85分鐘。

德國國鐵 (DB) 官網： www.bahn.com

長途巴士

　　Flixbus長途巴士公司每天有多班班次往來法蘭克福長途巴士總站和海德堡火車站附近，車程約75-90分鐘，車票需網上預訂。

Flixbus官網： global.flixbus.com

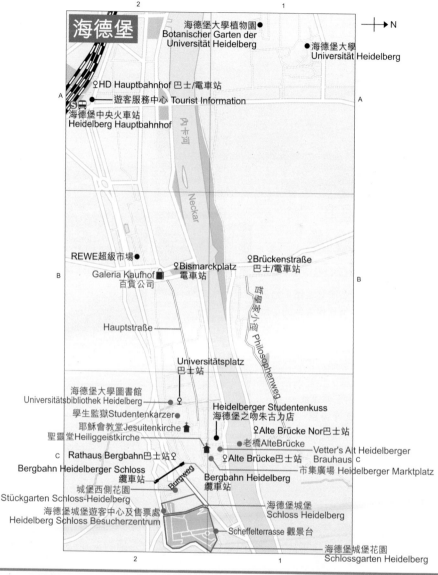

當地交通

步行

　　從海德堡火車站（Heidelberg Hauptbahnhof）步行老橋（Alte Brücke）約需40分鐘。

巴士

　　於海德堡火車站外「Hauptbahnhof」站乘坐巴士32或735號到「Alte Brücke」站，即達舊城中心。

VRN官網： www.vrn.de

海德堡官方旅遊資訊

www.tourism-heidelberg.com

這座磚紅色的中世紀城堡是城中最重要的地標，也是每個到訪海德堡的遊客必訪的景點。

美景盡收眼底
海德堡城堡
（Schloss Heidelberg）

MAP: P.273 C1-C2

位在半山上的海德堡城堡，始建於13世紀，是城中最具代表性的中世紀建築。幾個世紀以來，城堡受到大火、雷擊和戰爭等等的摧毀，經過了多次大型重修，外觀雖然沒有回復到舊日完整無暇的模樣，但從遠方對岸也可見其飽歷滄桑的宏偉氣派。

城堡內部現為博物館，亮點包括了「德國藥房博物館」和是世上最巨型的「葡萄酒桶」，容量達22萬公升！而城堡花園是一個大型的觀景露台，遊人可免費進入，居高臨下欣賞海德堡的壯麗全景。

從城堡的側面可見它曾飽歷滄桑，不算保存得非常完好，但不失古代建築之大氣和那宏偉氣派。

於山下「糧食廣場」（Kornmarkt）旁邊的登山纜車站，可直接購買來回纜車、參觀德國藥房博物館以及葡萄酒桶的聯票。

如果步行上山，可沿著纜車站旁邊的城堡徑（Burgweg）向上走，然後於分岔路經樓梯（Kurzer Buckel）直上，或可轉左沿斜路（Burgweg）直上。

於城堡西側花園和城堡花園，可享有舊城區、內卡河和老橋的美景，這兒也是觀賞日落的好地方。

位於王座山上的城堡花園，居高臨下，景觀開揚，海德堡古城美景一覽無遺。

城堡花園位於城堡的東端，面積很大，開放給所有訪客免費進入。

Info

地址：Schlosshof 1, 69117 Heidelberg
電話：+49 6221 658880
開放時間：海德堡城堡 0800-1800（最後進入1730）；城堡西側花園/城堡花園 日出後至日落前
門票：來回纜車＋德國藥房博物館＋葡萄酒桶 聯票 成人€9；學生 €4（門票可於纜車站購買）
加購＋海德堡城堡導賞團 成人€6；學生€3
城堡西側花園/城堡花園 免費進入
網址：www.schloss-heidelberg.de
前往方法：從「市集廣場」（Marktplatz）沿經城堡徑（Burgweg）步行上山，大約15分鐘。也可在「糧食廣場」（Kornmarkt）旁邊的「Heidelberger Bergbahnen」站乘坐登山纜車於「Castle」站下車，即達。

Info

德國藥房博物館
Deutsches Apotheken-Museum
地址：Schloss Heidelberg, Schlosshof, 1, 69117 Heidelberg
電話：+49622125880
開放時間：4至10月 1000-1800；11至3月 1000-1730；於公眾假期有機會更改
最後入場：關門前20分鐘
網址：www.deutsches-apotheken-museum.de
前往方法：於海德堡城堡之內。

關於門票
1. 登山纜車和城堡門票都不可單獨購買，需購買聯票。
2. 如不打算參觀城堡的話，可步行上山。
3. 參觀城堡內部需參加官方導賞團，舉辦時間可於官網查閱。

這一條巴洛克式紅砂岩橋橫跨內卡河，與河岸山景構成了絕美的古城面貌！

橋的南端設有中世紀橋門，設計呈白色雙圓塔樓，別具特色！

城中浪漫地標

MAP: P.273 C1

老橋（AlteBrücke）

通過一座雅緻的白色橋門，步上這條充滿古樸風情的橋樑，那醉人的古城氛圍，讓人難忘！站在橋上，可欣賞到內卡河上優美的風光，回望半山上城堡的壯麗美景，叫人不經意停留在這浪漫的片刻！這條老橋屬於城中最重要的地標之一，始建於13世紀，原本是一條木橋，後來不勝洪水而損毀，於1788年由選帝侯卡爾・泰奧多（Karl Theodor）下令重建，並改為石橋。橋樑在1945年二戰期間被炸毀，後來根據原本面貌重建。

Tips

很具人氣的銅猴雕像（Brückenaffe）
銅猴雕塑設在面向著橋門的左手邊，昔日是用來諷刺收取過橋費，現在卻是帶來好運的「吉祥物」。猴子擁有空心的頭部，左手拿著一塊鏡，相傳如果觸摸猴子右手的小指和食指，可保佑他日重遊海德堡，如撫摸鏡子可增添財運，而觸摸猴子旁邊的那對銅鼠，則可增添子女運。

通過橋門步上橋樑，一直走到對岸後，於右邊河濱位置，可找到這一塊「愛的石頭」（Liebesstein），很多戀人們在石上繫上愛情鎖。

提提你

乘坐觀光船
在春秋期間，遊客可參加由「Weisse Flotte」渡輪公司運行的渡船遊，欣賞內卡河優美的景色。

詳情：www.weisse-flotte-heidelberg.de

— Info —

地址：Am Hackteufel, 69117 Heidelberg
開放時間：全年
前往方法：
從海德堡火車站外的「Hauptbahnhof」車站乘坐巴士32或735號於「Alte Brücke」站下車。也可從市集廣場（Heidelberger Marktplatz）經Steingasse街道向北步行約1分鐘，即達橋門（Brückentor）。

古典樸雅的書卷氣

海德堡大學圖書館
(Universitätsbibliothek Heidelberg)

想感受「大學之城」海德堡這裡的書卷氣，可以到訪位於舊城區的大學圖書館。圖書館坐落在磚紅色建築物之內，而它的起源可追溯到1386年海德堡大學成立的那一年，屬於德國最古老的大學圖書館。

為免打擾當地學生，參觀時要保持安靜。

MAP: P.273 C2

古色古香的圖書館，建於1901-1905年，外牆設有精緻的雕像作裝飾。

— Info —

地址：Plöck 107-109, 69117 Heidelberg
電話：+49 6221 542380
開放時間：週一至週五 0830-0100；
　　　　　　週六、週日 0900-0100
休息日：公眾假期
門票：免費
網址：www.ub.uni-heidelberg.de
前往方法：於耶穌會教堂（Jesuitenkirche）後方西南側，步行大約3分鐘。

海德堡最重要的地標，全部盡收眼底！包括了位於對岸山腰上的海德堡城堡、橫跨內卡河的老橋和市集廣場上的聖靈堂。

風景如詩如畫

MAP: P.273 B1-C1

哲學家小徑（Philosophenweg）

　　是海德堡非常著名的「觀景步道」，長約2公里，位於內卡河北岸的山腰，可居高臨下俯瞰全城美景！無論是海德堡城堡、古意盎然的老橋和老城區，以及河岸山脈的景色都能盡收眼底，是遊人拍照的好去處。山徑環境優美宜人，恬靜如斯，是昔日眾多學者和哲學家靜思和散步之地，這條路段也因此被稱為「哲學家小徑」。

觀景台設有一幅1620年的城市全景圖，跟現在眼前的景觀幾乎是一模一樣。

眼前令人響往的風景，充分展現了海德堡古城的優雅，美得如詩如畫！

途中設有觀景台和休憩長椅，可坐下來欣賞美景，稍作休息。

只要穿過老橋過了河再經由蜿蜒曲折的蛇徑（Schlangenweg）上山，就可抵達哲學家小徑。沿路有路牌指示。

除了剛開始於「蛇徑」需要氣力拾級而上，整段哲學家小徑都是路闊易走的。而沿路景觀變化不太大，如沒有太多時間遊覽，可到達觀景台後經沿路折返。

Info

地址： Philosophenweg, 69120 Heidelberg
開放時間： 全年（冬天下雪時有機會不開放）
前往方法：
從老橋（AlteBrücke）過了橋到河的北岸，於馬路對面就是蛇徑（Schlangenweg）的入口，經蛇徑登上山腰，約10-15分鐘可達哲學家小徑（Philosophenweg），然後向西行。也可乘坐巴士34號於「Alte Brücke Nord」站下車。

巴洛克的風範

MAP: P.273 C2

耶穌會教堂（Jesuitenkirche）

　　於1711至1759年以巴洛克式風格建造，是昔日耶穌會的教堂。1773年教廷宣佈解散耶穌會，教堂被改建為醫院，後來成為了羅馬天主教教堂。於2004年內部進行了大型翻新，純白色內殿明亮典雅，呈現莊嚴聖潔的氣氛。

Info

地址： Schulgasse 4, 69117 Heidelberg
開放時間： 10-4月 0930-1700；5-9月 0930-1800
門票： 免費進入
前往方法：
從市集廣場（Heidelberger Marktplatz）步行前往，大約5分鐘。

磚紅色的外觀，樸素之中帶點古典優雅。

教堂正立面設有很多巴洛克風格的雕飾。

圍繞著廣場開滿了很多露天餐廳，十分繁華熱鬧。

廣場中央位置有一座建於18世紀初的「大力神噴泉」（Herkulesbrunnen），而市政廳大樓則位於廣場東側。

聖靈堂是一座哥德式的建築，滿有莊嚴氣派。

聖靈堂附近有很多紀念品攤檔。

人氣聚集點

MAP: P.273 C1

市集廣場（Heidelberger Marktplatz）

　　是城中最重要的廣場，也是「市政廳」（Rathaus）的所在地。這裡是人氣熱鬧的聚集點，附近開滿了露天餐廳、紀念品攤檔和各式商店。而舊城區中最大型的教堂「聖靈堂」（Heiliggeistkirche）亦在廣場之上。聖靈堂建於14至15世紀，教堂內外沒有過多華麗的裝飾，卻流露出古樸莊重之感。如果天氣晴朗，可考慮登上教堂的塔樓頂部，欣賞舊城區的美景。

提提你

「海德堡學生之吻」朱古力店
（Heidelberger Studentenkuss）
由1863年已經開始生產。當年，女大學生都要在家僕、教母或家人陪伴下，才可於公共場合跟男生見面或交談。女生們常常把這種朱古力暗中送給心上人來示愛。專賣店位於聖靈堂的轉角。

包裝裝飾是一個「男女親吻」的剪影，十分精緻。

Info

市集廣場
地址： Marktplatz, 69117 Heidelberg
開放時間： 全年
前往方法：
從海德堡火車站外的「Hauptbahnhof」車站乘坐巴士32或735號於「Alte Brücke」站下車，或可乘坐20號於「Rathaus Bergbahn」站下車。

聖靈堂
電話： +49622121117
開放時間： 1100-1700；週日 1230-1700
（如正舉行任何宗教聚會，不開放作參觀）
門票： 免費進入；登上塔樓 €2
網址： www.ekihd.de
前往方法： 於市集廣場上。

懲罰不受規矩的大學生

海德堡大學的校徽

學生監獄（Studentenkarzer）

　　於1778至1914年，如果海德堡大學的學生，作出了違法行為，例如在夜間製造噪音或跟別人打鬥等等，大學可自行作出判決和懲罰。位於大學圖書館附近，設有一所學生監獄，就是當年學生服刑的地方。內裡不太大，但可看到刑房牆上畫滿了塗鴉和壁畫。門票同時可參觀大學博物館和位於2樓充滿新文藝復興風格的大學舊禮堂。

這裡也設有海德堡大學紀念品店，出售印有校徽的T-Shirt、衛衣、杯子等等。

MAP: P.273 C2

Info

地址： Augustinergasse 2, 69117 Heidelberg
電話： +4962215412813
開放時間： 4至8月 1000-1800；9至10月 週一至週五 1000-1600，週六 1000-1800，週日及假期 1000-1600；11至3月 週一至週六 1000-1600
休息日： 11至3月之週日
門票： 聯票（學生監獄、大學博物館和舊禮堂）€3；如有活動於舊禮堂正在進行，則不開放作參觀。
網址： www.uni-heidelberg.de/de/einrichtungen/museen-und-sammlungen/studentenkarzer
前往方法：
乘坐巴士31、32號於「Universitätsplatz」站下車，再步行1分鐘。

提提你

當年被關在這裏犯了事的學生，刑罰一般為3天至4星期。在服刑期間，於白天學生可以繼續去上課，但下課後就必須回去監獄，並關在囚室裡。

這裡主要供應德國傳統菜，除了這一客芝士麵疙瘩Spätzle，其他經典菜式例如烤香腸配酸菜、烤雞翼、德式豬手等等。

內部裝潢乃傳統啤酒館風格，以深褐色木質家具為主，低調沉實。

於夏季期間，在門外小街上也設有一些露天座位，很有歐洲寫意的風情。

季節性供應的「Vetter's Frisch」啤酒，酒精含量不太高，入口清新。Vetter's Frisch €3.7/300ml

別具風味的啤酒館

MAP: P.273 C1

Vetter's Alt Heidelberger Brauhaus

跟老橋相距僅幾十米，是海德堡著名的啤酒廠餐館，於吧枱旁邊放置了2個巨大的銅色釀酒器，讓啤酒館呈現獨一無二的氛圍。這裡供應的是德國傳統風味菜，最不能錯過這裡自家釀造的啤酒，種類非常豐富，其中還有一些屬季節性供應。熱愛啤酒的老饕們，可以點選一客「Vetter's Beer Sampler」作為品酒體驗，一次過可品嚐4小杯不同種類的啤酒，喝出箇中的味覺層次。

於用餐區放置了銅色釀酒器，也為啤酒館帶來與別不同的氣氛。

以香濃芝士做成醬汁配上口感較軟的雞蛋麵「Spätzle」，是德國南部傳統家常菜之一。

---Info---

地址： Steingasse 9, 69117 Heidelberg
電話： +49 6221 165850
營業時間：
週日至週四 1130-2400；
週五、週六 1130-0100（廚房於2300收爐）
消費： 大約€25-30/位
網址： www.brauhaus-vetter.de
前往方法：
於聖靈堂（Heiliggeistkirche）和老橋（Alte Brücke）之間的街道上。

購物大街

MAP: P.273 B2-C2

Hauptstraße

是海德堡最具人氣的購物大街，長達1.5公里，開滿了不同類型的商店和餐廳，也有一些朱古力店、糖果店和特色小店，是遊客選購手信的好地方。於「Galeria Kaufhof」百貨公司內可找到來自科隆歷史悠久的香水品牌「4711」，它們的古龍水世界知名，而且男女合用。

這條購物大街連接城中2大主要廣場：俾斯麥廣場和市集廣場。

科隆香水品牌「4711」於1799年就已經開始出售這一種名為「Original Eau de Cologne」的古龍水。

---Info---

地址： Hauptstraße, 69117 Heidelberg
前往方法：
於市集廣場（Heidelberger Marktplatz）往西步行，向俾斯麥廣場（Bismarckplatz Park）方向一直走。如走畢整條街道，約需15-20分鐘。也可乘坐電車5、21、22、23、26號於「Bismarckplatz」站下車，然後往東走。

悠閒節奏

韋爾泰姆
Wertheim

很多遊人到訪韋爾泰姆，是為了去小鎮近郊的「Wertheim Village」Outlet盡情購物。如果想順道於附近遊覽，大可預留小半天時間，於精緻漂亮的舊城區晃晃。舊城範圍不大但卻優雅迷人，隨意逛逛，可感受當地人那悠閒慢慢的節奏！

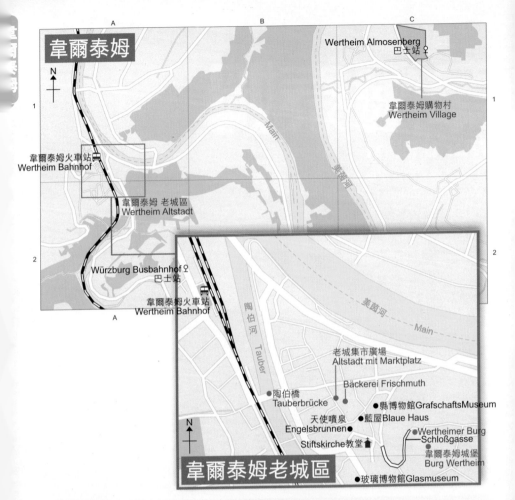

韋爾泰姆

Wertheim Almosenberg 巴士站

韋爾泰姆購物村
Wertheim Village

韋爾泰姆火車站
Wertheim Bahnhof

韋爾泰姆 老城區
Wertheim Altstadt

Würzburg Busbahnhof 巴士站

韋爾泰姆火車站
Wertheim Bahnhof

Main

美茵河

老城集市廣場
Altstadt mit Marktplatz

Bäckerei Frischmuth

陶伯河 Tauber

美茵河 Main

陶伯橋
Tauberbrücke

縣博物館 GrafschaftsMuseum

天使噴泉
Engelsbrunnen

藍屋 Blaue Haus

Stiftskirche 教堂

Wertheimer Burg
Schloßgasse

韋爾泰姆城堡
Burg Wertheim

玻璃博物館 Glasmuseum

韋爾泰姆老城區

城際交通

從 法蘭克福 出發

往 韋爾泰姆老城區 火車

可從法蘭克福中央火車站（Frankfurt (Main) Hauptbahnhof）乘坐火車（需轉乘），大約2-2.5小時可抵達韋爾泰姆火車站（Wertheim）。班次及票價可於德國國鐵（DB）官網查閱：www.bahn.com

往 韋爾泰姆購物村 Shopping Express

可乘坐專車「Shopping Express」，從法蘭克福市中心直達購物村門外。來回車費：€20。

查閱發車時間和訂票：

www.thebicestercollection.com/wertheim-village/

從 烏茲堡 出發

往 韋爾泰姆購物村或老城區 區域巴士

於烏茲堡「Würzburg Busbahnhof」站乘坐977號巴士，約40分鐘即可到達韋爾泰姆購物村外的「Wertheim Almosenberg」站。如前往舊城區則可於「Wertheim ZOB」站下車。

查閱發車時間和訂票： www.vrn.de

當地交通

韋爾泰姆火車站就在舊城區附近，小城不大，一般可以步行方式遊覽。而從韋爾泰姆購物村可乘坐977或973號巴士到達老城區，車程約20分鐘。巴士班次不算多，可先查閱發車時間：www.vrn.de

遊人可到老城集市廣場（Altstadt mit Marktplatz）逛逛，這裡不太大，卻開滿了露天餐廳和各式商店，屬小城最人氣的地方。

於集市廣場上的「Bäckerei Frischmuth」麵包店，擁有少數露天座位，眼前一些精緻可愛的半木結構老房子，營造了愉悅的氛圍。

店內選擇很多，一客甜點和一杯咖啡，是早上一個美好的開始。

忘憂之慢旅行 MAP: P.280 A1-A2
韋爾泰姆老城區（Wertheim）

　　屬於清靜幽雅的童話小鎮，整個老城區不太大，遊人也不算多，在這裡慢慢散步，可享受純淨放鬆的一刻！從老城中心慢步至位於小山丘上的城堡，可從高處欣賞到小鎮旖旎的美景。而於城堡外的觀景露天餐廳，是慢享啤酒或午餐的好地方。居高臨下看著美景，陣陣清爽涼風吹過來，時光悠然而過。如對手藝品有興趣，也可到訪城中的玻璃博物館（Glasmuseum）或縣博物館（GrafschaftsMuseum）參觀。

於城堡餐廳的露天用餐區，小城全景一覽無遺，是慢享啤酒的好地方。酵母小麥啤酒（Hefe Weizenbier）€4.1/500ml

從韋爾泰姆城堡（Burg Wertheim）外圍，可俯瞰美茵河、陶伯河和舊城區的壯麗景色。

始建於1132年的韋爾泰姆城堡，是巴登-符騰堡州最古老的城堡遺址之一。

城堡餐廳也有供應傳統料理菜式。但要注意營業時間，餐廳於冬天休業。

喜歡安靜的地方，不妨散步到陶伯橋（Tauberbrücke），在這裡可看到陶伯河畔的美景。

Info
韋爾泰姆城堡 Burg Wertheim
地址： 97877 Wertheim am Main
電話： +499342913238
開放時間： 0900至日落
門票： €2（於自動售票機購買，需自備輔幣）
網址： www.wertheim.de/startseite/unsere+stadt/burg+wertheim.html
前往方法：
步行
從老城集市廣場（Altstadt mit Marktplatz）沿經斜路Schloßgasse步行前往，大約8至10分鐘。
Geckobahn 觀光小火車
約半小時1班，來往老城區與城堡，於Mainpl.與Maingasse交匯點的噴泉廣場上車。單程€3.5；來回€5。

Info
城堡餐廳 Burg Wertheim Restaurant
地址： Schloßgasse 11, 97877 Wertheim
電話： +499342913238
營業時間： 4月至10月 每天1100至日落；3月中至3月尾、11月至12月 週五至週日 1100至日落
休息日： 1月至3月中
網址： burgwertheim.com
前往方法： 在 韋爾泰姆城堡（Burg Wertheim）的外圍，到達城門後右轉，不用城堡門票即可抵達。

Info
Bäckerei Frischmuth
地址： Marktpl. 9, 97877 Wertheim
電話： +4993426510
營業時間： 0600-1800；週六 0600-1400
休息日： 週日
前往方法： 於老城集市廣場（Altstadt mit Marktplatz）上。

擁有非常愜意的購物村氛圍,像置身在童話世界裡,讓人逛得舒適。

像童話般的購物天堂

MAP: P.280 C1

韋爾泰姆購物村
(Wertheim Village)

多座房子以德國傳統半木房屋中的「山形牆」作設計,配以粉色壁畫,十分夢幻。

距離法蘭克福70多公里的購物村,聚集了約110間國際和本土時尚精品的Outlet店,於一年四季都享有高達60%的折扣。一步入購物村,感覺像置身在童話世界裡,每座房子設計都充滿歐式建築的可愛夢幻感,營造了歡悅輕鬆的購物環境。

其中最受歡迎的品牌包括有:Ted Baker、Michael Kors、UGG®、Birkenstock、Le Creuset、Furla、Fred Perry、Kate Spade、Timberland、Pandora等等。而購物村內也設有多間餐廳、咖啡店和露天美食車。

這裡設有多架露天美食車,擁有舒適的用餐區,充滿渡假風情。

於德國在同一店舖買滿€50.01即可申請退稅,吸引了不少人大買特買。

購物村內設有很多休憩空間，擺放了一些長椅和吊椅，讓客人可在寫意的環境下掃貨。

著名德國品牌「Birkenstock」舒適鞋，在購物村的價格更是抵買，款式、尺碼都很齊備。

村內設有多間不同風格的食店，分佈於不同的角落，包括有「Coffee Fellows」咖啡店、主打Pizza和意粉的「La Piazza」，以及供應美式料理和漢堡飽的「Prime」等等。

德國經典泰迪熊和毛公仔品牌「Steiff」也在此設店，一般折扣大約為7折。

「Birkenstock」經典皮革人字拖款式，由原價€60減至€42（另可退稅）。

於「Sunglass Hut」結集了多個國際品牌的太陽眼鏡，款式特多。Prada太陽眼鏡每款約為€140-220。

「Steiff」的泰迪熊可愛之餘，品質又高，而且是德國人手製造。

I Can Tips

「Tourist Information」旅遊資訊中心

位於中央出口旁邊（「Puma」對面轉角），以Passport登記可領取當天適用的優惠券。

Info

地址： Almosenberg, 97877 Wertheim
電話： +4993429199100
營業時間： 1000-2000
休息日： 週日及公眾假期
網址： www.tbvsc.com/wertheim-village/zh-CN
前往方法：
Shopping Express
購物村所提供的豪華旅遊巴專車，從法蘭克福出發直達正門「Tourist Information」的前方。車程約1小時。可於官網查閱時間表和訂購車票。
查閱時間表和訂購車票：
www.wertheimvillage.com/coach-info
來回票價： €20
FlixBus 長途巴士
於旺季有從法蘭克福出發直達「Wertheim Village」的路線，車程約70分鐘，車站位於購物村南端。
查閱時間表和訂購車票： global.flixbus.com
單程票價： €7起

受到熱捧的名牌鑄鐵鍋「Le Creuset」也在這裡設有折扣店。

活在沉重歷史中

柏林
Berlin

　　來到了德國首都柏林，去感受這座自由之都的魅力！這座繁華都市結合了藝術、文化與自然風光，還深藏著不可磨滅的歷史印記。在圍牆倒下後，為柏林人帶來了自由的新生活，但沉重的歷史還是深刻地印在城中每個角落，很值得遊人去親身探究。

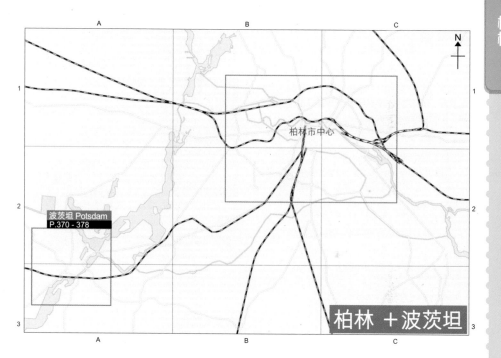

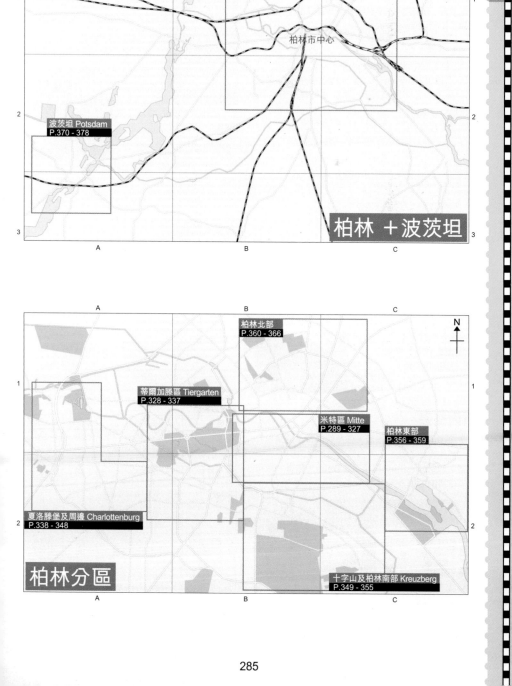

機場交通

柏林勃蘭登堡國際機場（BER）
Berlin Brandenburg Airport

位於市中心東南面大約25公里外，於2020年才正式啟用，國際航班和內陸航班一般都從這裡升降。
官網：ber.berlin-airport.de

交通方法

1. 機場快線（FEX）

從機場Terminal 1-2乘坐FEX機場快線可抵達柏林市中心，沿經Ostkreuz（柏林東部）、Gesundbrunnen（柏林北部）、Hauptbahnhof（柏林中央火車站）。

┌─**Info**─────────────────

班次：每30分鐘1班
車程：全程約32分鐘
官網：flughafenexpress.deutschebahn.com
機場所屬票價區：Berlin ABC
車票：單程€3.8；24小時票€10

2. 地區火車 /S-Bahn

從機場Terminal 1—2乘坐地區火車RE7/RB14線（沿經 夏洛滕堡區、亞歷山大廣場）、RB22線（沿經 波茨坦）或S-Bahn S45、S9線前往柏林市中心多個地區。時刻表可於德國國鐵官網查閱：www.bahn.de

3. 機場巴士

如前往波茨坦車站（Potsdam Central Station），可於Terminal 5或1—2乘坐機場巴士BER2線。

┌─**Info**─────────────────

車程：全程約1小時
班次：每天約15班
官網：www.berairportshuttle.de
車票：單程€9.5

城際交通
交通方法
1. 火車

柏林中央火車站（Berlin Hauptbahnhof）是城中最主要的鐵路交通樞紐（詳細介紹見P.309），來往德國各大城鎮的火車一般都會在這裡設站，而於車站最低層是U-Bahn月台，抵達後可在站內直接轉乘前往柏林各區。

德國國鐵（DB）官網：
www.bahnhof.de

柏林中央火車站

2. 長途巴士

來往德國各大城市的長途巴士，一般都在位於夏洛滕堡區的柏林長途巴士總站（ZOB）停靠，要注意：這車站較遠離市區。

┌─**Info**─────────────────

柏林長途巴士總站（ZOB）
地址：Masurenallee, 14057 Berlin
前往方法：
U-Bahn 乘坐U2、U12線到「Kaiserdamm」站，再步行3分鐘。
S-Bahn 乘坐S41、S42、S46線到「Messe Nord / ICC」站，再步行5分鐘。

市內交通

柏林市中心範圍很廣，很多時候都需要乘坐公共交通作代步工具，市內公共交通主要由BVG公司運營，包括U-Bahn、巴士、S-Bahn、電車，並可統一使用BVG車票。

柏林的有軌電車屬於現代化款式。

┌─**Info**─────────────────

BVG官網：www.bvg.de
售票地點：車站自動售票機、BVG Fahrinfo APP

交通票種類：

種類	適用於：	票價區	成人票價
A. 單程票 Single ticket	•可轉乘 •有效期120分鐘	AB BC ABC	€3 €3.5 €3.8
B. 短程票 Short trip ticket	可乘坐~ •S-Bahn/U-Bahn：最多3個站-期間可轉乘 或 •巴士/電車：最多6個站 – 期間不可轉乘	AB	€2
C. 單程票X4 4-trip ticket	•可轉乘 •有效期120分鐘	AB BC ABC	€9.4 €12.6 €13.8
D. 24小時票 24-hour ticket	•可不限次數任意搭乘 •有效期24小時 •適用於1成人＋最多3名6-14歲兒童	AB BC ABC	€8.8 €9.2 €10
E. 24小時票（團體） 24-hour small group ticket	•可不限次數任意搭乘 •有效期24小時 •適用於2-5人	AB BC ABC	€25.5 €26 €26.5

柏林票價區

　　前往柏林市中心各區一般都在AB票價區內，而機場、波茨坦或奧拉寧堡則在C區。（詳情見：柏林交通圖 P.288）

*來源：BVG官網 （www.bvg.de）

德國的公共交通大部分不設閘機，實體車票需於上車前放入打票機打票。忘記的話，於查票時會視作逃票而被罰款。

提提你

的士（TAXI）

可直接電召或經由手機APP預約。

─Info─

電召的士
預約電話：+49-30-202021-220（英語）
網頁：www.taxi-berlin.de
預約的士APP（Taxi Berlin）
可通過App預約，亦可選擇Apple Pay、信用卡或PayPal等付款方式。

實用旅行資訊

1. 柏林歡迎卡 Berlin Welcome Card

銷售點： 可於官網或旅遊服務中心購買。
官網： www.berlin-welcomecard.de/en

分為2款：

A. Berlin Welcome Card

- 可於有效期內任意搭乘所屬票價區內的公共交通
- 提供了近180個景點和旅遊折扣優惠
- 其中「72小時＋Museum Island」可免費進入博物館島中的5個博物館

票價：
Berlin Welcome Card

有效期	柏林 AB票價區	柏林＋波茨坦 ABC票價區
48小時	€25	€30
72小時	€35	€40
72小時＋免費進入博物館島中的5個博物館	€53	€56

B. Berlin Welcome Card ALL Inclusive

- 可於有效期內任意搭乘ABC區內的公共交通
- 提供了近180個景點和旅遊折扣優惠
- 可免費進入約30個景點
- 包括1天「hop-on hop-off」觀光巴士遊

票價：
Berlin Welcome Card ALL Inclusive

有效期	柏林＋波茨坦 ABC票價區
48小時	€89
72小時	€109

*另有4天、5天、6天票，詳情可於官網查閱。

2. 博物館聯票

　　另有不含交通的博物館聯票，其中比較熱門包括「博物館島+佩加蒙全景展覽館1天聯票」以及「柏林博物館3天聯票」。(詳情介紹見 P.292)

3. Berlin Tourist Info 旅遊服務中心

　　可查詢各旅遊資訊，還可購買柏林歡迎卡、景點門票、遊船門票以及博物館聯票。
柏林官方旅遊資訊：www.visitberlin.de

─Info─

1. 柏林勃蘭登堡機場（1號航站）
   地址：Flughafen Berlin Brandenburg
   開放時間：0900-2100
2. 勃蘭登堡門
   地址：Pariser Platz
   開放時間：1000-1800
3. 柏林中央火車站
   （Europaplatz出口）
   地址：Hauptbahnhof
   開放時間：0800-2100
4. 洪堡論壇
   地址：Humboldt Forum, Schloßplatz
   開放時間：1000-1800

柏林ABC區路線圖

Ⓢ Ⓤ ◆ Berlin

・來源：柏林S-Bahn官網 （https://sbahn.berlin)

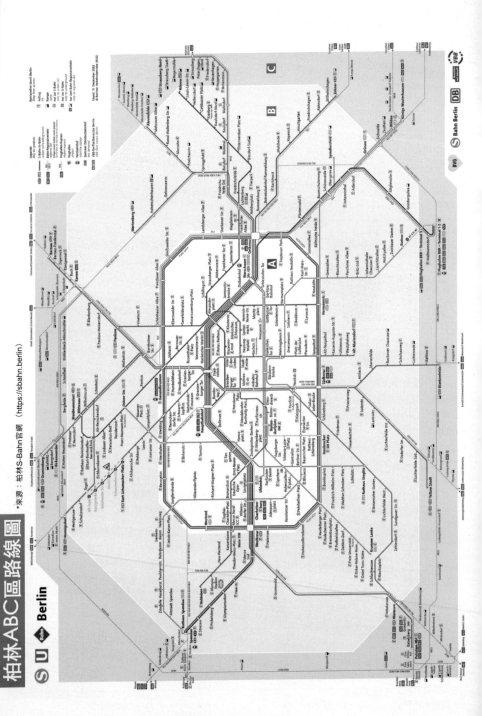

首都市中心區

米特區
Mitte

Mitte在德語中意指「中央」，這區就是柏林最熱鬧、最繁華的市中心區，也是市內一些重要旅遊景點的集中地，其中包括列入了世界文化遺產的「博物館島」、別具歷史意義的「勃蘭登堡門」、城中主要地標之一「柏林電視塔」、購物大道「菩提樹下大街」，以及「德國國會大廈」別樹一格的玻璃圓頂等，而這裡大部分地區曾是昔日東柏林的所在，見證了很多重要的歷史過去。

交通

博物館島
S-Bahn 乘坐S3、S5、S7、S9線至「Hackescher Markt」站。

柏林電視塔
S-Bahn 乘坐S7、S9線至「Alexanderplatz」站。
U-Bahn 乘坐U2、U5、U8至「Alexanderplatz」站。

勃蘭登堡門
U-Bahn 乘坐U5線到「Brandenburger Tor」站。
S-Bahn 乘坐S1、S2、S25線到「Brandenburger Tor」站。

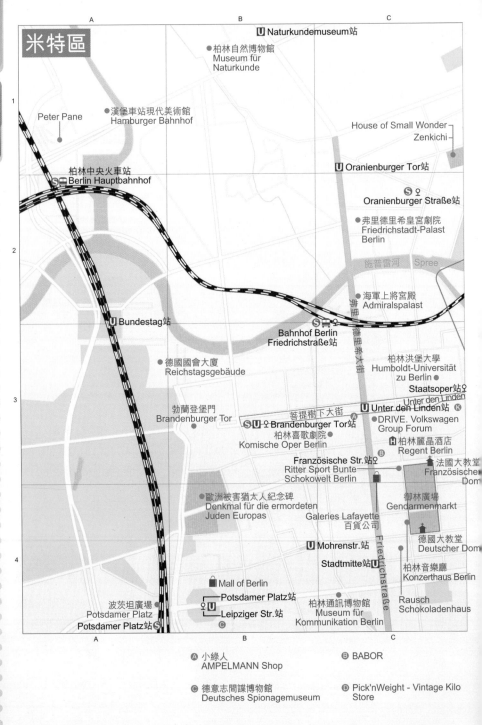

米特區

Ⓐ 小綠人
AMPELMANN Shop

Ⓑ BABOR

Ⓒ 德意志間諜博物館
Deutsches Spionagemuseum

Ⓓ Pick'nWeight - Vintage Kilo
Store

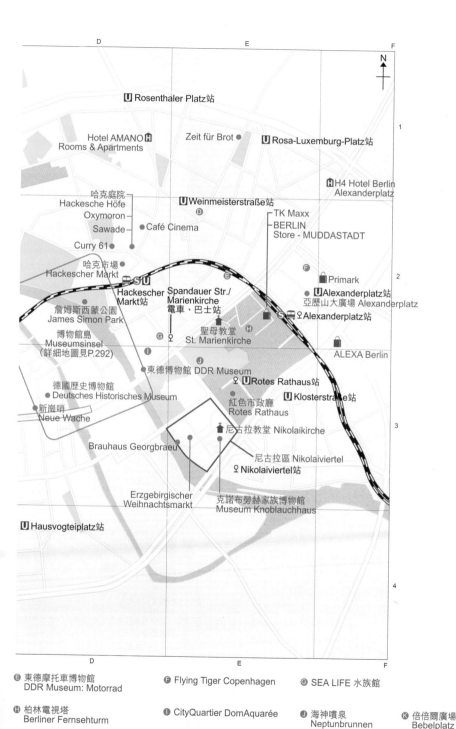

柏林

米特區

蒂爾加騰區

夏洛騰堡及周邊

十字山及柏林南部

柏林東部

柏林北部

柏林周邊

D **E** **F**

N

1

Ⓤ Rosenthaler Platz站

Hotel AMANO 🅗
Rooms & Apartments

Zeit für Brot ●

Ⓤ Rosa-Luxemburg-Platz站

🅗 H4 Hotel Berlin
Alexanderplatz

哈克庭院
Hackesche Höfe
Oxymoron
Sawade ● Café Cinema
Curry 61 ●

Ⓤ Weinmeisterstraße站
Ⓓ

┌ TK Maxx
├ BERLIN
Store - MUDDASTADT

哈克市場
Hackescher Markt

🄴

🅕 Primark

2

ⓈⓊ
Hackescher
Markt站

Spandauer Str./
Marienkirche
電車、巴士站

Ⓤ Alexanderplatz站
亞歷山大廣場 Alexanderplatz

♀ Alexanderplatz站

詹姆斯西蒙公園
James Simon Park

聖母教堂
St. Marienkirche

博物館島
Museumsinsel
（詳細地圖見P.292）

🄶 ♀

🅘

ALEXA Berlin

東德博物館 DDR Museum

德國歷史博物館
Deutsches Historisches Museum

🄹

♀ Ⓤ Rotes Rathaus站

3

新崗哨
Neue Wache

紅色市政廳
Rotes Rathaus

Ⓤ Klosterstraße站

Brauhaus Georgbraeu

尼古拉教堂 Nikolaikirche

尼古拉區 Nikolaiviertel

♀ Nikolaiviertel站

Ⓤ Hausvogteiplatz站

Erzgebirgischer
Weihnachtsmarkt

克諾布勞赫家族博物館
Museum Knoblauchhaus

4

D **E** **F**

🄳 東德摩托車博物館
　 DDR Museum: Motorrad

🅕 Flying Tiger Copenhagen

🄶 SEA LIFE 水族館

🄷 柏林電視塔
　 Berliner Fernsehturm

🅘 CityQuartier DomAquarée

🄹 海神噴泉
　 Neptunbrunnen

🅚 倍倍爾廣場
　 Bebelplatz

291

島上擁有世界知名的大型博物館建築群。

柏林

米特區

蒂爾加騰區

夏洛滕堡及周邊

十字山及柏林南部

柏林東部

柏林北部

柏林周邊

Info

地址：Museumsinsel, Berlin
開放時間：請參考各博物館之INFO
門票：成人 個別博物館€10-12；
聯票€19-29；18歲以下 免費
網址：www.smb.museum
前往方法：
電車 乘坐12、M1號至「Georgenstr./Am Kupfergraben」站，再步行5分鐘。
S-Bahn 乘坐S3、S5、S7、S9線至「Hackescher Markt」站，再步行10分鐘。

藝術珍藏寶庫

MAP: P.290 C2-C3;D2-D3

博物館島
(Museumsinsel)

位於施普雷島北端，於19世紀普魯士國王下令把這裡規劃成博物館之地，島上現設5間博物館和1間最新建成的畫廊暨遊客中心，共收藏了大量從古至今的古物藝術珍品，包括重組了古希臘時期的「佩加蒙神壇」，以及擁有3千多年歷史的《娜芙蒂蒂胸像》！在這裡逛上一整天，就像穿越了幾千年人類的文明！而整座島亦被列入了世界文化遺產名錄中。

博物館島

柏德博物館 Bode-Museum
Hackescher Markt 火車站
佩加蒙全景展覽館 Das Panorama Pergamon
佩加蒙博物館 Pergamonmuseum
舊國家畫廊 Alte Nationalgalerie
Georgenstr./Am Kupfergraben電車站
新博物館 Neues Museum
菲德列橋 Friedrichsbrücke
詹姆斯‧西蒙畫廊 James-Simon-Galerie
舊博物館 Altes Museum
盧斯特花園 Lustgarten
柏林大教堂 Berliner Dom
Staatsoper 巴士站
宮殿橋 Schlossbrücke
Museumsinsel站
N
Spree

Tips

博物館島+佩加蒙全景展覽館 1天聯票
Museum Isaland + Panorama
可於1天內參觀博物館島上的所有博物館，另包含了佩加蒙全景展覽館的門票。
門票：成人€19；18歲以上學生 €9.5
網址：shop.smb.museum/#/tickets

柏林博物館3天聯票
Museum Pass Berlin
可於3天內參觀柏林其中30多間博物館，其中包含了博物館島上多間展館。而市內大部分博物館都在週一休館，在安排行程和預訂門票時要注意了。
門票：成人€29；18歲以上學生 €14.5
網址：www.visitberlin.de/en/museum-pass-berlin

入口接待大樓

MAP: P.292

詹姆斯‧西蒙畫廊
(James-Simon-Galerie)

是新建的一站式接待大樓，內設門票部、遊客中心、咖啡館、博物館商店。這裡正建造一條地下考古長廊去連接島上多座博物館，而現時已開通了往佩加蒙博物館入口之路徑，當所有工程竣工後，屆時只要從這裡進館則可於內部直接抵達新博物館、舊博物館、佩加蒙博物館、柏德博物館的展覽層，非常方便。

充滿現代感的古典柱廊跟島上其他古典建築完美契合。

畫廊內設特別展館提供專題展覽。

Info

地址：Bodestraße, 10178 Berlin
電話：+49 30266424242
開放時間：1000-1800
休息日：逢週一
門票：視乎個別展覽
網址：www.smb.museum/museen-einrichtungen/james-simon-galerie/
前往方法：於新博物館（Neues Museum）旁邊。步行前往，大約8分鐘。

柏林

米特區

蒂爾加滕區

夏洛騰堡及周邊

十字山及柏林南部

柏林東部

柏林北部

柏林周邊

海藍色的「伊什塔爾城門」配以艷麗無比的紋飾與浮雕，難以想像是源自公元前575年的巴比倫城市。

來自古希臘時期的佩加蒙祭壇（Pergamonaltar），是館內最重要的珍藏，目前正關閉作大規模修復，預計約於2025年重開。

提提你

─Info─

地址：Bodestraße 1-3, 10178 Berlin
電話：+49 30266424242
開放時間：週三、週三、週五至週日 1000-1800；週四 1000-2000
休息日：週一
門票：成人€12；聯票€19-29（詳情見P.292）；18歲以下免費
網址：www.smb.museum/museen-einrichtungen/pergamonmuseum/
前往方法：經由詹姆斯‧西蒙畫廊（James-Simon-Galerie）進入。

重現古代輝煌建築

MAP: P.292

佩加蒙博物館
（Pergamonmuseum）

　　是博物館島中最受歡迎的展館！於1930年建成，館裡把多個珍貴又舉世聞名的古代建築重組，並還原至原來尺寸和模樣展示，讓訪客可以感受置身在古時的輝煌之中。其中亮點包括有來自公元前2世紀的佩加蒙神壇（Pergamon Altar）、公元前575年的伊什塔爾城門（Ischtar Tor）、公元2世紀的米利都市場大門（Milet Markttor）等等。

這裡是全德國每年訪問人次最多的博物館。

伊什塔爾城門上有多個栩栩如生的獅子浮雕。

這座城門「米利都市場大門」是來自古羅馬時期，高度超過16米，非常巨大宏偉。

館內展覽主要分為3部分，分別是古物收藏館、伊斯蘭藝術館以及近東博物館。

Tips

別館：佩加蒙全景展覽館
MAP: P.292
Das Panorama Pergamon

由藝術家 Yadegar Asisi 悉心打造的全景展覽，把2千多年前的佩加蒙古城用投射方式重現於眼前。訪客可登上館內觀景台，從360度欣賞其全景。

─Info─

地址：Am Kupfergraben 2, 10117 Berlin
電話：+49 30266424242
開放時間：週二至週日 1000-1800
休息日：逢週一
門票：成人€12；聯票€19-29（詳情見P.292）；18歲以下免費
網址：www.smb.museum/museen-einrichtungen/pergamonmuseum-das-panorama/
前往方法：
電車 乘坐 12、M1 線於「Georgenstr./Am Kupfergraben」站下車，再步行2分鐘。
步行 從博德博物館西面過橋再向南行，約需2分鐘。

展覽以古城中的寺廟、劇院和佩加蒙祭壇作背景。

此館並不在島上，是位於博物館島西岸的不遠處。

帶有圓形拱頂的柏德博物館，從對岸遠望就像一艘船的船頭。

亮點包括這間房間「Tiepolo Kabinett」，於牆壁和天花共有22幅由意大利著名巴洛克畫家Giovanni Battista Tiepolo所繪畫的壁畫。

在優雅華麗的圓形大廳裡，設了選帝侯弗里德里希·威廉的騎馬雕像。

珍藏包括來自意大利15世紀雕刻家多那太羅（Donatello）的四方浮雕《Pazzi Madonna》。

古典藝術之旅
MAP: P.292

柏德博物館（Bode-Museum）

於1897到1904年以新巴洛克式風格建造，位於博物館島最北端的施普雷河畔上，主立面看起來像一艘船頭！猶如水中破浪，非常獨特。館藏十分豐富，主要包括從3至15世紀的拜占庭藝術品、從中世紀到18世紀的古典雕塑作品，以及非常珍稀的歷代錢幣收藏。

館內設有環境瑰麗的咖啡廳，主要供應輕食和飲品。

Info
地址：Am Kupfergraben, 10117 Berlin
電話：+49 30266424242
開放時間：週二至週日 1000-1800
休息日：逢週一
門票：成人€10；聯票€19-29（詳情見P.292）；18歲以下免費
網址：www.smb.museum/museen-einrichtungen/bode-museum/
前往方法：於博物館島的最北端。

古埃及和古代文物

新博物館
(Neues Museum)
MAP: P.292

這裡主要展出石器時代、鐵器時代的史前文物，以及大量古代藝術珍品和古埃及文物，參觀亮點包括源自青銅時代由薄金箔人工製成的柏林金帽（Berlin golden hat）、來自冰河時代末期的麋鹿化石（Hansaplatz Elk），以及鎮館之寶《娜芙蒂蒂胸像》（Nefertiti）等等。

以灰綠色岩石作雕刻的男性肖像雕塑Berlin Green Head，可追溯到公元前350年，神情十分逼真。

長錐形柏林金帽約在公元前1000至800年製造，帽上浮雕圖案描繪了太陽週期，可用來計算季節和晝夜變化，並具有陰陽曆法。

Tips
《娜芙蒂蒂胸像》（Nefertiti）
擁有3千多年歷史，是館裡最受曬目的展品！是古埃及法老阿肯納頓王后的半身石像，彩漆豐富，擁有栩栩如生的五官，完美得讓人嘆為觀止！這展品是全館唯一不可拍攝，很值得親身去看。

於3個樓層收藏了埃及博物館、古代近東博物館、史前史和早期歷史博物館的文物。

來自1世紀的青年銅像The Xanten Youth。

Info
地址：Bodestraße 1-3, 10178 Berlin
電話：+49 30266424242
開放時間：週二、週三、週五至週日 1000-1800；週四 1000-2000
休息日：週一
門票：成人€14；聯票€19-29（詳情見P.292）；18歲以下免費
網址：www.smb.museum/museen-und-einrichtungen/neues-museum/
前往方法：在詹姆斯·西蒙畫廊（James-Simon-Galerie）旁邊，可通過位於Bodestraße的庭院進入。

擁有優雅莊嚴的柱廊式建築設計，就像一座傲立於上的希臘神廟，十分宏偉。

展品涵蓋新古典主義、浪漫時期、印象派與早期現代主義的風格。

描繪普魯士路易絲公主和弗里德里克公主的雙雕像《Prinzessinnen-Denkmal》，是德國藝術家Johann Gottfried Schadow的著名作品。

這裡也有收藏意大利新古典主義雕塑家 安東尼奧・卡諾瓦（Antonio Canova）的作品。

19世紀繪畫與雕塑

MAP: P.292

舊國家畫廊（Alte Nationalgalerie）

畫廊的建築外觀就像一座優雅的希臘神殿，於1876年落成，是由德國建築師弗里德里希・奧古斯特・施蒂勒根據普魯士國王腓特烈・威廉四世的草圖而設計。館裡收藏了幾千件從19世紀至今的繪畫和雕塑作品，大部份來自德國藝術家，也有部分來自法國印象派大師的傑作，包括馬奈、莫奈、雷諾瓦等人的作品。

──Info──
地址：Bodestraße 1-3, 10178 Berlin
電話：+49 30266424242
開放時間：週二至週日 1000-1800
休息日：逢週一
門票：成人€12；聯票€19-29
（詳情見P.292）；18歲以下免費
網址：www.smb.museum/museen-einrichtungen/alte-nationalgalerie/
前往方法：
於佩加蒙博物館（Pergamonmuseum）和新博物館（Neues Museum）的旁邊。

設了古希臘式門廊的外觀，氣勢非凡！是柏林新古典主義風格最重要的建築之一。

古羅馬和古希臘文化瑰寶

舊博物館（Altes Museum）

MAP: P.292

這裡是1830年於博物館島上建造的首座博物館，也是柏林全城的第一座。外觀讓人印象深刻，是新古典主義的建築典範！利用了18根高87公尺的古希臘愛奧尼亞式廊柱作對稱門面，氣派非凡。現在館裡主要展出古希臘、古羅馬和伊特魯里亞文化中的藝術和雕塑珍品。

圓形大廳以羅馬萬神殿作為設計範本，在此展示了多座珍貴的雕塑。

《塔蘭托登基女神》（Thronende Göttin von Tarent）是公元前5世紀下半葉的希臘大理石雕像，是館內著名珍品之一。

在這座魚盾牌裝飾（Fisch von Vetterslfelde）上雕滿了動物打鬥的圖案，製造日期可追溯至公元前500年。

參觀亮點包括這座公元前4世紀的青銅雕塑《祈禱的男孩》（Betende Knabe），高舉雙臂的年輕人正在向神禱告。

──Info──
地址：Bodestraße 1-3, 10178 Berlin
電話：+49 30266424242
開放時間：週二至週日 1000-1800
休息日：逢週一
門票：成人€10；聯票€19-29
（詳情見P.292）；18歲以下免費
網址：www.smb.museum/museen-einrichtungen/altes-museum/
前往方法：
正門面向著盧斯特花園（Lustgarten）。

柏林

米特區

蒂爾加騰區

夏洛滕堡及周邊

十字山及柏林南部

柏林東部

柏林北部

柏林周邊

柏林

米特區

蒂爾加滕區

夏洛滕堡及周邊

十字山及柏林南部

柏林東部

柏林北部

柏林周邊

神聖莊嚴

MAP: P.292

柏林大教堂（Berliner Dom）

位於盧斯特花園右側，是柏林市最大的教堂！堂內華麗莊嚴，擁有巨型穹頂和華麗無比的大型管風琴，而踏上270級樓梯可登上圓頂，欣賞附近壯麗全景。教堂起源可追溯至15世紀，內設展覽展示教堂的建築歷史，而地下室是霍亨索倫家族的皇室陵墓。

登上穹頂，可俯瞰博物館島附近的美景。

從施普雷河畔多個位置，都可看到這座柏林市最重要的教堂。

教堂採用了新文藝復興和新巴洛克風格來建造。

Info

地址： Am Lustgarten, 10178 Berlin
電話： +49 3020269136
開放時間： 週一至週六 1000-1700；
　　　　　　週日 1200-1700
最後進入： 關門前1小時
休息日： 在活動期間不允許參觀。
門票： 成人/家庭票€9；
　　　　學生€7（需於網上訂票）
網址： www.berlinerdom.de
前往方法：
於舊博物館（Altes Museum）的前側方、東德博物館（DDR Museum）的對面河。

優雅草坪

MAP: P.292

盧斯特花園
（Lustgarten）

在博物館島上的花園，有充滿古典美的舊博物館作背景，亦有神聖雄偉的柏林大教堂相鄰，讓這個綠色空間散發着一股藝文優雅的氣息。於17世紀時，這是前柏林皇宮花園的植物園，現為深受當地人喜愛的休憩聚腳點。

逛館逛了大半天的遊客們，也喜歡在這裡稍作休息。

Info

地址： Unter den Linden 1, 10178 Berlin
開放時間： 全年
門票： 免費進入
前往方法：
從菩提樹下大街（Unter den Linden）經宮殿橋（Schlossbrücke）過河後即達。

古典氣息

MAP: P.292

宮殿橋（Schlossbrücke）

建於1821至1824年，當時國王下令建造一座具有代表性的新橋樑，去連接原本坐落在博物館島裡的柏林宮和位於施普雷河對岸的倍倍爾廣場。橋樑總長達56米、寬33米，建成後被認為是柏林最大的橋樑。橋上豎立了8個雄偉的大理石雕像，主角是古希臘女神雅典娜和尼刻，以及一些英雄和戰士。

很多遊客都會從菩提樹下大街沿經此橋進出博物館島。

其中這座雕像，描繪古希臘勝利女神尼刻正在為勝利者加冕的情境。

橋樑柵欄以各種海洋神話作圖案，包括半人半魚的海神Triton。

Info

地址： Unter den Linden 1, 10117 Berlin
開放時間： 全年
前往方法：
從德國歷史博物館（Deutsches Historisches Museum）門外往河方向步行1分鐘，即達。

柏林

米特區

蒂爾加騰區

夏洛滕堡及周邊

十字山及柏林南部

柏林東部

柏林北部

柏林周邊

一大片石棺形狀的紀念碑群，象徵著在大屠殺中被殺害的600萬猶太人和其他受難者。

發人深省的石碑林

MAP: P.290 B4

歐洲被害猶太人紀念碑
（Denkmal für die ermordeten Juden Europas）

1. 逢週六下午3點設有免費英語公共導覽團。
2. 記緊要尊重這裏是紀念之地，可自由安靜拍照，但不可攀登或坐在石碑上。

提提你

為了紀念在大屠殺中被殺害的猶太人而建造，於2005年落成，由美國建築師Peter Eisenman設計，整個紀念碑群以2711塊片深灰色水泥長方石碑組成，佔地達1萬9千平方米，從高角度看就像一個莊嚴神聖的碑石叢林，給人非常強烈的視覺震撼。當參觀者穿越在內，那寂靜肅穆的氣氛和高低不一的石碑群，讓人思緒像如石碑林般起伏悸動。位於東南側的地下信息中心，內設展覽敘述了當時被害者的真實故事。

紀念碑群建在這片二戰時期納粹宣傳部的原址上，具有警世意義。

在展覽室裡展示了一些猶太人在迫害期間所寫的日記、信件和筆記。

地下信息中心入口設在紀念碑群的東南側。

展覽概述了1933年至1945年間猶太人被迫害和謀殺的歷史。

所有碑石上都沒有刻上任何碑文，給人更傷感的感覺。

Info

地址：Cora-Berliner-Straße 1, 10117 Berlin
電話：+49 302639430
開放時間：紀念碑 全年開放；室內展覽 週二至週日 1000-1800 （最後入場時間：關門前45分鐘）
休息日：室內展覽 逢週一
門票：免費參觀；英語語音導覽＋€4；英語公共導覽團 免費（逢週六1500）
網址：www.stiftung-denkmal.de
前往方法：
S-Bahn 乘坐S1、S2、S25、S26線到「Brandenburger Tor」站，再步行5分鐘。
U-Bahn 乘坐U5線到「Brandenburger Tor」站，再步行5分鐘。

柏林

米特區

蒂爾加滕區

夏洛滕堡及周邊

十字山及柏林南部

柏林東部

柏林北部

柏林南邊

博物館另設咖啡館和禮品店。

這測試身手的多媒體激光遊戲，非常大熱！於旺季到訪有機會大排長龍。

進入間諜互動世界

MAP: P.290 B4

德意志間諜博物館
（Deutsches Spionagemuseum）

以輕鬆互動手法帶領到訪者進入驚險陰暗的間諜世界！展品之一有很多令人意想不到又真實使用過的間諜工具和相機，亮點包括史上經典的Enigma密碼機，另外亦設了十分刺激的多媒體激光遊戲，讓到訪者可化身成間諜進行任務！於房間裏會投射出一條激光隧道，就像許多間諜電影裡常會見到的場景，到訪者可慢慢移動去避過激光障礙，一步一驚心！

玩完激光遊戲後，可在螢幕上重溫剛剛進行任務時的片段。

二戰時，納粹德國使用Enigma密碼機把檔案加密，並進行機密軍事通訊，後來被盟軍和英國人成功破譯。

無論在手袋、雨傘、胸圍裡…竟然也藏著間諜相機！看看這雨傘藏了小小的偷拍鏡頭。

令人意想不到的是漿糊筆裡也有偷拍鏡頭。

藏在撲克牌裡的小地圖，方便間諜進行秘密任務。

前東德乃「間諜之都」

在冷戰時期，蘇聯在東德建立了史上最大型的秘密警察情報網絡，名為「史塔西」（Stassi）國家安全局，幾乎無孔不入地去監控東德人民，同時指派間諜向西德進行情報收集。

Info

地址： Leipziger Pl. 9, 10117 Berlin
電話： +49 30398200451
開放時間： 1000-2000
門票： 成人 €8起；6-18歲 €6起
　　　　（視乎入場時段）
網址： www.deutsches-spionagemuseum.de
前往方法：
S-Bahn 乘坐S1、S2、S25、S26線
　　　　「Potsdamer Platz」站，再步行1分鐘。
U-Bahn 乘坐U2線「Potsdamer Platz」站，
　　　　再步行1分鐘。
巴士 乘坐200、M48、M85到「Potsdamer
　　　Platz」站，再步行1分鐘。

柏林

米特區

蒂爾加騰區

夏洛滕堡及周邊

十字山及柏林南部

柏林東部

柏林北部

柏林周邊

以新古典主義風格建成的城門，高26米、闊65米，於正反面各有6根古希臘式多立克柱，並形成了5條通道。

頂部竪立了正駕駛著四輪馬車的勝利女神銅像，象徵勝戰。

門內浮雕上刻上了羅馬神話中的海格力斯、戰神馬爾斯和智慧女神米奈娃。

在城門東側是巴黎廣場（Pariser Platz）和阿德龍飯店（Hotel Adlon）的所在。

Tips

這裡也是大型活動的舉行地，包括一年一度的露天跨年晚會。

深刻歷史意義

MAP: P.290 B3

勃蘭登堡門（Brandenburger Tor）

是柏林唯一現存的古城門！於1794年為了慶祝普魯士王國的崛起而建造。在二戰後它正處於東、西柏林邊界位置，於1961年更在城門前方築起了柏林牆，讓此門成為了當時城市分裂的標誌。在1989年圍牆成功倒下後，也是冷戰終結之時，柏林人民都聚在這裡狂歡慶祝！它見證過德國的歷史巨變，是邁向自由、和平和統一的象徵，是城中最重要的地標之一。

Info

地址：Pariser Platz, 10117 Berlin
開放時間：全年
前往方法：
U-Bahn 乘坐U5線到「Brandenburger Tor」站，即達。
S-Bahn 乘坐S1、S2、S25線到「Brandenburger Tor」站，即達。
巴士 乘坐100號到「Brandenburger Tor」站，即達。

展示千年通訊技術

MAP: P.290 C4

柏林通訊博物館
（Museum für Kommunikation Berlin）

原先是世上首間郵政博物館，於1872年開幕，主要展出關於德國郵政和集郵歷史的物品，其後加設了關於過去1千年來人類通訊技術的展品，包括書信、廣播、電報、交通工具、電話等等，成為了通訊博物館。在地下底層有一個非常值得一看的寶藏室，展示了共17件珍貴無比的通訊物品，包括世上稀有又價值不斐的藍色毛里求斯郵票。

博物館於1898年搬移到這座宏偉古典的前郵政大樓之內，連地下底層共有4個樓層，佔地挺廣。

寶藏室以昏暗的燈光營造神秘氣氛，收藏特別珍貴的展品。

Info

地址：Leipziger Str. 16, 10117 Berlin
電話：+4930202940
開放時間：週二0900-2000；週三至週五0900-1700；週六、假日1000-1800
休息日：逢週一
門票：成人€6；17歲以下免費；
　　　每月首個週日免費
網址：www.mfk-berlin.de
前往方法：
U-Bahn 乘坐U2、U6線到「Stadtmitte」站，再步行5分鐘。
步行 從查理檢查哨（Checkpoint Charlie）步行前往，約需5分鐘。

珍藏亮點：藍色毛里求斯郵票
在寶藏室裡收藏了這枚1847年藍色毛里求斯郵票，當時郵政局把左方文字「Post Paid」誤刻為「Post Office」，印刷後發現了錯誤，之後第二批刻改正了過來，而錯刻了的第一批因發行量少，而成為了世界珍郵之一。

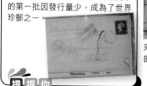

來自不同年代的德國郵箱。

於中庭有3個機器人，在此歡迎到訪的遊人。

提提你

柏林

米特區

蒂爾加膝區

夏洛膝堡及周邊

十字山及柏林南部

柏林東部

柏林北部

柏林南邊

位於萊比錫廣場上的大型商場，平日人流都很多。

柏林人氣商場
Mall of Berlin

MAP: P.290 B4

　　於2014年開業，是柏林第2大購物中心！於東翼和西翼設了共3百多家商店和餐飲店，匯集了一眾中價位國際時裝品牌和大眾流行服裝，包括COS、Peek&Cloppenburg、Bershka、SportScheck等等。喜歡購物的話，在這裡絕對可以逛到飽。而一家大細的朋友可逛逛東翼2樓，那邊設有「Playmobil」專門店和佔地很廣的「Smyths Toys」玩具店。

商場東翼和西翼利用了玻璃半拱天幕和橋樑去連接。

在西翼2樓設有大型美食廣場，擁有超過30間不同風格的料理小店，包括越南、意大利、中國、泰國、中東等等，選擇豐富。

於東翼有德國摩比玩具「Playmobil」專門店，裡面款式齊備。

店裡可根據自己喜好自組Playmobil人型。

Playmobil 門外有多個小朋友真人SIze的摩比人，給粉絲們打卡。

人氣店Nanu-Nana，主打生活家品、家居裝飾、DIY手工材料等等。

Info

地址：Leipziger Pl. 12, 10117 Berlin
電話：+49 3020621770
營業時間：一般商店1000-2000；
　　　　　　超市/藥房於0900/0930開門
休息日：週日及假日
門票：免費
網址：www.bundestag.de
前往方法：
U-Bahn 乘坐U2線到「Potsdamer Platz」
　　　　站，再步行1分鐘。
S-Bahn 乘坐S1、S2、S25線到「Potsdamer
　　　　Platz」站，再步行3分鐘。
巴士 乘坐M48、200到「Leipziger Str.」站，
　　　再步行1分鐘。

於1818至1821年建造的柏林音樂廳，充滿新古典主義建築風格。

古典優雅氣質

MAP: P.290 C3-C4

御林廣場（Gendarmenmarkt）

始建於1688年，最初是一個市集廣場，後來於18世紀被皇家騎兵用作哨崗和馬廄之地，並改名為御林廣場。廣場上有3大主要建築，包括2座十分相似的教堂：法國大教堂（Französischer Dom）和德國大教堂（Deutscher Dom），以及富麗堂皇的柏林音樂廳（Konzerthaus Berlin）。這3大建築盡顯古典瑰麗氣質，更讓這裡被譽為柏林最優雅的廣場！

每年夏季都會在此舉辦為期幾天的露天古典音樂會「Classic Open Air」，滿有藝術氣息。

戰後重建的法國大教堂，外觀保持了優雅的原貌，而於圓頂上設有觀景台。

兩座大教堂的圓頂設計幾乎是一模一樣的。

在德國大教堂裡設了免費展覽，展示了德國議會的歷史發展。

廣場上的德國大教堂和法國大教堂均為巴洛克式建築，分別建於1705年和1708年。

Info

地址：Gendarmenmarkt, 10117 Berlin
開放時間：全年
前往方法：乘坐U-Bahn U2線到「Hausvogteiplatz」站，再向西步行約2分鐘，或可乘坐U6線到「Stadtmitte」站，再步行約3分鐘。

文藝氣息

MAP: P.290 C3

柏林喜歌劇院
(Komische Oper Berlin)

外觀簡約平實，內部則把保留了昔日迷人的模樣。

是欣賞歌劇、芭蕾舞劇、交響樂演奏會的最佳場所！原建於1882年，其後於1960年代對建築外觀進行了現代化改造，而內部禮堂則保留了新巴洛克風格，華麗裝潢配以紅絲絨座椅，古典優雅。

Info

地址：Behrenstraße 55-57, 10117 Berlin
電話：+493047997400
網址：www.komische-oper-berlin.de
前往方法：乘坐U-Bahn U5、U6線到「Unter den Linden」站，再步行5分鐘。

柏林

米特區

蒂爾加滕區

夏洛滕堡及周邊

十字山及柏林南部

柏林東部

柏林北部

柏林周邊

匯集了很多法國和國際品牌服裝，包括Longchamp、Sandro、Maje、Michael Kors等。

百貨公司內部圍繞著一個巨大的玻璃圓錐體體，設計很有現代感。

法式風情百貨

MAP: P.290 B4

Galeries Lafayette

通稱為「老佛爺」的法國著名連鎖百貨公司，在柏林這裡也設了分店！百貨共有五層，主要走中高價位路線，出售法國品牌時裝、時尚配飾、美容護膚品等等，也設有多個歐洲高端名牌專櫃，包括Balenciaga、Gucci、Chloé、Fendi、Ferragamo等等。另於地下層的超市部門Le Gourmet，販售來自法國和歐洲其他國家的美食和葡萄酒，愛吃一族值得一逛！

內有法國餐廳，提供許多法式特色美食和飲品。

於地下底層的超市可以找到很多法式特色美食和貨品，包括馬卡龍、法式芝士、鵝肝醬、花茶等等。

老佛爺百貨為德國帶來了浪漫時尚的法式風情。

Info

地址： Friedrichstraße 76-78, 10117 Berlin
電話： +49 30209480
營業時間： 1100-1900
休息日： 逢週日
網址： www.galerieslafayette.de
前往方法：
U-Bahn 乘坐U2、U6線到「Stadtmitte」站，再步行3分鐘。
巴士 乘坐147號線到「Französische Str.」站，即達。

德國著名護膚品牌

MAP: P.290 C3

BABOR

在1956年於科隆創立的BABOR，是德國著名專業美容護膚品牌，至今已有60多年歷史，當時由Michael Babor博士為品牌研發了第1款經典產品「HY-OL水溶潔膚油」，直至現在仍是最暢銷產品之一，而多款安瓶精華也是人氣熱賣品，深獲好評，也被列入了很多愛美人士的購物清單裡！

安瓶精華選擇很多，配方針對不同肌膚問題。

皇牌抗皺產品包括了這款金球「HSR 逆時空系列」面霜。

BABOR的護膚品全部於德國製造。

Info

地址： Französische Straße 48, 10117 Berlin
電話： +493020622222
營業時間： 0900-1800；週六1000-1800
休息日： 逢週日
網址： www.babor-berlin.de
前往方法： 於「Ritter Sport Bunte Schokowelt」朱古力店的斜對面。

柏林

米特區

蒂爾加滕區

夏洛騰堡及周邊

十字山及柏林南部

柏林東部

柏林北部

柏林周邊

朱古力口味眾多，除了可以在玻璃櫃裡自選，也可有很多禮盒系列可供選購。

猶如朱古力博物館

MAP: P.290 C4

Rausch Schokoladenhaus

　　自1918年開業，是當地人人皆知的百年朱古力品牌。一走進去，會發現這裡不只是朱古力店這樣簡單！一座座以朱古力打造的巨型雕塑就在眼前，把多個柏林地標神還原了出來，包括德國國會大廈、勃蘭登堡門、威廉皇帝紀念教堂…就像進入了一間朱古力博物館。店共有3層，地下和1樓主要是售賣部，陳列了超過250款朱古力，而2樓則設有咖啡廳，供應熱朱古力、朱古力蛋糕和甜點。

手工非常精緻的朱古力「勃蘭登堡門」，重達485公斤！

位於柏林西部著名的「威廉皇帝紀念教堂」，也被製成朱古力雕塑。

用來沖調熱朱古力的70%可可粉，包裝十分優雅。€9.9/350g

於2樓的咖啡廳，甜點都是每天在店裡新鮮製作。

造型可愛的柏林熊朱古力，是手信之選。€5.9

店舖就在優雅的御林廣場旁邊。

━Info━

地址：Charlottenstraße 60, 10117 Berlin
電話：+49 30757880
營業時間：商店1000-1900、週日1200-1900；咖啡廳1300-1900
網址：www.rausch.de
前往方法：
U-Bahn 乘坐U2、U6線到「Stadtmitte」站，再步行2分鐘。
步行 在御林廣場（Gendarmenmarkt）的西南方向。

柏林
米特區
蒂爾加滕區
夏洛滕堡及周邊
十字山及柏林南部
柏林東部
柏林北部
柏林周邊

購物大道

弗里德里希大街
(Friedrichstraße)

MAP: P.290 C1-C4

　　全長3.3公里的購物大道！由弗里德里希皇宮劇院一直向南延伸到查理檢查哨，其中最繁華的一段是菩提樹下大道交叉路口，再步行南下會發現許多名店、餐廳、百貨公司。

街道寬闊好逛，集合了許多名店及商戶。

━Info━
地址：Friedrichstraße, 10117 Berlin
前往方法：
U-Bahn
南段 乘坐U2、U6線到「Stadtmitte」站。
中段 乘坐U5、U6線到「Unter den Linden」站。
中北段 乘坐U6線到「Bahnhof Friedrichstraße」站。
北段 乘坐U6線到「Oranienburger Tor」站。

百年傳奇大劇院

海軍上將宮殿 (Admiralspalast)

MAP: P.290 C2

　　這座宮殿式建築於1910年建成，當時是擁有豪華澡堂、保齡球館、電影院和冰上競技場等等遊樂設施的大型娛樂場所，營運了10年後被改造成喜劇劇院。於2006年進行了大規模翻新和現代化改造，重開至今主要上演音樂劇和喜劇。

劇院擁有大約1700個座位，各大表演門票可於官網預訂。

翻新後恢復了昔日娛樂場所的輝煌感。

━Info━
地址：Friedrichstraße 101, 10117 Berlin
電話：+49 3022507000
網址：www.admiralspalast.de
前往方法：在「Bahnhof Berlin Friedrichstraße」車站的斜對面。

車迷天地

DRIVE. Volkswagen Group Forum

MAP: P.290 C3

　　就像一座汽車博物館！福士汽車在市中心設立了這個逾4千5百平方米的多元化車迷空間，免費開放給公眾。透過專題展覽展示集團旗下的品牌歷史和最新車款，另設有餐廳和商店，而商店更匯集了超過500種模型車輛和特色紀念品以供發售，也有很多專業級別的汽車書籍和刊物，車迷必逛！

一走入商店，即被放滿了各色各樣模型車輛的玻璃櫃所吸引。

店裡出售很多有關車型介紹和汽車設計的書籍，除了德文版本，亦有一些是英文版本。

印上了經典福士麵包車圖案的杯子，車迷至愛。

一系列保時捷紀念商品，有雨傘、銀包、保溫杯等等。

━Info━
地址：Friedrichstraße 84, 10117 Berlin
電話：+49 3020921300
營業時間：1000-1900
網址：drive-volkswagen-group.com
前往方法：乘坐U-Bahn U5、U6線到「Unter den Linden」站，再向南沿著弗里德里希大街（Friedrichstraße）步行1分鐘。

專題展覽的內容、主題和展示的車輛會不定期作更新。

柏林

米特區

蒂爾加滕區

夏洛滕堡及周邊

十字山及柏林南部

柏林東部

柏林北部

柏林周邊

設了小型展覽介紹朱古力和品牌的歷史，
就像一所小型朱古力博物館。

國民朱古力旗艦店

MAP: P.290 C3

Ritter Sport Bunte Schokowelt Berlin

　　是朱古力迷不得不去的！在這裡除了出售各種限定口味的Ritter Sport朱古力，另外也可以找到只在這裡發售的品牌商品。亮點之一是可即場製作「客製化朱古力磚」，客人可自行選擇配料，讓職員即時製造個人專屬朱古力。而於頂層設有展覽介紹品牌歷史，亦有咖啡座供應朱古力飲品、甜點、三文治、輕食、朱古力火鍋等等。

店內色彩繽紛的「Ritter Sport朱古力塔子」非常矚目！

樓高3層，佔地有近1000平方米，位置就在御林廣場附近，十分便利。

門外有一隻Ritter Sport柏林熊，讓大家打卡留念。

客製化朱古力磚的價格不貴，很受遊客歡迎。€4.9/100g；€7.5/250g

客人可按自己喜好從20多款配料中選擇，還可親眼看到客製化朱古力磚的製作過程。

這款柏林熊造型朱古力非常可愛，屬手信之選。

印上了Ritter Sport朱古力的馬克杯。€6.9

Info

地址：Franz. Str. 24, 10117 Berlin
電話：+49 3020095080
營業時間：1000-1800
休息日：逢週日
網址：www.ritter-sport.com/de/berlin
U-Bahn 乘坐U2、U6線到「Stadtmitte」站，再步行4分鐘。
步行 在御林廣場（Gendarmenmarkt）的西北方向。

林蔭大道
MAP: P.290 B3-C3; 291 D3

菩提樹下大街 (Unter den Linden)

街道上設了普魯士國王腓特烈大帝的騎馬銅像。

於16世紀開闢，是柏林最著名的寬闊林蔭大道，當時在兩旁種滿了樹木，亦因此而命名。全長約1.5公里，寬約60米，從勃蘭登堡門一直連接到博物館島。街道上建了許多著名建築，最西端是各國使館區，而中段主要是商業街和購物區，東端則是充滿文化氣息的大學區，建有洪堡大學和德國歷史博物館。

非常繁華的街道，兩旁建有不同風格的建築。

─**Info**─
地址： Unter den Linden, 10117 Berlin
開放時間： 全年
前往方法：
西端　U-Bahn 乘坐U5線到「Brandenburger Tor」站。
　　　S-Bahn 乘坐S1、S2、S25線到「Brandenburger Tor」站。
中段　U-Bahn 乘坐U5、U6線到「Unter den Linden」站。
　　　巴士 乘坐100、147、300號到「Unter den Linden」站。
東端　巴士 乘坐100、300號到「Staatsoper」站。

小綠人化身成可愛的綠色橡皮鴨。€6.95

紅綠燈上戴著禮帽的小綠人和伸出雙臂的紅燈人，是東德專用的行人交通標誌。

紅燈人的化妝包和銀包系列。

東德交通燈綠公仔
MAP: P.290 C3

小綠人 (AMPELMANN Shop)

從前在東德使用的交通燈紅綠燈人「小綠人」，自德國統一後一直繼續沿用至今，是東德深入民心的象徵物之一，而商家也推出了一系列紅綠燈人的創意精品，包括有T恤、磁貼、馬克杯、文具、皮包、飾物、糖果等等。在菩提樹下大街的這間旗艦店，店裏更放置了來自世界各地30多個不同款式的紅綠燈，讓人大開眼界！

印上了小綠人的Tote Bag，背景是柏林多個著名地標。€8.95

這間旗艦店於2012年開業，是多間分店之中規模最大的。

店裡展示了很多來自世界各地的紅綠燈，五花八門各有特色！

─**Info**─
地址： Unter den Linden 35, 10117 Berlin
電話： +49 3020625269
營業時間： 1000-2000；週日1300-1800
網址： www.ampelmann.de
前往方法： 乘坐U-Bahn U5、U6線到「Unter den Linden」站，再步行1分鐘。

柏林
米特區
蒂爾加騰區
夏洛滕堡及周邊
十字山及柏林南部
柏林東部
柏林北部
柏林周邊

柏林

米特區

蒂爾加騰區

夏洛滕堡及周邊

十字山及柏林南部

柏林東部

柏林北部

柏林周邊

納粹焚書之地
倍倍爾廣場（Bebelplatz）

MAP: P.291 C3

　　是一個寬敞空曠的廣場，旁邊被多座重要歷史建築包圍著，於東側有「柏林國立歌劇院」，在南側有「聖黑德維希主教座堂」，位於西側是「洪堡大學法學院圖書館」，而於北面對面馬路是「柏林洪堡大學」的所在。於1933年，在這裡曾經發生過「納粹焚書」事件，公開燒毀了約2萬本被納粹黨視為禁書的書籍，當中包括猶太人、共產主義者、自由主義者和反社會人士的著作。

名人學府：柏林洪堡大學
（Humboldt-Universität zu Berlin）
位於倍倍爾廣場對面馬路，於1809年創立，是柏林市最古老的大學，過往共有57位「諾貝爾獎得獎者」是這間大學教職員或校友！就連愛因斯坦亦曾在此任教。

於門前庭院豎立了大學始創人洪堡兄弟的雕像。

宏偉的洪堡大學法學院圖書館就在廣場的西側。

擁有粉色外牆的柏林國立歌劇院，位於廣場東側。

廣場中央設了一塊嵌在地面的玻璃紀念碑「Empty Library」，玻璃下的空間放了空空如也的書架，以紀念當年焚書事件。

提提你

Info

地址： Unter den Linden, 10117 Berlin
開放時間： 全年
前往方法：
U-Bahn 乘坐 U5、U6線到「Unter den Linden」站，再向東步行約4分鐘。
巴士 乘坐100、300號到「Staatsoper」站，即達。

紀念戰爭受害者
新崗哨（Neue Wache）

MAP: P.291 D3

　　建於1816至1818年普魯士王國時期，原本是用作皇家衛兵的新崗哨，後來於1931年改造成戰爭死難者的紀念堂。於1993年起，在空蕩寂靜的大堂中央設了德國藝術家Käthe Kollwitz的雕塑，展示了一位母親正抱著在戰爭中陣亡的兒子悲傷哀撫著，讓人深深體會戰爭所帶來的傷痛。

Kathe Kollwitz的兒孫相繼在一戰和二戰中陣亡，她這作品正表現出她沉重的哀痛。

塔樓式柱廊建築以新古典主義風格作設計。

Info

地址： Unter den Linden 4, 10117 Berlin
電話： +493025002333
開放時間： 1000-1800
門票： 免費
前往方法： 於德國歷史博物館（Deutsches Historisches Museum）和柏林洪堡大學（Humboldt-Universität zu Berlin）之間。

菩提樹下大街

重構千年德意志歷史

MAP: P.291 D3

德國歷史博物館
(Deutsches Historisches Museum)

　　是德國最大型的歷史博物館，展覽根據時序把多個重要歷史時期劃分出來，通過每個時代各式各樣的展品，讓訪客可以從多方面重組該時期的社會面貌，就像概述了一千多年的德國歷史。博物館的所在建築物，是18世紀初充滿巴洛克風格的前皇家軍械庫，而跟軍械庫相連也擴建了一座充滿現代感的玻璃新翼和透明螺旋梯，並由國際著名華裔建築師貝聿銘於1990年設計，很值得前去一看。

常設展覽設於前軍械庫建築內的2個樓層，展品涵括文化、宗教、藝術、生活等等的範疇，非常全面。

博物館面積達7500平方米，共有7千件永久展品，規模很大。

用紙繪畫出來的微型立體紙劇院，描繪了盛夏時分的宮廷花園，是1730年的小玩意。

來自17世紀人手繪畫的啤酒杯，非常精美。

博物館正進行大規模翻新，常設展覽《1500年的德國歷史》目前正關閉，預計於2025年年底重新開放。臨時展覽則照常開放。

提提你

展品來自中世紀至近代，包括了繪畫、雕塑、盔甲、服飾、玩具、生活用品、硬幣等等。

╴Info╶

地址：Unter den Linden 2, 10117 Berlin
電話：+49 30203040
開放時間：1000-1800
休息日：24/12
門票：成人€8；18歲以下 免費
網址：dhm.de
前往方法：
U-Bahn 乘坐 U5、U6線到「Unter den Linden」站，再向東步行6分鐘。
巴士 乘坐100、300號到「Staatsoper」站，再向東步行2分鐘。

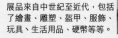

交通中樞

MAP: P.290 A2

柏林中央火車站
（Berlin Hauptbahnhof）

半透的車站天幕，讓人印象深刻！長途列車、地區火車、S-Bahn的月台都設在最頂層（2樓）。

　　是柏林最主要的鐵路交通樞紐，整座火車站連同低層地下共有5層，規模非常大型，站內連接了長途列車、地區火車、S-Bahn和U-Bahn。如果從這裡出發遠行，為免在車站迷路誤了時間，建議提早前往，預早來到的話，也可以在龐大的車站商場逛逛，這裡網羅數十間人氣商店和美食店，也有超級市場和藥店，滿足乘客的各種需要。

U-Bahn月台設於火車站的最低層（地下低層2樓）。

車站屬於現代化簡約設計，共有2個主要出入口，分別設在Europaplatz和Washingtonplatz。

在地下低層1樓、地下和1樓，則設有各式商店和餐飲店。

─ Info ─

地址：Hauptbahnhof, Europaplatz 1, 10557 Berlin
電話：+49 302971055
開放時間：全年
網址：www.bahnhof.de/bahnhof-de/bahnhof/Berlin-Hauptbahnhof-1029794
前往方法：
S-Bahn 乘坐S3、S5、S7、S9線到「Berlin Hauptbahnhof」站，即達。
U-Bahn 乘坐U5線到「Berlin Hauptbahnhof」站。
電車 乘坐M6、M8、M10號到「Berlin Hauptbahnhof」站。
巴士 乘坐120、147、245、M5、M41號到「Berlin Hauptbahnhof」站。

人氣漢堡餐廳

MAP: P.290 A1

Peter Pane

　　如果突如其來想吃漢堡的話，可以試試這家！餐廳所用的主要食材都是來自德國北部，除了供應各款西式漢堡，也有沙律、小食、雞尾酒飲品等等。這連鎖食店挺受當地人喜愛，分店設於多個大城市，而鄰近中央火車站的這一間，其內部裝潢也花過一點心思，搭配時尚優雅，並以很多綠色植物作佈置，整體感覺挺有情調。

用餐區裝潢時尚雅緻，環境舒適。

經典漢堡肉汁豐富，入口有嚼勁，飽則選用了德國當地麵包，口感實在。Burger Classic €9.5

肉醬芝士薯條十分惹味，粗直薯條炸得很香脆。Beef & Cheese Chips €11.5

以漢堡作主打，除了有多款牛肉漢堡，也有雞肉漢堡和素食漢堡，於平日3pm前更有優惠午餐組合。

─ Info ─

地址：Friedrichstraße 101, 10117 Berlin, Germany
電話：+49 3020679063
營業時間：週日至週四 1200-2230；
　　　　　　週五、週六 1200-2330
消費：大約€25-30/位
網址：www.peterpane.de
前往方法：
於柏林火車總站（Berlin Hauptbahnhof）北門出口對面馬路的右方，步行約4分鐘。

柏林　米特區　蒂爾加騰區　夏洛滕堡及周邊　十字山及柏林南部　柏林東部　柏林北部　柏林周邊

車站文藝大變身

MAP：P.290 A1

漢堡車站現代美術館
(Hamburger Bahnhof)

　　始建於1846年，是全城唯一倖存的新古典主義晚期車站建築！於1996年把昔日車站的中央大廳、月台長廊、前貨物倉庫改造成寬闊遼大的藝術展覽空間，佔地足足有1萬平方米，現為柏林眾多國立美術館之中面積最大的展館。這裡收藏了大量從20世紀下半葉至今的當代藝術作品，其中亮點包含當地著名收藏家Erich Marx的一系列私人珍藏。

展品包括繪畫、雕塑、攝影、平面藝術、大型藝術裝置等。

整體空間十分寬敞，參觀起來非常舒適。

優雅古典的車站中央大廳是展區的一部分。

僅用了38年的漢堡車站
前身是行駛「柏林-漢堡」路線的漢堡車站，但自1884年起該路線改了從相距此站僅400米的車站（現為柏林中央火車站）發車，由當時開始這裡一直沒有再用作車站了。

提提你

Info
地址：Invalidenstraße 50-51, 10557 Berlin
電話：+4930266424242
開放時間：週二、三、五 1000-1800、週四 1000-2000、週六、週日 1100-1800（公眾假期有機會更改，請於官網查閱）
最後進入：關門前30分鐘
休息日：逢週一、24/12
門票：成人 €14；學生 €7；18歲以下 免費
網址：www.smb.museum/museen-und-einrichtungen/hamburger-bahnhof/
前往方法：U-Bahn 乘坐U5線到「Hauptbahnhof」站，從北面出站後向東步行約5分鐘。

巨型恐龍化石

MAP：P.290 B1

柏林自然博物館
(Museum für Naturkunde)

　　內藏多個大型恐龍化石，就像回到了史前時代！亮點包括來自1.5億年前侏羅紀晚期的「長頸巨龍」化石骨架，是目前全世界最高的骨架模型。

Info
地址：Invalidenstraße 43, 10115 Berlin
電話：+49 308891408591
開放時間：週二至週五 0930-1800；週六、假日 1000-1800
休息日：逢週一
門票：€8
網址：www.museumfuernaturkunde.berlin
前往方法：乘坐 U-Bahn U6 線到「Naturkundemuseum」站，再步行3分鐘。

現代華麗舞台

MAP：P.290 C2

弗里德里希皇宮劇院
(Friedrichstadt-Palast Berlin)

　　被稱為歐洲最現代化的劇院，建於1984年，擁有近1900個座位，內裝優雅有氣派，主要上演歌劇、舞蹈、雜技、音樂劇等等的文化藝術項目，配以富有現代感的燈光和特效舞台技術，為觀眾提供聲色藝俱全的視聽盛宴。

日間外觀比較平實，晚間亮燈後則耀眼華麗。

Info
地址：Friedrichstraße 107, 10117 Berlin
電話：+49 3023262326
開放時間（票務）：1300-1830
休息日：24/12、1/1
網址：www.palast.berlin
前往方法：乘坐U-Bahn U6線到「Oranienburger Tor」站，再步行1分鐘。

柏林

米特區

蒂爾加滕區

夏洛滕堡及周邊

十字山及柏林南部

柏林東部

柏林北部

柏林周邊

柏林咖喱香腸
Curry 61

MAP: P.291 D2

來到柏林當然要試試咖喱香腸！這間是專賣咖喱香腸的小食店，店內設有用餐大枱，方便客人坐下來吃。煎好的豬肉腸切成小塊，再淋上超多微辣茄汁，然後灑上大量咖喱粉，味道香口。而店內以二次創作的壁畫也是亮點所在！東邊畫廊（詳細介紹見P.358）那最具標誌性的畫作，原本畫中正在親吻的前蘇聯和前東德領導，在這裡卻換成了一起吃咖喱香腸的情景，玩味十足！

Currywurst 咖喱香腸一份€2.8，值得一試。

店家也有出售自家調製的咖喱香腸醬汁。

這裡很受當地人喜愛，於繁忙時間有機會出現人龍。

店內壁畫充滿幽默的地道特色！可以順道打卡留念。

Info

地址：Oranienburger Str. 6, 10178 Berlin
電話：+49 3040054033
營業時間：週一至週四 1100-2200；
週五、週六 1100-2300；
週日 1200-2100
消費：大約€5-8/位
網址：www.curry61.de
前往方法：從哈克市場（Hackescher Markt）步行約3分鐘。

幾錢一斤？古著服飾
Pick'nWeight -
Vintage Kilo Store

MAP: P.291 E2

這間二手復古服飾店店面挺大，款式包羅萬有，讓人有點花多眼亂，成功營造了要拼命在衣堆中尋寶的熱鬧氛圍。這裡是以磅重形式去計算價格，所有衫、褲、裙都被分類成不同的價位，每公斤由€25至95，而飾物則以統一價格出售。以二手貨來説整體其實不算便宜，最後能否以筍價買到心頭好，就真的要考眼光了。店內設有少量更衣室，可以確保合穿才買。

每公斤由€25至95，而不足1公斤也會以重量比例來計算。

店內設有給客人使用的自助電子磅，在付款前可先磅重來預算價格。

衣物根據了本身色系而擺放，感覺整齊，而當中也有一些出自著名品牌。

是當地廣為人知的二手服飾店，於漢堡、柏林、慕尼黑等城市共設了8間分店。

每件衣物都扣上了特定顏色按鈕，來辨別所屬價位。

Info

地址：Alte Schönhauser Str. 30, 10119 Berlin
電話：+49 30 4005 4388
營業時間：1200-2000
休息日：逢週日
網址：picknweight.de
前往方法：
U-Bahn 乘坐U8線到「Weinmeisterstraße」站，再步行1分鐘。
S-Bahn 乘坐S3、S5、S7、S9線到「Hackescher Markt」站，再步行5分鐘。

柏林

米特區

蒂爾加騰區

夏洛騰堡及周邊

十字山及柏林南部

柏林東部

柏林北部

柏林周邊

Zenkichi

自然風的內部裝潢滿有高雅氣質，每張用餐桌都以不同形式的間隔隔開，增添私密度。而為了保持餐廳恬靜感，這裡不接待12歲以下的小孩。

純美食日式恬靜空間

MAP: P.290 C1

Zenkichi

　　如果想在柏林吃一頓充滿儀式感的日本料理，這間餐廳是很不錯的選擇！由日本人開設，用心打造了一個高格調且滿有私密度的用餐環境，每個角落都散發著日式典雅韻味，營造恬靜氛圍，讓客人可專注於眼前美食，細意享受純美食時光。而這裡供應的日式料理注重色聲香味，無論賣相和味道都獲得當地人的好評，一切源自日本人對傳統美食的執著。

另設有Sake Pairing，對應不同菜式提供清酒配搭。

為了保持用餐的私密度，於用餐時服務生都不會上前打擾，除非客人按下服務聆鐘。

店內放置了由日藉花藝師所設計的花卉作內部裝飾，倍添優雅。

無論是餐廳的主理人、廚師或是服務生，全都是日本人。

餐廳只於晚市營業，主要提供4道菜或7道菜套餐，菜式定期根據時令食材更新。

菜式注重食材本質和原口味，並忠於日本傳統做法，賣相亦優雅精緻。

所有餐具也用了傳統的和風簡約設計。

餐後來一客自家製甜點，更覺完美！黑芝麻冰淇淋非常濃郁細滑，橙橘果凍賣相吸引，入口清甜彈滑。

這裡供應的所有清酒，都是由餐廳主理人親自從日本精心細選。

炸物炸得輕盈酥脆，十分惹味，沒有一丁點油膩感。

一客經典日菜「銀鱈西京燒」讓人回味！鱈魚肉質細緻，魚脂豐厚，入口富有味噌甜香。

入口處十分低調，從開端營造閒高雅的氛圍。

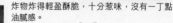

Info

地址：Auguststraße 11-13, 10117 Berlin
電話：+49 3024630810
營業時間：週三至週日 1730-2200
休息日：週一、週二
消費：大約€150-200/位
網址：www.zenkichi.de
前往方法：
S-Bahn 乘坐S1、S2、S25、S26線到「Oranienburger Straße」站，再步行3分鐘。
電車 乘坐M1、M5號到「Oranienburger Straße」站，再步行3分鐘。

柏林

米特區

蒂爾加滕區

夏洛滕堡及周邊

十字山及柏林南部

柏林東部

柏林北部

柏林周邊

柏林

米特區

蒂爾加滕區

夏洛滕堡及周邊

十字山及柏林南部

柏林東部

柏林北部

柏林周邊

House of Small Wonder

文青系復古佈置令人耳目一新，最愛這白色旋轉樓梯，跟暗紅泛黃的磚牆營造出視覺美感。

復古秘密花園

MAP: P.290 C1

House of Small Wonder

　　從旋轉樓梯走上去，帶著驚喜進入了這間柏林「小奇蹟之家」咖啡館！這裡以很多植物作裝飾，搭配復古木質家具，極像一個隱世秘密花園。當陽光從偌大的玻璃窗邊灑下，營造了接近大自然的怡然氣氛，份外舒適自在。店主是一位曾居美國的日本人，特意為這間咖啡館設計了很多充滿日式風情的西式料理，讓客人在這裡可以一邊品嚐日系美食，一邊享受忘憂時光。

咖啡館裡放置了一排具有年代感的戲院座位，更添復古風情。

來一客經典日式明太子意粉也很不錯！入口Creamy，滿滿明太子鹹香，讓人回味。MenTaiko Spaghetti €16.5

除了咖啡之外，也有供應多款雞尾酒和葡萄酒。

從色彩鮮明的玄關登上位於1樓的咖啡館，就像進入了一個奇幻的秘密花園。

House of Small Wonder

旋轉樓梯是這裡的特色所在！以眾多綠色植物作點綴，非常適合打卡。

喝著這杯清雅的抹茶拿鐵，日系風情令人忘卻了身在德國。€4.5

用了日本山椒作調味的炸雞腿，配佐西芹和甘筍條，香辣惹味。

自家製烤餅入口鬆化夾著煙肉香，伴以流心蛋和芥末荷蘭醬汁，飽肚滿足。
Homemade Biscuit Benedict €15

這裡的自家製芝士蛋糕也很吸引！味道香濃醇厚，配以香醋汁和水果作巧妙平衡，香而不膩。Cheese Cake€6；自選蛋糕配咖啡套餐€8.5

餐單作不定期更新，其中也會供應一些日式傳統家常菜。

以綠色植物圖案為主的牆紙搭配古舊木餐枱，滿有質樸的溫馨感。

墨西哥醬免治豬肉配日本米飯，伴以菠菜、紅椒、蕃茄、牛油果和太陽蛋，簡單健康又美味。Okinawan Taco Rice €15

Info

地址 Auguststraße 11-13, 10117 Berlin
營業時間 週一、週五1000-1700；
　　　　週二至週四1030-1500；
　　　　週六、週日0900-1700
消費 大約€25-35/位（只收現金）
網址 houseofsmallwonder.de
前往方法
S-Bahn 乘坐S1、S2、S25、S26線到
　　　「Oranienburger Straße」站，再步行3分鐘。
電車 乘坐M1、M5號到「Oranienburger Straße」站，再步行3分鐘。

米特區

蒂爾加騰區

夏洛滕堡及周邊

十字山及柏林南部

柏林東部

柏林北部

柏林周邊

315

柏林

米特區

蒂爾加滕區

夏洛滕堡區及周邊

十字山及柏林南部

柏林東部

柏林北部

柏林周邊

柏林市長辦公室 MAP: P.291 E3

紅色市政廳（Rotes Rathaus）

　　鮮明豔麗的色彩讓這座宏偉的市政廳顯得別樹一格！建於1861至1869年，建築師根據了意大利文藝復興時期的建築作為設計藍本，並以大量來自勃蘭登堡省的紅磚砌成，亦因紅色的外觀而得名。目前是柏林聯邦州政府和市長辦公室的所在地，於沒有政務活動時，其中多個大廳可對外開放，讓遊人免費參觀。

鐘塔頂上飄揚著市旗，旗的中間有柏林市的象徵物「黑熊」。

市政廳前洋溢古典優雅的格調。

帶有塔樓的市政廳以新文藝復興風格建造，是城中重要的地標之一。

牆壁浮雕裝飾描繪了一些柏林歷史人物和場景。

─Info─

地址： Rathausstraße 15, 10178 Berlin
電話： +493090260
開放時間： 0900-1800（如沒有政務活動在進行，可開放參觀）
休息日： 週六及假日
門票： 免費進入
前往方法：
U-Bahn 乘坐U5線到「Rotes Rathaus」站，即達。
巴士 乘坐200、300號到「Rotes Rathaus」站，即達。

新巴洛克風格 MAP: P.291 E3

海神噴泉（Neptunbrunnen）

　　建於1888至1891年間，原本是設置在柏林宮前的宮殿廣場裡，作為柏林市送給當時統治者普魯士國王威廉二世的禮物。後來於1969年，東德政府在規劃電視塔公園時決定把它搬到現址。噴泉以新巴洛克風格建造，中央豎立海神海王星的雕像，而旁邊則設有4位女性人物，分別象徵當時普魯士的4條主要河流，而周圍有龍蝦、螃蟹、鱷魚、海龜等等動物的雕像。

設計靈感來自意大利羅馬納沃納廣場上的海王星噴泉和四河噴泉。

噴泉底部呈四葉形，直徑約為18米，建成時是當年市內最大型的噴泉。

最中央設有8.5米高的海王星雕像。

4位女性人物雕像分別象徵萊茵河、威悉河、奧得河和易北河。

─Info─

地址： Rathausstraße 1, 10178 Berlin
開放時間： 全年
前往方法：
乘坐巴士100、200號或電車M4、M5、M6號於「Spandauer Str./Marienkirche」站下車，再步行2分鐘。

柏林

米特區

蒂爾加滕區

夏洛滕堡及周邊

十字山及柏林南部

柏林東部

柏林北部

柏林周邊

聳立在亞歷山大廣場上的電視塔，是柏林非常重要的象徵。

在塔的球體內部，是觀景台和旋轉餐廳的所在位置。

360 度壯麗全景

整個柏林市中心的壯麗景色可盡收眼底，視野非常開揚。

柏林電視塔

MAP: P.291 E2

（Berliner Fernsehturm）

　　柏林著名地標之一！建於1969年的電視塔，高368米，是柏林最高的建築物，也是欣賞天際線的好地方。遊人可乘坐高速升降機，在短短的40秒內，即可登上位於203米的觀景台，透過60個全景窗戶可俯瞰整個城市令人嘆為觀止的美景。同層設有柏林最高的酒吧「Bar 203」，另外，再登上一層樓於207米亦設了旋轉餐廳「Sphere」，是全德國最高的餐廳。

於天色晴朗的日子，更可欣賞到遠達40公里外的景色。

在觀景台中可望到的主要建築物和旅遊點，在場都列出了詳細的文字說明。

於塔下設了紀念品店，裡面有一些以電視塔作主題的商品，包括電視塔模樣的香水。

┤Info├

地址： Panoramastraße 1A, 10178 Berlin
電話： +49 30247575875
開放時間： 10月至3月 1000-2200；
　　　　　　 4月至9月 0900-2300
門票： 成人預購€22.5起、即場€25.5；
　　　　 學生即場€20.4
網址： www.tv-turm.de
前往方法：
S-Bahn 乘坐S7、S9線至「Alexanderplatz」
　　　　站，即達。
U-Bahn 乘坐U2、U5、U8至
　　　　「Alexanderplatz」站，即達。
電車 乘坐U2、U5、U8至「Alexanderplatz」

中世紀死亡之舞

MAP: P.291 E2

聖母教堂（St. Marienkirche）

　　可追溯至13世紀，是柏林市最古老的教區教堂之一，曾遭受過多次火災，其後以哥德式和巴洛克風格重建及改造。堂內亮點是位於塔廊內長達22米的《死亡之舞》壁畫，相信是從1485年瘟疫期間流傳至今。壁畫帶有警世意義，描繪骷髏骨正在與來自不同階層的人共舞，喻意無論貧富終會步進死亡的虛無境界。

新哥德式教堂塔樓跟後方較有現代感的電視塔，構成獨特的城市景觀。

教堂外設有16世紀德國宗教改革家馬丁路德的雕像。

I Can Tips

教堂定期舉辦管風琴表演和音樂會，舉行日期可於官網查閱。

┤Info├

地址： Karl-Liebknecht-Str. 8, 10178 Berlin
電話： +49 3024759510
開放時間： 1000-1600
休息日： 在宗教活動和音樂會期間，不可參觀。
門票： 免費進入
網址： www.marienkirche-berlin.de/
前往方法：
在柏林電視塔（Berliner Fernsehturm）和海神噴泉（Neptunbrunnen）之間。

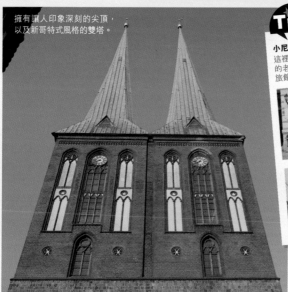

擁有讓人印象深刻的尖頂，以及新哥特式風格的雙塔。

小尼古拉區 Nikolaiviertel
這裡是城中最古老的住宅區，流露著一股安靜優雅的老柏林氛圍。當年聚集了很多商店、工藝品店和旅館，亦是很多商人、官員和藝術家的居所。

這區開了很多精緻小店和古典優雅的咖啡館。

在二戰後這裡根據了戰前模樣重建，很有韻味。

教堂前方的一座石柱豎立著一隻柏林熊石雕。

新哥特式雙塔

MAP: P.291 E3

尼古拉教堂（Nikolaikirche）

　　教堂建在被譽為柏林最古典的「小尼古拉區」裡，始建於1220至1230年之間，是柏林現存最古老的教堂之一！於二戰期間，教堂頂部不幸被炸毀，現在眼前優雅的塔尖是於1987年重建而成，而教堂下半部的石基和右側大門，則可追溯到13世紀。如今堂裡是一間小型歷史博物館，展示教堂的起源和附近地區的歷史概況。

─Info─
地址： Nikolaikirchplatz, 10178 Berlin
電話： +49 3024002162
開放時間： 1000-1800
門票： 成人 €5；18歲以下 免費進入
網址： www.stadtmuseum.de/nikolaikirche
前往方法：
U-Bahn 乘坐U5線到「Rotes Rathaus」站，再步行4分鐘。
巴士 乘坐200、248號到「Nikolaiviertel」站，再步行2分鐘。

18 世紀商人住宅

MAP: P.291 E3

克諾布勞赫家族博物館（Museum Knoblauchhaus）

　　建於1761年，並於1806年和1835年以古典主義風格進行了改造，是柏林商人克諾布勞赫家族的故居，亦是柏林市中心少數倖存的18世紀資產階級房子之一。大宅修復後還原了當時畢德麥雅時期（Biedermeier）的家居佈置風格，在2個樓層設了展覽，讓人了解當時中產階級在柏林的生活狀況。

館內大部分家具和畫作都是由克諾布勞赫家族後代捐贈出來作展出。

房子外觀保留了當年的模樣，有新古典主義雕花楣板作裝飾。

客廳的鑲木地板是來自19世紀的，牆上掛著8幅克諾布勞赫家族人物肖像畫。

─Info─
地址： Poststraße 23, 10178 Berlin
電話： +49 3024002162
開放時間： 週二至週四 1200-1800；
　　　　　　 週五至週日 1000-1800
休息日： 逢週一
門票： 免費入場
網址： www.stadtmuseum.de/knoblauchhaus
前往方法： 在尼古拉教堂（Museum Nikolaikirche）旁邊轉角位。

尼古拉區

柏林

米特區

蒂爾加滕區

夏洛滕堡及周邊

十字山及柏林南部

柏林東部

柏林北部

柏林周邊

這裡的用餐氛圍很不錯！來嚐嚐德國傳統菜餚和自釀啤酒，讓柏林之旅更完滿。

遇上天氣好的日子，在戶外露天座享受美食真的很愜意。

炸豬排炸得十分酥脆可口，配菜有濃香蘑菇醬和薯仔片。Pork Schnitzel with mushroom and potatoes €18.8

傳統料理啤酒館
MAP: P.291 E3

Brauhaus Georgbraeu

逛完博物館島不妨來這間啤酒館用餐，位置就在施普雷河河畔，擁有鳥語花香的戶外座位，散發着懶洋洋的舒適氣氛！而室內用餐區則有古典雅緻的佈置，深木色家具別具韻味。啤酒館以德國傳統料理作為主打，特色菜包括水煮豬手、自家製肉餅、炸肉排、烤鴨等等，而價錢也挺親民，當然不能不點一杯自家釀製的冰凍啤酒！

啤酒都在這裡手工釀製，走進店裡還可以看到各種釀酒設備。

來一杯透心涼的Georgbraeu手工啤酒，別有風味。€3.8/0.3L

於旺季還會在河畔位置設置用餐枱，擁有河景和博物館島古典建築景。

Info

地址：Spreeufer 4, 10178 Berlin
電話：+49 302424244
營業時間：1200-2200
休息日：週日、週一
消費：大約€25-35/位
網址：brauhaus-georgbraeu.de
前往方法：從博物館島上的柏林大教堂（Berliner Dom）旁邊過橋至對岸，再沿河畔向南步行，約需8分鐘。

手工藝紀念品店
MAP: P.291 E3

Erzgebirgischer Weihnachtsmarkt

店的名字叫做「聖誕市集」，顧名思義就是全年任何時刻都可在這裡買到聖誕精品！店裡雖然沒有很濃厚的聖誕氣氛，但裝潢整齊優雅，各式各樣手工藝品讓人目不暇給，包括有木製人偶、胡桃夾子、布穀鳥鐘、木雕掛飾等，精緻得令人心動！

店裡有很多不同款式的胡桃夾子。

是挑選手信的好地方。

Info

地址：Propststraße 7, 10178 Berlin
電話：+49 302411229
營業時間：1100-1800
前往方法：從尼古拉教堂（Museum Nikolaikirche）往河方向走，在右邊拱形走廊裡。

柏林

米特區

蒂爾加騰區

夏洛滕堡及周邊

十字山及柏林南部

柏林東部

柏林北部

柏林周邊

哈克庭院

迷人文藝氣氛

MAP: P.291 D2

哈克庭院（Hackesche Höfe）

隱身在庭院中有一間又一間的咖啡館、藝術畫廊、個性小店和時尚酒吧！唯美系建築與百花綠葉，營造出濃濃的藝廊氛圍。這裡是由8個相連的庭院組成的建築群，始建於1905年，是全國規模最大的複合式庭院。只要從位於大街的主入口走進去，就可通往1號內院（HOF1），然後沿經迴廊可於多個內院中穿梭。

1號內院裡的房子外牆都使用了新藝術瓷磚鋪成，散發迷人氣息。

這裡很適合隨意逛逛，是拍照的好地方。

內院中有很多設計師小店，值得一訪。

Info

地址: Rosenthaler Str. 40, 10178 Berlin
電話: +49 3028098010
開放時間: 0900-2200
網址: ww.hackesche-hoefe.de
前往方法:
S-Bahn 乘坐S3、S5、S7、S9線到「Hackescher Markt」站，再向北步行2分鐘，在哈克市場對面馬路。
電車 乘坐M1、M4、M5線到「Hackescher Markt」站，再向北步行2分鐘。

眼前是擁有幾何圖案外牆的樓房，充滿獨特藝術氣息。

庭院美景慢活 Feel

Oxymoron

MAP: P.291 D2

在哈克庭院裡的清新系餐廳，露天座位面向充滿新藝術風格建築的內院景觀，營造出輕鬆寫意的用餐氣氛。餐廳主要供應充滿意大利和法國風情的創意料理，採用當地新鮮食材，而其中有許多來自有機生產商。另外，也有提供歐陸式早餐和優惠午市套餐，在庭院美景襯托下享用美食，悠然愜意，文青大愛。

讓人好好放空的露天雅座，就像從柏林都市喧囂中跳脫了出來。

於平日3:30pm前設有優惠午餐。2道菜€18；3道菜€22

室內用餐區裝潢亦很精緻，格調十足。

這裡也有葡萄酒供應，可以點一杯在這裡慢嘆一下。

餐後享用2大球雪糕，清涼甜美。

Info

地址: Rosenthaler Str. 40-41, 10178 Berlin
電話: +49 3028391886
營業時間: 週一、週四0930-2300；
週二、週三、週五、週六0900-2300
休息日: 逢週日
消費: 午餐約€25-35/位；晚餐約€45-60/位
網址: www.oxymoron-berlin.de
前往方法: 在哈克庭院（Hackesche Höfe）的1號內院。

柏林

米特區

蒂爾加滕區

夏洛滕堡及周邊

十字山及柏林南部

柏林東部

柏林北部

柏林周邊

在柏林市中心共有幾間分店，這間設在哈克庭院裡，格調很高雅。

百年手工朱古力

各種口味的手工朱古力整齊排列在玻璃飾櫃裡，非常吸引。

Sawade

MAP: P.291 D2

　　是城中最古老的手工朱古力工坊，創辦人於法國學成歸國後，於1880年在柏林市中心開設了第1間店舖，更於1886年被任命為皇家供應商，品質備受認可。時至今日，這裡的朱古力都依舊按照傳統配方手工製作，傳承著百年老字號的可可濃香，而口味和款式都眾多，並設有多款設計優雅的禮盒裝，朱古力迷不要錯過！

口味選擇多，其中有含酒香的香檳松露，也有充滿夏日氣息的百香果芒果松露。

- Info -

地址：Rosenthaler Straße 40-41 Hof II, 10178 Berlin
電話：+49 3097005363
營業時間：1100-1900
休息日：逢週日
網址：www.sawade.berlin
前往方法：在哈克庭院（Hackesche Höfe）內院裡。

老舊的紅絲絨梳化跟小圓桌，裝飾別具風韻。

懷舊戲院嘆一杯

這間復古咖啡廳是享受自在時光的好地方！

Café Cinema

MAP: P.291 D2

　　無論門外和店裡，都呈現著一股舊戲院懷舊風！以舊電影海報改造成獨一無二的牆紙，另一端則掛滿電影劇照，配著滿有滄桑感的白色鋼琴和具年代質感的深木色家具，讓人有錯覺像進入了時光隧道回到從前！這裡除了供應各款咖啡，也有茶類、啤酒、葡萄酒、雞尾酒等，而於晚間則會變身成為滿有氣氛的小酒吧。

在旅途中坐下來喝一杯稍作休息，跟同行朋友聊聊天，也很不錯。

- Info -

地址：Rosenthaler Str. 39, 10178 Berlin
營業時間：1200-0200
消費：大約€8-15/位
前往方法：在哈克庭院（Hackesche Höfe）外圍的大街上。

充滿古樸懷舊感的招牌，讓路過的人也都忍不住想探頭看看！

柏林

米特區

蒂爾加滕區

夏洛滕堡及周邊

十字山及柏林南部

柏林東部

柏林北部

柏林周邊

CityQuartier DomAquarée

半露天餐飲區

MAP: P.291 D3

CityQuartier DomAquarée

在博物館島的對岸有一個優雅的商廈區，集合了30多間商店、咖啡店和餐廳，也設有酒店，而於寬大的地面通道上設了透明玻璃天幕，營造出休閒放鬆的半露天餐飲空間。這裡也是SEA LIFE室內水族館的所在。

在玻璃天幕下，設有寫意的半戶外用餐區。

Info

地址：Karl-Liebknecht-Str. 5, 10178 Berlin
網址：www.domaquaree.de
前往方法：
電車 乘坐M4、M5、M6號到「Spandauer Str./Marienkirche」站，再步行1分鐘。
巴士 乘坐100、200、300號到「Spandauer Str./Marienkirche」站，再步行1分鐘。
步行 從博物館島上的柏林大教堂（Berliner Dom）旁邊過橋至對岸，即達。

在透著藍光的玻璃隧道，可看到很多小鯊魚、魔鬼魚和一些色彩繽紛的魚群。

扁平的魔鬼魚，看起來像帶著表情的笑臉，樣子很可愛。

館內紀念品店販售很多海洋生物小商品。

親親海底世界

MAP: P.291 D2

SEA LIFE 水族館

柏林著名室內水族館，是非常適合親子旅行的景點。擁有超過4千隻海洋生物，在10多個不同的場景中展示出來。雖然水族館規模不算好大，但位置就在市中心，可以不用走到很遠就可以近距離接觸海洋世界，而且水族館屬於全室內，就算天氣陰晴不定，也可安排一個小遊覽。

提提你

圓柱魚缸 AquaDom

屬世上最大的圓柱魚缸，在14米高的巨型玻璃缸裡約1千5百條熱帶魚，遊客可跟著職員進入魚缸的中央位置，像乘坐升降機般上升到頂部，從內欣賞缸裡正在游來游去的熱帶魚。

這原是水族館的亮點，但於2022年12月發生了驚人事故，外層玻璃破裂，導致約有100萬升湧出附近街道，最後估計當中只有約40條魚倖存下來。

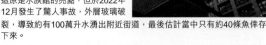

在市中心就可以近距離接觸海洋世界。

Info

地址：Spandauer Str. 3, 10178 Berlin
開放時間：1000-1900（最後入場1730）
休息日：24/12
門票：成人 €19；3-14歲 €15
網址：www.visitsealife.com/de/berlin/
前往方法：
乘坐巴士100、200號或電車M4、M5、M6號於「Spandauer Str./Marienkirche」站下車，再步行1分鐘。

柏林

米特區

蒂爾加滕區

夏洛滕堡及周邊

十字山及柏林南部

柏林東部

柏林北部

柏林周邊

到訪者可坐上駕駛車廂，隨著螢幕模擬在昔日東柏林街頭上駕駛。

冷戰時代之東德日常

MAP：P.291 D3

東德博物館（DDR Museum）

　　博物館以較輕鬆易明的互動方式，讓到訪者了解於冷戰期間東德人的衣食住行。在跟西方隔離的幾十年間，由於東德沒有進口汽車和商品的情況下，如果想擁有汽車就只能購買國民衛星牌小型汽車，而從訂購到取車要等足足十多年！而當時所有報章、雜誌、電視、電台都受到嚴格審查，只會以同一觀點作報導。這些冷戰時期生活上的點滴，可從館內各式各樣的展品中體會出來。

東德象徵物：
衛星Trabant/Trabi（又譯作：特拉比）
在鋼鐵材料缺乏的東德，人們想到以廢物利用的概念去製作這款國民小型汽車。車頂、行李箱蓋等等是以回收「硬塑料」做出來，而座椅裡是「回收棉花」，車身內裝則以「硬紙板」做的。

提提你

當時一般日用品和食品都只有「東德製造」的品牌作選擇。

館內也展示了當時東德高層公寓裡的典型家居佈置，把大廳、房間、廚房、洗手間都重組了出來。

那時候，來自東德不同報章的報導、觀點以及所刊登的照片，都是大致相同的。

入口比較隱蔽，到達河畔後可跟指示下樓梯，即可看到門口。

─ Info ─
地址： Karl-Liebknecht-Str. 1, 10178 Berlin
電話： +49 30847123731
開放時間： 0900-2100
門票： 成人€12.5；學生€7
網址： www.ddr-museum.de
前往方法：
電車 乘坐M4、M5、M6線到「Spandauer Str./Marienkirche」站，再步行3分鐘。
步行 從柏林大教堂（Berliner Dom）過橋到達對岸河畔，步行約3分鐘。

露天美食廣場

MAP: P.291 D2

哈克市場 (Hackescher Markt)

在S-Bahn高架橋下拱門裡和通往車站的街道上，開滿了各式各樣的餐廳和酒吧，並設了太陽傘用餐區，猶如一個露天美食廣場，在晚間更是燈火通明，就像為繁忙的都市人提供了一個慢步調的寫意空間。

這個露天美食廣場很受當地人和遊客歡迎。

I Can Tips

Wochenmarkt Hackescher Markt 週六市集
每逢週六在這裡設有市集，販售新鮮蔬果、街頭美食、雜貨、手作品等等。
營業時間：逢週六 1000-1800
網頁：www.hackeschermarkt.net

位置就在S-Bahn輕軌站出口外，十分方便。

─**Info**─

地址：Hackescher Markt, 10178 Berlin
前往方法：
S-Bahn 乘坐S3、S5、S7、S9線到「Hackescher Markt」站，即達。
電車 乘坐M1、M4、M5線到「Hackescher Markt」站，即達。

歷史見證

MAP: P.291 E2

東德摩托車博物館 (DDR Museum: Motorrad)

與西方世界隔絕的冷戰時期，東德嚴重缺乏鋼材，也不能進口。人們想買汽車的話，下了訂單後有機會要等上好幾年，電單車就成為了東德人最主要的代步工具。這裡展出超過140輛前東德時期電單車，包括來自當年2大製造商：Simson和MZ，以及一些警察和消防隊伍的專用車輛。

這裡展出了幾乎所有在東德時期內生產過的電單車型號。

博物館設在S-Bahn高架鐵路下的拱形位置。

─**Info**─

地址：Rochstraße 14c, 10178 Berlin
電話：+493024045725
開放時間：0900-2100
門票：成人€8；學生€6；聯票（＋東德博物館）€14
網址：www.erstesberliner-ddr-motorradmuseum.de
前往方法：從亞歷山大廣場（Alexanderplatz）步行前往，大約8分鐘。

休閒草地

MAP: P.291 D2

詹姆斯西蒙公園 (James Simon Park)

從博物館島舊國家畫廊旁邊過橋走到對岸，可抵達一個施普雷河畔草地公園。在S-Bahn鐵路高架橋下，這裡開滿了酒吧和餐廳，特別在夏季此地聚集了很多來野餐、聊天、曬太陽或喝一杯的遊人，是城中一個熱門休憩空間，非常熱鬧！

有古色古香的博物館島建築物作背景，別具文藝氣息。

在酒吧和餐廳前方，設了不少太陽椅，遊人們都喜歡在此聊天暢飲。

─**Info**─

地址：JBurgstraße 28, 10178 Berlin
前往方法：
從博物館島經腓特烈橋（Friedrichsbrücke）步行至對岸左方，即達。

這個廣場經常人流不斷，位置就在亞歷山大車站出口旁。

德國最大市中心廣場
亞歷山大廣場（Alexanderplatz）

Tips 於每年11月底至聖誕節，都會在這裡舉行盛大的聖誕市集。

佔地很廣，是德國最大的市中心廣場！自1882年在此建了長途火車站，這裡開始成為柏林市最重要和最繁忙的交通樞紐之一。直至1960年代開始，東德政府把廣場重新設計並改造成步行區，漸漸形成了現在的模樣。廣場四周聚集了許多百貨公司、餐廳、大型購物中心，是非常人氣的購物之地。

MAP：P.291 E2

廣場上有一座名為「友誼之泉」的噴泉，建於大約1970年的東德時期。

電車在廣場邊界步行區上穿梭，在此處跟步要留意有否電車駛過。

世界時鐘 Weltzeituhr
於1969年製造，可同時顯示世界各地的時間。時鐘的大圓柱部分，被分成24個小格，分別對應24個時區和所屬城市，而在中間那正在慢慢運行的滾輪上，那金色數字則代表該時區的當前小時。至於柏林目前的時間，則可查看掛在下方小柱上的4個小時鐘。

在頂部設了由鋼環和球體組成的太陽系藝術雕塑，每分鐘會旋轉1次。

整座機械時鐘高約10米，設於廣場南側，是廣場上的著名地標。

Info
地址：Alexanderplatz, 10178 Berlin
開放時間：全年
前往方法：
S-Bahn 乘坐S3、S5、S7、S9線到「Alexanderplatz」站，即達。
U-Bahn 乘坐U2、U5、U8線到「Alexanderplatz」站，即達。
電車 乘坐M2、M4、M5、M6線到「Alexanderplatz」站，即達。
巴士 乘坐100、200、300號到「S+U Alexanderplatz Bhf/Memhardstr.」站，再步行2分鐘

人氣服飾殿堂
Primark

MAP：P.291 F2

在Primark真的可以瘋狂購物！一整座佔地超廣，集齊了女裝、男裝、童裝、家品、美容和家居用品。無論是上班服、日常休閒服、泳衣、運動衫、鞋類、內衣都齊備，款式特多且時尚大眾化，重點是價格超親民，最平幾歐就有交易！是小資女歐遊必去的Shopping掃貨點。

如果遇上減價季節，真的可以逛夠半天。

Primark在歐美多個大城市都有分店。

海量款式，大部分都是很易配搭，備受歐洲人喜愛。

Info
地址：Alexanderpl. 5-7, 10178 Berlin
電話：+49 3023457162
營業時間：週一至週三 1000-2100；週四至週六 1000-2200
休息日：逢週日
網址：www.primark.com/de_de/
前往方法：在亞歷山大廣場（Alexanderplatz）上。

柏林

米特區

蒂爾加騰區

夏洛滕堡區及周邊

十字山及柏林南部

柏林東部

柏林北部

柏林周邊

北歐家居小物

MAP: P.291 E2

Flying Tiger Copenhagen

　　源自丹麥哥本哈根，分店遍佈全歐洲，主要販售可愛家居小物，其中有餐具、文具、派對用品、玩具、佈置飾品、零食等等。大部分商品除了實用之外，亦充滿玩味感，外型設計總會讓人會心一笑！而價格相當親民，一般都是幾歐左右，喜歡家品小物的朋友，值得一逛再逛。

在歐洲設了許多分店，每次經過都會忍不住走入去逛逛。

牛油果模樣的食物盒，設計簡單又可愛。€1（減價時；原價€3）

主打色彩繽紛的家品，就像為日常生活注入了無限歡樂。

Info
地址：Alexanderpl. 8, 10178 Berlin
電話：+49 3028484191
營業時間：週一至週六 1000-2000
休息日：逢週日
網址：flyingtiger.com
前往方法：在亞歷山大廣場北端。

大型購物中心

MAP: P.291 F2

ALEXA Berlin

　　在亞歷山大廣場背後的大型商場，連地庫樓高6層，集合了約130間各式各樣的商舖，主要是中價位和大眾時尚品牌，另有大約30間國際美食，並在2樓設了美食廣場，滿足同時喜歡逛街和尋找美食的朋友。於Level 0 可找到亞洲超市「Asia Markt」和全市最大的電子產品商店「Media Markt」。

擁有暗粉色外牆的ALEXA，非常獨特易認。

內部裝潢簡約時尚，具有空間感，讓人逛得舒服。

商場內外擺放了很多裝飾藝術品，別樹一格。

Info
地址：Grunerstraße 20, 10179 Berlin
電話：+49 30269340121
開放時間：週一至週六 1000-2000
休息日：逢週日
網址：www.alexacentre.com
前往方法：
從亞歷山大廣場（Alexanderplatz）向東南方向步行約2分鐘。

集合過千品牌

MAP: P.291 E2

TK Maxx

　　樓高3層的服飾家品連鎖店，集合了數以千計本土和世界各地的新興牌子、設計師品牌和時尚服飾，除了販售男、女裝和兒童服飾之外，也設有禮品和居家部門。店家標榜大部分價格比品牌設立的建議零售價更為便宜，吸引不少愛好潮流服飾的人前去選購。

在全國共有一百多間分店，很具人氣。

衣物分類擺放，有全身裙區、晚裝區、短褲區…方便顧客選購。

女士連衣裙系列，款式特多。

Info
地址：Alea 101, Gontardstraße 10, 10178 Berlin
電話：+49 3028445360
營業時間：0930-2100
休息日：逢週日
網址：www.tkmaxx.de
前往方法：
在柏林電視塔（Berliner Fernsehturm）旁邊，步行1分鐘。

馬克杯上印了柏林多個地標和柏林熊,畫風可愛。€4.99

衛星汽車是前東德最具代表性的象徵物之一,這裡有多款小汽車模型。€12.99

遊客手信旗艦店
BERLIN Store - MUDDASTADT

店家招牌用了巨大的「BERLIN」字樣,非常醒目易認。

　　專門販售柏林特色旅遊紀念品,於市中心有多間分店,而在電視塔下的這一間,是規模較大的旗艦店。最吸引眼球有停泊在門外的一架前東德國民衛星汽車「Trabi」,可供遊客們自由拍照留念!店內出售的紀念品種類多樣,包括明信片、文具、磁石貼、T袖、馬克杯、Tote Bag等等,價格豐儉由人,可以在此一站式買齊手信。

MAP: P.291 E2

門前色彩繽紛的衛星汽車,在車身更特別印上了一些柏林地標圖案。

━Info━
地址: Alea 101, Rathausstraße 6, 10178 Berlin
電話: +49 3027908684
營業時間: 0900-2200
網址: www.muddastadt-berlin.de/store/berlin-flagship-store/
前往方法: 在柏林電視塔(Berliner Fernsehturm)附近,TK Maxx 的轉彎位置。

人氣肉桂卷
Zeit für Brot

輕食選擇包括有各式三文治、片裝Focaccia、芝士蛋糕等。

　　店內設了半開放式烘焙工房,經常傳來一陣麵包香!主打每天新鮮出爐肉桂卷,選擇眾多,除了經典原味,還有朱古力、杏仁、蘋果肉桂、櫻桃等等特色口味,如遇上剛剛出爐,入口熱烘烘的肉桂卷確實加了很多分數。另外也有供應三文治、蛋糕,以及其他輕食和飽點。店面挺大亦設有舒適用餐區,可以搭配一杯咖啡坐下來慢慢享受。

MAP: P.291 E1

肉桂卷外貌比較務實,入口有一股質樸的暖心感。€3.6

整間店經常瀰漫着新鮮出爐的肉桂卷香氣。

木系內裝簡約清新,設有舒適的用餐位置。

━Info━
地址: Alte Schönhauser Str. 4, 10119 Berlin
營業時間: 週一至週五0700-2000;
　　　　　　週六0800-2000;週日0800-1800
消費: 大約€5-10/位
網址: zeitfuerbrot.com
前往方法:
U-Bahn 乘坐U2線到「Rosa-Luxemburg-Platz」站,再步行1分鐘。

這店很受當地人歡迎,於繁忙時間前來有機會需要大排長龍。

柏林　米特區　蒂爾加騰區　夏洛滕堡及周邊　十字山及柏林南部　柏林東部　柏林北部　柏林周邊

休閒之城市活力

蒂爾加滕區
Tiergarten

米特區

蒂爾加滕區

夏洛滕堡及周邊

十字山及柏林南部

柏林東部

柏林北部

柏林周邊

　　是柏林市最大的城市公園-「大蒂爾加滕公園」所在之區段，讓人瞬間遠離鬧市煩囂，園區建有多個城中重要景點，包括遊客必訪的「德國國會大廈」，於那劃時代設計的玻璃圓頂內步行，感覺妙不可言。此區除了擁有龐大的綠化地帶，還有很多引人入勝的特色建築，帶有未來感的索尼中心、金光耀眼的柏林愛樂廳、呈現波浪感的蚌殼屋，都讓人耳目一新。

交通

U-Bahn：
波茨坦廣場：乘坐U2線到「Potsdamer Platz」站。
S-Bahn：
波茨坦廣場：乘坐S1、S2、S25線到「Potsdamer Platz」站。

巴士：
大蒂爾加滕公園：乘坐100號可橫越整個公園之北端，中途設有多個站。

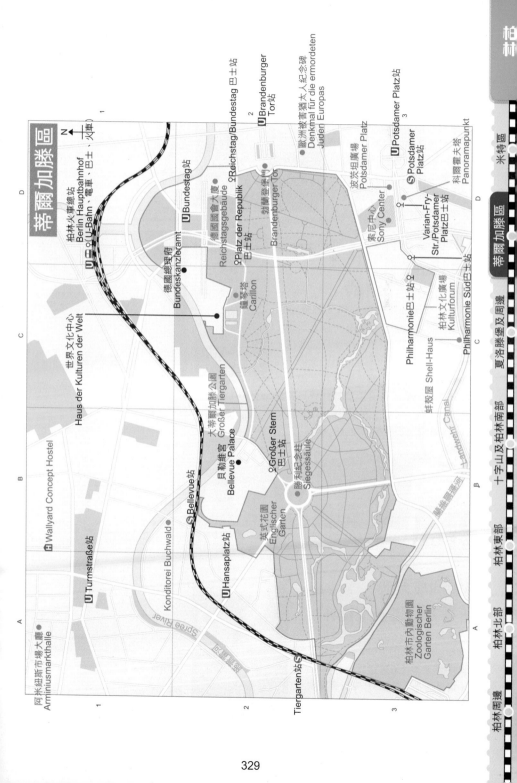

蒂爾加滕區

N

阿米紐斯市場大廳
Arminiusmarkthalle

🏠 Wallyard Concept Hostel

世界文化中心
Haus der Kulturen der Welt

Konditorei Buchwald

Spree River

U Turmstraße站

柏林火車總站
Berlin Hauptbahnhof
U 🚆 ○(U-Bahn、電車、巴士、火車)

U Bundestag站

德國總理府
Bundeskanzleramt

德國國會大廈
Reichstagsgebäude

鐘琴塔
Carillon

大蒂爾加滕公園
Großer Tiergarten

○Plaz der Republik
巴士站

Brandenburger Tor

Reichstag/Bundestag 巴士站

U Brandenburger
Tor站

歐洲被害猶太人紀念碑
Denkmal für die ermordeten
Juden Europas

波茨坦廣場
Potsdamer Platz

U Potsdamer
Platz站

S Potsdamer
Platz站

Varian-Fry-
Str./Potsdamer
Platz巴士站

索尼中心
Sony Center

科爾霍夫塔
Panoramapunkt

貝勒維宮
Bellevue Palace

S Bellevue站

U Hansaplatz站

英式花園
Englischer
Garten

○Großer Stern
巴士站

勝利紀念柱
Siegessäule

Landwehr Canal

Philharmonie巴士站

蚌殼屋 Shell-Haus

柏林文化廣場
Kulturforum

Philharmonie Süd巴士站

柏林市內動物園
Zoologischer
Garten Berlin

Tiergarten站 S

鬧市裡的綠洲
大蒂爾加滕公園
（Großer Tiergarten）

公園擁有多個內湖和河道小支流，環境優美。

是柏林歷史最悠久的城市公園，面積達210公頃，昔日用於皇家狩獵，從18世紀中葉起開放給民眾，成為公共綠色休閒之地。園內擁有一大片綠色草坪，並設有多間園林餐室和咖啡座。

園內設有德國詩人歌德的紀念雕像。

MAP: P.329 A2-A3;B2-B3;C2-C3;D2-D3

── Info ──

地址： Str. des 17. Juni, 10785 Berlin, Germany
電話： +4930901833101
開放時間： 全年
門票： 免費進入
前往方法：
S-Bahn
公園東側 乘坐S1、S2、S25、S26線到「Brandenburger Tor」站。
公園西側 乘坐S3、S5、S7、S9線到「Tiergarten」站。
U-Bahn
公園東側 乘坐U5線到「Brandenburger Tor」站。
巴士
乘坐100號可從園區北端橫越整個公園範圍，中途設有多個上落客站。

城中著名地標之一　**MAP: P.329 B2**
勝利紀念柱
（Siegessäule）

於大蒂爾加滕公園內有一條連接東西兩端的行車大道，其中有一個大型迴旋處，於中央位置豎立了一座勝利紀念柱。紀念柱建於1864至1873年，以紀念普丹戰爭、奧普戰爭和普法戰爭的勝利。於頂部設有代表勝利的維多利亞女神雕像，並建有觀景台，遊人可登上285級樓梯，於51米高的位置欣賞公園園景和周邊全景。

柱頂鍍金勝利女神雕塑有8米高，她一手拿著月桂花環，另一手則拿著長矛。

這座紀念柱代表著「普魯士王國」（Kingdom of Prussia）的輝煌歷史。

通往紀念柱的隧道口「Tunnel zur Siegessäule」。

往頂部觀景台的小門入口，較為隱蔽。

柱身底座設有青銅浮雕和馬賽克壁飾，描述建立德意志帝國的歷史故事。

── Info ──

地址： Großer Stern, 10557 Berlin
開放時間：
4至10月 週一至週五 0930-1830；
　　　　週六、週日 0930-1900
11至3月 0930-1730
休息日： 24/12
門票： 登頂 €4
前往方法： 乘坐巴士106、100、187號到「Großer Stern」站，再經「Tunnelzur Siegessäule」隧道前往迴旋處之中央。

屬歐洲最大型　**MAP: P.329 C2**
鐘琴塔（Carillon）

於這座黑色花崗岩的塔樓內設有68個鈴鐺，最大的重達7.8噸。鐘琴於每天中午和晚上6點響鈴，而從5至9月，每逢週日下午3時會舉行音樂會，由鐘琴師現場演奏，遊客可前去塔下免費欣賞。（確實之舉行日期可於官網查閱）

鐘琴塔建於1987年，有達42米高。

── Info ──

地址： John-Foster-Dulles-Allee, 10557 Berlin
電話： +493085 12828
開放時間： 全年
門票： 免費
網址： www.carillon-berlin.de
前往方法：
巴士 乘坐100 號到「Platz der Republik」，再步行3分鐘。
步行 從德國國會大廈（Reichstagsgebäude）步行前往，大約8分鐘。

這座自成一角的蘆葦草屋頂房子，就是茶館餐廳和啤酒花園的所在。

Tips

優雅美妙氛圍

MAP: P.329 B2

英式花園
（Englischer Garten）

　　於大蒂爾加滕公園西北端，屬於園內安靜優美的角落，非常適合散步和享受悠閒。於1952年建成，由英式庭園設計師精心打造，前方有迷人的池塘，而後方有一個被樹木包圍的庭院，設有茶館餐廳（Teehaus im Englischen Garten Berlin）和啤酒花園，在如詩如畫的園林景觀下用美食，盡是浪漫風情。

庭院裡的樹木主要來自英國溫莎城堡的花園，充滿英式優雅。

設在旁邊的啤酒花園，同樣可享優美的庭院美景。

在此環境享受簡單一客香腸多士，也特別的舒心。

茶館餐廳主打德國料理和西式菜餚，於下午時段有多款三文治和自家製蛋糕供應。

啤酒花園供應簡餐、輕食和各種飲品，以自助形式於收銀處點餐。

來自當地的覆盆子啤酒，富有果香，清新甜美。

Info

茶館餐廳
Teehaus im Englischen Garten Berlin
營業時間：1200-2200；週日1000-2200
休息日：冬季
網址：www.teehaus-tiergarten.com
前往方法：於英式花園中的蘆葦草屋頂房子內。

英式花園 Englischer Garten
地址：Altonaer Str. 2, 10557 Berlin
開放時間：全年
前往方法：
S-Bahn 乘坐 S3、S4、S7、S9線到「Bellevue」站，再步行5分鐘。
巴士 乘坐106、100、187號到「Großer Stern」站，再步行5至8分鐘。

柏林

米特區

蒂爾加滕區

夏洛滕堡及周邊

十字山及柏林南部

柏林東部

柏林北部

柏林周邊

可行走的玻璃穹頂

MAP: P.329 D2

德國國會大廈
(Reichstagsgebäude)

原建築以古典主義風格為主，在二戰期間受毀，重建時保留了古色古香的面貌，於1999年加入了建築師諾曼・福斯特爵士（Sir Norman Foster）獨一無二的構想，就是在這座國會大廈頂部新建一個可行走的透明玻璃圓穹，遊人可沿著螺旋形路徑步上屋頂露台，於柏林半空欣賞夢幻的城市全景。而圓穹底部則是國會議事廳，在會議進行期間，遊人可從透明圓穹低頭一覽開會的實況。

看著遊人一圈一圈地沿著路徑步上圓穹頂部，帶來了視覺上的震撼。

到達平台後，整個玻璃圓穹盡入眼簾。

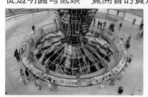

於圓穹內設有小型展覽，介紹國會大廈之歷史。

步行至圓穹最頂部的屋頂露台，可360度欣賞城市全景。

進入國會大廈前，需要通過保安檢查及出示護照作身分核對。

原來的主建築於1894建成，而舊有的頂部建築於二戰時被炸毀，後來修建的現代化玻璃圓頂，巧妙的把古今風格結合。

必須提前網上預約！
除了可「參觀玻璃圓頂」，也可參加「90分鐘國會大廈導覽遊」，了解國會運作。參觀玻璃圓頂需要最少2天前於網上預約，建議起碼提前1星期。而導覽遊因人數有限，很快額滿，於旺季更要預早至少1至2個月預約。
預約網址： www.bundestag.de/en/visittheBundestag

 提提你

━Info━

地址： Platz der Republik 1, 11011 Berlin
電話： +493022732152
開放時間： 0800-0000（必須預約才可進入）
最後進入時間： 2145
休息日： 平台＋圓穹 24/12、31/12 1600後；圓穹 於個別日子只開放平台，圓穹會關閉作維修保養，確實日期可於官網查閱
門票： 免費
網址： www.bundestag.de/en/visittheBundestag
前往方法：
巴士 乘坐100號於「Reichstag/Bundestag」站下車。
U-Bahn 乘坐U55線於「Bundestag」站下車，再步行5分鐘。
步行 從布蘭登堡門（Brandenburger Tor）步行前往，大約8分鐘。

柏林

米特區

蒂爾加騰區

夏洛滕堡及周邊

十字山及柏林南部

柏林東部

柏林北部

柏林周邊

歐洲最繁忙的廣場之一
MAP: P.329 D3

波茨坦廣場（Potsdamer Platz）

　　自1838年波茨坦車站啟用後，這裡已是歐洲最繁忙的廣場之一，全柏林第1座紅綠燈塔也曾設在此。在二戰時整個廣場被戰火夷為平地，換來一片荒涼。於東德、西德統一後，這裡迅速重建發展，並再次成為全國最繁榮的商業區。鄰近有逛不完的購物中心，包括Arkaden、Mall of Berlin等。附近設有星光大道，亦是一年一度柏林影展的主要場地。

高8.5米的紅綠燈塔，於1924年安裝在廣場上，原本需人手操控，於1926年改為自動化。原本的已被拆除，現為複製本。

於廣場上保存了一塊拆除柏林圍牆後剩下的碎片。

廣場上有關於柏林圍牆的露天展覽。

環繞著波茨坦廣場，有多座引人注目的高層商廈建築。

─ Info ─
地址：Potsdamer Platz, 10785 Berlin
開放時間：全年
網址：www.potsdamerplatz.de
前往方法：乘坐U-Bahn U2線或S-BahnS1、S2、S25線到「Potsdamer Platz」站。

未來主義建築
MAP: P.329 D3

索尼中心（Sony Center）

　　於2000年開幕，由7座建築物組成，在一個半開放式的空間設了商店、餐廳、酒店、會議中心和IMAX影院等設施。建築設計充滿未來感，亮點一定是那矚目耀眼的大型圓頂！由強化玻璃組成的扇形圓頂，從外遠觀，則呈帳篷式的半三角形，象徵著日本神聖的富士山。於晚間整個圓頂會亮起紫藍色幻變的燈效，格外迷人。

於圓頂下設有多間餐廳，光線從圓頂透入，用餐環境份外愜意。

這裡商店不算很多，遊客主要前來欣賞這獨特的建築，或於餐廳用餐。

場內設有德國電影資料館（Museum für Film und Fernsehen），展示德國電影之歷史。

高67米的帳篷式圓頂，十分壯觀，讓索尼中心成為城中最矚目的現代建築之一。

─ Info ─
地址：Potsdamer Straße 4, 10785 Berlin
開放時間：全年
前往方法：
U-Bahn 乘坐U2線到「Potsdamer Platz」站，再步行3分鐘。
S-Bahn 乘坐S1、S2、S25線到「Potsdamer Platz」站，再步行3分鐘。
巴士 乘坐200、300、M48、M85號到「Varian-Fry-Str./Potsdamer Platz」站，再步行5分鐘。

文藝匯集地

MAP: P.329 C3-D3

柏林文化廣場（Kulturforum）

位於波茨坦廣場以西，屬城中一個文化角落。自1956年以來，匯集了多間藝術博物館和音樂廳，是文青一族細味藝術的場所。於柏林樂器博物館帶有達2500多件古樂器的珍藏，而版畫素描博物館亦收藏了海量的印刷藝術品和圖畫，共達66萬張！其中多座建築採用時尚獨特設計，金光燦爛的愛樂廳更是柏林現代建築的其一典範。

（地圖來源：Staatliche Museen zu Berlin）

1 裝飾藝術博物館 Kunstgewerbemuseum
　畫廊 Gemäldegalerie
　版畫素描博物館 Kupferstichkabinett
2 柏林愛樂廳 Berliner Philharmonie
3 柏林樂器博物館 Musikinstrumenten-Museum
4 柏林國家圖書館 Staatsbibliothek zu Berlin
6 新國家美術館 Neue Nationalgalerie

─Info─

地址：Matthäikirchplatz, 10785 Berlin
開放時間：根據個別博物館而定。
網址：www.smb.museum/en/museums-institutions/kulturforum/
前往方法：
U-Bahn 乘坐U2線到「Potsdamer Platz」站，再步行10分鐘。
S-Bahn 乘坐S1、S2、S25線到「Potsdamer Platz」站，再步行10分鐘。
巴士 乘坐200號到「Philharmonie」站、或300號到「Philharmonie Süd」站。

屬城中大型文化建築群，各項展覽包含了音樂、藝術和設計等範疇。

Tips

文化廣場聯票（Ticket Kulturforum）
可於同一天參觀柏林樂器博物館、柏林樂器博物館、裝飾藝術博物館和畫廊。
票價：€18

椅子向來都是家具也是藝術品，館內展示了幾十張從19世紀至今的椅子設計。

館內展出了從巴洛克宮廷服裝到近代的時裝，讓人目不暇給。

古今時尚與設計

MAP: P.334

裝飾藝術博物館
(Kunstgewerbemuseum)

展出了從中世紀到今的歐洲工藝品，包括金銀器、衣飾、工業設計家具、玻璃藝術品、畫作等。亮點包括中世紀貴族珍品、聖物，以及文藝復興時期的彩陶作品，精心雕琢，讓人驚嘆幾百年前工匠們的精湛手藝。喜歡時尚的人，不容錯過館內的服飾展覽，陳列了眾多上幾個世紀的華麗禮服和流行衣飾。

於19世紀中葉流行的鳥籠式裙撐，支架是由鋼帶製成。

展品源自中世紀到現代，是設計和藝術愛好者吸取靈感的好地方。

─Info─

地址：Matthäikirchplatz, 10785 Berlin
電話：+4930266424242
開放時間：週二至週五 1000-1800；
　　　　　週六、週日 1100-1800
休息日：週一
門票：€8
網址：www.smb.museum/museen-einrichtungen/kunstgewerbemuseum/
前往方法：於畫廊（Gemäldegalerie）的斜角旁邊。

來一場音樂盛宴 MAP: P.334

柏林愛樂廳（Berliner Philharmonie）

Tips
1/可於網上預訂音樂會門票。
2/要注意：內部不可拍攝。

是柏林著名的音樂廳，也是「柏林愛樂樂團」的所在地。始建於1960至1963年，那金色幾何的建築外觀，十分引人注目。音樂廳由2個充滿現代感的場館組成，包括大禮堂（GroßerSaal）以及於80年代後建的室內音樂廳（Kammermusiksaal）。獨特的建築設計和出色的

金黃色建築非常耀眼，於柏林文化廣場裡發出閃亮光芒。

跟御林廣場上的柏林音樂廳（Konzerthaus Berlin）一樣，同屬城中重要的音樂廳。

音樂廳擁有獨特的帳篷式金色屋頂，被認為是現代建築之經典。

Info
地址：Herbert-von-Karajan-Straße 1, 10785 Berlin
電話：+4930254880
開放時間：可參加導賞團參觀內部；詳情可於官網查閱。
網址：www.berliner-philharmoniker.de
前往方法：乘坐巴士200號到「Philharmonie」站，即達。或巴士乘坐300號到「Philharmonie Süd」站，再步行3分鐘。

珍貴藝術收藏 MAP: P.334

畫廊（Gemäldegalerie）

是城中大型藝術博物館，收藏有達1千4百多件，主要來自13至19世紀歐洲之畫作，當中不乏珍貴名作，包括17世紀著名荷蘭畫家Vermeer的《The Glass of Wine》，以及意大利享負盛名的畫家Caravaggio以小愛神邱比特為題的《Amor Vincit Omnia》。

館內亦收藏了一些意大利文藝復興大師Sandro Botticelli的畫作。

除了長期展覽，館內另設多個大型展廳作專題展覽之用。

Info
地址：Matthäikirchplatz, 10785 Berlin
電話：+4930266424242
開放時間：週二、週三、週五至週日1000-1800；週四 1000-2000
休息日：逢週一
門票：成人 €14；18歲以下 免費
網址：www.smb.museum/museen-einrichtungen/gemaeldegalerie/
前往方法：於柏林文化廣場（Kulturforum）之內。

令人驚嘆的古董樂器 MAP: P.334

柏林樂器博物館（Musikinstrumenten-Museum）

跟柏林林愛樂廳只是幾步之遙，是音樂愛好者朝聖之地。收藏品包括從16至21世紀歐洲各種樂器，總共有3千多件，當中約有8百件在館內展出，其中有不少屬非常珍貴的古董樂器，例如古鍵琴和19世紀初的大型管風琴。

Tips
音樂會
博物館不定期會舉辦各種音樂會，有些可憑當天博物館門票免費入場，詳情可於官網查閱。

這裡每一件古董樂器，都是非常珍貴的藝術品。

樓高2層，內裝雅緻寬敞，於地下低層設有餐廳。

Info
地址：Ben-Gurion-Straße, 10785 Berlin
電話：+493025481178
開放時間：
週二、週三、週五 0900-1700；週四 0900-2000；週六、週日1000-1700
休息日：逢週一
門票：€6；18歲以下 免費
網址：www.simpk.de
前往方法：於索尼中心（Sony Center）和柏林愛樂廳（Berliner Philharmonie）之間，步行各需3-4分鐘。

米特區・蒂爾加滕區・夏洛滕堡及周邊・十字山及柏林南部・柏林東部・柏林北部・柏林周邊

在這裡可遠眺多座城中著名地標，包括柏林電視塔、柏林大教堂、國會大廈等。

可俯瞰對面的索尼中心，以及紅色的柏林星光大道。

於24樓的觀景台上設有展版，詳述了波茨坦廣場戰時被毀的情況。

飽覽城市美景
科爾霍夫塔
（Panoramapunkt）

這個雙層全景觀景台，其中一層是露天形式，而另一層則是有蓋的。

　　位於波茨坦廣場上的考洛夫塔（Kollhoff Tower）之頂層，建築物設有歐洲最快的電梯，以每秒8.65米的速度升降，乘客只需20秒就能抵達位於24和25樓的觀景台，飽覽城市全景。在這裡除了可於100米的高空，欣賞城中不同的地標，亦另設有小型展覽，詳述波茨坦廣場的歷史。於觀景台旁邊設有Panoramacafé全景咖啡館。 **MAP: P.329 D3**

觀景台設在繁華的波茨坦廣場上。

Info

地址： Kollhoff Tower, Potsdamer Platz 1, 10785 Berlin
電話： +493025937080
開放時間：
觀景台 夏季 1100-1900、冬季 1100-1800
Panoramacafé 夏季 1100-1900、冬季 1100-1700
最後進入： 關門前30分鐘
門票： 成人€9、學生€7
網址： www.panoramapunkt.de
前往方法：
S-Bahn 乘坐S1、S2、S25、S26線到「Potsdamer Platz」站，再步行2分鐘。
U-Bahn 乘坐U2線到「Potsdamer Platz」站，再步行4分鐘。
巴士 乘坐200、300、M48、M85號到「Varian-Fry-Str./Potsdamer Platz」站，即達。

呈現波浪感的設計
蚌殼屋
MAP: P.329 C3
（Shell-Haus）

呈波浪的外牆設計充滿動感，是現代主義的典範，自1958年起此大樓成為受保護建築。

　　柏林被譽為「設計之都」，城中有不少獨一無二的建築設計。這座「蚌殼屋」是於1930至1932年建造的辦公大樓，樓高介乎於5至10層之間，是城中採用鋼骨架結構的首批建築之一。設計以柔美的波浪曲線為亮點，從不同角度會呈現不同的視覺效果，屬城中最優美的藝術建築之一。

包括窗戶在內，建築物的拐角都是呈圓形。

建築物名字來自同名的石油公司，當初用作其公司的新辦公樓。

Info

地址： Reichpietschufer 60-62, 10785 Berlin
開放時間： 內部不向公眾開放。
前往方法：
巴士 乘坐M29號於「Gedenkstätte Dt. Widerstand (Berlin)」下車即達。
步行 從柏林文化廣場（Kulturforum）步行前往，約5分鐘。

甜美誘人的蛋糕香

MAP: P.329 A1

Konditorei Buchwald

於1852年始業，是城中最古老的糕點店。店中名物「年輪蛋糕」（Baumkuchen）以家傳獨門秘方烘焙，口味源自百年前之傳統。除了年輪蛋糕，還有多款自家製蛋糕以供選擇，例如肉桂蘋果蛋糕、黑森林蛋糕、水果蛋糕、檸檬奶油蛋糕等。內部裝潢充滿懷舊風，讓人感到就在德國老奶奶的家中享用甜點。

古舊的木地板，配以條紋牆紙和通花窗簾，滿滿的懷舊風。

粉紅色系櫻桃奶油蛋糕，賣相吸引，海綿蛋糕配以果醬餡料，口感柔軟不太甜。

年輪蛋糕屬店家的特色招牌，其他自家製蛋糕也很吸引，款式天天不同。

糕點店坐落在一座優雅的房子之內。

---Info---
地址： Bartningallee 29, 10557 Berlin
電話： +493039l5931
營業時間： 1100-1800
消費： 大約€15-20/位
網址： www.konditorei-buchwald.de
前往方法： 乘坐S-Bahn S3、S4、S7、S9線到「Bellevue」站，再步行2分鐘。

型格美食市場

MAP: P.329 B1

阿米紐斯市場大廳
（Arminiusmarkthalle）

就像時光倒流，讓人覺得回到了昔日的市場大廳！於1891年開業，坐落在一座質樸的紅磚建築之內，別具古典韻味。一踏進去，卻驚喜地發現內在佈置極具特色，選用了眾多款式不一的家具，看似隨意卻是精心安排，營造了一個型格的美食空間。除了新鮮食材，這裡設有各式美食攤檔，從簡單經濟的街頭小吃到價位較高的餐館料理都有。

這座古雅純樸的紅磚市場大廳，現為一座受保護建築。

大廳樓底極高，人流不算多，滿有悠閒的氛圍。

這裡的美食攤檔不算太多，但各具特色，是一個適合遊客和本地人光顧的地方。

場內以眾多復古家具作裝飾，精心打造一個富生活氣息的美食空間。

---Info---
地址： Arminiusstraße 2-4, 10551 Berlin
電話： +4915115307908
營業時間： 0800-2200
休息日： 週日
網址： arminiusmarkthalle.com
前往方法： 乘坐U-Bahn U9線到「Turmstraße」站，再步行4分鐘。

瑰麗優雅

夏洛滕堡及周邊
Charlottenburg

　　始由18世紀這一帶被建成典雅迷人的地段，區上有不少氣派非凡的別墅，優美瑰麗的夏洛滕堡宮更是靈氣所在。於二戰後德國分裂期間，這裡是西柏林市中心，選帝侯大街和陶恩沁恩大街高速發展成繁盛的商業購物區，至今遊人絡繹不絕。而因二戰損毀了的威廉皇帝紀念教堂，殘破地聳立在區中最熱鬧的大街上。繁華背後，戰爭所帶來的傷痛記憶永在。

交通

選帝侯大街
U-Bahn：乘坐U1、U9線到「Kurfürstendamm」站或U1線到「Uhlandstraße」站。
巴士：乘坐M19、M29、109、110號到「Uhlandstraße」站。

夏洛滕堡
巴士：乘坐309、M45號到「Schloss Charlottenburg」站。

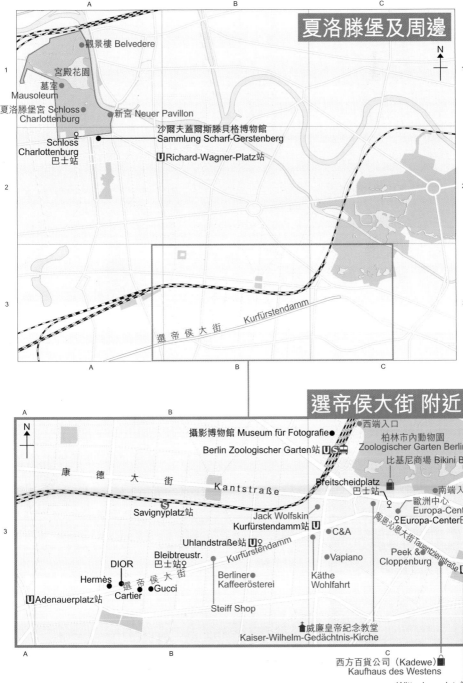

金色基督雕像懸掛在新教堂主祭壇上方。如在晴朗的日子參觀，陽光照射入彩藍色玻璃，反照出藍色光芒，份外亮眼。

深藍色閃耀光芒

MAP: P.339 C3

威廉皇帝紀念教堂
（Kaiser-Wilhelm-Gedächtnis-Kirche）

在一座於二戰中被毀的舊教堂旁邊，加建了滿有現代感的八角形教堂和六角鐘樓，組成了這座具有警世意義地標建築！新羅馬式的舊教堂於1895年落成，當年是為了紀念德意志帝國首任皇帝威廉一世而建，於二戰期間塔頂被炸毀，只剩下塔身和部分內殿，期後決定保留破損的原貌，讓人反思戰爭的禍害。而旁邊呈八角的新教堂於1961年建成，外觀簡潔，門一打開，閃耀藍光照亮整個內殿，營造了一股莊嚴沉穩的氣氛。

紀念教堂由3座建築物組成，包括破損的舊教堂塔身，以及八角形新教堂和後方的六角鐘樓。

新教堂的外牆由超過3萬塊小型玻璃窗組成，除了不同深淺的藍，也有寶石紅、亮黃色等色調。

舊堂內殿天花上的馬賽克裝飾倖存至今，十分亮眼精緻。

於舊教堂設有小型展覽，介紹教堂歷史和新教堂之建造過程。

舊教堂的尖塔頂端於二戰空襲時被炸斷，就是現在看到的模樣。

這座殘存的紀念教堂，是柏林西部最著名的地標，也是全城最重要的教堂之一。

━Info━

地址：Breitscheidplatz, 10789 Berlin
電話：+4930 2185023
開放時間：0900-1900（於宗教活動進行期間，不可參觀）
門票：免費進入
網址：gedaechtniskirche-berlin.de
前往方法：
U-Bahn 乘坐 U1、U9線到「Kurfürstendamm」站，再步行4分鐘。
巴士 乘坐M19、M29、M46號到「Europa-Center」站，再步行2分鐘。

在頂樓的美食廣場設有大型玻璃，於靠窗位置可欣賞城市美景。

柏林

米特區
蒂爾加滕區
夏洛滕堡及周邊
十字山及柏林南部
柏林東部
柏林北部
柏林周邊

傳承百年歷史之優雅

MAP: P.339 C3

西方百貨公司
（Kaufhaus des Westens）

KaDeWe坐落在一座宏偉的古典建築內，別具氣派。

位於陶恩沁恩大街上，簡稱為「卡迪威」（KaDeWe）是柏林最著名的百貨公司之一。樓高7層，主要走高格調路線，匯集了眾多高檔和國際名牌服飾與商品，自1907年開業以來，一直受到當地人的擁戴。焦點是設於6樓和7樓的美食廣場、咖啡廳、酒吧、超市和餐室，除了設有時尚優雅的用餐區外，客人還可透過大型玻璃穹頂，一邊享用美食，一邊欣賞柏林城市全景。

在7樓的自助餐區「Le Buffet」，無論主菜、配菜、甜點、飲品都選擇豐富，讓客人自行取餐，然後按所選的種類和份量作收費。

店內設有柏林熊「Buddy Bear Berlin」的精品專櫃，出售由藝術家設計的柏林熊擺設，尺碼和款式都有很多。

是歐洲最大的百貨公司之一，佔地超過6萬平方米。

店內設有多個國際高端品牌專櫃，包括有Chanel、Christian Dior、Louis Vuitton、Chloé等。

杯裝甜點賣相十分吸引。

這款以鐵路路線圖作設計的柏林熊，很有當地特色。

Info

地址： Tauentzienstraße 21-24, 10789 Berlin
電話： +493021210
營業時間： 1000-2000；週五1000-2100；美食廣場及餐室營業至2200或凌晨
休息日： 逢週日
網址： www.kadewe.de
前往方法：
巴士 乘坐M19、M29、M46號到「Europa-Center」站，再步行5分鐘。
U-Bahn 乘坐U1、U2、U3線到「Wittenbergplatz」站，再步行3分鐘。

柏林西部的購物大道
選帝侯大街
（Kurfürstendamm）

是城中最人氣的購物地段，總長有3.5公里，從威廉皇帝紀念教堂開始一直延伸至柏林西區別墅區。始建於1542年，最初是一條馬道，後來在1886年改建為高尚住宅區的林蔭大道，在二戰後發展為商業購物大街，開設了各式各樣的商店和餐廳，從大眾化服飾品牌到華麗高端的名牌專賣店都一應俱全。 **MAP: P.339 A3-C3**

大街的中後段屬於名店區，在街道中央位置（Gucci店舖外）設有一個柏林熊打咭位。

柏林熊大部分都是雙腳站著的，而在德國商業銀行Commerzbank門外，則有一對黑白柏林熊是四腳著地的。（地址：Kurfürstendamm 59）

▬Info▬

地址：Kurfürstendamm, 10707 Berlin
前往方法：
U-Bahn
街頭 乘坐U1、U9線到「Kurfürstendamm」站。
中段 乘坐U1線到「Uhlandstraße」站。
街尾 乘坐U7線「Adenauerplatz」站。
巴士
中段或中後段 乘坐M19、M29、109、110號到「Uhlandstraße」站或「Bleibtreustr.」站。

街上匯集了優雅的房子和商店，這裡昔日是文人聚集之地，附近開滿劇院和咖啡館。

非常寬敞的購物大道，沿著行人路設滿了玻璃櫥窗，展示店家的熱賣商品。

貨品擺放十分整齊，逛起來也很舒適。

大眾化服飾
C&A

MAP: P.339 C3

始創於1841年的歐洲服飾零售店，全球分店有達1500多間，在德國許多地方都設有大型專賣店，於當地十分人氣！店舖主要銷售「價廉物美」的休閒服。女裝、男裝、童裝和嬰兒系列都一應俱全！

黑白格仔女裝布鞋，簡約易襯。

這一間專賣店規模超大，佔了整座建築物的多個樓層。

童裝選擇有很多，也有一些著名卡通人物的款式。

▬Info▬

地址：Kurfürstendamm 227-229, 10719 Berlin
電話：+4930887040
營業時間：1000-2000
休息日：逢週日
網址：www.c-and-a.com
前往方法：
U-Bahn 乘坐U1、U9線到「Kurfürstendamm」站，再步行1分鐘。

柏林

米特區

蒂爾加騰區

夏洛滕堡及周邊

十字山及柏林南部

柏林東部

柏林北部

柏林周邊

這間分店有達8千件商品以供選購，櫥窗也裝飾得美輪美奐。

店內不可拍攝，但遊客可跟門外那真人大小的胡桃夾子留影。

在這裡可以找到很多關於聖誕的裝飾品和禮品。

聖誕精品及手工藝品專賣店　MAP: P.339 C3
Käthe Wohlfahrt

　　聞名整個歐洲的聖誕精品專賣店，天天營業，於全國多個大城市都設有分店。於選帝候大街上的這一間，有如夢幻般的內部裝飾，一座充滿節日氣氛的聖誕塔由地下層伸延到1樓，帶人進入歡樂的時光。店內出售多不勝數的聖誕小掛飾、胡桃夾子、音樂盒、咕咕鐘、啤酒杯、薰香木等，讓人目不暇給。

裡面出售不計其數的聖誕精品，全年任何時間都很有節日氣氛。

另外也有販售一些充滿當地特色的小擺設。

穿上了傳統服飾的服務生，正拿著啤酒和德國香腸！這小擺設手工精美，造型可愛。

Info

地址：Kurfürstendamm 225-226, 10719 Berlin
電話：+498004090150
營業時間：週一至週六 1000-1800；週日 1300-1800
網址：www.kaethe-wohlfahrt.com
前往方法：乘坐U-Bahn U1、U9線到「Kurfürstendamm」站，再步行1分鐘。

品牌亦很重視用料安全，保證不含有害物質。

MAP: P.339 B3
國民泰迪熊
Steiff Shop

　　有超過120年歷史的德國泰迪熊品牌Steiff，是當地深入民心的品牌，所有毛公仔都是人手製作，其中Teddy Bear的款式特多，每款都有不同的名字，造型可愛！另外亦有珍貴限量版和復刻版，以及各款動物毛公仔。

毛公仔耳朵都扣上了金色標籤，表示是純手工製作品。

在德國各地設有多間分店。

Info

地址：Kurfürstendamm 40/41, 10719 Berlin
電話：+493088625006
營業時間：1000-1900；週六 1000-1800
休息日：逢週日
網址：www.steiff.com
前往方法：乘坐巴士109、110號到「Bleibtreustr.」站，再步行1分鐘。

於地下層中央位置，設有約20間以木框建成的小店，是新一代設計師展示新時尚商品的地方。

商場就在威廉皇帝紀念教堂（Kaiser-Wilhelm-Gedächtnis-Kirche）的後方。

地下層設有來自法國的百年經典花茶Kusmi Tea專賣店。

以柏林地鐵站站牌作設計的馬克杯，是型格紀念品之選，於Promobo內有售。

猶如城中綠洲

MAP: P.339 C3

比基尼商場（Bikini Berlin）

是城中第一個概念購物中心，把時尚、美食和設計融合，打造一個城中綠洲。樓高3層，空間感大且非常好逛。店舖大約有60多間，包括Edeka超級市場以及多間環境優美的食店，還特別匯集了一些本地品牌，在場內開設期間限定的原創精品店。另外，走到商場的屋頂露台，於清幽的花園俯瞰對面的動物園，遠看園中的猴子。

在屋頂花園坐坐休息，購物之餘還可呼吸一下新鮮空氣。

Promobo禮品店販售很多具創意的設計商品，包括文具、配飾和家居用品。

―Info―

地址：Budapester Str. 38-50, 10787 Berlin
電話：+493055496455
營業時間：1000-2000
休息日：逢週日
網址：www.bikiniberlin.de
前往方法：
巴士 乘坐100、200號到「Breitscheidplatz」站，再步行5分鐘。
U-Bahn 乘坐U2、U9線到「Zoologischer Garten」站，再步行5分鐘。
步行 乘坐S3、S5、S7、S9線到「Zoologischer Garten」站，再步行5分鐘。

親子之選

MAP: P.339 C3

柏林市內動物園
(Zoologischer Garten Berlin)

Tips
於市中心外圍設有另一間規模龐大的動物園。（詳細介紹見 P.369）

於1844年開幕，是全德國最古老的動物園，園內飼養了近1千4百種動物，有大猩猩、北極熊、企鵝、河馬、大熊貓等，佔地33公頃，就在市中心內，位置便利，旁邊另設水族館，是親子旅行好去處。

每天也設有定時餵食和動物表演。

於園區南端的入口，以2隻大象雕塑作裝飾，是1899年的設計。

園區內建有充滿中華風格的庭園。

―Info―

地址：Hardenbergplatz 8, 10787 Berlin
電話：+4930254010
開放時間：夏季0900-1830；冬季0900-1630
門票：動物園 成人€17.5、學生€12；動物園＋水族館 成人€23.5、學生€17
網址：www.zoo-berlin.de
前往方法：
南端入口
巴士 乘坐100、200號到「Breitscheidplatz」站，再步行3分鐘。
西端入口
U-Bahn 乘坐U2、U9線到「Zoologischer Garten」站，即達。
步行 乘坐S3、S5、S7、S9線到「Zoologischer Garten」站，即達。

繁忙購物地段
陶恩沁恩大街
（Tauentzienstraße）

MAP: P.339 C3

連接選帝侯大街，同樣是柏林西部人氣的購物地段。街道不是很長，除了著名的西方百貨公司，沿路也開滿了一些服飾品牌連鎖店，包括UNIQLO、Foot Locker等。於1987年柏林建成750週年之際，在大街中央位置放置了1座金屬雕塑，造型就像一條斷鏈，象徵著當年城市分為了兩半，為西柏林和東柏林。

源自德國的耳機和咪高峰品牌Sennheiser，也有在此設店。

Reserved女裝款式時尚，價格也屬大眾化。

這座帶有歷史意義的雕塑，是昔日西柏林重要地標之一。

―Info―
地址：Tauentzienstraße, 10789 Berlin
前往方法：
巴士 乘坐M19、M29、M46號到「Europa-Center」站，即達。
U-Bahn 乘坐U1、U2、U3線到「Wittenbergplatz」站，再向西北方向步行。

人氣服裝百貨
Peek & Cloppenburg

MAP: P.339 C3

是當地著名服裝百貨公司，已經營了逾百年光景，十分深入民心，於德國有達80多間分店。這裡匯聚了眾多中高價位優雅服裝品牌，包括Burberry、Marc Jacobs和Paul Smith等。於陶恩沁恩大街的這一間，設有6個樓層，除了男、女裝服飾，也設有童裝部門。

屬德國國內5大服飾百貨之一。

大部分女裝款式，風格都趨向時尚優雅。

男士服裝選擇也有很多。

―Info―
地址：Tauentzienstraße 19, 10789 Berlin
電話：+493033847243
營業時間：1000-2000
休息日：逢週日
網址：www.peek-und-cloppenburg.de
前往方法：乘坐U-Bahn U1、U2、U3線到「Wittenbergplatz」站，再步行3分鐘。

歷史悠久的購物中心
歐洲中心
（Europa-Center）

MAP: P.339 C3

於1962年開業，是昔日西柏林最古老的購物中心。這裡開設了約70家店舖和餐廳，另設有柏林官方旅遊服務中心。商場內裝比較舊式，當中最矚目的是設於中庭位置、有達3層樓高的巨型水鐘。

Tips
水鐘（Clock of Flowing Time）
由法國藝術家Bernard Gitton於1982年設計，以每12小時為1個週期，利用流動中的綠色液體填充玻璃球來顯示時間。於凌晨1時和下午1時前，整個系統會被排空，然後再次開始循環週期。

屬於老牌商場，熱門店舖有Hunkemöller內衣店、WMF廚房用品專賣店等。

―Info―
地址：Tauentzienstraße 9-12, 10789 Berlin
電話：+493026497940
營業時間：1000-2000
休息日：逢週日
網址：europa-center-berlin.de
前往方法：
巴士 乘坐100、200號到「Breitscheidplatz」站，可達商場的後門。
步行 於威廉皇帝紀念教堂（Kaiser-Wilhelm-Gedächtnis-Kirche）的旁邊，步行前往約5分鐘。

懷舊咖啡香氣

MAP: P.339 B3

Berliner Kaffeerösterei

　　一走進去，咖啡香氣撲鼻而來！這是一間老式傳統咖啡館，咖啡豆都是在店內的烘豆機中烘焙出來，然後經過天花上那管子，直接運到咖啡師的吧枱上。店內陳設懷舊，古樸的木質家具和桌椅帶出優雅感，在此享受一杯咖啡和自家製蛋糕，別有一番風味。咖啡館旁邊設有店舖，販售咖啡豆、糖果和特色食材。

店內有2整排的咖啡豆可挑選買回家，分別有來自埃塞俄比亞、哥倫比亞等地。

跟咖啡店相連的店舖，販賣來自世界各地的咖啡豆、有朱古力、糖果、果醬、茶葉等。

手工朱古力口味選擇多，熱情果白朱古力球、綠茶松露朱古力也很吸引。

自家製蛋糕賣相精緻，約有10多款作選擇。€6.1

Info
地址：Uhlandstraße 173/174, 10719 Berlin
電話：+493088677920
營業時間：0900-2000；假日1000-1900
網址：www.berliner-kaffeeroesterei.de
前往方法：乘坐U-Bahn U1線到「Uhlandstraße」站，再步行3分鐘。

意國美食
MAP: P.339 C3

Vapiano

　　當地著名意大利料理連鎖餐廳，於全國設有多間分店。店舖設計展現優雅簡約風格，環境舒適。美食選擇挺多，除了經典意式薄餅和各款意粉，也有供應沙律、意大利飯和甜點，當中也有一些為素食者而設的餐點。

這是一間很受當地人歡迎的餐廳。

餐廳以自助形式點餐、取餐，然後坐下來慢享。

Info
地址：Augsburger Str. 43, 10789 Berlin
電話：+493088714195
營業時間：1130-2200；週五、週六1100-2300
消費：大約€20-30/位
網址：www.vapiano.de
前往方法：U-Bahn 乘坐U1、U9線到「Kurfürstendamm」站，向南步行2分鐘。

著名戶外用品品牌

Jack Wolfskin

　　源自德國的著名戶外休閒服飾品牌，分店遍佈全國大小城市，於香港和亞洲等地也有代理和銷售點。除了各種休閒衣物，爬山鞋、風衣和專業的登山用品也是長期熱賣品。於這間大型專賣店，款式更多更齊備。

MAP: P.339 C3

女裝運動鞋，款式沉實，輕盈舒適。€99.95

容量30L的戶外型背包，品質與外型都算不錯。

Info
地址：Joachimsthaler Str. 5-6, 10623 Berlin
電話：+49 30 88624921
營業時間：1000-2000
休息日：週日
網址：www.jack-wolfskin.de
前往方法：從威廉皇帝紀念教堂（Kaiser-Wilhelm-Gedächtnis-Kirche）向西步行，大約5分鐘。

現為柏林市中心最宏偉的巴洛克式宮殿。夏洛特王后於1705年離世後，宮殿及這一區段都以她的名字來命名，以作紀念。

米特區

蒂爾加騰區

夏洛滕堡及周邊

十字山及柏林南部

柏林東部

柏林北部

柏林周邊

普魯士王室夏宮

MAP: P.339 A1-A2

夏洛滕堡宮
（Schloss Charlottenburg）

於1701年至1918年間，北德大部分地區（包括柏林）是由普魯士王國（Kingdom of Prussia）統治。

提提你

　　始建於1665年，是當時選帝侯腓特烈三世之妻子索菲·夏洛特（Sophia Charlotte）所屬的夏宮。於1701年，腓特烈三世升格為首任普魯士國王，並把這裡進行擴建。宮內現保留了當時的家具擺設，其中於舊宮的「Porzellankabinett」瓷器廳置滿了中國青花瓷器收藏品，絕對是亮點所在。而於新翼的白廳和黃金畫廊，充滿瑰麗的洛可風格。遊人也可在花園裡的橘園咖啡廳偷閒一下，又可參加宮殿中的古典音樂會，優雅地欣賞音樂。

於舊宮內的「Porzellankabinett」瓷器廳，價值連城的瓷器配以金碧輝煌的內裝，極盡華麗。

Tips

宮殿古典音樂會
不定期於橘園舉行音樂會和晚宴，演出者都穿上巴洛克風格的禮服，讓人感到走進了昔日的普魯士華麗宮廷。
網址：www.residenzkonzerte.berlin

舊宮內富麗堂皇，大部分大廳和房間都保留了原來的裝潢。

Info

地址：Spandauer Damm 10-22, 14059 Berlin
電話：+4930320911
開放時間：

	宮殿花園	舊宮 Old Palace	新翼 New Wing	新宮 New Pavilion	Das Belvedere, 陵墓 Mausoleum
4-10月	0800-日落	1000-1730	0900-1730	1300-1730	1000-1730
11-3月	0800-日落	1000-1630	1000-1630	1300-1600	不開放

休息日：逢週一
門票：宮殿花園 免費；舊宮或新翼 €12；全票（舊宮＋新翼＋新宮＋Das Belvedere＋陵墓）成人€19、家庭票（最多2大4小）€25
網址：www.spsg.de/en/palaces-gardens/object/charlottenburg-palace-old-palace/
前往方法：
巴士 乘坐309、M45號到「Schloss Charlottenburg」站，即達。
U-Bahn 乘坐U7線到「Richard-Wagner-Platz」站，再步行10分鐘。

柏林

米特區

蒂爾加滕區

夏洛滕堡及周邊

十字山及柏林南部

柏林東部

柏林北部

柏林周邊

於花園的西北端，有一座19世紀小型宮殿「Das Belvedere」，當時用作「茶館」，現為一間茶具收藏館。

優美的英式宮殿花園免費開放，很適合來散散步。

花園內設有皇家陵墓，是普魯士國王和皇室貴族的埋葬之地。

建於1825年間的新宮，主要展出一些19世紀初期的畫作。

細看之下，古典三角琴亦帶有中式元素！琴上畫滿了中國女子當時的生活情境。

展廳裡收藏了眾多18-19世紀陶瓷茶具。這茶具套裝的圖案以意大利風景為題，十分精緻。

宮殿花園裡設有環境優美的橘園咖啡廳，面對著園林景致，讓人放鬆。

瓷器廳是亮點所在！歐式宮殿房間完美融入了中式元素。

米特區

蒂爾加騰區

夏洛滕堡及周邊

十字山及柏林南部

柏林東部

柏林北部

柏林周邊

昔日西柏林邊境

十字山及柏林南部

Kreuzberg

🚌 **交通**

前往 查理檢查哨
U-Bahn：
乘坐U6線到「Kochstr.」站。

前往 德國科技博物館
S-Bahn：
乘坐U1、U2、U3線到
「Gleisdreieck」站。

前往 恐怖地形圖紀念館
步行：
乘坐S1、S2、S25、S26線到
「Anhalter Bahnhof」站。

　　於市中心米特區的南端，在冷戰時期屬於西柏林的邊境地帶，於80年代開始成為了藝術家、學生和土耳其裔人聚居之地，周圍開設了許多充滿異國風情的餐館和商店，也是柏林夜生活中心之一。而跟米特區連接的十字山北端，設有歐洲最大型的科技館－「德國科技博物館」，這裡附近也是昔日邊境檢查站「查理檢查哨」以及記錄了納粹黨惡行的「恐怖地形圖紀念館」之所在，是遊人探討當地歷史之地。

米特區

蒂爾加騰區

夏洛滕堡及周邊

十字山及柏林南部

柏林東部

柏林北部

柏林周邊

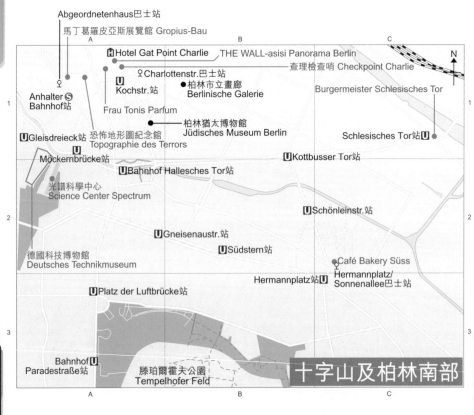

Abgeordnetenhaus巴士站

馬丁葛羅皮亞斯展覽館 Gropius-Bau

Hotel Gat Point Charlie

THE WALL-asisi Panorama Berlin

查理檢查哨 Checkpoint Charlie

♀Charlottenstr.巴士站

Kochstr.站

柏林市立畫廊
Berlinische Galerie

Burgermeister Schlesisches Tor

Anhalter Ⓢ
Bahnhof站

Frau Tonis Parfum

柏林猶太博物館
Jüdisches Museum Berlin

Schlesisches Tor站Ⓤ

Gleisdreieck站

恐怖地形圖紀念館
Topographie des Terrors

Möckernbrücke站

Kottbusser Tor站

Bahnhof Hallesches Tor站

光譜科學中心
Science Center Spectrum

Schönleinstr.站

Gneisenaustr.站

Südstern站

德國科技博物館
Deutsches Technikmuseum

Café Bakery Süss

Platz der Luftbrücke站

Hermannplatz站Ⓤ

Hermannplatz/
Sonnenallee巴士站

Bahnhof Ⓤ
Paradestraße站

滕珀爾霍夫公園
Tempelhofer Feld

十字山及柏林南部

充滿歷史意義

查理檢查哨
(Checkpoint Charlie)

Tips

名稱的由來
這個檢查站是盟軍於柏林及其周邊地區設立的第3個檢查站，根據北約音標字母（A＝Alpha；B＝Bravo；C＝Charlie）的排位，因而叫作Checkpoint Charlie，而並非有Charlie這個人物。

MAP: P.350 A1

在冷戰期間於東、西柏林邊界上的過境檢查站。於1961年開始運作，昔日只有盟軍軍事人員、蘇聯軍事聯絡人員、外交人員和外國訪客才可允許通過，多年來有不少東德人經由這裡試圖逃往西德。檢查站於柏林圍牆倒塌後停用及被拆除，後來按原貌重建，並成為了柏林重要旅遊景點之一。

正前方有2個方向掛上了美國和蘇聯士兵的照片，另有大型告示牌，以4國語言（英、俄、德、法）寫上：「您即將離開美國佔領區」。

檢查站前經常有穿著軍服的扮演者與遊客合照，拍照是需收費的。

Info

地址：Friedrichstraße 43-45, 10117 Berlin
開放時間：全年
前往方法：
U-Bahn 乘坐U6線到「Kochstr.」站，再步行1分鐘。
巴士 乘坐M29號到「Charlottenstr.」站，再步行3分鐘。

展覽非常大型，透徹地展示納粹過往之恐怖事蹟，真確殘酷的歷史展現眼前，觸動人心。

展板都以德、英雙語作深入解說，是瞭解二戰時期納粹歷史的地方。

揭露納粹時期的黑暗事蹟 MAP: P.350 A1

恐怖地形圖紀念館
(Topographie des Terrors)

坐落在蓋世太保國家秘密警察總部的舊址，設有露天和室內2個展區，展示了過去納粹德國於二戰前的恐怖過往，以文字配以大量歷史照片作深入解說，詳細記錄了於1933至1945年期間納粹德國之崛起到衰落、秘密警察和黨衛軍的黑暗事蹟，以及納粹黨迫害猶太人的恐怖歷史，讓人深深體會到極權統治和戰爭所帶來的沉重，令人反思。

於館內柏林圍牆遺跡之前方，設有露天展區。

紀念館的所在位置是國家秘密警察總部舊址，展現中這照片展示了昔日總部的模樣。

圍著紀念館設有一排破了洞的柏林圍牆遺跡，別具歷史意義。

─Info─

地址：Niederkirchnerstraße 8, 10963 Berlin
電話：+493025450950
開放時間：1000-2000
休息日：24/12、31/12、1/1
門票：免費
網址：www.topographie.de
前往方法：
U-Bahn 乘坐U6線到「Kochstr.」站，再步行6-8分鐘。
巴士 乘坐M41號到「Abgeordnetenhaus」站，再步行5分鐘。
S-Bahn 乘坐S1、S2、S25、S26線到「Anhalter Bahnhof」站，再步行8分鐘。

當代藝術展覽之地 MAP: P.350 A1

馬丁葛羅皮亞斯展覽館
(Gropius-Bau)

始建於1877年，以意大利新文藝復興時期風格建造，初時是一所應用藝術博物館和美術學院，後來於第二次世界大戰期間受了嚴重破壞，於70年代逐漸以原貌翻新，現為一所當代藝術展覽場地，舉辦眾多國際性短期展覽。

坐落在一座古樸典雅的建築物內，擁有宏偉氣派。

外牆有精緻的馬賽克鑲嵌壁畫。

除了藝術展覽，這裡也是一些音樂活動的舉辦地點。

─Info─

地址：Niederkirchnerstraße 7, 10963 Berlin
電話：+4930254860
開放時間：週一、週三至週五1100-1900；
　　　　　週六、週日1000-1900
最後售票：關門前半小時
休息日：逢週二
門票：因應個別展覽而定
網址：www.berlinerfestspiele.de
前往方法：於恐怖地形圖紀念館（Topography of Terror）的旁邊。

米特區

蒂爾加滕區

夏洛滕堡區及周邊

十字山及柏林南部

柏林東部

柏林北部

柏林周邊

於正門入口抬頭一看，就可看到懸掛在天台上被稱為「葡萄乾轟炸機」的「Douglas C-47B」運輸機，非常矚目。

探索昔日海陸空科技

MAP: P.350 A1-A2

德國科技博物館
(Deutsches Technikmuseum)

　　屬於歐洲規模最大的科技博物館之一。一踏進去，就像穿越時空走進了昔日的科技世界，於多個大型展館欣賞眾多歷史悠久的飛機、輪船、火車和汽車，讓人從中了解海陸空科技的演進。整個博物館佔地2萬6千平方米，設有19個不同範疇的永久展覽，除了昔日海陸空科技，還有以印刷技術、珠寶生產、電影技術、化學等主題之展覽。要走畢全館慢慢探索，絕對需要大半天時間。

提提你

「葡萄乾轟炸機」對於柏林有重要的歷史象徵

於二戰後1948至1949年期間，為了限制商品和物資從東德流向西柏林，蘇聯佔領區對西柏林進行封鎖，所有商品無法經由道路或鐵路送達，英美盟軍利用這款轟炸機，為西柏林提供了糧食補給和必需品。

航天館 Luft- und Raumfahrt

於主座大樓內的航天館展出了超過40架不同類型的舊式飛機，讓訪客可以近距離欣賞。

—Info—

地址：Trebbiner Str. 9, 10963 Berlin
電話：+4930902540
開放時間：週二至週五 0900-1730；
　　　　　　週六及假日 1000-1800

最後進入：1630
休息日：逢週一、24/12、25/12、31/12、1/5
門票：成人€8；學生€4；18歲以下 免費
網址：technikmuseum.berlin
前往方法：
U-Bahn 乘坐U1、U2、U3線到
　　　　「Gleisdreieck」站或乘坐U1、U3、
　　　　U7線「Möckernbrücke」站，
　　　　再步行5分鐘。
S-Bahn 乘坐S1、S2、S25、S26線到
　　　　「Anhalter Bahnhof」站，
　　　　再步行8分鐘。

航運館 Schifffahrt

於樓高3層的大型展館，展示了昔日的輪船、帆船、潛水艇和划艇等，以及一些非常精緻的船模型。

還可一睹1944年德國製的一人微型潛水艇，於二戰期間用作軍事行動。

鐵路館 Eisenbahn

於昔日鐵路貨場內展出了不同年代的火車，從舊式蒸氣火車到現代化火車都有，部分還展示了車廂內部。

這架建於1888年的威廉二世專用皇家火車，是館內亮點之一。

遊人可以透過玻璃窗一看皇家火車內華麗的裝潢佈置。

於希特拉時期用來運載猶太人往集中營的木頭火車，整個車廂沒有座位，只有一線小窗，讓人聯想起當時令人心酸的情景。

皇家火車內的洗手盆，原來是藏在一個櫃子裡。

光譜科學中心
（Science Center Spectrum）

在主座大樓旁邊的長型展館「光譜科學中心」，設有道路交通館（Straßenverkehr）和一些互動區。

道路交通館內展出了為數不少的汽車款式，是懷舊車迷必逛之地。

其他亮點

於正館入口旁邊的博物館餐廳「Restaurant Anhalt」，設有優美的庭園雅座。

從火車館往戶外公園走，可看到一些舊式風車和水磨。

米特區

蒂爾加騰區

夏洛滕堡及周邊

十字山及柏林南部

柏林東部

柏林北部

柏林周邊

有達15米高的全景圖，重現了人們在冷戰時期於圍牆下的生活。

柏林圍牆之全景投影

MAP: P.350 A1

THE WALL-asisi Panorama Berlin

位於查理檢查哨（Checkpoint Charlie）轉角位置的一所圓形展覽館，由藝術家亞德加·阿西西（Yadegar Asisi）創造了一幅別具紀念意義的全景投影畫，把1980年代的柏林圍牆以1：1比例360度投射出來，重現了不再存在的城市景觀，讓人體會當時東、西柏林被圍牆隔離時人民的生活實況。

館內設有4米高的平台，訪客登上後即可能覽環型的巨大全景圖。

Tips

於博物館島旁邊的「佩加蒙全景展覽館」，設了這位藝術家的另一幅360度全景圖作品，重現了古代城鎮佩加蒙。（詳細介紹見P.293）

另設有小型展覽，以多幅歷史照片描述柏林牆倒塌前後人民的生活。

場館展覽區的牆身和地板上，畫滿了很多塗鴉，呈現了柏林城市的特色。

Info

地址：Friedrichstraße 205, 10117 Berlin
電話：+4930695808601
開放時間：1000-1800
門票：€11
網址：www.die-mauer.de
前往方法：
U-Bahn 乘坐U6線到「Kochstr.」站，再步行1分鐘。
巴士 乘坐M29號到「Charlottenstr.」站，再步行3分鐘。

柏林經典香水

MAP: P.350 A1

Frau Tonis Parfum

於2009年在柏林創立的香水品牌，無論是瓶身設計或是店舖裝飾，都以黑白簡潔為主，讓人的注意力停留在香水的本質。一系列共有36款，其中最經典包括充滿菩提樹花和蜂蜜香氣的「Linde Berlin」，以及帶有清新柑橘香的「Berlin Summer」。

以柑橘、薄荷、檸檬調配的「Berlin Summer」淡香氣，散發著柏林夏季的氣息。€45/50ml

香水迷們可參加香水工作坊，根據個人喜好創造專屬自己的香水。

帶有檀香木、佛手柑、琥珀和多種花香的「Bouquin」，香氣較濃。€80/50ml

Info

地址：Zimmerstraße 13, 10969 Berlin
電話：+493020215310
營業時間：1000-1800
休息日：逢週日
網址：www.frau-tonis-parfum.com
前往方法：乘坐U-Bahn U6線到「Kochstr./ Checkpoint Charlie」站，再步行3分鐘。

充滿奶油香的士多啤梨丹麥酥，甜美誘人。

早餐經濟之選

Café Bakery Süss

MAP: P.350 C2

　　是柏林人所熟知的咖啡麵包店，每天由清晨開始營業，供應新鮮烘培的麵包、糕點、咖啡、三文治。選擇非常豐富，其中更有不少是德國著名的傳統飽點，相當吸引。店面不算很大，但也有提供舒適的用餐區，早餐時段除了有方便外帶的飽點之外，若然想再豐富一點，也可點選各種西式早餐熱食。如果剛好在附近遊覽，這裡是享用經濟早餐或輕食的不二之選。

各式法包三文治餡料豐富，選擇很多，價格又便宜。約€2.5

這裡有多款德國傳統飽點以作選擇，天天新鮮出爐。

蘋果飽外在香脆無比，上面還有甜美的蘋果粒粒。Apfel Schnecken €1.5

於早餐時段挺人多繁忙，門外也設有少量露天用餐區。

店內座位不算很多，但也佈置得舒適雅緻。

┤Info├

地址：Sonnenallee 5, 12047 Berlin
電話：+493061288483
營業時間：0400-1900
消費：大約€3-10/位
前往方法：
U-Bahn 乘坐U7或U8線到「Hermannplatz」站，再步行3分鐘。
巴士 乘坐M29、M41、171或194號到「Hermannplatz/Sonnenallee」站，即達。

高架天橋下的漢堡飽店

Burgermeister Schlesisches Tor

MAP: P.350 C1

　　小店經常大排長龍。除了因為供應的漢堡飽價格實惠且口碑極好，更因為這裡處於高架地鐵橋底下，在此享受快餐，感覺極為地道！而這間漢堡飽店的前身更是一所老式公廁。

這裡是感受地道飲食氛圍的好地方。

於旺季前來，建議盡早來排隊。

┤Info├

地址：U1 Schlesisches Tor, Oberbaumstraße 8, 10997 Berlin
電話：+4930403645320
營業時間：1100-0200；週五、週六1100-0400
消費：大約€10-15/位
網址：burger-meister.de
前往方法：乘坐U-Bahn U1、U3線到「Schlesisches Tor」站，即達。

柏林

米特區
蒂爾加騰區
夏洛滕堡及周邊
十字山及柏林南部
柏林東部
柏林北部
柏林周邊

米特區

蒂爾加滕區

夏洛滕堡及周邊

十字山及柏林南部

柏林東部

柏林北部

柏林周邊

別具歷史意義的圍牆塗鴉

柏林東部

🚌 交通

曾是東柏林的一部分，而對岸的十字山區是昔日西柏林邊境，當年於施普雷河岸上築有柏林圍牆作為東德邊防設施，而整座圍牆長達160多公里，於1989年柏林牆倒下後，大部分圍牆都逐一被拆除，全城只有3段較長的遺蹟被存留至今，而最長的1段就是這區的「東邊畫廊」。藝術家們在原來的圍牆上畫滿充滿政治意味的塗鴉，成為了遊客來到柏林必訪的景點。

U-Bahn：
乘坐U1、U3線到
「Warschauer Str.」站。
S-Bahn：
乘坐S3、S5、S7、S9線到
「Warschauer Str.」站或
「Berlin Ostbahnhof」站。
電車：
乘坐M8、M10線到
「Warschauer Str.」站。
巴士：
乘坐165、265、300號到
「East Side Gallery」站。

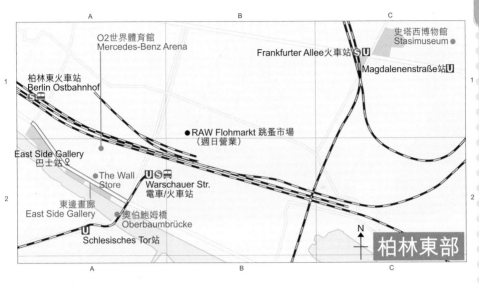

史塔西總部於1950年成立，當年委任大量秘密警察去收集情報，並對東德
人民進行竊聽和監視，以壓制管轄區內的政治異見人士。

前東德國安部門

史塔西博物館（Stasimuseum）

MAP: P.357 C1

　　位於前東德國家安全總部（通稱：Stasi；譯作：史塔西）內，透過展覽讓人了解昔日蘇聯管治東德期間所設立的國安部是如何運作，展品包括一些用來監視東德人民的竊聽工具和間諜設備。這座前總部亦是國家安全部長埃里希‧米爾克（Erich Mielke）當年的辦公室，內在至今保留了原狀，現開放給公眾參觀。

於館外設有「革命與柏林圍牆的倒下」之免費露天展覽，詳盡講述了二戰後德國分裂期間東德人之人民生活，以及1989年柏林圍牆是如何倒下來。

博物館入口較為隱蔽，設於這個有蓋通道之內。

─Info─

地址： Normannenstraße 20/Haus 1, 10365 Berlin
電話： +49305536854
開放時間： 1000-1800；
　　　　　　　週六、假日 1100-1800
休息日： 24/12、31/12、1/1
門票： 成人€10；學生€7.5
網址： www.stasimuseum.de
前往方法：
U-Bahn 乘坐U5線到「Magdalenenstraße」站，再向北步行6分鐘。
S-Bahn 乘坐S41、S42線到「Frankfurter Allee」站，再步行10分鐘。

357

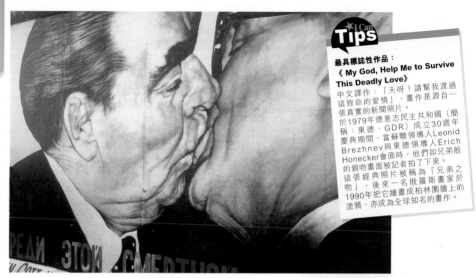

柏林圍牆上的塗鴉畫廊　MAP: P.357 A1-A2

東邊畫廊
（East Side Gallery）

曾是東、西柏林邊界上的柏林圍牆，現為世上最長的露天畫廊，長達1.3公里。柏林圍牆於1989年11月9日被推倒，而兩德最後於1990年10月3日統一。這幅面向著前東柏林的圍牆，自開放後即成為了來自世界各地當代藝術家們的作畫之地，在牆上繪上了共有1百多幅大型塗鴉壁畫，來紀念柏林圍牆被推倒和贏得了和平與自由的喜悅。

這些來自世界各地藝術家的塗鴉，於2009年進行了一次大型翻新。

畫作大部分以政治、自由、和平與希望等作為主題，它亦記載了冷戰時代的歷史記憶。

柏林圍牆小歷史
柏林圍牆是昔日東德政府築起來的邊界線，以防東德人民逃往西德，當年圍牆東側由東德軍人長年駐守並森嚴戒備，不允許作任何塗鴉，而塗鴉則只會出現在西德那方的圍牆上。而東邊畫廊這裡的藝術塗鴉，是在圍牆被推倒後才畫上的，別具歷史意義。

這是城中遺留的3段柏林牆之中最長的一段，亦為這座城市曾分成東、西兩部分而留下了見證。

每年有超過3百萬訪客來到這裡欣賞畫作，也同時感受柏林牆倒下後那些自由的空氣。

提提你

---Info---

地址：Mühlenstraße 3-100, 10243 Berlin
開放時間：全年
門票：免費
網址：www.eastsidegallery-berlin.com
前往方法：
U-Bahn 乘坐U1、U3線到「Warschauer Str.」站。
S-Bahn 乘坐S3、S5、S7、S9線到「Warschauer Str.」站或「Berlin Ostbahnhof」站。
電車 乘坐M8、M10線到「Warschauer Str.」站。
巴士 乘坐165、265、300號到「East Side Gallery」站。

紅磚塔橋

MAP: P.357 A2

奧伯鮑姆橋
（Oberbaumbrücke）

於「東邊畫廊」的一端，連接對岸的十字山及柏林南部。橋樑於1896年啟用，採用了北德哥德式建築風格，以紅磚砌成，建有2座具有尖頂的橋塔，充滿古樸韻味。橋樑屬於雙層建築，上層供地鐵行駛，而下層則是行人和單車路。

於德國分裂期間，橋的位置正是東、西柏林的邊界線，橋也用作行人過境之地。

遊人也可乘坐地鐵經由此橋橫越施普雷河，風景十分優美。

被譽為施普雷河上最漂亮的橋樑，是拍照的熱門地。

---Info---

地址：Oberbaumbrücke, 10243 Berlin
開放時間：全年
前往方法：
U-Bahn 乘坐U1、U3線到「Schlesisches Tor」或「Warschauer Str.」站。
S-Bahn 乘坐S3、S5、S7線到「Warschauer Str.」站，再步行5分鐘。

大型活動舉行場地

O2世界體育館
（Mercedes-Benz Arena）

位於施普雷河岸東邊畫廊附近，是柏林規模最大的體育館之一，最多可容納1萬7千名觀眾。這裡是舉辦流行音樂會、體育比賽、大型表演的場地，過往曾經有不少國際巨星在此舉行音樂會。這裡也是EisbärenBerlin冰上曲棍球俱樂部和Alba Berlin籃球俱樂部的主場。

MAP: P.357 A2

體育館前方地面上的噴泉，是不少小朋友遊玩的地方。

旁邊設有一些帶有露天座位的餐廳，環境十分舒適。

現址前身是一間鐵路貨場，現為擁有現代化設計的著名體育館。

---Info---

地址：Mercedes-Platz 1, 10243 Berlin
電話：+49 3020607080
開放時間：內部不向公眾開放。
活動訂票網址：www.mercedes-benz-arena-berlin.de
前往方法：於東邊畫廊（East Side Gallery）中段對面。

柏林紀念品專賣店

MAP: P.357 A2

The Wall Store

於城中多個地方設有分店，專門販售關於柏林的紀念品，最受遊客歡迎的有印上Berlin的各款T-Shirt和配飾，以及以柏林熊作主題的商品，都是到此一遊的最佳紀念品，另有別具歷史意義的柏林圍牆碎片擺設。

印上了柏林熊的心型杯。€7.5

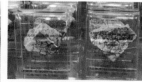

代表著德國分裂時期的「柏林圍牆」之碎片，就像見證著歷史。€8.99

紀念品店就在東邊畫廊的對面，位置便利。

---Info---

地址：Mercedes Platz 1, 10243 Berlin
電話：+493039800880
營業時間：0900-2000
網址：www.souvenir-shop-berlin.de
前往方法：於東邊畫廊（East Side Gallery）之對面馬路，O2世界體育館前方旁邊。

柏林

米特區

蒂爾加滕區

夏洛滕堡及周邊

十字山及柏林南部

柏林東部

柏林北部

柏林周邊

圍牆之集體回憶
柏林北部

從市中心微微往北移，走到柏林牆的遺跡所在-貝爾瑙爾大街！這個昔日的邊境禁地，藏著很多東德人和逃亡者的悲慘故事，在「柏林牆紀念館」裡毫無保留地展示出來，讓這些歷史記憶永不會被遺忘！想放下沉重，可到「文化釀酒廠」感受一下悠閒氣息，如今活化後是一片藝文之地。如遇上週日，別錯過前往廣受全城歡迎的「柏林牆公園跳蚤市場」，去感受熱鬧非凡的尋寶氣氛。

交通

U-Bahn：
往文化釀酒廠：乘坐U2線到「Eberswalder Straße」站。
往柏林牆紀念館：乘坐U8線到「Bernauer Straße」站。

電車：
往文化釀酒廠：乘坐M1、12號到「Eberswalder Straße」站。
往柏林牆紀念館：乘坐M10線到「Gedenkstätte Berliner Mauer」站。

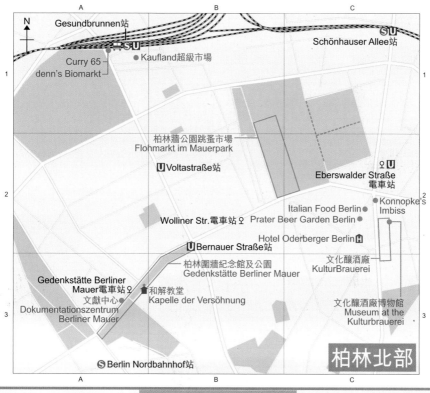

柏林圍牆紀念館

邊境逃亡者的歷史印記

MAP: P.361 B2-B3;A3

柏林圍牆紀念館（Gedenkstätte Berliner Mauer）

東德政府於1961年8月在柏林邊境築起了全封閉式的「柏林圍牆」，總長達167.8公里，去阻止東德人經由西柏林逃往西德。多年來企圖逃亡的人採取了許多方式嘗試越過圍牆，而過程中若被東德邊防軍發現的話，會被開槍射殺，其中不少人因此而成為了圍牆下的亡魂！貝爾瑙爾大街（Bernauer Strasse）是昔日其中一段柏林牆的所在，現設了紀念公園和文獻中心，透過舊照片和文字，描述了一些讓人心酸的逃亡故事。

公園裡有一部分柏林牆遺跡，有些還露出了混凝土裡的鋼筋。

361

柏林圍牆紀念館

遇難者紀念窗：

公園裡設了柏林圍牆遇難者的肖像紀念窗，紀念曾經企圖越過圍牆時而被殺的東德人民。

文獻中心：

設了室內展覽，記錄關於德國分裂期間和柏林牆的一些重要歷史。

在紀念公園裡的露天展覽：

講述剛築起柏林圍牆那時各種人民的苦況，許多家庭因而被拆散，為了建牆有不少房屋被夷為平地，也有人從窗戶跳下試圖跳到柏林牆的另一方，亦有人嘗試興建秘密隧道逃往西柏林。

Tips

重現眼前！多層防禦結構的柏林牆

參觀重點包括於文獻中心5樓的觀景台～在這裡可看到當年柏林圍牆的「多層防禦系統」，可見是如何的守衛森嚴！

柏林牆是由2幅平行的混凝土牆組成，中間預留了被稱為「死亡地帶」的空礦區域，並加設了鐵絲網和沙地等障礙，更建有瞭望塔，由東德邊防軍長期把守，以防有人越過圍牆。

提提你

和解教堂之前身歷史

原本這裡有一座建於1894年的和解教堂，於1961年築建柏林牆時，教堂因處於交界位置而一直被圍封在「死亡地帶」裡，直到1985年，東德政府為了能更清楚監察到邊界地帶，下令把原來的教堂炸毀。於德國統一後，在原址新建了一座橢圓形的和解教堂（Kapelle der Versöhnung）以作紀念，並於2000年開放。

於教堂旁邊的和解雕像。

Info

地址：Bernauer Str., 13355 Berlin
電話：+4930467986666
開放時間：文獻中心 週二至週日 1000-1800；紀念公園 0800-2200
休息日：文獻中心 逢週一
門票：免費
網址：www.berliner-mauer-gedenkstaette.de
前往方法：
電車 乘坐M10線到「Gedenkstätte Berliner Mauer」站，即達。
U-Bahn 乘坐U8線到「Bernauer Straße 站」，再步行5至8分鐘。
S-Bahn 乘坐S1、S2、S25、S26線到「Berlin Nordbahnhof」站，再步行6至8分鐘。

在場有很多販售古董和舊物的二手攤檔，每件小物都像見證著上世紀的故事。

著名週日市集

柏林牆公園跳蚤市場
（Flohmarkt im Mauerpark）

MAP: P.361 B1-B2;C2

是全城最具人氣的跳蚤市場，每逢週日在柏林牆公園舉行，無論遊客或當地人都喜歡來湊湊熱鬧。市集規模很大，擺滿了古物、設計商品、民族衣服、二手衣物、古董家具等等的攤檔，另外也有不少販售街頭小吃的美食車。喜歡尋找古物的遊人，大可在此閒逛半天！就算最後沒有尋到心頭好，也是一場獨特的體驗。

市場內設有多架美食車，供應香腸、三文治、各式輕食和飲品。

其中也有很多古老啤酒杯。

舊物種類琳瑯滿目，幾乎什麼類型都有，其中還有這些舊街道牌。

這裡也有一些檔攤販售具設計感的衣物和原創商品。

Tips

柏林牆公園 Mauerpark
現在綠草如茵的柏林牆公園，曾是東、西柏林的交界處，在園區東側小小山丘上，於近年設了一幅大型塗鴉牆，讓街頭藝術家隨意在這裡發揮創意。

有不少音樂愛好者前來尋找心愛的黑膠唱片。

—**Info**—

地址：Bernauer Str. 63-64, 13355 Berlin
電話：+49 3029772486
營業時間：逢週日 1000-1800
（確實日期請於官網查閱）
休息日：逢週一至六
門票：免費
網址：www.flohmarktimmauerpark.de
前往方法：
電車 乘坐M10號到「Wolliner Str.」站，再步行2分鐘。
U-Bahn 乘坐U8線到「Bernauer Straße」站，再向東北步行8分鐘。或乘坐U2線到「Eberswalder Straße」站，再向西步行7分鐘。

由20間磚紅和泥黃色的建築物組成，佔地達2萬5千平方米，是城中保存得最好的19世紀工業建築之一。

每逢週日於內庭會設有多個街頭美食攤位。

啤酒廠改建的藝文場所 MAP: P.361 C2-C3
文化釀酒廠（KulturBrauerei）

　　於19世紀這裡曾是城中大型的啤酒釀造廠，一直運作至1964年宣告全面停產，從1974年開始則被改建成文化中心，於多座古色古香的樓房開設了酒吧、餐館、劇院、電影院以及一所小型博物館，而柏林最大型的俱樂部之一「SODA」，就是設在廠內昔日的鍋爐房裡面，於晚間吸引不少年輕人前來跳舞和聚會。這裡也是很多音樂會、市集和文化活動的舉行地。

Info

地址：Schönhauser Allee 36, 10435 Berlin
電話：+49 3044352170
開放時間：視乎個別店舖及場所
網址：www.kulturbrauerei.de
前往方法：
U-Bahn 乘坐U2線到「Eberswalder Straße」站，再步行6分鐘。
電車 乘坐M1、12號到「Eberswalder Straße」站，再步行6分鐘。

Tips I Can

文化釀酒廠博物館
Museum at the Kulturbrauerei

博物館設在釀酒廠建築群的東北位置。

館內展出了很多昔日冷戰時期東德人的日用品，讓遊人了解他們當年的日常生活。

1976年於東德興起的露營車，於車頂直接安裝上三角帳篷。

地址：Knaackstraße 97, 10435 Berlin
電話：+49 30467777911
開放時間：週二至週五0900-1800；週六、週日1000-1800
門票：免費
網址：www.hdg.de/museum-in-der-kulturbrauerei/

屬於薄身批底的Pizza，烘得較為乾身，而味道尚算不錯。€4.9

於室內和戶外都設有座位，一到用餐時間這裡都坐滿了當地人。

Pizza是即叫即做，配料選擇豐富。26吋 Pizza €5.9

抵食意式快餐
Italian Food Berlin
MAP: P.361 C2

供應意大利料理的快餐店，以超經濟實惠的價格吸引了一大班食客，店舖更營業到半夜。Pizza和意大利麵各有幾十款選擇，味道雖不算很正宗，但每客的份量也不少，可以好好滿足飢餓感，而定價十分親民，特別適合想節省旅費的遊人。

以自助快餐形式下單和取餐，旁邊餐具區還免費供應餐包。

Info
地址：Kastanienallee 4, 10435 Berlin
電話：+493085749452
營業時間：週日至週四1100-0200；
週五、週六1100-0400
消費：大約€10-15/位
網址：www.italianfoodberlin.de
前往方法：
電車 乘坐M1、12號到「Eberswalder Straße」站，再步行2分鐘。
U-Bahn 乘坐U2線到「Eberswalder Straße」站，再步行2分鐘。

柏林最古老的啤酒花園
Prater Beer Garden Berlin
MAP: P.361 C2

同場設有傳統德國餐廳和自助式啤酒花園，蠻大的空間流露出輕鬆閒適的氛圍！在天氣晴朗之時，在大樹下的露天雅座用餐，喝一下德國地道啤酒和享受當地美食，份外愜意。

於仲夏時份，這裡特別熱鬧。

Info
地址：Kastanienallee 7-9, 10435 Berlin
電話：+49304485688
營業時間：週一至週五 1800起至晚上；
週六、週日 1200起至晚上
休息日：天氣不佳時、冬季
消費：大約€20-30/位（只收現金）
網址：www.prater-biergarten.de
前往方法：
電車 乘坐M1、12號到「Eberswalder Straße」站，再步行3分鐘。
U-Bahn 乘坐U2線到「Eberswalder Straße」站，再步行3分鐘。

城中最古老的小食店
Konnopke's Imbiss
MAP: P.361 C2

店舖就在鐵路橋之下，旁邊設有室內用餐區。

始創於1930年，由最初的香腸小販車開始起家，直至多年前於鐵路橋下開設了這間小食店，成為當地幾乎無人不曉的老字號。最經典的小食是拌以秘製番茄醬的咖哩香腸，可加配薯條或薯仔沙律，滋味又地道。

這裡經常人龍不絕，其中有不少是當地人。

Info
地址：Schönhauser Allee 44b 10435 Berlin
電話：+49 304427765
營業時間：週二至週五 1100-1800；
週六 1200-1900
休息日：逢週日、週一
消費：大約€5-10/位
網址：www.konnopke-imbiss.de
前往方法：乘坐 U-Bahn U2線到「Eberswalder Straße」站，再步行2分鐘。

柏林

米特區
蒂爾加滕區
夏洛滕堡及周邊
十字山及柏林南部
柏林東部
柏林北部・
柏林周邊

車站香腸店
Curry 65

MAP: P.361 A1

專門供應香腸小吃的快餐店，包括有柏林人氣街頭美食「咖哩香腸」（Currywurst）和配以芥末醬的「圖靈根烤腸包」（Thüringer Rostbratwurst），香腸都是即烤的，價格便宜也很美味。

剛烤好的圖靈根烤腸包，熱辣辣非常香口。€3

店的內外都設有用餐區。

Info
地址：Hanne-Sobek-Platz, 13355 Berlin
營業時間：0600-2200
消費：大約€5-10/位
前往方法：於「Berlin-Gesundbrunnen」火車站外。

有機超級市場
denn's Biomarkt

MAP: P.361 A1

店裡也有出售新鮮有機蔬果。

設於火車站外，專門販售有機健康食品、天然護膚品、日用品，選擇多元。而著名純天然有機護膚品牌AnneMarie Borlind（安娜柏林）的玫瑰花蜜精華和橙花蜜原液，一向備受好評，在這裡也可以找得到。

在這裡有很多天然護膚品選擇。

Info
地址：Hanne-Sobek-Platz, 13357 Berlin
電話：+493040007835
營業時間：0800-2100
網址：www.denns-biomarkt.de
前往方法：
S-Bahn 乘坐S1、S2、S25、S26、S41、S42線到「Gesundbrunnen」站。
U-Bahn 乘坐U8線到「Gesundbrunnen」站。

親民價格取勝
Kaufland 超級市場

MAP: P.361 A1

規模非常大型！貨品以倉儲式風格分門別類地擺放，整體尚算整齊。新鮮食品、零食、雜貨、日用品一應俱全，選擇豐富，而價位也很經濟親民，營業時間更由清晨直至零晨，遊客們可以完成當天行程後再去入貨。

商品選擇超多，貨架之間留有空間，整體十分好逛。

超市設在火車站旁一個商場內，登上扶手電梯即可抵達。

風乾肉腸小食非常香口，可直接當零食或用作下酒，也可用來拌沙律。€2.19

當地人氣餅乾Leibniz，除了有經典朱古力口味，還有檸檬芝士餅口味。€1.49

Info
地址：Brunnenstraße 105-109, 13355 Berlin
電話：+4930467777960
營業時間：週一至週五0700-2400；週六0700-2330
休息日：逢週日
網址：www.kaufland.de
前往方法：
U-Bahn 乘坐U8線到「Gesundbrunnen」站，再步行3分鐘。
S-Bahn 乘坐S1、S2、S25、S26、S41、S42線到「Gesundbrunnen」站，再步行3分鐘。

微波爐美食屬背包客經濟之選，其中有很多德國傳統菜式，例如有烤香腸伴德國酸菜和薯蓉，便宜又地道。

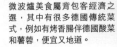

遊歷多元化
柏林周邊

　　柏林確實藏有多種面貌有待遊人慢慢探索！如果時間許可，不妨到周邊走走。對於探究納粹時期殘酷的滅絕真相，於柏林以北的奧拉寧堡小鎮設有「薩克森豪森集中營紀念館」，非常值得親身去看看。而於柏林以西建有德國第二大運動場館「柏林奧林匹克體育場」，無論是去參觀朝聖或親臨現場觀看球場，對球迷來說都會是難忘的回憶。而柏林以東設有佔地極廣的「柏林動物園」，很適合親子同遊。

米特區

蒂爾加膝區

夏洛膝堡及周邊

十字山及柏林南部

柏林東部

柏林北部

柏林周邊

米特區

蒂爾加滕區

夏洛滕堡及周邊

十字山及柏林南部

柏林東部

柏林北部

柏林周邊

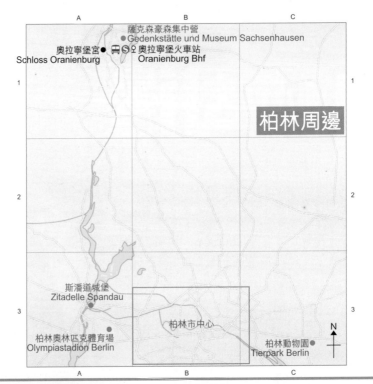

薩克森豪森集中營
● Gedenkstätte und Museum Sachsenhausen

奧拉寧堡宮 ● 🚉🚌🚏 奧拉寧堡火車站
Schloss Oranienburg　Oranienburg Bhf

柏林周邊

斯潘道城堡
Zitadelle Spandau

柏林市中心

柏林奧林匹克體育場
Olympiastadion Berlin

柏林動物園 ●
Tierpark Berlin

N

全國第2大運動場

MAP：P.368 A3

柏林奧林匹克體育場
（Olympiastadion Berlin）

　　原本為1936年奧運會而建的體育
場，於2000年重建並於2004年重開，可
容納7萬6千名觀眾，是德國第2大運動
場館，現為德甲隊Hertha BSC的主場。
除了可購票進內自由參觀外，也可預約參加官方導覽團。

這裡也曾是1974年和2006
年世界杯決賽場地。

─Info─

地址： Olympischer Platz 3, 14053 Berlin
電話： +493030688100
開放時間： 11至3月 1000-1600；4至10月
　　　　　　 0900-1900
最後入場時間： 關門前半小時
休息日： 於球賽日或大型活動日不開放參觀
門票： 成人€11；學生€8；官方導覽團€15
網址： www.olympiastadion.berlin
前往方法：
S-Bahn 乘坐S3、S9線到「Olympiastadion」
　　　　站，再步行8分鐘。
U_Bahn 乘坐U2線到「Olympia-Stadion」
　　　　站，再步行3分鐘。

歷史悠久的堡壘

MAP：P.368 A3

斯潘道城堡（Zitadelle Spandau）

於閱兵廳內設有古代
大砲展覽，其中包括
16世紀的表演炮。

　　於1560年建造，是柏林唯一倖存的堡壘，也是德國保存
得最好的文藝復興建築之一。

以意大利堡壘為設計概念，以往
主要用作軍事防禦，亦曾多次用
作監獄，現為文化活動、展覽和
音樂會的舉行場地。平日人流不
多，漫步其中十分寫意。

遊人可付費登上Juliusturm塔樓欣
賞周邊風景。

─Info─

地址： Am Juliusturm 64, 13599 Berlin
電話： +49303549440
開放時間： 週五至週三 1000-1700；
　　　　　　 週四 1300-2000
門票： 堡壘範圍 免費進入；
　　　　 博物館＋Juliusturm塔樓 €4.5
網址： www.zitadelle-berlin.de
前往方法：
巴士 乘坐X33號於「Zitadelle Spandau」
　　　站下車，即達。
U-Bahn 乘坐U7線到「Zitadelle」站，再步
　　　　行5分鐘。

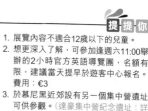

曾被關押在此的人包括有猶太人、反對納粹政權者、同性戀者、二戰期間的盟軍戰俘等等。

沉重的殘酷歷史

MAP: P.368 A1

薩克森豪森集中營紀念館

(Gedenkstätte und Museum Sachsenhausen)

　　位於奧拉寧堡（Oranienburg）的前納粹集中營遺址，現為一所紀念博物館，於營區多座建築內共設了13個不同主題的常設展覽，就像把一幕幕殘酷的屠殺畫面重組並呈現眼前。於1936年至1945年期間，共有超過20萬人被關押在此，而在營內被處決的人更數以萬計！憑著實地參觀，讓人深深體會那些令人沉重的歷史真相！

Tips

奧拉寧堡宮 Schloss Oranienburg
在奧拉寧堡市中心建有1座17世紀巴洛克式華麗宮殿，裡面陳設了一些珍貴的家具、掛毯、象牙椅、雕塑等，另有廣大優美的宮殿花園（Schlosspark）。如時間許可，也可預留時間進去逛逛。

1. 展覽內容不適合12歲以下的兒童。
2. 想更深入了解，可參加達週六11:00舉辦的2小時官方英語導覽團，名額有限，建議當天提早於遊客中心報名。費用：€3
3. 於慕尼黑近郊設有另一個集中營遺址可供參觀。（達豪集中營紀念遺址：詳細介紹見P.136-137）

穿過入口即可抵達遊客中心。

Info

地址： Str. d. Nationen 22, 16515 Oranienburg
電話： +49-(0)3301 200-200
開放時間： 10月中至3月中 0830-1700；3月中至10月中 0830-1800
休息日： 部分展覽於10月中至3月中之週一關閉
門票： 免費進入；語音導覽€3；2小時官方英語導覽團€3（週六1100-1300）
網址： www.sachsenhausen-sbg.de
前往方法： 從柏林市中心前往薩克森豪森集中營需約1-1.5小時。
從 柏林市中心 往 奧拉寧堡火車站
S-Bahn 乘坐往「Oranienburg」方向的S1線，每20分鐘1班，於終點站下車，車程約45分鐘。
從 奧拉寧堡火車站 往 薩克森豪森集中營
巴士 於站前轉乘804或821號，於「Sachsenhausen, Gedenkstätte」站下車即達，車程約7分鐘。班次不太密，發車時間可於www.vbb.de預先查看。
步行 步程約25分鐘。

親親北極熊

MAP: P.368 C3

柏林動物園 (Tierpark Berlin)

　　建於1955年前東柏林時代，擁有約650種超過8千隻來自世界各地的動物，包括羊駝、海豚、企鵝、長頸鹿、北極熊等，每天定時有「動物餵食表演」，很適合親子同遊。這是歐洲規模最大的動物園，總面積達160公頃，只靠步行會有點吃力，遊人可搭乘環繞園區的「電動小火車」，往返園中主要分區。

這對可愛的北極熊是動物園的亮點之一。

Info

地址： Am Tierpark 125, 10319 Berlin
電話： +4930515310
開放時間： 冬季0900-1630；夏季0900-1800/0900-1830
最後入場時間： 關門前半小時
門票： 成人€16；學生€9.5；4至15歲€8
網址： www.tierpark-berlin.de
前往方法： 從市中心米特區（Mitte）前往，車程約半小時。
Schloss 入口
電車 乘坐21、27、37、M17號到「Am Tierpark/A.-Kowalke-Str」站。
Bärenschaufenster 入口
U-Bahn 乘坐U5線到「Tierpark」站。
電車 乘坐21、27、37、M17號到「Tierpark」站。

波
茨
坦

普魯士華麗後花園

波茨坦
Potsdam

聞名於世的「宮殿之城」，坐落在柏林西南30多公里外哈弗爾河畔，是布蘭登堡州的首府。普魯士國王於18世紀在這裡打造了宏偉優雅的「無憂宮」，並在廣達290公頃的花園中先後建了多座不同形式的宮殿和建築物，整個宮殿群於1990年被列入了世界文化遺產。而這城鎮亦是二戰結束後《波茲坦協定》的簽署地，具有深遠的歷史意義。

交通＋旅遊資訊

從柏林出發

S-Bahn

從柏林市中心的「Berlin Hauptbahnhof」、「Tiergarten」或「Zoologischer Garten Bhf」等火車站，乘坐S7線可直達波茨坦中央車站「Potsdam Hauptbahnhof」，車程約35分鐘，每10分鐘1班，單程€3.8。

波茨坦官方旅遊資訊
www.potsdamtourismus.de

★ I Can Tips

多人同遊車票之選
布蘭登堡-柏林通票（Brandenburg-Berlin Ticker），1張通票可供最多5名同行成人一起使用。於當天09:00開始直至次日凌晨3:00期間（於週六假日則由零時-次日3:00）可任意乘坐往返布蘭登堡州（包括：波茨坦）至柏林的地區火車或S-Bahn，以及這2區的S-Bahn、U-Bahn、電車、巴士。€33

觀光卡推薦！
Berlin Welcome Card（Berlin + Potsdam ABC），波茨坦屬於C區，如有購買柏林歡迎卡（Berlin + Potsdam ABC）搭乘範圍，憑卡於有效期可免費乘坐來往柏林和波茨坦的S-Bahn以及當地交通工具，另外還包含一些景點門票優惠。

當地交通

巴士

於波茨坦中央車站正門外可乘坐695號巴士抵達無憂宮「Schloss Sanssouci」站，也可乘坐614或650號抵達無憂宮公園「Potsdam, Friedenskirche」站。

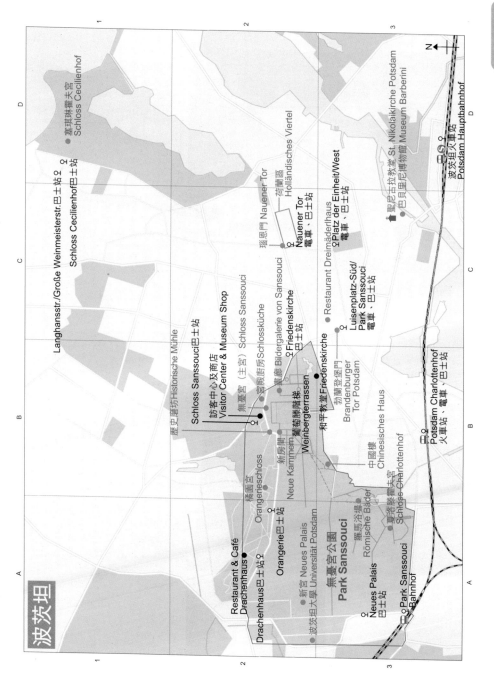

波茨坦

波茨坦

N

塞琪琳霍夫宮 Schloss Cecilienhof

Langhansstr./Große Weinmeisterstr.巴士站
Schloss Cecilienhof巴士站

聖尼古拉教堂 St. Nikolaikirche Potsdam
巴貝里尼博物館 Museum Barberini

波茨坦火車站
Potsdam Hauptbahnhof

瑙恩門 Nauener Tor

荷蘭區 Holländisches Viertel

Nauener Tor
電車、巴士站

Platz der Einheit/West
電車、巴士站

歷史磨坊 Historische Mühle

Schloss Sanssouci巴士站

訪客中心及商店
Visitor Center & Museum Shop

無憂宮（主宮）Schloss Sanssouci

宮殿廚房 Schlossküche

畫廊 Bildergalerie von Sanssouci

Friedenskirche
巴士站

Restaurant Dreimäderlhaus

Luisenplatz-Süd/
Park Sanssouci
電車、巴士站

橘園宮
Orangerieschloss

新房間
Neue Kammern

葡萄階梯
Weinbergterrassen

和平教堂 Friedenskirche

勃蘭登堡門
Brandenburger
Tor Potsdam

中國樓
Chinesisches Haus

Potsdam Charlottenhof
火車站、電車、巴士站

Restaurant & Café
Drachenhaus

Drachenhaus巴士站

Orangerie巴士站

新宮 Neues Palais
波茨坦大學 Universität Potsdam

無憂宮公園
Park Sanssouci

羅馬浴場
Römische Bäder

賽馬沿場

夏洛騰霍夫宮
Schloss Charlottenhof

Neues Palais
巴士站

Park Sanssouci
Bahnhof

波茨坦

於無憂宮主宮前方的6層葡萄藤梯形台階，美得像走進了風景畫中。

提提你

馬車遊

在主宮附近的歷史磨坊前方，於旅遊旺季時設有馬車站，提供1小時馬車遊，繞著宮殿花園走一圈。

時間：由早上11:00開始，約每30分鐘一班
門票：€10/每人
網址：www.kremserfahrten-potsdam.de

洛可可式華麗貴氣
無憂宮
MAP: P.371 A2-A3;B2-B3
(Schloss Sanssouci)

這裡是全德國最大型的世界文化遺產，被稱為「普魯士的凡爾賽宮」！建於大約1744年，是由昔日腓特烈大帝精心打造的宮殿建築群，總面積達290公頃，除了主宮之外，亦建有優美廣大的宮殿庭院，以及約20多座各具特色的建築物。宮殿內裝華麗典雅，讓波茨坦這座小城增添了一份貴氣！

這裡是昔日腓特烈大帝的避暑之地，優美得令人忘憂。

I Can **Tips**

無憂宮+聯票
The Sanssouci+ Combined Ticket
可於一天內參觀無憂宮裡各個宮殿，以及波茨坦塞琪琳霍夫宮等景點。
* 有些宮殿只在夏季期間（4/5月至10月）開放。
* 如想在宮殿裡拍照留念，需另購全日拍照許可（Photo Permit）€3
門票：成人€22；學生€17；家庭票（1至2成人＋1至4名18歲以下兒童）€49
銷售點：官網、無憂宮訪客中心。
網址：tickets.spsg.de

個別景點/宮殿

	門票	開放月份	休息日
主宮 *語音導覽形式 *於訂票時同時預約參觀時間	€14	全年	週一
宮殿花園	免費	全年	/
宮殿廚房	€4	4月至10月	週一
畫廊	€6	5月至10月	週一
歷史磨坊	€4	4月至10月	週一
新房間	€6	4月至10月	週二
新宮	€10	4月至10月	
橘園宮	€6	4月：需於導遊帶領下參觀 5月至10月	週一
羅馬浴場	€5	5月至10月	週一
中國樓	€4	5至10月	週一
夏洛滕霍夫宮	€6	5月至10月	週一

-Info-

地址：Maulbeerallee, 14469 Potsdam
電話：+493319694200
開放時間：
宮殿內部 4月至10月 0900-1730；11月至3月 1000-1630；31/12 1000-1400
花園 0800-日落
休息日：週一、24/12、25/12；新宮 週二
網址：www.spsg.de/schloesser-gaerten/objekt/schloss-sanssouci/
前往方法：
於波茨坦中央車站正1門乘坐695號巴士抵達無憂宮「Schloss Sanssouci」站，也可乘坐614或650號，於無憂宮宮殿花園「Potsdam, Friedenskirche」下車。

無憂宮內有多座宮殿，裝潢華麗滿有氣派，值得預留一整天時間逐一參觀。

宮殿花園面積很廣！若有充足時間，可散步去感受一下閒適恬靜。

宮殿廚房 Schlossküche

保留了18至19世紀宮殿廚房的模樣！陳列了很多昔日烹調工具、瓷器和銅器，包括：大型烤爐、布丁和冰淇淋模具、烤盤等等。

開放時間：4月至10月 1000-1730
休息日：週一；11月至3月
前往方法：於無憂宮（主宮）東翼位置。

無憂宮（主宮）
(Schloss Sanssouci)

無憂宮被認為是德國最美的宮殿之一！外牆以多個雕像作裝飾，富有古典美。

MAP: P.371 B2

　　是無憂宮最主要的建築，以典雅的鵝黃色為主調，擁有一個中央圓頂，配以宮殿前方6層葡萄滕梯形台階，氣派非凡，內部裝潢金碧輝煌，是洛可可式宮殿的最佳典範！屬單層建築，擁有12個富麗堂皇的房間，包括：書房、寢宮、圖書館、畫廊、音樂廳、大理石廳等，全都保留了18世紀時期的原始陳設，讓訪客可以一睹昔日普魯士皇室住所的模樣。

音樂廳以多幅大型藝術壁畫作裝飾，彰顯了非凡格調。

擁有圓頂大廳，天花裝潢金碧耀眼，優雅又具氣派。

Info

地址：IMaulbeerallee, 14469 Potsdam
開放時間：11月至3月 0900-1630；
　　　　　　4月至10月0900-1730
休息日：週一
前往方法：巴士乘坐695號到「Schloss
　　　　　　Sanssouci」站。
　　　　　　步行 從無憂宮花園登上梯形台
　　　　　　階，入口在建築物後方。

畫廊 (Bildergalerie von Sanssouci)

　　由腓特烈大帝於1755年至1764年間悉心打造，內部利用了很多鍍金浮雕裝飾去呈現洛可可式的貴麗風格，於寬敞長型的大廳裏展示他的珍貴收藏，包括1百多幅從16至18世紀藝術大師的畫作。

MAP: P.371 B2

畫作主要來自佛蘭芒、巴洛克和文藝復興時期。

在金碧輝煌的大廳裡，無論是巴洛克雕塑、鍍金天花、大理石地板，還是鍍金畫框，都令人驚喜！

Info

地址：Im Park Sanssouci 4, 14469 Potsdam
開放時間：5月至10月 1000-1730
休息日：週一、11月至4月
前往方法：在無憂宮主宮的東側，步行前往
　　　　　　約需3分鐘。

波茨坦

歷史磨坊 (Historische Mühle)

MAP: P.371 B2

相傳腓特烈大帝曾因噪音問題要求拆除在主宮旁邊的磨坊，但遭受磨坊主人反對，令國王唯有把它留下。後來因原來的磨坊實在太破舊，不得不拆除，並以荷蘭式風車取代，內部現設磨坊歷史展覽。

另於平台設有咖啡館。

─Info─
地址： Maulbeerallee 5, 14469 Potsdam
開放時間： 4月至10月 1000-1800
休息日： 11月至3月
前往方法： 從無憂宮主宮往西北步行約4分鐘。

新房間 (Neue Kammern)

始建於1747年，在1774年重新設計改造成專門用來接待賓客的宮殿。內部以洛可可華麗風格作佈置，其中奧維德畫廊（Ovidgalerie）裡有多個精雕細琢的鍍金浮雕，很值得一看。

MAP: P.371 B2

浮雕描繪了古羅馬詩人奧維德的《變形記》中多個場景。

奧維德畫廊裡的鍍金浮雕，非常亮眼。

─Info─
地址： Park Sanssouci, 14469 Potsdam
開放時間： 4月至10月 週二至週日 1000-1730
休息日： 週一、11月至3月
前往方法： 從無憂宮主宮往西步行約3分鐘。

設有綠色大圓頂，外部用了很多雕像作裝飾，滿有氣派。

I Can Tips

波茨坦大學 Universität Potsdam
在新宮後方另有一座非常宏偉的18世紀巴洛克式建築，原是無憂宮宮殿的一部分，自波茨坦大學在1991年創立後一直被沿用作為其行政大樓，外觀古典華麗，值得前去拍照。
地址： Am Neuen Palais 10, 14469 Potsdam
前往方法： 在新宮後方對面馬路。

把大量天然貝殼和礦石拼合出獨一無二的石窟大廳，美得令人難忘。

新宮 (Neues Palais)

MAP: P.371 A2

於1769年建在宮殿花園最西端的「夏宮」，亦作接待賓客和舉行慶典之用，內部裝潢屬於華麗的洛可可風格，亮點包括：讓人印象深刻的石窟大廳和氣派非凡的大理石宴會大廳。

大理石廳的地板選用了彩色天然石材，拼出精美絕倫的圖案。

─Info─
地址： Am Neuen Palais, 14469 Potsdam
開放時間： 4月至10月 週三至週一 1000-1730
休息日： 週二、11月至3月
前往方法：
步行 從主宮沿著花園向西步行前往，約需25-30分鐘。
巴士 從主宮外乘坐695號到「Drachenhaus」站，再步行10分鐘。
從波茨坦火車站乘坐605號到「Neues Palais」站，再步行1分鐘。

橘園宮 （Orangerieschloss）

總長達300多米，是無憂宮裡最大的宮殿。當年腓特烈威廉四世國王非常熱愛意大利文化，驅使他在此宮殿打造一間「拉斐爾大廳」，陳列了50多幅文藝復興畫作。

MAP: P.371 B2

在拉斐爾大廳裡現今展示的畫作，大部分是複製品。

建於1851至1864年之間。

Info
地址：Park Sanssouci, 14471 Potsdam
開放時間：5至10月 週二至週日 1000-1730（週二至週五需在導遊帶領下參觀；可於入口登記）
休息日：週一、11月至4月
前往方法：從主宮向西步行約8分鐘。或乘坐695號巴士到「Orangerie」站，再步行3分鐘。

羅馬浴場 （Römische Bäder）

位於宮殿花園南部，於1829至1840年以意大利15世紀鄉村莊園作為藍本，融入古城龐貝和赫庫蘭尼姆的建築特色，建造出獨一無二的古羅馬式宮廷浴室。

MAP: P.371 B3

於浴場裡的綠色碧玉浴缸，滿有氣派。

Info
地址：Park Sanssouci, 14471 Potsdam
開放時間：5至10月 週二至週日 1000-1730
休息日：週一、11月至4月
前往方法：從中國樓向西南步行約9分鐘。

中國樓 （Chinesisches Haus）

融入了中國式元素的洛可可圓形小屋，於1756年建成，正門設有棕櫚樹造型柱廊，以及多個真人大小的鍍金人物。最初這裡用作茶館，現在則用來展出一些18世紀邁森和東亞瓷器。

MAP: P.371 B3

內部天花壁畫描繪了當時中國人的生活百態。

擁有別具特色的傘狀屋頂。

Info
地址：Am Grünen Gitter, 14469 Potsdam
開放時間：5至10月 週二至週日 1000-1730
休息日：週一、11月至4月
前往方法：從主宮向西南步行約10分鐘。

夏洛滕霍夫宮

MAP: P.371 A3

（Schloss Charlottenhof）

建在宮殿花園西南面的小宮殿，於1826年以新古典主義風格建造，是腓特烈威廉四世的父親送給他的莊園。裡面的藍白條紋房間令人印象深刻，讓人錯覺像走入了帳篷裡。

北側的半圓形凸窗也是設計亮點。

Info
地址：Geschwister-Scholl-Straße 34A, 14471 Potsdam
開放時間：5至10月 週二至週日 1000-1730
休息日：週一、11月至4月
前往方法：從羅馬浴場向西南步行約5分鐘。

勝利之門

MAP: P.371 C3

勃蘭登堡門
（Brandenburger Tor Potsdam）

於波茨坦有3座保存完好的城門，這座是其中之一，主要連接波茨坦城區和無憂宮。城門由普魯士國王腓特烈大帝約於1770年命人建造，並參照羅馬君士坦丁凱旋門而設計，以紀念七年戰爭之勝利。

向著噴泉廣場的那一面，設計加入了羅馬式科林斯壁柱。

城門的前後立面設計不一，分別出自兩位不同的建築師。

Höfers Spieluhr 音樂鐘

在勃蘭登堡門的前側方，有一座滿有特色的音樂鐘！這座大鐘從1979年開始豎立，頂部展示了古今波茨坦的城市景色，於最下方的金屬板上則刻上一些當地重要行業，而每小時會響起歌曲，歌曲講述黑暗已過並已進入和平的光明時代。

時間顯示於中間的金球上。

Info

地址： Luisenpl., 14471 Potsdam
開放時間： 全年
前往方法： 乘坐電車91、94、98號或巴士605、606、631號到「Luisenplatz-Süd/Park Sanssouci」站，即達。

傳統家常料理

MAP: P.371 C3

Restaurant Dreimäderlhaus

在德國北部地區的豬手一般是以水煮方式去烹調，和南部的烤豬手感覺截然不同，兩款都是德國著名特色菜餚，當然都要嚐嚐！這間位於波茨坦市中心的地道餐館，主要供應經典傳統北德家常料理。這裡的豬手肉質鮮嫩多汁，調味剛好，可以吃出豬手本身的原汁原味。而餐館內裝搭配了滿有歲月感的復古家具，在此用餐別有一番風情。

帶有質樸的懷舊裝潢，流露一種低調的溫馨感。

這裡價格挺親民，菜式選擇也算豐富，很受當地人歡迎。

品嚐豬手再配一杯當地冰凍啤酒，真是一大樂事。

柏林式水煮豬手（Berliner Eisbein）以酸菜和薯蓉作配菜，啖啖肉份量很大，令人吃得好滿足。

Info

地址： Hermann-Elflein-Straße 12, 14467 Potsdam
電話： +49 3312709570
營業時間： 週二至週六1200-2000；
週日1200-1500
休息日： 逢週一
消費： 大約€20-30/位
前往方法： 從勃蘭登堡門（Brandenburger Tor Potsdam）步行前往，步程約2分鐘。

這些經典紅磚建築是當年荷蘭移民工匠曾經居住的地方。

一整排幾乎一式一樣的山牆形房子,為這區的街景帶來了井井有條與融和感。

紅磚山牆房屋群
MAP: P.371 C2
荷蘭區 (Holländisches Viertel)

於18世紀中期,當時的普魯士國王腓特烈‧威廉一世非常熱愛荷蘭文化,特意把當地一些經驗豐富的工匠帶到來波茨坦,並由荷蘭建築師Jan Bouman的統領下,在Mittelstrasse和Benkertstraße大街附近建立了在德國境內獨一無二的小荷蘭區,於1734至1742年間共建了134間迷人的荷蘭式山牆紅磚屋,一直保存至今。近年,於此區開設了許多小店、餐館、咖啡館和畫廊,很適合來一場寫意的漫步。

在這裡有許多個性化商店和舒適悠閒的咖啡館。

此區是在荷蘭本土以外於歐洲唯一一個以荷蘭風格建造的街區。

擁有白色方形木框玻璃窗和深綠色半窗百葉窗的山牆房屋,很獨特迷人。

---Info---

地址:Mittelstrasse/Benkertstraße, 14467 Potsdam
前往方法:
電車 乘坐92、96號到「Nauener Tor」站,即達。
巴士 乘坐604、609、638號到「Nauener Tor」站,即達。
步行 從聖尼古拉教堂(St. Nikolaikirche Potsdam)向北步行,約12分鐘可達。

宏偉大氣
MAP: P.371 C2
瑙恩門 (Nauener Tor)

城門位於荷蘭區附近,是波茨坦現存3座保存完好的城門之一。最初於1755年由建築師根據普魯士國王腓特烈大帝的草圖設計而建造,後來於1867年改建成了新哥德式建築風格的模樣。而充滿現代感的電車在古色古香的拱門中穿越,構成了別具特色的城市現貌。

門前廣場和附近一帶,聚集了很多咖啡館、餐廳和酒吧。

瑙恩門市場
Markt am Nauener Tor
每週兩天在瑙恩門旁邊設有小型市集,於週三以「街頭小食」作主題,而週六則販售新鮮食材和當地特產。營業時間:逢週三、週六0900-1600

提提你

城門兩側各有錐形尖頂的圓塔,外觀十分宏偉。

---Info---

地址:Friedrich-Ebert-Straße 32, 14469 Potsdam
開放時間:全年
前往方法:乘坐電車92、96號或巴士604、609、638號到「Nauener Tor」站,即達。

新古典主義

MAP: P.371 C3

聖尼古拉教堂
（St. Nikolaikirche Potsdam）

教堂入口前方，設有科林斯式柱廊。

位於舊市場廣場（Am Alten Markt）上的一座希臘十字式教堂，於1830至1837年建造，屬於新古典主義建築風格，後來加建了77米高的圓頂。教堂於二戰受到嚴重破壞，經過多年重修，於1981年重新開放。

Info

地址： Am Alten Markt, 14467 Potsdam
電話： +49 3312708602
開放時間： 週一、週三至週六 0930-1730；週二 0930-1500；週日 1100-1730
門票： 內部免費參觀；登塔€5
網址： www.nikolai-potsdam.de
前往方法： 從波茨坦火車站（Potsdam Hauptbahnhof）步行前往，大約10分鐘。

宮殿中的藝術館

MAP: P.371 C3

巴貝里尼博物館
（Museum Barberini）

重建後的宮殿保留了昔日華麗的模樣。

原本的巴貝里尼宮建於1770年代，當時根據了意大利羅馬巴洛克風格的同名建築而建造，其後宮殿於二戰期間被摧毀，後來以昔日模樣重建，於2017年重新開放並作博物館之用，主要展出印象派及當代藝術作品。

Info

地址： Alter Markt, Humboldtstrasse 5-6, 14467 Potsdam
電話： +49 331236014499
開放時間： 週三至週一 1000-1900
休息日： 週二
門票： 成人平日€16、週六、週日€18；學生免費
網址： www.museum-barberini.de
前往方法： 於聖尼古拉教堂（St. Nikolaikirche Potsdam）的前方。

具有政治歷史意義

MAP: P.371 D1

塞琪琳霍夫宮
（Schloss Cecilienhof）

於1913至1917年間建造的宮殿，原本是德國威廉王儲和其夫人的住所，於1945年二戰後期納粹德國最終無條件投降後，亦即歐洲戰事結束後，4大戰勝國中的3大盟國代表在這裡舉行了「波茨坦會議」，共同商討戰後各種問題，與會者包括戰勝國元首：美國總統、蘇聯領導人和英國首相。其後部份房間被改建成波茨坦會議舊址紀念館，設了展覽展示當時會議的情況。

波茨坦會議
Potsdam Conference
在1945年7月17日至8月2日期間進行，於其後通過了《波茲坦協定》，其中內容包括：把戰後德國劃分為4個佔領區，分別由4大戰勝國（英、蘇、美、法）對其佔領區行使主權，並通過聯合控制委員會去共同行使「整個德國」的權力。會議期間亦發表了《波茨坦公告》，要求日本無條件投降。

提提你

整座建築群共有176間客房，開放作參觀的房間都保留了當年的家具陳設。

Info

地址： Im Neuen Garten, 14469 Potsdam
開放時間： 週二至週日 11月至3月 1000-1630；4月至10月 1000-1730
休息日： 逢週一
門票： 波茨坦會議舊址€12；無憂宮+聯票€22
網址： www.spsg.de/schloesser-gaerten/objekt/schloss-cecilienhof/
前往方法：
去程 於市中心「Platz der Einheit/West」站乘坐603號巴士往「Schloss Cecilienhof」站，即達，車程約15分鐘。
回程 於「Langhansstr./Große Weinmeisterstr.」上車。

波茨坦會議就是在這張插了三國國旗的大圓桌上進行。

宮殿仿照英格蘭都鐸式鄉村風格而建造，屋頂共有55個紅磚英式煙囪。

港口風情

漢堡 **Hamburg**

　　漢堡是德國第2大城市，以繁華的港口和海上貿易而聞名。城市規劃雖給人務實之感，卻沒有枯燥乏味，於多個角落會發現吸引人的驚喜。漢堡擁有全球最大型的模型縮影「微縮景觀世界」，亦設有全國最大的紅燈區「繩索街」，而列入了世界文化遺產的「倉庫城」，更是不少攝影愛好者必去拍攝的景點。迷人的易北河岸、宏偉的辦公建築、優美的阿爾斯特湖區，都讓人想細味這座海港城市。

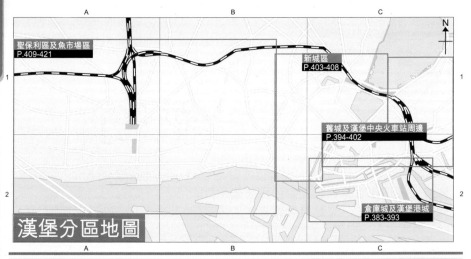

聖保利區及魚市場區
P.409-421

新城區
P.403-408

舊城及漢堡中央火車站周邊
P.394-402

倉庫城及漢堡港城
P.383-393

漢堡分區地圖

交通及旅行資訊

機場交通

漢堡機場（HAM）Flughafen Hamburg

位於漢堡市中心以北約11公里外的國際機場，現時沒有直飛航班來往香港，需在其他城市轉機。官網：www.hamburg-airport.de

交通方法

近郊火車（S-Bahn）

在機場S-Bahn站乘坐S1路線，抵達漢堡中央火車站（Hamburg Hbf）。

Info

班次：約10分鐘一班
車程：約25分鐘
HVV公共交通公司官網：www.hvv.de
機場所屬票價區：Hamburg AB
hvv車票：單程 €3.6；一天票 9am Day Ticket 單人€7.1（另有2-5人團體票），All Day Ticket 單人€8.4
包含交通之觀光卡：
Hamburg Card 可於有效期限內任意乘坐機場及市中心交通，以及含有景點門票優惠。（詳細介紹見P.381）

城際交通
交通方法

從漢堡中央火車站可轉乘地鐵（U-Bahn）到達各區。

1. 火車

漢堡中央火車站（Hamburg Hauptbahnhof）是城中最主要火車站，往來德國各大城市的火車大部分都會在此停靠。全國火車由「德國國鐵」(Deutsche Bahn/DB) 營運，可於其官網查閱路線、時間表及訂票。

德國國鐵（DB）官網：www.bahn.com/en/

2. 長途巴士

來往全國各大城市的長途巴士，大部分於漢堡長途巴士總站（ZOB Bus Port Hamburg）停靠，並主要由Flixbus長途巴士公司運營。可於其官網查閱路線、時間表及訂票：global.flixbus.com

長途巴士總站位於漢堡中央火車站南面出口外，向東步行約3分鐘。

市內交通

整個漢堡城市非常大，主要景點不算集中，不過，交通非常方便。漢堡市內公共交通主要由hvv公司運營，提供多條地鐵（U-Bahn）、近郊火車（S-Bahn）和巴士路線。

hvv官方App

hvv官網：www.hvv.de
漢堡交通圖：可於P.382查閱

Tips

遊客之選！地鐵U-Bahn U3線
路線沿經漢堡大部分著名景點，十分便利！而於「Rödingsmarkt」和「Landungsbrücken」站之間，更設在地面高架鐵路上，可遠眺港口景色。

U3線～沿經：
Hauptbahnhof Süd站 - 漢堡中央火車站南端
Mönckebergstraße站 - 蒙克貝格街購物區
Rathaus站 - 市政廳附近
Baumwall (Elbphilharmonie) 站 - 倉庫城和易北愛樂廳附近
Landungsbrücken站 - 聖保利棧橋碼頭
St. Pauli站 - 聖保利區

渡輪（Fähre）

很多遊客都會乘坐渡輪遊覽漢堡和易北河。渡輪由Hadag公司運營，但可使用HVV交通票。（渡輪路線圖見P.420）

Info

交通票種類：

A. 單程車票 Single ticket（票價區Fare zone：Hamburg AB）

Hamburg AB票價區之單程票可用於整個市中心及漢堡機場，亦可隨意轉乘區內之近郊火車、地鐵、巴士或渡輪，但不可往返。票價€3.6

B. 一天票 Day ticket

可於當天適用時限內無限次乘坐所屬票價區內的近郊火車、地鐵、巴士或渡輪路線。其中以「9am Day Ticket」團體票最抵買！

一天票 *票價區：Hamburg AB	適用時限	單人	2-5人團體
9am Day Ticket	週一至週五： 當天0000-0600、0900-次日0600 週六及假日： 當天0000-第2天的0600	€7.1	€13.4
All Day Ticket	週一至週五： 當天0000-次日0600	€8.4	-

的士（Taxi）

可直接電召或經由手機應用程式預約。

Info

電召的士
Taxi Hamburg
預約電話：+49 (040) 66 66 66
網頁：taxihamburg.de
Taxiruf Hamburg
預約電話：+49 (040) 44 10 11
網頁：taxiruf441011.de

預約的士 APP
（Taxi Deutschland）
全國通用，只要輸入出發點和目的地，可預測大約車費和所需時間，並可於APP內預約的士。

實用旅行資訊

1. Hamburg Card（漢堡觀光卡）

包含了免費交通以及一些景點、觀光船、活動等門票折扣，另於部分餐廳可享飲食優惠。於有效期限內可免費無限次乘坐市中心和機場範圍內（票價區：Hamburg AB）的近郊火車、地鐵、巴士和渡輪路線。

Info

銷售點： 可於官網或旅遊服務中心購買。
官網： www.hamburg-travel.com/booking/hamburg-card/
票價：

	1天票	2天票	3天票
單人	€10.5	€19.4	€27.5
2-5人團體	€18.5	€33.1	€46.9

＊另有4天及5天票；票價可於官網查閱。
＊1天票在當日凌晨00:00至次日清晨06:00有效，而2天票則可用至後日清晨06:00，如此類推。

2. Kunst Meile Hamburg（漢堡美術館通行證）

如果是藝術愛好者可考慮購買，憑通行證於3天限期內可免費進入5個美術館，包括：（不包含交通）

1. 布策里烏斯藝術論壇 Bucerius Kunst Forum
2. 堤壩之門美術館 Deichtorhallen Hamburg
3. 漢堡美術館 Hamburger Kunsthalle
4. 漢堡美術協會 Kunstverein in Hamburg
5. 漢堡工藝美術館 Museum für Kunst und Gewerbe Hamburg

Info

銷售點： 可於官網、旅遊服務中心或於列出之5間美術館購買。
官網： www.kunstmeile-hamburg.de
門票： 3天票 €25；憑有效Hamburg Card €20；18至27歲學生 €19

3. 旅遊服務中心

除了可索取免費市內地圖，還可購買觀光卡、音樂劇和活動門票，以及查詢各項景點路線。
官方旅遊資訊：www.hamburg-tourism.de

Info

1. 於漢堡中央火車站內（Tourist Information）
地址： Kirchenallee, Hamburg Hbf
（火車站地面商場內）
開放時間： 週一至週五 0900-1700

2. 於漢堡機場內
（Hamburg Welcome Center）
地址： Level 0, Airport Plaza, Flughafen Hamburg（於1號與2號航廈樓之間）
開放時間： 0900-1200；1245-1600

漢堡 交通路線圖 (S-Bahn、U-Bahn)

* 標圍圈內屬於「Hamburg AB」票價區之適用範圍
* 路線圖來源：HVV官方網站

新舊建築之融合

倉庫城及漢堡港城
Speicherstadt und HafenCity

　　逾百年歷史的「倉庫城」，見證著漢堡港口的發展，以紅磚倉庫建築、無數的鋼鐵橋和畢直的水道，組成了世上規模最大的倉庫建築群，也成為了典型的漢堡老建築風格。於倉庫城的南端，近年正在擴建一個新興城區「漢堡港城」，匯集住宅區、商廈、休閒式餐飲、綠化空間和文化景點，當中有不少引人注目的現代化建築，漢堡新地標「易北愛樂廳」亦聳立在此，為港口注入了優雅的時尚氣息。

交通

倉庫城
U-Bahn 乘坐U3線到「Baumwall（Elbphilharmonie）」站或U1線到「Meßberg」站。
巴士 乘坐6號到「Auf dem Sande」站或「Bei St.Annen」站。

漢堡港城
U-Bahn 乘坐U4線到「Überseeqartier」站或「HafenCity Universität」站。
巴士 乘坐111號到「Marco-Polo-Terrassen」站。
渡輪 從「Landungsbrücken」碼頭乘坐72號到「Elbphilharmonie」碼頭。

倉庫城及漢堡港城

Oberhafen-Kantine

Oberhafenbrücke
巴士站

U HafenCity Universität站

U Meßberg站

WASSERSCHLOSS
Speicherstadt Restaurant

古董汽車博物館
PROTOTYP Museum

漢堡國際海事博物館
Internationales Maritimes
Museum Hamburg

25hours Hotel
Hamburg HafenCity

德國海關博物館
Deutsches Zollmuseum

Poggenmühlen-Brücke

Fleetschlösschen
by Daniel Wischer

Bei St.Annen巴士站

Genuss Speicher

Osakaallee巴士站

U Überseequartier站

Kornhausbrücke

倉庫城
Speicherstadt

Marco-Polo-Terrassen巴士站

漢堡港城
HafenCity

微縮景觀世界
Miniatur Wunderland

Brooksbrücke
Kibbelstegbrücke

Auf dem Sande
(Speicherstadt) 巴士站

倉庫城遊客服務中心
HafenCity InfoCenter
im Kesselhaus

漢堡地牢
Hamburg Dungeon

coast by east
Hamburg

Marco Polo Tower

Speicherstadt
Kaffeerösterei

香料博物館
Spicy's Gewürzmuseum

倉庫城博物館
Speicherstadt Museum

Baumwall (Elbphilharmonie) 站

尼德鮑姆橋
Niederbaumbrücke

港口2號警署
Hafenpolizeiwache No 2

Am Kaiserkai
(Elbphilharmonie)
巴士站

Elbphilharmonie
渡輪碼頭

Discovery Dock

威斯汀漢堡酒店
The Westin Hamburg

易北愛樂廳
Elbphilharmonie
Hamburg

N

世上最大的港口倉庫群
倉庫城（Speicherstadt）

　　為了配合港口的發展，於1885至1927年間，在易北河一個狹長的島嶼上，開發了一個大型倉庫城。島嶼長1.1公里，以木樁建造了15個大型倉庫區和6個附屬倉庫群，並以多條鋼橋跟舊城區內密集式辦公區「康托豪斯區」連接，成為當年世上最大的倉庫區。於傍晚時份，鋼橋與紅磚倉庫被暗黃燈影照亮著，反射在運河水面之上，營造了一股浪漫的氣氛。

MAP: P.384 A2-B2;C1-C2;D1

倉庫建築十分統一，以紅磚作主要建材，務實之餘又帶有古雅的風韻。

多條鋼橋穿越倉庫城內的小運河，成為了這裡特有的風景。

現年有很多舊大型倉庫，被改建成博物館、餐廳和咖啡館。

這裡充份流露出工業建築之美，也代表了數百年來漢堡繁榮的港口貿易史。

━Info━
地址：20457 Hamburg
開放時間：全年
前往方法：
U-Bahn 乘坐U3線到「Baumwall（Elbphilharmonie）」站或乘坐U1線到「Meßberg」站。
巴士 乘坐6號到「Auf dem Sande」站或「Bei St.Annen」站。
步行 從舊城區可沿經多條橋樑，包括Brooksbrücke、Kibbelstegbrücke、Kornhausbrücke等，可抵達倉庫城區。

昔日紅磚鍋爐房
MAP: P.384 B2
倉庫城遊客服務中心
（HafenCity InfoCenter im Kesselhaus）

　　由古色古香的廢棄鍋爐房改造而成，別具特色！這座歷史悠久的紅磚鍋爐建築，建於1886年，曾經為倉庫城液壓設備和照明系統供電，很具歷史意義。及後，倉庫城也漸漸改為以發電機供電。於二戰期間，鍋爐房被戰火炸毀，然後一直被廢棄，直到1999年進行了大型重建，完工後變為遊客服務中心，提供全面的旅遊資訊。

於服務中心旁邊設有龐大的展覽空間，展出了漢堡港口1：500比例之木製模型，免費給遊客參觀。

前方有一整排經典紅磚倉庫城建築，擁有迷人舒適的氛圍。

這間舊式鍋爐房設有2個高煙囪，重建時把二戰期間毀壞了的煙囪以鋼格架結構替代。

━Info━
地址：Am Sandtorkai 30, 20457 Hamburg
電話：+49 (0)40 36 90 17 99
開放時間：週二至週五1000-1700；週六、
　　　　　　週日1100-1700
休息日：週一
網址：www.hafencity.com/infocenter/
　　　　　kesselhaus
前往方法：
從微縮景觀世界（Miniatur Wunderland）步行前往，大約2分鐘。可乘坐巴士6、602號到「Auf dem Sande (Speicherstadt)」站，再步行1分鐘。

漢堡

倉車城及漢堡堡港城

舊城及漢堡中央火車站周邊

新城

聖保利區及魚市場區

意大利區

意大利區範圍很大，包括有威尼斯、羅馬、梵蒂岡、五漁村、維蘇威火山等等的分區。

威尼斯嘆息橋下的貢多拉，有正在親吻的愛侶。

超夢幻模型縮影

MAP: P.384 B2

微縮景觀世界
(Miniatur Wunderland)

是全球最大型的景點和鐵路模型展覽館，由300多名員工利用了超過79.5萬小時，拼出了這個滿載驚喜和歡樂的微縮景觀世界！全場分為9個區域，以不同國家作為主題，根據多個城市的真實面貌，利用模型建立了一個超乎想像的小小世界，其中包括1千多列火車、逾13萬棵樹木、逾26萬個模擬人物、逾9千輛汽車、逾4千座房屋和橋樑，規模宏大。另外，還配上了逾38萬顆LED燈，每15分鐘定時轉換，締造出白天與黑夜的夢幻景致。

羅馬鬥獸場也非常逼真，工作人員一共花了4千小時製作出來。

全場有達200個設於展櫃上的按鈕，按下去會有小驚喜，例如模型中一些指定人物會郁動。

細心留意的話，會發現在模型裡有很多讓人會心微笑的人物和情境。

於瑞士區有一個小型玻璃展櫃，內藏「朱古力工廠」，按鈕可獲取一片朱古力塊。

漢堡區

漢堡之著名地標「易北愛樂廳」的模型，面積有9平方米，外觀極美。

可按一下按鈕打開模型，顯露了正在舉行音樂會的易北愛樂廳內部。

整個漢堡的城市模樣活現眼前，包括建滿紅磚建築的倉庫城，十分逼真。

I Can Tips

火車、飛機和模型小車都依照電腦計算機程式自動行駛，在場有專人監察其運作。

模型小車利用磁鐵系統於指定路線行走，並會定時進入後台自行充電。

於地下層設有餐廳，用餐區猶如在火車車廂內，玩味十足。

其他亮點

瑞士區：有跨越2層的馬特洪峰、穿越山間的鐵路高架橋和一些山區小鎮，房子造型精緻像真。

美國區：除了有著名的總統雕像山「拉什莫爾山」，還有繁華的拉斯維加斯和大峽谷國家公園等景觀。

燈光效果：所有場景都設有燈光效果，每15分鐘作出變化，晚間情景特別夢幻。

鐵路模型：全場有逾千架火車，單單是路軌全加起來就有1萬5千多米！是鐵路愛好者必遊之地。

袖珍機場：屬於最受歡迎的場景之一，除了可欣賞到50多架模型飛機，還設有跑道讓飛機輪流升降。

Info

地址：Kehrwieder 2/Block D, 20457 Hamburg
電話：+49403006800
開放時間：
夏季約0730-0000；冬季約0900-1800（每天開放時間不一，於旺季會由清晨開放至半夜，確實時間可於官網查閱）
門票：成人€20；學生€17；建議預先於網上訂票
網址：www.miniatur-wunderland.de
前往方法：
U-Bahn 乘坐U3線到「Baumwall (Elbphilharmonie)」站，再步行8分鐘。
巴士 乘坐6號到「Auf dem Sande」站，再步行1分鐘。

於日光下，玻璃外牆反射出耀眼亮麗的光芒，是易北河岸讓人嘆為觀止的建築。

於音樂廳和平台的上層，是私人公寓和威斯汀漢堡酒店的所在地。

漢堡新文化地標

MAP: P.384 A3

易北愛樂廳
（Elbphilharmonie）

　　非常矚目的波浪形演奏廳，把音樂、建築美學和港口風景融合，成為了一個優雅時尚的新文化地標！於2017年開幕，外立面經過精心設計，牆身利用玻璃來反射光線，在日光下璀璨奪目。從正門乘坐歐洲最長的自動扶手電梯，即可登上位於37米高的演奏廳公共觀景平台。這裡全天候對外開放，是360度飽覽倉庫城和港口的最佳視角。建築內設3個國際級音樂廳，經常舉行各類型的演奏會。

觀景平台是俯瞰紅磚倉庫城的最佳地點。為了控制人流，進入平台需於入口處領取門票，或於官網預約。

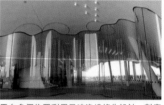

平台多個位置利用了波浪線條作設計，對應整座建築物的外觀。

音樂廳的入口設在觀景平台那層，如想在此欣賞演奏會，門票十分搶手，需提前購入。

---**Info**---

地址：Platz der Deutschen Einheit 4, 20457 Hamburg
電話：+49403576660
開放時間：觀景平台（Plaza Elbphilharmonie）1000-2400；紀念品店1000-2000
門票：觀景平台（Plaza Ticket）可於入口處免費領取，而每節人數有限，如於旺季到訪，建議於官網預訂（網上預約費€2）。
網址：www.elbphilharmonie.de
前往方法：
U-Bahn：乘坐U3線到「Baumwall（Elbphilharmonie）」站，再步行6分鐘。
巴士：乘坐111號到「Am Kaiserkai（Elbphilharmonie）」站，再步行3分鐘。
渡輪：從「Landungsbrücken」碼頭乘坐72號到「Elbphilharmonie」碼頭，再步行1分鐘。

於觀景平台開設了紀念品店，販售眾多特色紀念品。

以易北愛樂廳外觀作為木砧板的模樣，設計別樹一格。€285

咖啡館供應各式咖啡和輕食餐點，包括牛角麵包、自家製蛋糕、窩夫等。

咖啡粉和咖啡豆選擇很多，咖啡愛好者不容錯過。約 €7-12/250g

不同的咖啡粉適合不同的烹調方式，購買之前可以留意包裝上這些圖案說明。

坐落在一座逾百年歷史的紅磚倉庫裡，別具韻味。

進入咖啡的世界
Speicherstadt Kaffeerösterei

　　倉庫城以往儲存了很多從其他國家船運過來的貨物，咖啡是其中為數最多的貿易商品，亦讓漢堡成為全國最早擁有咖啡文化的地方之一。而這間咖啡烘焙工坊於2006年在倉庫城這裡開業，裝潢充滿懷舊工業風，是細嚐漢堡咖啡的好地方。旁邊設有大型商店，販售各式各樣的咖啡豆、咖啡粉、杯具和有關商品，一站式讓人進入咖啡世界。 **MAP: P.384 B2**

店內自設大型咖啡烘焙機，經常飄出炒豆香氣。

---Info---
地址： Kehrwieder 5, 20457 Hamburg
電話： +4940537998500
營業時間： 1000-1800
消費： €5-15/每人
網址： speicherstadt-kaffee.de
前往方法： 於微縮景觀世界（Miniatur Wunderland）旁邊，向西步行1分鐘。

百年歷史建築
港口2號警署
(Hafenpolizeiwache No 2)

就在易北愛樂廳附近。

　　位於倉庫城的最西端，主要負責港口安全，和對危險物品進行集中監控。這座警署於漢堡非常的著名，全因當地一套關於警察的電視連續劇《Notruf Hafenkante》，曾經以這裡作故事的發生地。 **MAP: P.384 A2**

建築外觀像一座紅磚小城堡，有逾百年歷史，非常可愛。

---Info---
地址： Hafenpolizeiwache No 2, 20457 Hamburg
開放時間： 內部並不開放
前往方法： 乘坐 U-Bahn U3線到「Baumwall (Elbphilharmonie)」站，越過尼德鮑姆橋（Niederbaumbrücke）即達，步程約2分鐘。

驚險的暗黑世界
漢堡地牢
(Hamburg Dungeon)

場景效果非常逼真，過程刺激驚悚，不適合10歲以下小朋友參加。

　　一場90分鐘的冒險之旅！在暗黑的地下城，由一班演員作現場表演，以漢堡過去一些重要歷史作為驚險旅程的背景，包括中世紀酷刑、霍亂疫情、於1717年之洪災，和於1842年發生之火災等，參加者就像回到了當時，身歷其境感受漢堡昔日的黑暗時光。 **MAP: P.384 B2**

---Info---
地址： Dungeon Deutschland GmbH, Kehrwieder 2, 20457 Hamburg
電話： +49 180 6 66690140
開放時間： 英語團時間可於官網查閱
門票： 成人€25.5（可於官網訂票）
網址： www.thedungeons.com/hamburg/de/
前往方法： 於微縮景觀世界（Miniatur Wunderland）的旁邊。

船船模型種類包括了帆船、貨船、大型遊輪、軍艦等，多不勝數，讓人目不暇給！

館內收藏了超過10萬件來自世界各地的展品，數量相當驚人。

也展出了不同國家的海軍制服、徽章和軍帽等。

船之愛好者必訪

MAP: P.384 C2

漢堡國際海事博物館

(Internationales Maritimes Museum Hamburg)

共有10層的大型海事博物館，擁有世上最多的私人航海珍品！展品來自當地一位記者Peter Tamm，他出生於20世紀初一個古老航海家庭，自6歲開始不斷收集有關航運和海軍歷史的珍品。後來，於2008年成立了這間博物館，把他的珍藏向公眾展示，館內有多達2萬6千個船隻模型、5萬張造船設計圖、5千幅畫作、150萬張照片和許多航海設備。如果是船之愛好者，絕對可以在裡面渡過大半天。

已退役的港口消防船「Dr.-Ing Sander號」之模型。船於1965年建造，於當時是漢堡最大的消防船，也是第一艘帶有消防橋的消防船。

┨Info┠
地址：Koreastraße 1, 20457 Hamburg
電話：+49 40 30092300
開放時間：1000-1800
休息日：24/12、31/12
門票：成人€15、學生€11
網址：www.imm-hamburg.de
前往方法：
U-Bahn
乘坐U4線到「Überseequartier」站，再步行6分鐘。
巴士
乘坐6號到「Bei St.Annen」站，再步行5分鐘。
或乘坐111號到「Osakaallee」站，再步行2分鐘。

由紙莎草捆製而成的「草船」是世上最古老的船種之一，於玻利維亞和秘魯等地，至今仍有使用。

博物館位於一座舊紅磚倉庫之內，是漢堡港城最古老的建築物之一。於地下層另設餐廳和紀念品店。

古蹟改建的小餐室

MAP: P.384 C2

Fleetschlösschen by Daniel Wischer

建於19世紀後期，屬於典型的新哥德式風格，非常可愛小巧。這裡最初用作海關服務大樓，後來改為消防站，近年則改建為河畔餐室，主要供應簡餐和魚類料理，人氣菜式包括魚湯、魚漢堡和炸魚薯條。

┨Info┠
地址：Brooktorkai 17, 20467 Hamburg
電話：040 30393210
營業時間：1030-2230
休息日：週日
消費：€30-40/每人
網址：fleetschloesschen.de
前往方法：乘坐U-Bahn U4線到「Überseequartier」站，再步行6分鐘。或乘坐巴士6號到「Bei St.Annen」站，再向南步行2分鐘。

餐室不大，約可容納20多人。

漢堡港之虛擬體驗
Discovery Dock

一個嶄新的虛擬體驗館，以「探索碼頭」為主題，透過一些多媒體互動遊戲，讓參加者來一場50分鐘的「海港之旅」。場內設有多個電玩遊戲，讓參加者像身歷其中，模擬成為海關偵查員，利用X-ray電筒在貨船內查找違禁品，也有遊戲模擬成為貨櫃碼頭內的操控員，駕駛著巨型起重機起卸貨櫃，體驗虛擬實境。

MAP: P.384 A2

虛擬體驗館就在易北愛樂廳的對面。

戴上VR虛擬眼鏡，就像成為了貨櫃碼頭內的操控員，體驗起卸貨櫃的工作。

大型投影模型顯示了24小時港口流量變化，並可追蹤所有港口內的船隻之行駛情況。

場內互動遊戲不算太多，但能讓參加者體會在港口裡工作的情況。

┌─ **Info** ─
地址：Am Kaiserkai 60, 20457 Hamburg
電話：040-87 96 326-0
開放時間：週三至週六1200-1800；
　　　　　　週日1000-1600
休息日：週一、週二、1/1、24-26/12、31/12
門票：成人€29；學生€15（需網上預約）
網址：www.discovery-dock.de
前往方法：於易北愛樂廳（Elbphilharmonie Hamburg）東側轉角位置，步行約1分鐘。

進入異國香料的世界
香料博物館 **MAP: P.384 B2**
(Spicy's Gewürzmuseum）

始創於1993年，是世上第1間香料博物館，亦是絕無僅有！這裡展出了近500年來自世界各地關於香料的物品，一共多達900件。從展品和解說，讓人了解香料從種植到完成品的每一個加工和包裝過程。另外，也詳細介紹了50多種香料的用途，到訪者還可聞香、觸摸和品嚐，讓人完整體驗異國香料的世界！

商店中販售很多來自不同國家的香料，讓人大開眼界。墨西哥紅辣椒乾€5

在場擺放了多種香料，讓訪客可以聞香，加深認識。

博物館入口旁邊設有大型香料店，就算不是博物館訪客，也可進入商店參觀及選購。

┌─ **Info** ─
地址：Am Sandtorkai 34, 20457 Hamburg
電話：+49 40 367989
開放時間：1000-1700
門票：成人€5；學生或持有漢堡卡€4
網址：www.spicys.de
前往方法：乘坐U-Bahn U3線到「Baumwall (Elbphilharmonie)」站，再步行6分鐘。

引人注目的住宅大樓
Marco Polo Tower

建於2009年，曾獲多個建築獎項，是漢堡港城最著名的住宅大樓，也是城中最昂貴的豪宅之一。樓高12層，形如2座高樓緊緊互扣，設計獨一無二。最特別之處是每個樓層都圍繞著中心軸線旋轉了幾度，而樓層越高，面積則越大。

MAP: P.384 B3

建築設計擁有優美的線條，讓建築留下深刻的印象。

於地下層設有「coast by east Hamburg」餐廳。

┌─ **Info** ─
地址：Marco Polo Tower, Am Strandkai 1, 20457 Hamburg
開放時間：內並不開放
前往方法：
U-Bahn 乘坐U4線到「Überseequartier」站，再步行8-10分鐘。
巴士 乘坐111號到「Marco-Polo-Terrassen」站。

無論是專業攝影師或是純粹愛拍攝的人，都會前來一趟，把倉庫城這個最美的角度拍下來。

情侶們在欄杆繫上愛情鎖，讓橋成為了浪漫的據點。

橋上絕佳的景觀

MAP: P.384 D1

Poggenmühlen-Brücke

站在橋上可享有倉庫城最佳的視野，也是明信片經典的取景位置。眼前左右兩排幾乎一模一樣的紅磚倉庫，對稱形態給人獨特的視覺感受，讓人不自覺地把目光投放於中央位置那座水中城堡（Wasser Schloss）。尤其在黃昏和黑夜時段，舊倉庫建築被燈火照亮，迷人夜色令人印象深刻。

中央位置的水中城堡，現為一間「WASSERSCHLOSS Speicherstadt Restaurant」餐廳。

━Info━
地址：Poggenmühlen-Brücke, 20457 Hamburg
開放時間：全年
前往方法：乘坐U-Bahn U1線到「Meßberg」站，再步行5分鐘。

了解海關發展史

德國海關博物館
(Deutsches Zollmuseum)

位於歷史悠久的海關辦公室之內，形形色色的展品約有1千件。

━Info━
地址：Alter Wandrahm 16, 20457 Hamburg
電話：+4940300876110
開放時間：1000-1700
休息日：週一（復活節和聖靈降臨節之週一除外）、1/1、24/12、25/12、31/12
門票：€2
網址：www.museum.zoll.de
前往方法：
乘坐U-Bahn U1線到「Meßberg」站，再步行7分鐘。或乘坐巴士6號到「Bei St.Annen」站，再步行1分鐘。

海關歷史十分悠久，從古羅馬時代已經開始於邊境位置收集進出貨物的稅項。時至今日，海關最重要職責之一是查緝走私貨物，館內展覽可讓人更了解自古羅馬帝國直到現今的海關發展史，其中也有描述一些真實又難以想像的走私藏身處。

MAP: P.384 C1

展示昔日倉庫之運作

MAP: P.384 A2

倉庫城博物館 (Speicherstadt Museum)

坐落在一間1888年建成的倉庫裡，介紹倉庫城的歷史、發展和如何運作，並展示了昔日倉庫管理員用於儲存貨物和起卸所用的工具和使用方法。另也有講述茶葉和咖啡貿易於倉庫城的發展。

博物館不太大，主要展出了一些傳統儲倉方法和相關工具。

━Info━
地址：Am Sandtorkai 36, 20457 Hamburg
電話：+4940321191
開放時間：11月至2月 1000-1700
　　　　　　3月至10月 平日 1000-1700、週末及假日1000-1800
休息日：24/12
門票：成人€4.5、大學生€3、中小學生€2
網址：www.speicherstadtmuseum.de
前往方法：
於香料博物館（Spicy's Gewürzmuseum）旁邊，步行約1分鐘。

嫩滑的白香腸伴以特製醬汁，配以烤薯仔和雜菜沙律，份量蠻大。

火車橋下不可思議的老餐館
Oberhafen-Kantine

　　有近百年歷史的小餐館，位於火車橋下一間磚砌小屋之內。一走進去，無論站著和坐下來，很快會意識到地板、桌椅和牆壁上的掛畫都是微微傾斜。原來於60年代，一次洪災令小屋受毀，木地板被洪水浸泡到高低不平，難以修復，亦成為了這間餐館的歷史印記！這裡主要供應地道和當造菜式，包括漢堡白香腸、肉丸、烤牛肉、漢堡傳統海員菜式Labskaus等。

MAP: P.384 D2

放在餐桌上的啤酒杯，都微微斜向了一邊！這裡主要供應來自北德地區的啤酒。€3.5/300ml

於微斜的餐館用餐，實在有點不可思議！內裝樸實古雅，置滿了充滿歷史感的木質家具。

餐館位於火車橋下，不時有列車經過，行駛的聲響陪伴著用餐，很有特色。

於2樓也設有用餐區。

Info

地址：Stockmeyerstraße 39, 20457 Hamburg
營業時間：週三至週六 1200-2200；
　　　　　　　週日 1200-1730
休息日：週一、週二
消費：€20-25/每人
網址：oberhafenkantine-hamburg.de
前往方法：
U-Bahn 乘坐U4線到「HafenCity Universität」站，再步行8分鐘。
巴士 乘坐602號到「Oberhafenbrücke」站，再步行1分鐘。

老咖啡館氛圍
Genuss Speicher

咖啡採用自家烘焙的咖啡豆，濃香順口。Espresso Macchiato €2.2

除了可品嚐自焙咖啡，還有供應各式自家製糕點。

　　早在1892年，咖啡就在這個紅磚倉庫儲存和加工。現在，這裡成為一間充滿懷舊氣息的咖啡館，每個角落放滿了關於咖啡的舊物，鐵咖啡罐、咖啡豆麻袋、舊招牌、古董咖啡機等等，營造出濃濃的復古氛圍。咖啡愛好者也可進去旁邊的博物館，了解咖啡歷史和烘焙方式之演變。 **MAP: P.384 C2**

木樑天花配以大吊燈，內裝復古有個性。

收銀處用了一些昔日招牌作裝飾，洋溢老時代氛圍。

Info

Genuss Speicher 咖啡館
地址：St. Annenufer 2, 20457 Hamburg
電話：+494030380280
營業時間：1000-1800
休息日：週一
消費：€5-10/每人
網址：www.genuss-speicher.de
前往方法：
乘坐巴士6號到「Bei St.Annen」站，再步行2分鐘。再向南步行2分鐘。

Kaffeemuseum-Burg 咖啡博物館
開放時間：1000-1800
休息日：週一
消費：€5
網址：kaffeemuseum-burg.de
前往方法：入口和售票處於Genuss Speicher咖啡館內。

舊城及漢堡中央火車站周邊

Altstadt und Hauptbahnhof

舊城區屬於老漢堡的靈魂所在！充滿華麗氣派的市政廳、被戰火摧毀後瘡痍滿目的聖尼古拉教堂、堤壩大街上倖存至今的傳統半木結構房子，讓人深深體會昔日漢堡典雅的風情！走到舊城東南端，步入百年前建立的純辦公區「康托豪斯區」，到處可見讓人深刻的磚塊表現主義建築。沿著蒙克貝格街步向繁華現代的中央火車站區，展現了新舊交融的獨特面貌。

🚉 **交通**

舊城（漢堡市政廳附近）
U-Bahn：乘坐U3線到「Rathaus」站。
巴士：乘坐巴士17、34、37號到「Rathausmarkt」站。
步行：從漢堡中央火車站步行至漢堡市政廳，步程約10-15分鐘。
S-Bahn：乘坐S1至S3、S21或S31線到「Stadthausbrücke」站，再步行5分鐘。

漢堡中央火車站
U-Bahn：乘坐U1或U3線到「Hauptbahnhof Süd」站或U2、U4線到「Hauptbahnhof Nord」站。
巴士：乘坐5、36、37號到「Hauptbahnhof/Zob」站。
乘坐6、34、36、37號到「Hbf/Mönckebergstraße」站。
乘坐112號到「Hbf/Spitalerstraße」站。
S-Bahn：乘坐S1至S3、S11、S21或S31線到「Hamburg Hbf」。

舊城及漢堡中央火車站周邊

Mutterland

德意志戲劇院 Deutsches SchauSpielHaus Hamburg

漢堡中央火車站 Hamburg Hauptbahnhof Hbf

Generator Hamburg

漢堡長途巴士總站 ZOB Bus Port Hamburg

Zob巴士站

漢堡工藝美術館 Museum für Kunst und Gewerbe Hamburg

Hauptbahnhof/Süd站

漢堡美術館 Hamburger Kunsthalle

Hauptbahnhof Nord站

Hbf/Spitalerstraße巴士站

Hbf/Mönckebergstraße巴士站

Mönckebergstraße站

SATURN

Steinstraße站

CHOCOVERSUM 朱古力博物館

Meßberg站

Sprinkenhof

智利大樓 Chilehaus Hamburg

堤壩之門美術館 Deichtorhallen Hamburg

內阿爾斯特湖

Jungfernstieg站

GALERIA 百貨公司

Starbucks

聖彼得教堂 Hauptkirche Sankt Petri

阿爾斯特湖拱廊 Alsterarkaden

市政廳廣場 Rathaus

漢堡市政廳 Rathaus

Rathausmarkt巴士站

Rathaus站

聖凱薩琳教堂 Hauptkirche St. Katharinen

倉庫城及漢堡港城

新城區

Stadthausbrücke站

Rödingsmarkt巴士站

聖尼古拉教堂 Mahnmal St. Nikolai

Schanzenbäckerei 麵包店

木橋Holzbrücke

Kolonialwarenladen Café am Fleet

Rödingsmarkt站

整座建築建於4000多條橡木樁之上，共有647個房間，規模宏大。

提提你
於前方的市政廳廣場，是每年聖誕市集的舉行地點。

庭院設有噴泉廣場，以希臘健康女神之名字命名，來紀念1892年霍亂於城中大規模爆發。

Tips

阿爾斯特湖拱廊 Alsterarkaden
建於市政廳左方的拱廊通道，開滿了商店和咖啡廳，非常優雅。穿過拱廊可通往內阿爾斯特湖的南端。

華麗的砂岩建築

漢堡市政廳（Rathaus）

　　美輪美奐的市政廳，是漢堡政府、參議院和議會的所在地，也是城中最重要的地標之一。市政廳建於1886至1897年，融合文藝復興、哥德式和巴洛克式的元素。外牆裝飾精美，一共有20座皇家雕像，華麗的外觀猶如一座在市中心內的城堡。遊客可參加導賞團參觀其內部大廳和房間。

MAP：P.395 B2

於地下層的塔樓大廳，圓拱設計讓人印象深刻。

Info
地址：Rathausmarkt 1, 20095 Hamburg
電話：+4940428312064
開放時間：0800-1800
門票：庭院和地下層 免費進入；內部（導賞團）€5
網址：www.hamburg.de/rathaus/
前往方法：
乘坐U-Bahn U3線於「Rathaus」站或乘坐巴士17、34、37號到「Rathausmarkt」站，即達。
漢堡市政廳1小時導賞團：
舉行日期和時間：視乎市政廳有否會議和活動，具體日期可於官網查閱。
費用：€5
報名地點：於地下層的塔樓大廳櫃台報名。

戰爭留下的傷痛

MAP：P.395 A3

聖尼古拉教堂
（Mahnmal St. Nikolai）

　　是昔日的漢堡主教堂，於1943年二戰時被轟炸後，並沒有像其他歷史建築一樣重新修建，反而保留了被戰火破壞後那瘡痍滿目的狀況，這遺址成為了悼念戰爭受害者的紀念館，於地下室設有展覽，展示關於二戰「漢堡大轟炸」時的照片、文件和影片，讓人反思戰爭的禍害。而遊人亦可乘坐升降機登上塔樓，於76米高的觀景台鳥瞰舊城風光。

於塔樓前方的廣場，是昔日教堂中殿的所在位置，現在放置了一些以「戰爭」為題的紀念雕像。

Tips

鐘琴演奏
於1993年，在殘留的教堂塔樓中加建了帶有51個鐘鈴的鐘琴，每逢週四正午12時會進行演奏，播放一些音樂旋律，遊人可在塔樓前方廣場上聽到。

現在餘下來除了尖塔之外，就只剩下一部分外牆，讓人深切感受到戰爭的殘酷。

原建築建於14世紀，於19世紀中期被大火摧毀後，以新哥德式風格重建，後來再因二戰空襲而受到徹底破壞。

Info
地址：Willy-Brandt-Straße 60, 20457 Hamburg
電話：+49 40 371125
開放時間：週四至週二 1000-1800
休息日：週二、24/12、31/12
門票：教堂範圍 免費；展覽及塔樓 €6
網址：www.mahnmal-st-nikolai.de
前往方法：
U-Bahn 乘坐U3線於「Rödingsmarkt」站下車。
S-Bahn 乘坐S1線到「Stadthausbrücke」站，再步行6至7分鐘。

提提你

於大街中段的「Bardowicker Speicher」，建於1780年，是城中倖存至今最古老的倉庫之一。

城中現存最古老的「商人之家」，混合了住宅和倉庫之功能，就在這條街道上。商家房子都是臨河而建，貨物可從馬路或運河運送過來。

Tips

最佳的拍攝位置
站在不遠處的木橋（Holzbrücke）上，是欣賞堤壩大街老房子的最佳視角。舊房子的倒影映照在運河上，營造出一抹動人的風景。

漢堡最美的街道

堤壩大街（Deichstraße）

又被譯作「德希街」，是漢堡舊城區最古老的商業街！街上一整排17世紀半木結構房屋，古典優雅！不過，在1842年舊城區發生了一場歷時3天半的大火，摧毀了城中很多建築物，幸因風向關係，這條大街南端的半木結構房屋得以倖存。而現在，街道屬於行人專用區，開滿了小商店、咖啡廳和老餐館，大部以傳統風格作裝飾，流露滿滿的老漢堡情懷。

MAP: P.395 A3

沿著這條大街漫步，可聯想到漢堡昔日古典優雅的風貌。

街道上有很多精緻的露天老餐館，在這兒慢逛，可享受悠然愜意的一刻。

Info

地址： Deichstraße, 20459 Hamburg
開放時間： 全年
前往方法：
U-Bahn 乘坐U3線到「Rödingsmarkt」站，再步行5分鐘。
巴士 乘坐17、607、608號到「Rödingsmarkt」巴士站，再步行6分鐘。
S-Bahn 乘坐S1至S3線到「Stadthausbrücke」站，再步行7分鐘。

復古咖啡香

MAP: P.395 A3

Kolonialwarenladen Café am Fleet

堤壩大街是特色咖啡店和老餐館的聚集地。如果你是復古控，一走進去這間咖啡店，內心隨之歡喜不已。店內放滿了舊時代的陳設，不論是古董咖啡機、舊餅乾鐵罐、上年代的磅子、老咖啡館鐵製海報，都屬於昔日的歷史印記。在這裡呷一口咖啡，嚐一下自家製糕點，感受浪漫的復古氣氛。

陳年木質傢具添了一點歷史味道！店內主要供應咖啡、早午餐輕食和自家製糕點，晚市不營業。

老舊的房子外觀，配合從各地搜集來的古物擺設，氛圍格外美好。

店主收藏了眾多不同年代的鐵盒和餅乾罐，別具特色。

Info

地址： Deichstraße 45, 20459 Hamburg
電話： +4940371253
營業時間： 週一至週五 0700-1800；
週六 1000-1730
休息日： 週日
消費： €5-10/每人
前往方法：
於堤壩大街（Deichstraße）的後端。乘坐 U-Bahn U3 線到「Baumwall (Elbphilharmonie)」站，再步行5分鐘。

館內模擬一間小型朱古力工廠，參加者可以了解如何利用機器製作朱古力，還可即場試食半製成品。

難以抗拒的朱古力旅程　MAP: P.395 C3

CHOCOVERSUM
朱古力博物館

朱古力對於漢堡意義重大，作為德國最重要的港口之一，每年約有15萬噸可可經由這裡進入德國，城中更設有朱古力博物館，以導賞團方式介紹朱古力的起源，並展示一些昔日朱古力工廠所用的機器，讓人了解生產過程。每位參加者更可即場自製朱古力磚，自選心水配料，創造屬於自己的口味！博物館旁設有大型商店，販賣來自世界各地特色朱古力和有關商品，朱古力迷絕不容錯過。

認識朱古力生產過程

導賞員介紹朱古力的原料、歷史和製作方法，並講述主要原料可可果，它的種植、提取和加工過程。

如果沒時間參加導賞團，也可自由進入商店逛逛，搜羅特色朱古力商品和紀念品。

沾上了朱古力醬的餅乾，非常美味！朱古力醬是從在場其中一台機器生產出來的。

藏在可可果裡面的可可豆，於製作朱古力之前需要經過發酵、曬乾和烘烤等等加工處理。

搜羅特色朱古力

博物館設有大型朱古力商店，除了販售來自世界各地的特色朱古力，還有朱古力啤酒、各式醬料、精品和擺設等。

樣子似極一罐沙甸魚的朱古力，造型十分吸引。€9.99

以半個可可果殼製作成的特色器皿，屬純天然的精緻。

少不了各式各樣的朱古力磚，口味選擇眾多。chocome牛奶巧克力草莓 €7.99

啤酒具有濃厚朱古力苦香，風味具層次。朱古力啤酒（Schoko Bier）€3.99

DIY朱古力工作坊

導賞團由專人帶領，指導參加者如何製作朱古力磚。

STEP 1:
把朱古力溶液注入朱古力磚模具之中。

STEP 2:
在場有很多配料可選擇，包括果仁、粉紅胡椒、軟糖、椰絲、杏仁餅碎等。

STEP 3:
隨自己喜好加入配料，然後在模具上寫上名字和製作時間。

STEP 4:
放入雪櫃冷藏。

STEP 5:
於導賞團結束時，領回自己製作的朱古力磚。

喜歡奇特口味的朋友，可以試試這款蚱蜢和辣椒粉朱古力。€4.99

Info

90分鐘英語導賞團
English guided chocolate tour
舉行時間：每天；場次可於官網查閱
費用：即日報名 成人€21、學生€19；
　　　網上預訂 成人€15-21、學生€14-
　　　19（越早預訂，票價越便宜）
網址：www.chocoversum.de

地址：Meßberg 1, 20095 Hamburg
電話：+494041912300
營業時間（商店）：1000-1800
前往方法：
乘坐U- Bahn U1線到「Meßberg」站，再步行1分鐘。

漢堡
倉庫城及漢堡港城
舊城及漢堡中央火車站周邊
新城
聖保利區及魚市場區

歐洲最大的藝術展廳之一

堤壩之門美術館
（Deichtorhallen Hamburg）

MAP: P.395 D3

坐落在市中心和港口之間2座歷史建築物之內，原建築是漢堡柏林火車站的「市場大廳」，建於1911至1914年間，現為歐洲最大型的當代藝術和攝影展廳之一。於這裡舉辦的藝術展覽多屬短期形式，大約每2至3個月更換一次主題和展覽內容。

北大樓是「當代藝術館」（Halle für Aktuelle Kunst），專門展出當代畫家和雕塑家的作品。

南大樓是「攝影館」（Haus der Photographie），專門舉辦一些國際性攝影展覽。

Info

地址：Deichtorstraße 1, 20095 Hamburg
電話：+4940321030
開放時間：1100-1800
休息日：逢週一
門票：全票€13；當代藝術館€12；攝影館€8；18歲以下免費進入
網址：www.deichtorhallen.de
前往方法：乘坐U-Bahn U1線於「Steinstraße」站下車，再步行5分鐘。

引人注目的紅磚建築

MAP: P.395 C2

智利大樓（Chilehaus Hamburg）

於漢堡的商業區段，有10層高，是當地著名辦公大樓。於1922至1924年間由建築師FritzHöger設計，把「船」的元素帶進設計之中，其頂部線條讓人想起了船頭，最高那3層設有陽台，從外觀看就像大輪船的甲板，成為了其獨特之處，被認為是磚塊表現主義建築的最佳典範之一。

整座大樓使用了480萬塊磚頭來修建，設有2800扇白色窗戶。

世界文化遺產
智利大樓的所在位置「康托豪斯區」（Kontorhausviertel），亦即是舊城區的東南部，是歐洲大陸上第一個純辦公區，這裡大部分建築是由1920到1930年代初期建造。智利大樓跟這一區多座辦公大樓和整個倉庫城，一起被列入同一項「世界文化遺產」中。

提提你

Info

地址：Fischertwiete 2A, 20095 Hamburg
開放時間：內部不開放作參觀
網址：www.chilehaus.de
前往方法：乘坐U-Bahn U1線於「Meßberg」站下車，再步行1分鐘。

宏偉辦公建築

Sprinkenhof

一座非常矚目的磚紅色辦公大樓，位於「智利大樓」的旁邊。大樓分3個階段於1927至1943年之間建造，首先建成了中間的立方體，然後是西翼，直到1930年代中期，才開始建造東翼。整座Sprinkenhof圍繞著3個內庭，佔地非常廣大，建成當時是歐洲最大型的辦公大樓。

對於建築愛好者來說，這些特色建築是慢慢探索和拍照的好地方。

MAP: P.395 C2

外牆上刻有一些代表漢堡的圖案，例如有城市徽章、齒輪和帆船等等。

這一座宏偉的現代紅磚建築，配以鋼筋混凝土製成的骨架結構，跟倉庫城和附近一些辦公大樓風格非常統一。

Info

地址：Burchardstraße 8, 20095 Hamburg
開放時間：內部不開放作參觀
前往方法：
於智利大樓（Chilehau）的斜對面。
乘坐U-Bahn U1線於「Meßberg」站或「Steinstraße」站下車，再步行5分鐘。

工藝品之美

漢堡工藝美術館

(Museum für Kunst und Gewerbe Hamburg)

MAP: P.395 D2

坐落於一座19世紀古老建築之內，鄰近漢堡中央火車站。

樓高3層，於1877年開幕，收藏了眾多由中世紀至今來自不同國家的工藝品，包括有雕刻品、家具、珠寶、時裝、畫作、設計海報、瓷器、古典樂器等等，展品種類包羅萬有，讓人目不暇給，大部分設有英文解說。於頂層設有富有懷舊風情的餐廳「Destille」。

做工精緻的古樂器，猶如一件件珍貴的藝術品。

═Info═

地址：Steintorpl., 20099 Hamburg
電話：+4940428134880
開放時間：週二至週日 1000-1800
　　　　　非假期之週四 1000-2100
　　（公眾假期有機會更改，可於官網查閱）
最後進入：關閉前半小時
休息日：週一、24/12、31/12
門票：成人 €12；學生、逢週四1700後 €8；
　　　18歲以下 免費
網址：www.mkg-hamburg.de
前往方法：
從漢堡中央火車站（Hamburg Hauptbahnhof Hbf）步行前往，大約5分鐘。可乘坐U-Bahn U1或U3線到「Hauptbahnhof Süd」站，即達。

城中最主要交通樞紐

漢堡中央火車站

(Hamburg Hauptbahnhof)

月台屋頂以玻璃和鋼鐵建成，古雅務實。

於漫步大廳內除了開滿各式商店，還有一個龐大的美食廣場。

位於舊城區東側，自1906年開始啟用，是全國最繁忙的客運火車站之一。屬於新文藝復興風格的車站，充滿古典氣息，站內設有購物中心「漫步大廳」（Wandelhalle），於1991年開幕，在2個樓層設立了70多間商店，包括超級市場、餐廳和旅遊服務中心，滿足旅客各種需要。

MAP: P.395 C1-C2；D1-D2

車站規模很大，每天有大約720列本地或跨國火車經由這裡進出。

═Info═

地址：Hachmannplatz 16, 20099 Hamburg
開放時間：全年
網址：www.bahnhof.de/bahnhof-en/
　　　　Hamburg-Hbf-3807362
前往方法：
U-Bahn：
乘坐U1、U3線到「Hauptbahnhof Süd」站或U2、U4線到「Hauptbahnhof Nord」站。
巴士：
乘坐5、36、37號到「Hauptbahnhof/Zob」站，或6、34號到「Hbf/Mönckebergstraße」站，也可乘112號到「Hbf/Spitalerstraße」站。
S-Bahn：
乘坐S1至S3、S11、S21或S31線到「Hamburg Hbf」。

搜羅當地食材

MAP: P.395 D1

Mutterland

是漢堡知名高級食材店，也是選購當地特色食材的好地方。店家嚴選來自德國不同地區的優質產品，大部分源自小戶農場和工廠，以品質為先。各式食材包括有蜂蜜、果醬、乳製品、麵條、香料、葡萄酒、水果茶、手工朱古力等等，還有出售一些德國製造的餐具和烹飪書籍。

以1925年設計的錫罐，藏著源自1782年的漢堡傳統薑汁餅 Kemm'sche Kuchen，很有懷舊感。€7.95

店名「Mutterland」的德文意思是「祖國」，主要販售來自德國本土的優質食材。

漢堡名菜Labskaus也有罐頭裝。€8.95

這裡販售很多當地限定口味的傳統美食，大部分更包裝精美。

═Info═

地址：Kirchenallee 19, 20099 Hamburg
電話：+49 4047113500
營業時間：週一至週三 0700-2000；週四至週六 0700-2300；週日 0900-1800
網址：www.mutterland.de
前往方法：從漢堡中央火車站（Hamburg Hauptbahnhof）步行前往，大約5分鐘。

漢堡

食車城及漢堡港城 · 舊城及漢堡中央火車站周邊 · 新城 · 聖保利區及魚市場區

林蔭購物大道

蒙克貝格街（Mönckebergstraße）

MAP: P.395 B2-C2

從漢堡中央火車站伸延出來的一條購物街，總長約1公里，沿著一直走可通往漢堡市政廳（Rathaus）。街道兩旁開滿了百貨公司、各式商店和咖啡館，是城中最具人氣的購物地段。

Info
地址：Mönckebergstraße 20095 Hamburg
前往方法：乘坐U-Bahn U3線到「Mönckebergstraße」站，即達。

超大型家電總匯

SATURN MAP: P.395 C2

整座建築物都是售賣電器，共有6層，規模相當大型，提供各式各樣的家庭電器、音響器材和電腦產品。於1樓更是家居用品愛好者的天堂，匯集了眾多品牌的廚具、咖啡機、小型家電和家庭用品，其中包括WMF、Silit的鍋具。

是全國知名的連鎖電器百貨公司，於漢堡的這一間，規模特大。

Info
地址：Mönckebergstraße 1, 20095 Hamburg
電話：+4940309580
營業時間：1000-2000
休息日：週日
網址：www.saturn.de
前往方法：
於蒙克貝格街（Mönckebergstraße）街頭。從漢堡中央火車站（Hamburg Hauptbahnhof）的「Mönckebergstraße」出口一出，於對面馬路右手邊。

沉浸在古典氛圍中

Starbucks

是星巴克粉絲朝聖之地！咖啡館坐落在昔日的書堂，建築外觀古色古香，於夏季更會開放露天雅座，可於蒙克貝格噴泉（Mönckebergbrunnen）旁邊享用咖啡，別有一番古典韻味。店面不算大，裝潢屬星巴克一貫的現代簡約風格。內外今古結合，活化了這一座有近百年歷史的古蹟。

MAP: P.395 C2

於咖啡店前方的噴泉和整條蒙克貝格街，是以1890年到1908年擔任漢堡市長的約翰·格奧爾格·蒙克貝格之名字而命名，紀念他偉大的功績。

充滿神廟式風格的舊書堂，於1914年設計，但於第一次世界大戰後才建造完成。

店內有出售各款漢堡城市杯。
€7.99-15.99

Info
地址：Barkhof 3, 20095 Hamburg
電話：+49 40 30382206
營業時間：週一至週五0730-2030；週六0800-2030；週日0900-1900
消費：大約€5-10/位
網址：www.starbucks.de
前往方法：
在蒙克貝格街（Mönckebergstraße）的前中段位置，於U-Bahn「Mönckebergstraße」站外。

購物好地點 MAP: P.395 B2

Galeria百貨公司

位於漢堡市政廳的不遠處，位置十分便利。共有5層，在這裡可以找到很多德國著名品牌，包括護膚品、鍋具、休閒服裝、玩具等，更設有多個德國著名文具品牌專櫃，包括Lamy鋼筆、Faber-Castell美術用具等。另設有超級市場，販賣一些歐洲和漢堡地道食材。

「Galeria」屬於德國最大的連鎖百貨公司，分店遍佈全國大小城市。

Faber-Castell卡車鐵盒連接筆，筆用完後可變成積木。
€12.99/33色

Info
地址：Mönckebergstraße 16, 20095 Hamburg
電話：+49 4030940
營業時間：1000-2000
休息日：週日
網址：www.galeria.de
前往方法：
乘坐U-Bahn U3線到「Rathaus」站，再向東步行2分鐘。

湖岸之貴氣優雅

新城區
Neustadt

位於古意盎然的舊城區和夜夜笙歌的聖保利區之間，是一個充滿貴氣優雅的區段。易北河通過運河跟內阿爾斯特湖連接著，營造出新城區漂亮動人的運河和湖泊美景。於Neuer Wall名店街和附近的購物區，開滿了典雅時尚的高級品牌店，而於處女堤設有很多湖畔餐廳和咖啡座，讓人一邊欣賞湖景，一邊享受悠閒時光。聖米迦勒教堂也是這一區的亮點，作為城中最大型的教堂，是遊客必訪之地。

交通

S-Bahn：
乘坐S-Bahn S1至S3線到「Jungfernstieg」或「Stadthausbrücke」站。
U-Bahn：
乘坐U-Bahn U1、U2，U4線到「Jungfernstieg」。

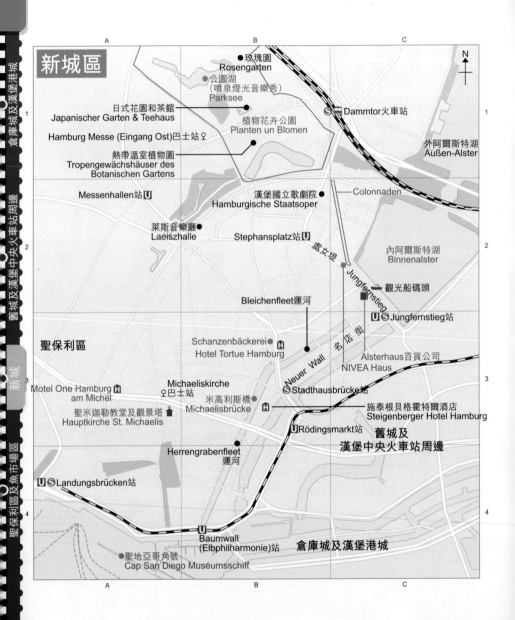

新城區

● 玫瑰園
Rosengarten

● 公園湖
（噴泉燈光音樂秀）
Parksee

日式花園和茶館
Japanischer Garten & Teehaus

Hamburg Messe (Eingang Ost)巴士站

熱帶溫室植物園
Tropengewächshäuser des
Botanischen Gartens

植物花卉公園
Planten un Blomen

Ⓢ Dammtor火車站

外阿爾斯特湖
Außen-Alster

Messenhallen站Ⓤ

漢堡國立歌劇院
Hamburgische Staatsoper

Colonnaden

萊斯音樂廳
Laeiszhalle

Stephansplatz站Ⓤ

處女堤

內阿爾斯特湖
Binnenalster

Jungfernstieg

觀光船碼頭

聖保利區

Bleichenfleet運河

Ⓤ Ⓢ Jungfernstieg站

Schanzenbäckerei
Hotel Tortue Hamburg Ⓗ

名店街

Neuer Wall

Alsterhaus百貨公司
NIVEA Haus

Michaeliskirche
巴士站

Motel One Hamburg Ⓗ
am Michel

米高利斯橋
Michaelisbrücke

Ⓢ Stadthausbrücke站

聖米迦勒教堂及觀景塔
Hauptkirche St. Michaelis

Ⓗ

施泰根貝格霍特爾酒店
Steigenberger Hotel Hamburg

Ⓤ Rödingsmarkt站

舊城及
漢堡中央火車站周邊

Herrengrabenfleet
運河

Ⓤ Ⓢ Landungsbrücken站

Ⓤ Baumwall
(Elbphilharmonie)站

倉庫城及漢堡港城

● 聖地亞哥角號
Cap San Diego Museumsschiff

靈氣逼人的風光

內阿爾斯特湖

（Binnenalster）

乘坐觀光船遊湖也是熱門的旅遊活動，上船位置設在處女堤（Jungfernstieg）上。

環境優美的人工湖，讓工業化的漢堡增添了一股優雅的靈氣！這裡由兩個湖組成，於南端靠近新城區較小型的是「內阿爾斯特湖」，亦是湖區最熱鬧人氣之地。於中世紀時期，為了有利岸邊的工廠，建了水壩把阿爾斯特河變成了這個面積蠻大的人工水庫，湖水從水庫再向南經過小運河注入易北河。

如果走遠一些，去到外阿爾斯特湖（Außenalster）的東端，這裡有一間很受當地人歡迎的露天酒吧「Alsterperle」，在此可一邊喝啤酒，一邊欣賞迷人的日落。

提你

MAP: P.404 C2

於內阿爾斯特湖的中央有一個噴泉，當它向空中噴水時，水柱有近60米高。而於噴泉後方的「倫巴第大橋」（Lombardsbrücke），就是內湖和外湖的分界線。

於西南湖岸的處女堤（Jungfernstieg）可享有蔚藍迷人的湖景，而附近有不少湖畔露天餐室，環境十分寫意。

於夏季，這裡是當地人進行水上活動的熱門之地，湖岸也有租用獨木舟、站立划槳和划艇的地方。

Info

地址：Binnenalster, 20354 Hamburg
開放時間：全年
前往方法：
S-Bahn
乘坐S1至S3線到「Jungfernstieg」站，再步行3分鐘。
U-Bahn
乘坐U1、U2、U4線到「Jungfernstieg」，再步行3分鐘。

德國經典護膚品

NIVEA Haus

於1882年在德國創立的護膚品牌妮維雅，好用之餘又實惠，那藍罐鐵盒裝乳霜更是經典！於漢堡設有大型專賣店，販售妮維雅各類產品和優惠套裝，還有一些特別設計的藍罐乳霜，例如有袖珍口袋裝、12星座系列等。

於2樓設有護理中心，提供各項面部護理、身體護理和按摩服務，需事先預約。

MAP: P.404 C2

產品種類包括面膜、防曬品、香水、男士系列、頭髮護理等等，還有市面少見的妮維雅化妝品和粉底霜。

Info

地址：Jungfernstieg 51, 20354 Hamburg
電話：+494082224740
營業時間：1000-2000
休息日：週日
網址：www.nivea.de/nivea-haus/nivea-haus
前往方法：於處女堤（Jungfernstieg）的中段。

時尚貴氣

MAP: P.404 B3-C3

Neuer Wall名店街

沿著這一條寬敞舒適的街道上，開滿了很多國際頂級品牌的精品店，種類包括時裝、珠寶、皮具和家具等等。在這裡可以找到Burberry、Gucci、Louis Vuitton、Cartier、Bvlgari、Hermes、Prada、Chanel等等高端時尚品牌的專門店。

名店街非常鄰近位於舊城區的漢堡市政廳（Rathaus）。

這兒匯集了眾多國際頂級品牌。

Info

地址：Neuer Wall , 20354 Hamburg,德國
營業時間：視乎店鋪
休息日：店鋪一般於週日休息
前往方法：
S-Bahn
乘坐S1至S3線到「Stadthausbrücke」或「Jungfernstieg」站，再步行3分鐘。
U-Bahn
乘坐U1、U2、U4線到「Jungfernstieg」，再步行3分鐘。
步行
從漢堡市政廳（Rathaus）步行前往，大約3分鐘。

百貨公司匯集了眾多時尚品牌，主要出售高品質的中高價商品為主。

前身為1912年開業的「Hermann Tietz」百貨公司，後來於1936年改名為「Alsterhaus」。

於3樓設有「Lamy」文具品牌的大型專櫃，定價相比香港專門店便宜。

尊貴時尚購物點

MAP: P.404 C2

Alsterhaus百貨公司

　　坐落在一座歷史悠久的建築物之內，開業至今一直是當地時尚與品味的象徵。佔地有2萬4千平方米，匯集了眾多尊貴國際時尚品牌，例如有Prada、Givenchy、Burberry、Bottega Veneta、Balenciaga等等。於頂層4樓設有優雅的美食廣場和數家餐廳，於用餐的同時還可享有內阿爾斯特湖的美景。

德國製造的Lamy鋼筆，款式眾多，以輕鋁製成的「LAMY Lx」系列，非常時尚優雅。

美食廣場的用餐環境十分雅緻，那些彩斑斕的天花讓人賞心悦目。

於4樓的美食廣場內，設有專門品嚐黑松露料理的餐廳。

也有出售來自歐洲其他國家的黑松露芝士。

┌ Info ┐

地址：Jungfernstieg 16-20, 20354 Hamburg
電話：+4940359010
營業時間：週一至週四 1000-2000 ；週五、週六 1000-2100
休息日：週日
網址：www.alsterhaus.de
前往方法：乘坐S-Bahn S1至S3線或乘坐U-Bahn U1、U2、U4線到「Jungfernstieg」站，再步行1分鐘。

春夏限定！每月一次

Colonnaden 古董和設計市集

　　屬城中熱鬧迷人的古董二手露天市集，吸引了古物收藏愛好者前去尋寶！於優雅的Colonnaden街道上，攤檔大約有幾十個，出售各式各樣的古物和設計商品，讓人花多眼亂，無論是古董家具、裝飾品、瓷器、衣服、復古飾物、書籍、錢幣等等，都應有盡有，而價格方面就要看看買家討價還價的功力了！

MAP: P.404 C2

舊書攤也是很受歡迎的市集攤檔之一。

市集只於春季至秋季期間每月其中一個週日舉行。

在迷人懷舊的氛圍中尋寶，是很多人喜歡的購物體驗。

┌ Info ┐

地址：Colonnaden, 20354 Hamburg
開放時間：於4至9月期間每月其中一個週日 1000-1700（確實日期可於官網查閱）
網址：www.marktundkultur.de
前往方法：位於處女堤（Jungfernstieg）上「NIVEA Haus」旁邊Colonnaden街道。

教堂裝置了5個不同的管風琴，其中這一座非常宏偉有氣派。

總高度為132米的塔樓，於頂部的鐘鈴是全德國最大型，從遠處都可看到。

內裝以純白色為主，流露優雅莊嚴的氣質，中殿可容納2千5百人。

塔樓的入口設於教堂正門內的售票窗口旁邊。

北德巴洛克式的典範

`MAP: P.404 A3`

聖米迦勒教堂
(Hauptkirche St. Michaelis)

高130多米的巴洛克式風格教堂，是全城最大型的教堂。最原先的教堂建於1641年，後來曾經被閃電擊中又因大火而摧毀，於1912年重建成為了現在的模樣。教堂以總領天使聖米迦勒命名，於正門上方設有「米迦勒戰勝魔鬼」的青銅雕像。教堂建有高132米的鐘樓，近頂部設有觀景台，遊人可步行或乘電梯登上鐘樓，於106米的半空欣賞城市壯麗的全景。

— Info —
地址：Englische Planke 1, 20459 Hamburg
電話：+4940376780
開放時間：教堂 11至3月1000-1730；10月、4月0900-1830；5至9月0900-1930；塔樓 1000-1800
最後進入：關門前30分鐘
休息日：於宗教活動舉行期間，不可參觀。
門票：教堂 免費進入；登塔（Turm）成人€8、6-15歲€5；可另購票參觀地下基室
網址：www.st-michaelis.de
前往方法：
U-Bahn
乘坐U3線到「Rödingsmarkt」、「Baumwall (Elbphilharmonie)」或「Landungsbrücken」站，再步行8至10分鐘。
S-Bahn
乘坐S1至S3線到「Stadthausbrücke」或「Landungsbrücken」站，再步行8至10分鐘。
巴士
乘坐17、37號於「Michaeliskirche」站下車即達。

Tips

噴泉燈光音樂秀 Wasserlichtkonzerte
表演時間：每天晚上10:00（5月1日至8月31日）
表演地點：Parksee, Planten un Blomen
門票：免費進入

於夏日夜色之中，噴泉隨著古典音樂的旋律而舞動，十分漂亮。

想欣賞噴泉表演，只要在開始之前到達，然後自行在湖邊找個觀賞位置就可以了。

噴泉燈光音樂秀

植物花卉公園
(Planten un Blomen)

屬於城市裡的一片優美綠洲，園內設有浪漫優雅的玫瑰園、熱帶溫室植物園和全歐洲最大的日式花園和茶館，充滿異國情調。對於遊客來說，最吸引的是每逢5月到8月的晚間時份，每晚在人工湖上會上演歷時半小時的「噴泉燈光音樂秀」，以優美的音樂配合五光十色的燈效，讓人樂在其中。

`MAP: P.404 B1`

整個公園佔地有47公頃，環境優美，是當地人週末和假日休閒放鬆之地。

噴泉表演是一項城中很受歡迎的節目，每次都吸引很多遊客和當地人前去觀賞。

— Info —
地址：Marseiller Str., 20355 Hamburg
電話：+4940428544723
開放時間：10至3月 0700-2000；4月 0700-2200；5至9月 0700-2300
門票：免費進入
網址：www.plantenunblomen.hamburg.de
前往方法：
U-Bahn
乘坐U1線到「Stephansplatz」站，然後步行1-2分鐘，即可到達公園的東南端。或乘坐U2線到「Messenhallen」站，再步行8-10分鐘。
S-Bahn
乘坐S11、S21或S31線到「Dammtor」站，再步行5分鐘，即可到達公園的東北端，接近熱帶溫室植物園。
巴士
乘坐巴士X35號到「Hamburg Messe (Eingang Ost)」站下車，即可到達公園的南端中央位置，接近日式花園。

嚐嚐當地特色麵飽

MAP: P.404 B3

Schanzenbäckerei

漢堡著名的麵包店，主要售賣各種德式麵包、蛋糕、餡餅和糕點，其中最具人氣有季節限定的蘋果餡包（Apfelschnecke）、口感像甜甜圈的柏林果醬包（Berliner mit Zucker）、味道香濃的芝士棒（Käsestange），當然還有漢堡最經典的飽點「Franzbrötchen」。於午餐時間也有提供各種三文治、貝果、意大利麵和雜菜沙律。

飽點種類款式多元，每天新鮮出爐且價格合理，吸引了不少當地人光顧。

有滿滿南瓜籽的Franzbrötchen Kürbis，吃起來咬勁十足，充滿果仁香。另有原味和朱古力口味。Franzbrötchen €1.8

專屬漢堡之麵包「Franzbrötchen」
這種像蝸牛形狀的麵包，相傳是法國人於1806至1814年佔領漢堡期間，以法國羊角麵包為靈感，創造出這種充滿肉桂香的「Franzbrötchen」麵包，以往幾乎只有漢堡這裡才可吃到，自21世紀初才出現於德國其他城市。

提提你

於1樓設有非常舒適的用餐區，空間感十足。

於市中心設有多間分店，這間樓高2層，規模十分之大。

┌Info┐

地址：Stadthausbrücke 5-7, 20355 Hamburg
電話：+494036096800
營業時間：平日0600-1900；
週六0700-1700；週日0800-1700
消費：大約€3-10/位
網址：www.schanzenbaeckerei.de
前往方法：乘坐U-Bahn U3線到「Rödingsmarkt」站，再步行5分鐘。或乘坐S-Bahn S1至S3線到「Stadthausbrücke」站，再步行3分鐘。

浪漫之橋

MAP: P.404 B3

米高利斯橋
（Michaelisbrücke）

被認為是「全城最漂亮的橋樑」之一，也因為被掛滿了「愛情鎖」，而成為熱門的攝影地點。站在橋上，還可欣賞到Bleichenfleet和Herrengrabenfleet運河的美景。

橋樑附近開設了一些畫廊和咖啡館，還有宏偉的施泰根貝格霍特爾酒店，屬於城中優雅安靜的角落。

於仲夏之夜，位於橋頭的「Restaurant Rialto」餐廳更會在橋上擺放用餐椅桌。在如此浪漫氣氛下用餐，特別醉人！

┌Info┐

地址：20459, Michaelisbrücke1, 20459 Hamburg
開放時間：全年
休息日：週日
前往方法：乘坐S-Bahn S1至S3線到「Stadthausbrücke」站，再步行2分鐘，或乘坐U-Bahn U3線到「Rödingsmarkt」站，再步行3分鐘。

世上最大的貨船博物館

聖地亞哥角號
（Cap San Diego Museumsschiff）

這艘長159米的白色貨船，於1961至1988年之間在南大西洋中航行，當年主要把咖啡、棉花、可可和衣物等運來德國。退役後停泊在漢堡，設了展覽介紹船的歷史，開放給公眾上船參觀。

船已退役但依然保養良好，每一年會有幾次出海航行。

MAP: P.404 A4

部分船艙更改建成酒店，讓住客可體驗船員的生活。

┌Info┐

地址：Überseebrücke, 20459 Hamburg
電話：+4940364209
開放時間：1000-1800
門票：成人 €9.5；學生 €5；
租用語音導覽機 ＋€3
網址：www.capsandiego.de
前往方法：乘坐U-Bahn U3線到「Baumwall（Elbphilharmonie）」站下車，再沿海往西步行5分鐘。

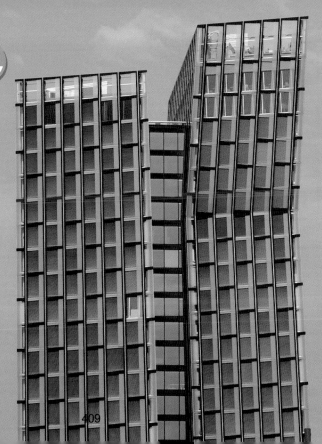

魅力港口

聖保利區及魚市場區
Sankt Pauli Und Altona

　　漢堡除了是重要的海上貿易中心，也是一個活色生香的城市。於聖保利區的繩索街（Reeperbahn），屬城中著名的紅燈區，街上開滿了酒吧、夜店和歌舞劇院，無論日與夜都擠滿人潮。熱鬧的傳統魚市場（Fischmarkt）是這區另一亮點，每逢週日早上都人頭湧湧，去體驗濃厚的港口風情。遊覽口岸最佳的方式，是乘坐觀光船於貨櫃碼頭穿越，又或是搭乘渡輪，享受微風下易北河岸的美景。

交通

聖保利棧橋碼頭 附近
U-Bahn：
乘坐U3線到
「Landungsbrücken」站。
S-Bahn：
乘坐S-Bahn S1線到
「Landungsbrücken」站。
巴士：
乘坐156號到「Alter
Elbtunnel」站。
渡輪：
乘坐62、72、73、75號到
「Landungsbrücken」碼頭。

繩索街 附近
U-Bahn：
乘坐U3線到「St. Pauli」站。
S-Bahn：
乘坐S-Bahn S1、S3線到
「Reeperbahn」站。
巴士：
乘坐36、37、111號到
「Davidstraße」站。

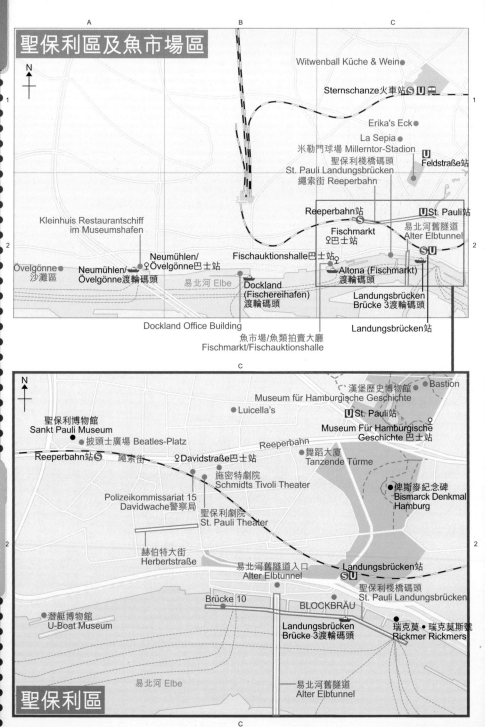

倉車城及漢堡港城

舊城及漢堡中央火車站周邊

新城

聖保利區及魚市場區

聖保利區及魚市場區

N

Witwenball Küche & Wein●

Sternschanze火車站 S U

Erika's Eck●

La Sepia ●

米勒門球場 Millerntor-Stadion

聖保利棧橋碼頭
St. Pauli Landungsbrücken

繩索街 Reeperbahn

U Feldstraße站

Kleinhuis Restaurantschiff
im Museumshafen

Reeperbahn站 S

St. Pauli站 U

Fischmarkt
♀巴士站

易北河舊隧道
Alter Elbtunnel

Neumühlen/
♀Övelgönne巴士站

Fischauktionshalle巴士站

S U

Övelgönne
沙灘區

Neumühlen/
Övelgönne渡輪碼頭

Altona (Fischmarkt)
渡輪碼頭

易北河 Elbe

Dockland
(Fischereihafen)
渡輪碼頭

Landungsbrücken
Brücke 3渡輪碼頭

Dockland Office Building

Landungsbrücken站

魚市場/魚類拍賣大廳
Fischmarkt/Fischauktionshalle

c

漢堡歷史博物館 ● Bastion
Museum für Hamburgische Geschichte

● Luicella's

St. Pauli站 U

N

聖保利博物館
Sankt Pauli Museum

Museum Für Hamburgische
Geschichte 巴士站

● 披頭士廣場 Beatles-Platz

Reeperbahn

Reeperbahn站 S

繩索街

♀Davidstraße巴士站

● 舞蹈大廈
Tanzende Türme

施密特劇院
Schmidts Tivoli Theater

● 俾斯麥紀念碑
Bismarck Denkmal
Hamburg

Polizeikommissariat 15
Davidwache警察局

聖保利劇院
St. Pauli Theater

赫伯特大街
Herbertstraße

易北河舊隧道入口
Alter Elbtunnel

Landungsbrücken站
S U

Brücke 10

聖保利棧橋碼頭
St. Pauli Landungsbrücken

潛艇博物館
U-Boat Museum

BLOCKBRÄU

Landungsbrücken
Brücke 3渡輪碼頭

瑞克莫 ● 瑞克莫斯號
Rickmer Rickmers

易北河 Elbe

易北河舊隧道
Alter Elbtunnel

聖保利區

c

這裡是漢堡港規模最大的碼頭，每天都擠滿遊人。

多間公司提供不同形式的水上遊，而每艘觀光船都各有特色。

碼頭附近設有不少食店，供應輕食、三文治和當地魚類料理。

百年歷史

於碼頭建築群西端塔樓頂，設有風向標。

聖保利棧橋碼頭
(St. Pauli Landungsbrücken)

始建於1839年，當年的蒸汽船除了在這裡停泊，也會在此補給燃料，但因儲存煤炭有起火風險。於1907年，碼頭被改建成防火設計，以1條長達700米的浮橋連接10條可移動的橋樑（現在只有9條），把船隻停靠在橋的盡頭，跟岸邊稍微分隔。如今，碼頭成為了觀光船和渡輪停靠的地方，旁邊開滿食店、紀念品店和觀光船公司售票站。

MAP: P.410 C2

港口特色！
鐘樓水位塔
於碼頭建築群東端的標誌性塔樓，除了於每半小時響鈴報時一次，於大鐘下方也有顯示水位。

提提你

Info
地址：St. Pauli-Landungsbrücken, 20359 Hamburg
開放時間：全年
前往方法：乘坐U-Bahn U3線或S-Bahn S1線到「Landungsbrücken」站，再步行2分鐘。

穿越貨櫃碼頭
可親眼目睹靠泊在漢堡港貨櫃碼頭的巨型貨櫃船，令人嘆為觀止。

海港遊（Große Hafenrundfahrt）

漢堡港是德國最大的港口，也是歐洲第二大貨櫃碼頭，每年在這裡轉運約1.4億噸的貨物。想近距離探索漢堡港，可參加「海港遊」（Große Hafenrundfahrt），乘坐觀光船於漢堡港附近環遊一圈，穿越貨櫃碼頭，還可近距離看到巨大的貨櫃船，更有機會遇上難得一見的運油輪、汽車運輸船、舊式帆船或大型豪華郵輪等，場面甚為壯觀！

船程中，有專人沿途介紹港口附近的景點。

近距離看到港口的拖輪和起重機，讓人大開眼界。

觀光船也會途經漢堡新地標「易北愛樂廳」，從船上可拍攝到整座別出心裁的時尚建築。

Info
1小時海港遊
（觀光船公司 Barkassen Meyer）
班次：每天約2至5班；於夏季和冬季班次不同，確實時間可於官網查閱。
票價：€20
上船位置：聖保利棧橋碼頭（St. Pauli Landungsbrücken）
網址：www.barkassen-meyer.de
報名方法：網上預訂、旅客服務中心或船上購買。

Labskaus是北德著名的傳統海員料理，以紅菜頭慢煮而成的濃稠醬汁，配以煎蛋、小黃瓜和醃製鯡魚片。€15.4

啤酒廠內品嚐北德美食

MAP: P.410 C2

BLOCKBRÄU

由當地著名啤酒廠開設的大型酒館餐廳，位於聖保利棧橋碼頭上的古老大樓內，主要供應自釀啤酒和北德特色料理。餐廳樓高3層，規模十分之大，可容納幾百人一起用餐，讓人感受到熱鬧的用餐氛圍，特別在晚市和週末，幾乎座無虛席。內裝選用深色調家具，顯出簡約典雅的氣派。天台設有大型露台用餐區，可飽覽港口易北河壯麗的景色。

餐廳設在碼頭建築群內，入口位於鐘樓水位塔西側50公尺。

漢堡著名甜點Rote Grütze，把紅莓、覆盆子、士多啤梨等紅色水果煮成醬汁，然後冷凍，再配上雲呢拿醬，香甜無比。€5.3

餐廳供應的自釀啤酒，就是在這些巨型銅壺裡釀造和發酵。

於地下層的用餐區設有長型餐桌和椅子，可同時容納幾百人一起用餐，場面非常熱鬧。

天台露台面積蠻大，客人可一邊用餐，一邊欣賞漢堡港的美景，非常寫意。

自家釀造的小麥啤酒，色澤金黃混濁，帶有濃郁麥芽香氣和淡淡果香。€3.8/300ml

Info

地址： Bei den St. Pauli-Landungsbrücken 3, 20359 Hamburg
電話： +494044405000
營業時間： 1130-2300
消費： 每人約€25-35
網址： www.block-braeu.de
前往方法：
乘坐U-Bahn U3線或S-Bahn S1線到「Landungsbrücken」站，再步行3分鐘。或乘坐渡輪62或72號到「Landungsbrücken」碼頭。

北海蝦三文治餡料特多，鮮嫩小蝦充滿海水咸香鮮味，超誘人！北海蝦三文治（Krabbenbrötchen）€12；Astra瓶裝啤酒€3.3

餐室位於10號棧橋旁邊，面向易北河，人氣極高，經常出現人龍。

碼頭人氣魚鮮三文治
Brücke10

MAP: P.410 C2

於聖保利棧橋碼頭設有不少食店，供應當地魚鮮料理。這間海洋風餐室明亮優雅，盡顯北歐風情。餐室專門提供各種魚鮮三文治（Fischbrötchen），餡料主要來自波羅的海之亦魚鮮，其中最地道有炸鯡魚、北海蝦、鯖魚、香草鯡魚等，再加配一杯當地著名Astra啤酒，享受純正海港風情。

室內白色餐桌和長椅均是木製，滿滿度假氣氛讓人心情舒暢。

煙熏卷（Räucher-Rollmops）也是地道美食，鯡魚以糖醋汁醃製，煙熏後配以酸黃瓜和洋蔥，再捲起成串狀。

Info

地址：St. Pauli-Landungsbrücken 10, 20359 Hamburg
電話：+494033399339
營業時間：1000-2000；週日 0900-2000
消費：約€10-15/每人（只收現金）
網址：www.bruecke10.com
前往方法：於聖保利棧橋碼頭（St. Pauli-Landungsbrücken）西端。

遊人和騎單車的人可以在河底穿越易北河，感覺奇妙！於週一至週五汽車也可使用，並採取輪流單線行車。

奇妙的隧道步行
易北河舊隧道（Alter Elbtunnel）

MAP: P.410 C2

於1911年修建的易北河隧道，總長度為426米，深度約23.5米，連接聖保利棧橋碼頭（Landungsbrücken）和易北河南岸，讓當時於港口工作的人員提供了更方便的路線。後來在1970年代，隨著新易北河隧道和幾座渡河橋樑之建成，這條舊隧道亦開放成為了歷史古蹟，入面充滿古樸氛圍，吸引了不少遊人前來，步行走到河的對岸。這兒也是攝影愛好者經常取景的地方。

於聖保利棧橋碼頭的隧道入口，設在一座古舊的建築之內。

於指定時間遊人可乘坐箱式大型「車用電梯」上落隧道口。

步程大約10至15分鐘，即可穿過隧道抵達易北河南岸，這裡有一個開揚的觀景地，可俯瞰海港美景。

Info

地址：Bei den St. Pauli-Landungsbrücken, 20359 Hamburg
開放時間：行人/單車 24小時
休息日：31/12 2100-0400
門票：免費
網址：www.hamburg-port-authority.de/de/strasse/informationen-st-pauli-elbtunnel/
前往方法：乘坐U-Bahn U3線或S-Bahn S1線到「Landungsbrücken」站，再步行3分鐘。

漢堡

倉庫城及漢堡港城

舊城及漢堡中央火車站周邊

新城

聖保利區及魚市場區

屬於德國最大型的紅燈區，晚間人流較複雜。遊客也可於白天前來逛逛，整條街道充滿熱鬧氣氛，讓人大開眼界！

漢堡著名紅燈區

MAP: P.410 C2

繩索街（Reeperbahn）

是漢堡著名的紅燈區，曾被認為是「世上最罪惡的1英里」。這裡開滿了餐廳、酒吧、夜店、俱樂部、情趣用品店和紀念品店等，無論日夜都多姿多彩。街上也設有幾間著名劇院，上演音樂劇、喜劇和各式現場娛樂表演，很受當地人和遊客歡迎。這條「罪惡大道」由位於中段的一間警局專門看守，而該警局只管轄這區域約1平方公里之範圍，屬於「全歐洲最小型警區」，因而聞名全國。

滿街都是情趣用品店，有些更樓高2層，甚有規模。

餐廳和食店多不勝數，大部分營業至深夜，也有一些24小時營業。

於繩索街的多條轉角橫街，聚集了眾多夜店、舞廳和脫衣舞俱樂部。

Tips

聖保利夜市 Nachtmarkt St. Pauli
每逢週三於Klubhaus對面的廣場舉行，主要是美食市集，提供街頭料理和啤酒，並有現場音樂表演，十分熱鬧。
地點： Spielbudenplatz 21-22
營業時間： 逢週三：1600-2200（冬季）、1600-2300（夏季）

┌─ Info ─┐

地址： Reeperbahn, 20359 Hamburg
開放時間： 全年
前往方法：
U-Bahn 乘坐U3線到「St. Pauli」站。
S-Bahn 乘坐S-Bahn S1、S3線到「Reeperbahn」站。
巴士 乘坐36、37、111號到「Davidstraße」站。

披頭士廣場（Beatles-Platz）

Beatles於未成名的時候曾在這裡多間俱樂部作駐場表演，於街尾的披頭士廣場設有他們的鋼雕像，以作紀念。而廣場後端是夜店區。

舞蹈大廈 (Tanzende Türme)

建於2012年，位於繩索街街頭，兩座相連的大廈一高一矮，形態像一對正在跳探戈舞的男女，因設計獨特，亦成為了這裡的地標之一。

聖保利俱樂部（Klubhaus St.Pauli）

於樓高6層的金色時尚建築內，設了舞廳、食店、酒吧和小型劇院。外牆有不停轉動的廣告燈箱，無論日夜都亮麗耀眼！

劇院

在繩索街上有多間著名劇院，包括：施密特劇院（Schmidt Theater）和旁邊的施密特蒂沃利（Schmidts Tivoli），以及聖保利劇院（St. Pauli Theater）等。

漢堡蠟像館（Panoptikum）

有逾130年歷史，是德國最古老的蠟像館，展出過百個名人、巨星和歷史人物的蠟像，栩栩如生。

於蠟像館前豎立了一個漢斯胡美爾塑像，十分別緻。

Tips

漢堡著名的街頭塑像
手持水桶的男子是一名19世紀挑水匠，人稱為漢斯胡美爾（Hans Hummel）。於1848年以前，漢堡還未有供水系統，挑水匠是一種很流行的行業。而於十多年前一次展覽，就設計了1百多個「漢斯胡美爾彩繪塑像」，每個都繪有不同的衣飾，而大部分於當時慈善拍賣中售出，還有小量一直豎立於城中多個角落。

聖保利警局 (Polizeikommissariat 15 Davidwache)

專門管轄繩索街和聖利區，坐落於街道中一座百年建築內，外觀小巧精緻。

Tips

赫伯特街 Herbertstraße
於警局附近有一條長約100米的神秘街道，前後都被鐵皮板擋著！裡面是昔日法定的紅燈區，妓女在櫥窗前招攬客人，而未滿18歲的男士和女性都禁止進入。

展示城市8百年來的演變

MAP: P.410 C2

漢堡歷史博物館
(Museum für Hamburgische Geschichte)

　　現為德國最大的城市歷史博物館之一，坐落在一座宏偉的紅磚建築內，以多元化展品記錄了漢堡的變化，讓訪客了解漢堡是如何從14至15世紀的海盜時代，漸漸發展成現代化大都市，並成為北歐最重要的港口之一。展覽面積達1千平方米，收藏品包括家居擺設、樂器、輪船模型、建築模型、舊港口模型等等。而於館內玻璃屋頂下的內庭餐廳Bastion，也是亮點所在。

也有展出一些日常物品、舊衣服、家具、起居室、模擬店舖等等，從中可了解漢堡人昔日的生活模式。

模型仔細地展示了昔日倉庫內用來升降貨物的繩索系統。

館內收藏豐富，透過展品可目睹建城至今8百年來漢堡的演變。

內裡有眾多關於港口的展品，包括了這座漢堡典型紅磚倉庫的模型。

貨船模型的橫切面，讓人可窺探內部存倉結構。

┏Info┓

地址： Holstenwall 24, 20355 Hamburg
電話： +4940428132100
開放時間：
週一、週三、週五 1000-1700；
週四 1000-2100；週六、週日 1000-1800
休息日： 週二、24/12、25/12、31/12、1/1
門票： 成人 €9.5；學生 €6；週四1700後入場 免費；18歲以下 免費
網址： shmh.de/en/museum-for-hamburg-history
前往方法：
巴士 乘坐112號到「Museum Für Hamburgische Geschichte」站，即達。
U-Bahn 乘坐 U3線到「St. Pauli」站，再步行5分鐘。

療癒系庭園咖啡廳
Bastion `MAP: P.410 C2`

隱身在漢堡博物館之內，於別緻的玻璃屋頂下，打造了優雅靜謐的環境。咖啡廳擁有多個不同風格的用餐區，包括了室內、半露天庭園和室外花園，配以舒適雅座的格局，讓人忍不住放慢腳步，停下來放鬆身心。咖啡廳主要提供早午餐、午餐、輕食、蛋糕、咖啡餐飲和葡萄酒。無論是不是博物館訪客，都可內進用餐。

在這環境下享受一杯泡沫咖啡，非常愜意。Cappuccino €3

士多啤梨蛋糕，面層是清甜爽口的啫喱，不太甜膩，讓人回味。Erdbeertorte €4.5

室內用餐區佈置得復古雅緻，帶有一點浪漫感。

當陽光從玻璃屋頂緩緩灑入，更能感受到慵懶優雅的氛圍。

---Info---
地址：Holstenwall 24, 20355 Hamburg
電話：+494031767640
營業時間：週一、週三 1100-1700；
　　　　　週四至週六 1100-1800；
　　　　　週日 1000-1800
休息日：逢週二
消費：€10-20/每人
網址：bastion-hamburg.de
前往方法：於漢堡博物館（Museum für Hamburgische Geschichte）內，也可從博物館旁邊入口進入。

烤野生魷魚香味四溢，以微辣蕃茄醬配以烤麵包脆粒，交織出多層口感。

內裝靈感來自20年代的室內設計，天鵝絨椅子盡顯優雅格調。

餐廳曾獲得多個葡萄酒餐廳的獎項。

生牛肉他他配上蛋黃和新鮮沙律菜，肉質軟嫩。4道菜套餐€59

現代葡萄酒餐廳 `MAP: P.410 C1`
Witwenball Küche & Wein

在這裡可以感受到歐式的浪漫氣氛！餐廳由一名當地侍酒師開設，以現代創意料理和葡萄酒為主打，更特意搜羅了約3百款來自德國、奧地利、法國、西班牙、葡萄牙和南非等地的葡萄酒。菜式都經過精心設計，賣相賞心悅目，每個季度都會因應當造食材而更換菜單。客人除了可從菜單單點，也可選擇精選4道菜套餐。

---Info---
地址：Weidenallee 20, 20357 Hamburg
電話：+494053630085
營業時間：週二至週六 1800-2300；
　　　　　週日 1700-2300
休息日：逢週一
消費：約€45-70/每人
網址：www.witwenball.com
前往方法：乘坐U-Bahn U3線、S-Bahn S21或S31線到「Sternschanze」站，再步行5分鐘。

前方的Marisqueira海鮮鍋，以原隻龍蝦配以大蝦和青口等海產，於特製湯料中煮製。Marisqueira €150（份量可供2人享用）

餐廳內裝以藍白色調為主，以眾多航海物品作裝飾，打造別緻的海洋風情。

除了有室內用餐區，也有蠻多的露天戶外座位。

誘人海鮮香氣 MAP: P.410 C1

La Sepia

　　屬於葡萄牙風味的海鮮餐廳，吸引不少歐洲和亞洲觀光客。內部裝潢充滿海岸風情，供應的海鮮用料新鮮，並以傳統葡萄牙方式烹製，價格不算很便宜，但菜式選擇豐富，賣相一流，其中「Zarzuela」海鮮拼盤和「Marisqueira」海鮮鍋更是餐廳的焦點。若然不是海鮮迷，餐廳也有供應其他肉類料理和麵食。

冰櫃裡放滿了當天供應的海鮮。

Zarzuela烤海鮮拼盤也是店家的招牌菜。要注意拼盤內的食材組合，是要視乎當天海鮮供應情況。Zarzuela €130（份量可供2人享用）

┌─ Info ─┐

地址： Neuer Pferdemarkt 16, 20359 Hamburg
電話： +49404322484
營業時間： 1200-2300；
　　　　　　週五至週日 1200-2330
消費： €60-120/每人
網址： www.la-sepia.de
前往方法： 乘坐U Bahn U3線到「U Feldstraße」站，再步行7分鐘。

人氣冰淇淋店

Luicella's

　　於繩索街的不遠處，有一間很受當地人歡迎的手工冰淇淋店，於仲夏時份更會出現人龍，客人絡繹不絕。冰淇淋於店內廚房新鮮製作，以100%天然食材製成，純正、甜美又健康，更會不定期推出創新口味，例如有藍莓薰衣草、伏特加配哈密瓜、冷萃咖啡、鹽味焦糖等，非常吸引。

冰淇淋用料天然，口感綿密，且柔軟順口。€7（大號）

MAP: P.410 C2

店內裝潢簡約甜美，設有少量座位。

在2013年開業，於漢堡現有幾間分店，人氣一直高企。

┌─ Info ─┐

地址： Detlev-Bremer-Straße 46, 20359 Hamburg
營業時間： 週一至週三1200-2000；週四至週日1200-2100(於冬季有機會休息)
消費： 每人約€6-10
網址： www.luicellas.de
前往方法：
巴士 乘坐36、37、111號到「Davidstraße」站，再步行4分鐘。
U-Bahn 乘坐U-Bahn U3線到「St. Pauli」站，再步行6分鐘。

球場之建築外觀較為樸實，中間掛上了聖保利足球會的標誌。

場內牆上畫滿了塗鴉和壁畫，充滿街頭藝術感。

球迷朝聖之地 MAP: P.410 C1
米勒門球場
（Millerntor-Stadion）

聖保利足球會於1910年成立，其標誌是一座「漢堡城門」。

是聖保利足球會（FC St. Pauli）之主賽場，於1963年開幕，自2015年翻新過後，現可容納約2萬9千名觀眾。球迷們於非球賽日可參加球場導賞團，於專人帶領下遊覽參觀。在場外南端正門入口，設有「FC St. Pauli fan shop」球會專賣店，販售球衣和球隊紀念品。

主場賽事大多在周末舉行，球迷們如想欣賞球賽，可於聖保利足球官網訂票。

─── Info ───

米勒門球場 導賞團
地址：Harald-Stender-Platz 1, 20359 Hamburg
電話：+4940317874 0
費用：120分鐘導賞團 €13.5；
　　　　60分鐘導賞團 €9
預訂網址：www.fcstpauli.com
前往方法：
U-Bahn 乘坐U3線到「St. Pauli」站。
巴士 乘坐17、36、37、112號到「U St. Paul's」站，再步行5分鐘。

FC St. Pauli fan shop
地址：Harald-Stender-Platz 1, 20359 Hamburg
電話：+4940317874560
營業時間：1000-1800
休息日：週日
網址：www.fcsp-shop.com
前往方法：於米勒門球場南端正門入口處。

人氣平民食堂 MAP: P.410 C1
Erika's Eck

配上濃郁蘑菇肉汁的炸肉排，非常香脆，份量大大碟，於肉排底下還有很多烤薯作配菜。Jägerschnitzel €16.9

昔日於旁邊就是肉店，這裡以往供應的肉類料理特別新鮮，餐館亦因此而聞名。如今已有差不多40年歷史，屬於老字號店，街坊成為了長期老客戶，於繁忙時間經常爆滿。餐館主要供應傳統鄉村菜餚，包括烤牛排、意大利麵和各式炸肉排。炸肉排選擇有十多款，也是店家的招牌名菜。內部裝潢以木質家具為主，簡樸復古，氣氛率性隨意，是當地人和遊客們的聚腳點。

復古風餐館帶有溫暖感，氣氛熱鬧，是用餐歇腳的好地方。

Fritz Limo是當地著名汽水，有蘋果櫻桃、蜜瓜、檸檬等口味。€2.5

餐館位於米勒門球場北端，附近有U-Bahn站，交通也算便利。

─── Info ───

地址：Sternstraße 98, 20357 Hamburg
電話：+4940433545
營業時間：週一至週四0600-2200；週五
　　　　　　0600-0500；週六1700-0500；
　　　　　　週日 1700-2200
消費：€20-25/每人
網址：www.erikas-eck.de
前往方法：乘坐U-Bahn U3線、S-Bahn S21
　　　　　　或S31線到「Sternschanze」
　　　　　　站，再步行5分鐘。

上船建議留意一下渡輪的航線和目的地。

渡輪頂層屬開放式，可沿途欣賞四處景色。

下層位置擁有特大玻璃窗，可無阻礙欣賞窗外易北河美景。

展開易北河之旅

乘渡輪遊漢堡港口

　　如果想以低價遊覽漢堡港口，一睹易北河岸的漂亮風光，推薦乘坐當地Hadag渡輪。相比各大觀光船，渡輪價格較低，船程也較短，但渡輪頂層同樣設有優美的露天觀景座，如遇上陽光燦爛的日子，非常值得坐一趟！

*渡輪路線圖（來源：HVV官網）

Tips

經典62號航線
沿經多個旅遊景點，包括聖保利棧橋3號碼頭（Landungsbrücken）、魚市場（Altona/Fischmarkt）、超現實辦公大樓及觀景台（Dockland/Fischereihafen）和沙灘區（Neumühlen/Övelgönne）
船程：從Landungsbrücken到Neumühlen/Övelgönne 約需10分鐘
班次：於繁忙時間每15分鐘一班

人氣72號航線
從聖保利棧橋1號碼頭（Landungsbrücken）來往易北愛樂廳（Elbphilharmonie），雖然船程十分短，但也很受遊客歡迎。
船程：約需5分鐘
班次：於繁忙時間每20分鐘一班

想坐渡輪不限次數
最實惠是購買HVV 1天票（9am Day Ticket/All Day Ticket）或漢堡觀光咭（Hamburg Card），可於指定天數及時限任意乘坐渡輪及其他交通。（詳細介紹見P.381）

┤Info├

票價：HVV交通票（票價區：AB）單程€3.5、1天票（9am Day Ticket）€6.9、1天票（All Day Ticket）€8.2；漢堡觀光（Hamburg Card）1天票€10.9；另有其他天數及團體票。
網址：Hadag渡輪公司（查閱航線及班次）
www.hadag.de
HVV公共交通公司（查閱交通票）
www.hvv.de

週日海鮮市場

MAP: P.410 C2

魚市場、魚類拍賣大廳
(Fischmarkt und Fischauktionshalle)

　　每逢週日早上，從潛艇博物館至魚類拍賣大廳開滿露天攤檔，包括海鮮、蔬果、服飾、手藝品和街頭美食，其中魚扒飽（Fischbrötchen）更不容錯過。

這座古色古香的建築物，從1894至1942年是當地的魚類拍賣大廳。

┤Info├

地址： Große Elbstraße 9, 22767 Hamburg
開放時間： 逢週日 夏季 0530-1200、冬季 0600-1200
休息日： 週一至週六
網址： www.fischauktionshalle.com/fischmarkt/
前往方法：
乘坐巴士111號到「Fischauktionshalle」站或112號到「Fischmarkt」站，或乘坐渡輪61、62號到「Altona (Fischmarkt)」碼頭。

軍事迷別要錯過！

MAP: P.410 A2

潛艇博物館
(U-Boat Museum)

　　這艘代號「U-434」潛艇，

潛水艇曾服役於北海艦隊，用於參與一些秘密行動。

整艘潛水艇長度為90米，而寬度只有8.7米，內在空間狹小。

前身為蘇聯時期的「B-515」號，是世上最大型的無核潛艇之一。在1976年於蘇聯建造，期後作為間諜潛艇之用。內部可容納最多84名船員和軍官，現在遊客可登船了解潛艇內的基本裝置，也可參觀裝置了6個魚雷發射管的魚雷室。

┤Info├

地址： St. Pauli Fischmarkt 10, 20359 Hamburg
電話： +494032004934
開放時間： 0900-2000；週日 1100-2000
門票： €9；如會拍攝另收 €1
網址： www.u-434.de
前往方法： 乘坐61或62號渡輪於「Altona (Fischmarkt)」碼頭下船，再步行2分鐘。

別具時代感的建築物，呈平行四邊形，傾斜度為66度，是城中最具特色的建築之一。

港口觀景台

MAP: P.410 B2

Dockland Office Building

充滿未來主義的辦公大樓，於2006年落成，並於同年獲得了「德國鋼結構建築獎」。呈平行四邊形的外觀設計，令人眼睛為之一亮！建築物坐落於易北河畔，約132米長，一共有6層高，採用了玻璃和鋼作主要建材，外觀形同一艘大型郵輪。遊人還可走上如同甲板般的木樓梯，抵達位於大樓頂層的觀景台，俯瞰讓人屏息的港口景致。

走上位於頂層的觀景台，一共有136級樓梯，絕對值得花點氣力踏步而上。

於觀景台可飽覽一望無際的港口景色，還有機會遇見航行中的大型貨輪。

這裡吸引了很多攝影和建築愛好者前來拍照，於日落時分更美。

Info

地址：22767 Hamburg
開放時間：觀景天台 全年；
　　　　　辦公大樓內部 不開放
門票：免費
前往方法：
乘坐61或62號渡輪於「Dockland (Fischereihafen)」碼頭下船，即達。

貨櫃船前享受休閒

MAP: P.410 A2

Övelgönne沙灘區

在易北河上長達1公里的海灘，附近設有露天餐廳和酒吧，適合慢步調旅行者來享受休閒。讓遊客最感驚訝的是，在這個沙灘偶然會遇上遊輪或巨型貨櫃船在眼前駛過。

於仲夏期間這裡總擠滿了人，來享受日光浴、游泳、聊天、慢跑或是單純的散散步。

這裡的景觀不算很精緻，卻獨特非常！貨運港口就在眼前，是漢堡特有的寫照。

Info

地址：Övelgönne, 22605 Hamburg
開放時間：全年
門票：免費
前往方法：
渡輪 乘坐62號於「Neumühlen/Övelgönne」碼頭下船。
巴士 乘坐112號於「Neumühlen/Övelgönne」站下車，再往西步行5分鐘。

碼頭旁之渡船餐廳

MAP: P.410 A2

Kleinhuis Restaurantschiff im Museumshafen

在渡輪碼頭旁邊停泊了一艘退役渡船，船現改為了一間特色餐廳，供應經典漢薩美食，而餐廳前方是「露天港口博物館」的所在，展出了多艘特色歷史船，包括世上最古老的消防船。

於船上用餐，感覺十分悠閒舒適。

Info

地址：Ponton, Neumühlen, 22763 Hamburg
電話：+4940397383
營業時間：週四至週六1200-2100、週日1000-1900
休息日：週一至週三
網址：kleinhuis-restaurantschiff.de
前往方法：
渡輪 乘坐62號於「Neumühlen/Övelgönne」碼頭下船，餐廳於下船位置的右方。
巴士 乘坐112號到「Neumühlen/Övelgönne」站。

德國旅遊須知

基本資料

德國（英文：Germany；德文：Deutschland），正式國名為「德意志聯邦共和國」（Bundesrepublik Deutschland），位於西歐和中歐的交界處，全國面積約為35.7萬平方公里，是歐洲面積第7大的國家，總人口約有8300多萬人，而首都設於德國最大城市-柏林（Berlin）。

全國由16個聯邦州組成，其中包括：慕尼黑和紐倫堡所屬的巴伐利亞（Bavaria）、法蘭克福所屬的黑森（Hessen）等等。全國共有51項世界遺產，其中包括10項屬於跨國界世界遺產。

德國國旗

時差

德國的格林威治標準時間，冬令為GMT+1小時，夏令為GMT+2小時。冬令時間於每年10月最後1個週日當地夜半2時，時間向後調節1小時，比香港和台灣慢7小時。夏令時間於3月最後1個週日的當地夜半2時，時間向前調節1小時，比香港和台灣慢6小時。

氣候

德國天氣四季分明，冬寒夏暖，普遍來說，早晚溫差變化都很大。最佳的旅遊時段是4至6月和9月，夏令時間日光較長，相對每天有較多日間時間可外出遊覽。7月、8月屬炎夏月份，於較北的漢堡和柏林相對氣溫也不會太熱，但也有機會遇上熱風，而各個城市沒有像亞洲般廣泛地使用冷氣來調節溫度，於部分餐廳和小商店，有機會沒有安裝冷氣，建議帶備帽子、小風扇等乘涼用品。

各區大約平均高溫（攝氏）
慕尼黑：冬季3至9度；夏季19至23度
柏林：冬季3至9度；夏季19至24度
漢堡：冬季4至8度；夏季18至22度

各區大約平均低溫（攝氏）
慕尼黑：冬季-4至0度；夏季9至13度
柏林：冬季-2至1度；夏季11至15度
漢堡：冬季-1至1度；夏季10-13度

德國氣象網站：www.dwd.de

宗教

大多數德國人是基督教或天主教教徒。

通用語言

官方語言為德文，全國有超過95%的人口以德文為第一語言。而英語則是德國人的第一外語。

電壓和插頭

電壓為230V，採用兩腳或三腳圓形插頭。香港或台灣旅客均需攜帶轉換插頭。

法定公眾假期

日期	假期名稱	備註
1月1日	元旦	全國
1月6日	主顯日	部分聯邦州
3月8日	國際婦女節	部分聯邦州
大約3月或4月	耶穌受難日	全國
大約3月或4月	復活節正日	部分聯邦州
大約3月或4月	復活節星期一	全國
5月1日	勞動節	全國
大約5月	耶穌升天節	全國
大約5月或6月	五旬節	部分聯邦州
大約5月或6月	聖靈降臨節	全國
大約5月或6月	聖體節	部分聯邦州
8月15日	聖母升天日	部分聯邦州
10月3日	國慶	全國
10月31日	宗教改革紀念日	部分聯邦州
11月1日	諸聖節	部分聯邦州
11月22日	懺悔日	部分聯邦州
12月25日	聖誕節	全國
12月26日	聖誕節第二天	全國

*每個聯邦州每年的法定公眾假期都有所不同。

大型節慶和活動

日期	城市	大型節慶/活動
2月	科隆	科隆狂歡節 Kölner Karneval
2月	柏林	柏林電影節 Berlinale Film Festival
5月至9月	萊茵河畔多個城鎮	萊茵煙花節 Rhein in Flammen
9月	漢堡	繩索街音樂節 Reeperbahn Festival
9月	巴特迪克海姆	葡萄酒節、香腸集市 Wurstmarkt
9月尾	柏林	柏林博物館長夜 Lange Nacht der Museen Berlin
9月尾至10月初	斯圖加特	斯圖加特啤酒節 Cannstatter Volksfest
9月尾至10月初	慕尼黑	慕尼黑啤酒節 Oktoberfest
10月	柏林	柏林燈光節 Festival of Lights
11月尾至聖誕節前	各大城市	聖誕市集 Weihnachtsmarkt

德國國徽

通用貨幣

德國的通用貨幣為「歐元」（€/Euro），簡稱為「歐」，於港澳地區也稱為「歐羅」，是歐盟中20個國家的通用貨幣。現時流通的紙幣分別有€500（少用）、€200（少用）、€100、€50、€20、€10和€5；硬幣則有€2、€1、50歐仙、20歐仙、10歐仙、5歐仙、2歐仙、1歐仙。（€1=100歐仙）

匯率

現時港元兌換歐元匯率約為8.5。即HK$8.5 = €1；或HK$100 = €12，台幣兌換歐元匯率約為33。即NT$33 = €1；或NT$100 = €3.08。僅供參考。

*本書所列之價格，除特別標明，均為歐元（€/Euro）。

提款

於德國的銀行以ATM提款，出發前於香港需預先攜同提款卡到所屬銀行開通「海外提款」，並設定「每天海外提款之最高金額」（如有），而出發前亦應了解海外提款手續費和匯價計算方法。於各大城市，可在支援「銀聯」、「Plus」或「Cirrus」（對應閣下提款卡後所列出的標誌）的提款機提款。

如果信用卡有預先連結存款戶口，也可利用信用卡在當地提款。提款會以當日匯率作計算，並需繳付手續費。記緊提款時需選擇從儲蓄戶口提款，如果螢幕沒有提供選擇賬戶的畫面，提款會當作信用卡現金透支，利息非常高。

兌換

在出發前，可於各大找換店或銀行兌換好歐元。

通訊

上網電話卡

如果旅程少於2星期，建議可在香港購買歐洲適用的上網電話卡。而行程較長的，可於埗後在當地通訊公司辦理電話卡，Vodafone 是其中一間主要通訊營運商，辦理時一般需出示護照。

致電方法

德國的國際冠碼是＋49，從海外打電話到德國，需在電話撥號前加上＋49或0049。

緊急電話

110　警察

112　十字車/醫療救援/火警

簽證

1.香港旅客

凡持有效期最少有6個月的香港特區護照（SAR）或英國國民（海外）護照（BNO），均可免簽證前往歐盟神根公約區，在任何180天的期間內，最可逗留90天。而持其他護照的人士，可向領事館直接查詢。

根據香港入境事務處的建議，如遺失護照，應向當地警方報案，並索取一份警察報告副本，然後到前往中國駐當地領使館，補領臨時旅行證件。如需協助，可致電香港入境事務處熱線：(852) 1868。

提提你

2.台灣旅客

凡持有效中華民國護照，均可免簽證前往歐盟神根公約區，在任何180天的期間內，最長可逗留90天。

ETIAS 電子旅行許可

申根區正在準備一套電子系統-「ETIAS」（歐洲旅行信息授權系統）作安全檢查，日後赴歐盟神根公約區旅遊的人士，就算免簽證也需於出發前在網上申請電子旅行許可，每次申請有效期為五年。執行日期於截稿日還未確實，有待公布最新消息。

官網： etias-euvisa.com/zh-hant/

入境須知

入境歐盟（申根區國家）隨身攜帶之現金，以1萬歐元（或同等值貨幣）為上限，如超過該額，須於入境時申報。

增值稅及退稅

德國一般商品的增值稅(VAT)是19%，食品和書籍則是7%。在商店裡的標價已經是含稅的價格。只要是非歐盟永久居民，在德國境內貼有「Tax Refund/Tax Free」標誌的商店，單筆購物滿€50.01，就可申請退稅，關於增值稅退稅安排，詳情可參閱P.032。

COVID 疫情相關措施

自2022年6月起，於德國當地已取消所有防疫措施，同時亦允許所有旅客入境，而進入德國時都不需要出示疫苗接種證明或檢測證明（來自變種病毒國家除外）。口罩令亦於2023年2月取消，只限在醫院和其他醫療機構仍需強制佩戴口罩。

最新疫情措施可於德國聯邦衛生部網頁查閱：
www.bundesgesundheitsministerium.de/en/service/gesetze-und-verordnungen/guv-19-lp/coronavirus-einreiseverordnung.html

有關安全和財物

歐洲治安是很多遊客都會擔心的問題。其實，以「遊客」作為目標的騙徒和罪犯，無論在那一個國家，特別是熱門的旅遊城市都會存在。所以，在外遊期間的每一刻，遊客都需特別提高警覺，注意隨身物品，尤其是在人多擠迫的地方：火車站、巴士上、地鐵、著名景點、大廣場，個人財物一定要好好看顧。另外，對於在街頭向遊客乞討或糾纏索錢的陌生人，也應提防，避免接觸。於晚間儘量避免單獨外出。

交通

鐵路交通

德國鐵路交通密布，來往城市之間可選擇搭乘火車，而國內大部分鐵路均由德國國鐵營運（官網：www.bahnhof.de），城際火車主要分為以下幾種。其中最省時又舒適的是ICE高速火車。如前往小鎮或偏遠地方，一般只有地區火車才停靠。

ICE高速火車　　　　　　　　　　　　　RE地區火車

部分火車車門於到站時需要自行按「開門」按鈕，車門才會打開。

火車種類

種類	英文名稱	速度	價格	行駛路線
高速火車	Intercity Express (ICE)	快速	如出發前才購買，票價會很高；越早訂票價格會較便宜；最早可提前半年於官網預定	主要行駛於比較遠途的大城市
城際快車	Intercity(IC)	中速	中票價；越早訂票價格會較便宜；最早可提前半年於官網預定	主要行駛於大、小城市
地區火車	Regional（RE/RB）	慢速	固定票價	主要行駛於和大、小城市及小鎮
近郊火車	S-Bahn	慢速	固定票價	行駛於城市周邊較為短途的路線

市內交通

各大城市的市內公共交通工具一般由一間公司聯營，乘坐巴士、地鐵、S-Bahn與電車都可使用統一車票，而單程票相對價格很高，建議購買較划算的1天票或2-5人團體票。詳細交通資訊可於內文查閱。

交通安全

於德國是左軚行車，跟香港開車方向和模式相反，過馬路時要特別注意。在某些城市的廣場和U-Bahn站口，行人路和馬路並沒有明確劃分，作為行人要提高警覺。

Tips

德國票 Deutschlandticket

€49全國優惠通票

於疫情後由聯邦政府推出的超值優惠，簡稱 D-Ticket，自2023年5月1日起生效，可在全國範圍內無限次乘坐當地公共交通工具（不適用於長途ICE、IC和EC），每月只需€49。此票採取月訂制，可按月取消。

官網：bahn.de/deutschlandticket

其他事項

藥房

在各大藥房（Apotheke）隨時都可購買非處方藥，而門外亦會統一掛上了紅色藥房標誌，非常易認。一般營業時間約為0800/0900 - 1900/2000。於大型超市和火車站也會有藥房，營業時間會較長。而大部分藥房會於週日休息。

德國藥房的標記，上面寫上了代表Apotheke的A字。

醫療費用

對於遊客，德國的醫療費用也不便宜的，請於出發前購買足額的醫療和旅遊平安保險，以防突發事件。

洗手間

在歐洲多個國家設有很多收費洗手間，特別於火車站、大型廣場、熱門旅遊點的洗手間，多需收費，價格大約€0.5-2，記得自備零錢。遊客可好好利用景點內或所光顧的餐廳內之免費洗手間。而德國的男洗手間一般會寫上Herren或H（德文：男士），而女洗手間則是Damen或D（德文：女士）。

H是男洗手間，而D是女洗手間。

這些收費洗手間需要先入錢才會開門。

酒店/旅館

大部份都不會供應牙刷、牙膏和電熱水瓶，需自行準備。如攜帶大型行李，在訂房時需留意有否升降機。如計劃夏天到訪，則要留意房間有否空調系統。

營業/服務時間

店舖的營業時間一般為1000到2000，而在小鎮則於1800就會關門；於週日大部分商場、超級市場和店舖都會關門休息，餐廳和食店則除外。目前，在大城市也可找到一些24小時營業的超市。

小費

在德國並沒有強制需要給小費，但有些服務生在結帳時會主動向旅客索取。如果對於服務很滿意，也可準備5至10%消費金額作小費。

飲用水

從水龍頭流出的凍水均可直接飲用。不過，生飲前要注意有否水管老化而影響水質的問題。購買礦泉水（Mineralwasser）時可留意，如在瓶身列出了Mit wenig Kohlensäure，是含碳酸的「氣泡水」，而Still則是無氣的。於餐廳供應的飲用水，一般都需收費。

行李寄存

於酒店、旅館一般都設有行李寄存服務，如租住民宿，建議事先跟屋主確定。於各大城市的主要火車站內都會設有自助式儲物櫃（Schließfacher），可作行李寄存，一般有小儲物櫃（28x42x76cm）和大儲物櫃（47x61x91cm），大儲物櫃足夠放入整個行李箱。價格根據大小和租賃期限而有所不同，收費大約為€4-8/24小時，要注意大部分只收硬幣。

如果想知道某火車站有否行李寄存點，可於德國國鐵官網查閱：www.bahnhof.de

在火車站裡的自助儲物櫃

櫃外列明了使用方法

瓶子回收機

出於環保原因，在購買罐裝/瓶裝飲品時，一般需支付大約€0.15-0.25的押金，而押金會在回收瓶子後取回。在大部分超市都會設有瓶子回收機（Leergutrücknahme），只要把罐裝、玻璃或塑膠空瓶放進去，完成後就會根據瓶子多少而計算金額和列印單據，然後可在該超市使用，憑單在結賬時可減除有關金額。

瓶身會列出該瓶子所需的押金。

Step 1
每部機都會列出適用瓶子種類，不接受被壓扁了的瓶子。

Step 2
只接受空瓶。

Step 3
慢慢地把瓶子逐個放入。

Step 4
完成後，按下顯示屏上的按鈕，取回單據。
憑單在該超市購物，可減除瓶子押金的金額。

常用德文

常用短句

德文	中文解釋
Hallo	哈囉
Guten Morgen	早安
Guten Tag	下午好
Guten Abend	晚上好
Gute Nacht	晚安
Danke / Vielen Dank	謝謝/非常感謝
Auf Wiedersehen	再見（比較正式）
Tschüss	再見
Ja	是/可以
Nein	不是/不可以
Bitte verzeihe mir	對不起
Guten Appetit	用餐愉快！
Prost	乾杯！
Einen schönen Tag	祝你有美好的一天！

日期

德文	中文解釋
Sonntag	星期日
Montag	星期一
Dienstag	星期二
Mittwoch	星期三
Donnerstag	星期四
Freitag	星期五
Samstag	星期六
Heute	今天
Morgen	明天
Gestern	昨天

數字

德文	中文解釋	德文	中文解釋
Null	0	Siebzehn	17
Eins	1	Achtzehn	18
Zwei	2	Neunzehn	19
Drei	3	Zwanzig	20
Vier	4	Einundzwanzig	21
Fünf	5	Zweiundzwanzig	22
Sechs	6	Dreiundzwanzig	23
Sieben	7	Dreißig	30
Acht	8	Vierzig	40
Neun	9	Fünfzig	50
Zehn	10	Sechzig	60
Elf	11	Siebzig	70
Zwölf	12	Achtzig	80
Dreizehn	13	Neunzig	90
Vierzehn	14	Einhundert	100
Fünfzehn	15	Eintausend	1000
Sechzehn	16	Zehntausend	10000

關於 交通

德文	中文解釋
Bus	巴士
Reisebus	長途巴士
U-Bahn /Untergrundbahn	地鐵
Zug	火車
Flugzeug	飛機
Fähre	渡船
Bahnhof	車站
Bushaltestelle	巴士站
Busbahnhof	巴士總站 / 長途巴士總站
Einzelfahrschein	單程車票
Hin-und-Rückfahrkarte	來回車票
Fahrkartenschalter	售票處
Abfahrtszeiten Tafel	班次時刻表
Bahnsteig /Gleis	月台
Schließfach	儲物櫃
Annulliert	取消
Verspätet	延誤

關於 問路/方向

德文	中文解釋
Eingang	入口
Ausgang	出口
Straße	街道
Platz	廣場
Wo ist die Toilette?	洗手間在那裡？
Herren (toilette)	男洗手間
Damen (toilette)	女洗手間

緊急狀況

德文	中文解釋
Polizei	警察
Ein Dieb!	有小偷！
Hilfe!	救命！
Erkranken	生病了
Können Sie mir bitte helfen?	你可以幫助我嗎？

關於 景點遊覽/購物

德文	中文解釋
Wie viel kostet das?	這個多少錢？
Kasse	收銀處
Preis / Tarif	價格
Gratis	免費
Geöffnet	營業中
Geschlossen	已關門
Kunstmuseum	美術館
Museum	博物館
Kaufhaus	百貨公司
Apotheke	藥房
Backerei	麵包店
Supermarkt	超級市場
Markt	市場 / 市集
Flohmarkt	跳蚤市場
Bräuhaus	啤酒屋
Biergarten	啤酒花園

德國全境地圖

全國分為16個聯邦州：

	州名 (中文)	州名 (英文/德文)
A	巴登-符騰堡	德/英：Baden-Württemberg
B	巴伐利亞	德：Bayern　英：Bavaria
C	薩爾蘭	德/英：Saarland
D	萊茵蘭-普法茲	德/英：Rheinland-Pfalz
E	黑森	英：Hesse
F	圖林根	德：Thüringen　英：Thuringia
G	薩克森	德：Sachsen　英：Saxony
H	柏林	德/英：Berlin
I	布蘭登堡	德/英：Brandenburg
J	薩克森-安哈爾特	德：Sachsen-Anhalt 英：Saxony-Anhalt
K	北萊茵-西法淪	德：Nordrhein-Westfalen 英：North Rhine-Westphalia
L	下薩克森	德：Niedersachsen 英：Lower Saxony
M	不萊梅	德/英：Bremen
N	漢堡	德/英：Hamburg
O	石勒蘇益格-荷爾斯泰因	德/英：Schleswig-Holstein
P	梅克倫堡-前波美恩	德/英：Mecklenburg-Vorpommern

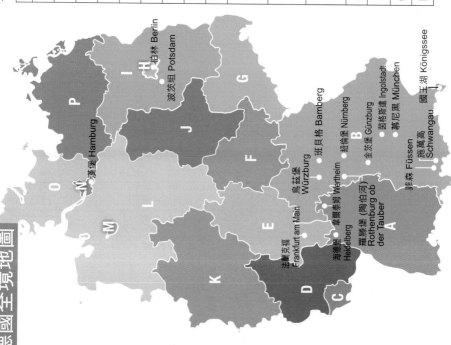

柏林 Berlin
波茨坦 Potsdam
漢堡 Hamburg
班貝格 Bamberg
紐倫堡 Nürnberg
金茨堡 Günzburg
茵格斯達 Ingolstadt
慕尼黑 München
烏茲堡 Würzburg
韋爾泰姆 Wertheim
羅騰堡 (陶伯河) Rothenburg ob der Tauber
海德堡 Heidelberg
法蘭克福 Frankfurt am Main
菲森 Füssen
施萬高 Schwangau
國王湖 Königssee

427